余英時文集——01

# 歷史與思想

（新版）

余英時——著

# 余英時文集編輯序言

聯經出版公司編輯部

余英時先生是當代最重要的中國史學者，也是對於華人世界思想與文化影響深遠的知識人。

余先生一生著作無數，研究範圍縱橫三千年中國思想與文化史，對中國史學研究有極為開創性的貢獻，作品每每別開生面，引發廣泛的迴響與討論。除了學術論著外，他更撰寫大量文章，針對當代政治、社會與文化議題發表意見。

一九七六年九月，聯經出版了余先生的《歷史與思想》，這是余先生在台灣出版的第一本著作，也開啟了余先生與聯經此後深厚的關係。往後四十多年間，從《歷史與思想》到他的最後一本學術專書《論天人之際》，余先生在聯經一共出版了十二部作品。

余先生過世之後，聯經開始著手規劃「余英時文集」出版事宜，將余先生過去在台灣尚未集結出版的文章，編成十六種書目，再加上原本的十二部作品，總計共二十八種，總字數超過四百五十萬字。這個數字展現了余先生旺盛的創作力，從中也可看見余先生一生思想發展的軌跡，以及他開闊的視野、精深的學問，與多面向的關懷。

文集中的書目分為四大類。第一類是余先生的**學術論著**，除了過去在聯經出版的十二部作品外，此次新增兩冊《中國歷史研究的反思》古代史篇與現代史篇，收錄了余先生尚未集結出版之單篇論文，包括不同時期發表之中英文文章，以及應邀為辛亥革命、戊戌變法、五四運動等重要歷史議題撰寫的反思或訪談。《我的治學經驗》則是余先生畢生讀書、治學的經驗談。

其次，則是余先生的**社會關懷**，包括他多年來撰寫的時事評論（《時論集》），以及他擔任自由亞洲電台評論員期間，對於華人世界政治局勢所做的評析（《政論集》）。其中，他針對當代中國的政治及其領導人多有鍼砭，對於香港與台灣的情勢以及民主政治的未來，也提出其觀察與見解。

余先生除了是位知識淵博的學者，同時也是位溫暖而慷慨的友人和長者。文集中也反映余先生**生活交遊**的一面。如《書信選》與《詩存》呈現余先生與師長、友朋的魚雁往返、詩文唱和，從中既展現了他的人格本色，也可看出其思想脈絡。《序文集》是他應各方請託而完成的作品，《雜文集》則蒐羅不少余先生為同輩學人撰寫的追憶文章，也記錄他與文化和出版界的交往。

文集的另一重點，是收錄了余先生二十多歲，居住於**香港期間**的著作，包括六冊專書，以及發表於報章雜誌上的各類文章（《香港時代文集》）。這七冊文集的寫作年代集中於一九五〇年代前半，見證了一位自由主義者的青年時代，也是余先生一生澎湃思想的起點。

本次文集的編輯過程，獲得許多專家學者的協助，其中，中央研究院王汎森院士與中央警察大學李顯裕教授，分別提供手中蒐集的大量相關資料，為文集的成形奠定重要基礎。

最後，本次文集的出版，要特別感謝余夫人陳淑平女士的支持，她並慨然捐出余先生所有在聯經出版著作的版稅，委由聯經成立「余英時人文著作出版獎助基金」，用於獎助出版人文領域之學術論著，代表了余英時、陳淑平夫婦期勉下一代學人的美意，也期待能夠延續余先生對於人文學術研究的偉大貢獻。

# 目次

# 新版序

《歷史與思想》面世已整整三十八年。這是我在台灣刊行的第一部論文集，而我和聯經的文字因緣也從此書開始。這是我個人出版史上一件最值得珍惜的大事。現在本書重排新版，我願意借機對這段往事略作回顧，以為紀念。

在我的記憶中留下印象最深的是關於本書第一篇論文：〈反智論與中國政治傳統〉。這篇長文是應香港《明報月刊》的特約而撰寫的，當時尚未刊出。但我將原稿副本與其他已刊論文一併收入《歷史與思想》中，直接寄給聯經發行人劉國瑞先生。不料國瑞先生對此稿特加賞識，竟提前送交《聯合報．副刊》刊布，連載了很多天。更意外的是此文無意中觸動了台灣學術和文化界的政治神經，因而引起相當廣泛而持續的強烈反響。這一反響在當時充滿著反諷的意味，因為最初我寫此文，完全針對著大陸的「文革」而發。我想揭示的是：造成

「文革」的政治勢力雖然在意識型態和組織方式上取法於現代西方的極權系統，但是在實際政治操作上則繼承了許多傳統君權的負面作風，而集中表現在對於知識人的敵視和迫害以及對理性與知識的輕鄙上面。題目中特標「反智論」，我的立論所指是相當明顯的。在撰寫過程中，我完全沒有聯想到台灣的政治狀態。也許是因爲當時台灣的思想與言論自由也受到了嚴重的限制，這才引起不少讀者對於這篇文字的共鳴。就我個人而言，這眞是一個絕對意想不到的後果。

反響當然不可能一面倒，反對和批評同樣大有人在，而且筆下也充滿著激情。但是使我最感遺憾的則是此文竟給先師錢先生（賓四）帶來了困擾。〈反智論〉在《聯合報·副刊》上刊出不久，台北的同門友人便先後來信告訴我，錢先生認爲我仍然盲從梁啓超以來的流行說法，以「帝王專制」四字來抹殺中國的政治傳統，持論過於偏激。我聽到這些轉述的批評之後，心中極爲不安。細閱原稿，也發現其中確有立言欠妥，足以引起誤讀的地方。因此我立刻進行了兩個系列的補過工作：第一是修改舊稿，第二是增寫新篇。我手頭已沒有初登在報上的舊文本，不能與書中的改本互校。不過我仍清楚地記得：全文結尾處我作了一個基本的變更。舊本引譚嗣同《仁學》中的話：

二千年來之政，秦政也，皆大盜也；二千年來之學，荀學也，皆鄉愿也。惟大盜利用鄉愿，惟鄉愿工媚大盜。

這樣斬釘截鐵的否定論斷雖然讀起來十分動人有力，但究竟經不起歷史分析。因此我改用朱熹〈答陳同甫〉中語以代之並引申其言曰：

二千三百年之間，只是架漏牽補過了時日。堯、舜、三王、周公、孔子所傳之道，未嘗一日得行於天地之間也。

爲了進一步澄清〈反智論〉的旨趣，我則在一九七六年先後補寫了〈「君尊臣卑」下的君權與相權〉和〈唐、宋、明三帝老子注中之治術發微〉。當時我還在哈佛任教，所以這兩篇文字都曾得益於先師楊聯陞教授的商榷。

錢先生是否曾寓目我的補過之作，不得而知。但他還是親自寫了一篇近萬言的〈皇帝與士人〉刊載在一九七六年七月十日和十一日的《聯合報》上，對我的原文進行了不指名的駁斥。最後我必須說明，先師此舉完全是就學論學，對於我個人則採取了寬恕的態度。在我們以後無數次的歡聚中，他從無一語及此，我也沒有向他作出任何解釋，師生之間的感情絲毫未受學術異同的影響。（按：錢先生此文後來易名爲〈帝王與士人〉，收在《晚學盲言（上）》，《錢賓四先生全集》本，台北：聯經，一九九八，頁七八五—七九九。）

本書對於我自己來說，還有兩點特別值得紀念之處。第一是這部選集將我的治學取向相當準確地呈現了出來，例如中國文、史、哲之間的相互關聯以及中、西文化與思想之間異同的比較正是全書的重點所在。不但如此，以具體的研究論題而言，當時集中所收的少數論文後來多發展成爲篇幅很大的專書，如《論戴震與章學誠》、《紅樓夢的兩個世界》和《陳寅恪晚年詩文釋證》便是顯例。

第二是我中年以後改用中文爲我個人學術著作的主要媒介，本書是最早的一個見證。本來我在美國教書和研究，著作自然應該用英文刊布。但是一九七一年夏天初訪日本和台北，並重回香港母校（新亞書院）會晤師友，我發生了一個很深切的感觸。我發現我的英文專著和學報論文，在整個東方學界的同行中，根本無人問津。尤其是在日本京都大學的人文研究所訪談之後，這一印象更是牢牢地銘刻於心。我已萌生了用中文著述的念頭，希望我的研究成果可以傳布到西方漢學的小圈子以外（當時西方漢學遠不及今天這樣流行）。恰巧一九七三—七五兩年，我回到香港工作，重新運用中文變成了理所當然之事。這是我的幸運。從那時起，我便決定先用中文寫出比較詳盡的研究報告，然後再以英文另撰簡要的論文。因爲我的教研崗位畢竟是在美國，發表英文論著仍是我義不容辭的專業任務之一。我在初版〈自序〉中曾指出，本書百分之七十以上都是在香港兩年的作品。現在我要補充一句：這些作品正是我爲了轉換書寫媒介而特意撰寫的。所以《歷史與思想》在我個人的學術生命中具有極不尋常的意義。

三十八年來本書不斷重印，是我的著作中流傳最廣而且持續最久的一部。讓我在這裡對於讀者的長期支持表達我最誠摯的感謝！

余英時　二〇一四年三月二十六日

# 自序

這部《歷史與思想》是我近二十年來所寫的單篇論文的一個選集，其中最早的一篇發表於一九五六年，最遲的則成於今年五月。但全書在時間上雖先後跨越了二十個年頭，而實際的撰寫則集中在五〇年代之末和七〇年代之初，中間足足有十年的歲月我幾乎沒有寫中文論著的機會。一九七三年之秋，我回到香港工作了整整兩年，重新結下了文字因緣，因此本集所收的，百分之七十以上都是最近兩年的作品。

爲了照顧到一般讀者的興趣，選在這部集子裡面的文字大體上都屬於通論的性質，凡屬專門性、考證性的東西都沒有收進去。所以這部選集的對象並不是專治歷史與思想的學者，而是關心歷史和思想問題的一般知識分子。通論性文字之不易落筆，我是深切了解的。通論是所謂「大題小做」，往往不免要把非常複雜的問題加以簡化，面面俱到是不可能的。而且作者的知識和主觀見解，又處處限制著論點的選擇、資料的運用，以至文章的剪裁。因此任何通論性的題旨都達不到最後的定說。照理想來講，通論必須建立在許多專論研究的基礎之上，立說始能穩妥；而事實上，每一範圍稍廣的通論性的題旨都包括著無數層次的大大小小的問題，如果要等到所有問題都解決了才能寫通論，那麼通論便永遠不能出現了。這裡面實際上牽涉到哲學上的一個「弔詭」（paradox），即「一個人如不是對一切事物皆有知識，便不能對任何事物有知識。」（"One does not know anything until one knows everything."）這種說法當然是不能成立的。但是這並不等於說，我們對於某一題旨密切相關的種種問題全無所知，也可以動手撰寫關於該題旨的通論。清末的朱一新曾說：「考證須字字有來歷，議論不必如此，而仍須有根據，並非鑿空武斷以爲議論也。」又說：「此其功視考證之難倍蓰，而學者必不可無此學識。考證須學，議論須識，合之乃善。」朱氏所說的確是深識甘苦的話。本書所收的一些文字，在我已力求其有根據，但限於學識，議論卻未必中肯。讀者不妨對這兩個方面分別地看待。

本書所收諸文先後曾刊載於各種期刊上。香港方面是《自由學人》、《人生雜誌》、《祖國週刊》、《中華月報》（以上四種均已停刊）、《新亞書院學術年刊》、《中國學人》、《香港中文大學學報》和《明報月刊》；台北方面是《幼獅月刊》、《中華文化復興月刊》和「聯合副刊」。我願意借此機會向主持以上各種刊物的友人們表示衷心的感激。我的文字幾乎全部是被主編、朋友們逼出來的，沒有他們的熱情鼓勵，這些東西是不可能產生的。至於這部文集之終於能和讀者見面，則要感謝聯經出版事業公司的熱心，特別是編輯組陳秀芳小姐的說服力，他們使我相信這些散篇文字還有彙集成冊的價值。

這部文集基本上是從一個知識分子（intellectual）的立場上寫成的，所以它不能被看作一個專業史學家（professional historian）的專門著作，雖則我的專業訓練處處影響著我的知識分子的觀點。在現代社會中，一個知識分子必須靠他的知識技能而生活，因此他同時必須是一個知識從業員（mental technician）。相反地，一個知識從業員（無論他是教授、編輯、律師或其他知識專業）卻不必然是一個知識分子，如果他的興趣始終不出乎職業範圍以外的話。Richard Hofstadter曾指出，一個知識分子必須具有超越一己利害得失的精神；他在自己所學所思的專門基礎上發展出一種對國家、社會、文化的時代關切感。這是一種近乎宗教信持的精神。用中國的標準來說，具備了類似「以天下爲己任」的精神才是知識分子；「學成文武藝，貨與帝王家」則祇是知識從業員。但我們不能說，知識分子在價值上必然高於知識從業員。事實上，扮演知識分子的角色的人如果不能堅持自己的信守，往往會在社會上產生負面的作用；知識從業員倒反而較少機會發生這樣的流弊。

本書所收諸文大多數都經過了一番修正和潤飾的工作，其中論柯靈烏和文藝復興三篇，因成篇較早，更增訂了若干注釋，盡量把最新而比較重要的研究成果吸收進去，但疏漏是終不能避免的。全書定名爲「歷史與思想」，主要是因爲所收各篇都不出這一範圍；而且我自己近二十年來的興趣也一直是環繞著這一主題。下面我將就歷史與思想之間的關係略做一些補充的說明，希望使全書的主旨更爲明確。這部論集原無一預定的系統，下面的補論也許可以爲全書提供一條貫穿諸篇的線索。

我們目前所處的是一個決定論思想得勢的時代。在共產世界裡，唯物主義的決定論當然是思想的正統；在所謂自由世界裡，則有各式各樣的行爲主義的決定論在大行其道。在決定論瀰漫的思想空氣中，人們往往看不到思想在歷史進程中的能動性。正如柏林（Isaiah Berlin）在他的《歷史必然論》（*Historical Inevitability*）中所分析的，歷史已化身爲一種巨大而超個人的力量；這種力量有它自己的運行規律，不是人的主觀努力所能左右的。正是在這種思想籠罩之下，才產生了所謂「歷史潮流不可抗拒」的這種怪論。

就我自己的知解所及，我沒有辦法接受任何一種形式的歷史決定論。我始終覺得在歷史的進程中，思想的積極的作用是不能輕輕抹殺的。而且祇要我們肯睜開眼睛看看人類的歷史，則思想的能動性是非常明顯的事實，根本無置疑的餘地。但是我並不曾唯心到認爲思想是歷史的「最後眞實」（ultimate reality），也不致天眞到認爲思想可以不受一切客觀條件的限制而支配著歷史的發展。中國人以往評論歷史，常在有意無意之間過高地估計了思想的作用，特別是在追究禍亂的責任的時候。因此，五胡亂華之禍要歸咎於魏晉清談，明朝之亡國則諉過於「空言心性」，甚至所謂「洪、楊之亂」也要漢學考證來負責。這種觀點一直到今天還流動在許多人的歷史判斷之中。把共產主義在中國的得勢，溯源至「五四」前後的新文化運動，依然是一個相當普遍的看法。這個傳統的觀點並非毫無根據，但是在運用時如果不加分析，那就不免要使思想觀念所承擔的歷史責任遠超過它們的實際效能。尤其是在進一步從思想追究到思想家的時候，這種觀點的過度嚴酷性便會很清楚地顯露出來。如果不是出於情緒而是基於理智地判斷王弼、何晏之罪深於桀、紂，恐怕總不能算是一種持平之論吧。同樣地，新文化運動以來的反傳統論者把中國的一切弊病歸罪於儒家和孔、孟，也正是這一傳統觀點的引伸。貝克（Carl L. Becker）在他的名著《十八世紀哲學家的王國》（*The Heavenly City of the Eighteenth-century Philosophers*）中指出，伏爾泰以下諸哲人雖摧毀了聖奧古斯汀的中古「天國」，但立刻又用新的材料建造了另一個大同小異的「天國」。因此他認為十八世紀哲人的基本觀念仍不脫中古聖多瑪時代的窠臼。貝氏的論斷近年來頗受到啓蒙思想史專家的挑戰（特別是Peter Gay），但是我們衹須略變其說，便可以解釋中國近代的反傳統運動：反傳統論者雖以全力摧毀傳統，但他們所持的武器主要還是傳統性的。上面所說的唯思想論的歷史觀不過是許多傳統性的武器之一而已。

從這種地方作深刻的反省，我們反而可以看到決定論在史學上的正面功用。現代行為科學的長足進展，使我們了解人的思想和行為在某些層面上確然是被決定的。即使與唯物論淵源極深的知識社會學也可以加深我們對思想的社會根源的認識。因此批評歷史決定論最力的柏林也肯定社會科學的研究成果足以糾正我們以往在判斷他人的行為時所犯的「無知」、「偏見」、「武斷」，以及「狂想」等等錯誤。這和中國傳統論人講求平恕的態度是完全符合的。

肯定決定論在某些層次上的有效性卻不等於否定思想在歷史上的積極功能。相反地，衹有通過決定論的分析，思想的眞正作用才能獲致最準確的估計。事實上，在政治運用方面，唯物主義決定論者最重視思想，馬克思曾說：「思想一旦掌握了群眾，便成為物質的力量。」這正是因為他深知思想的能動性，所以在概念上把思想物質化以求符合他的基本哲學立場。而所謂「歷史潮流不可抗拒」也是唯物主義決定論者故意把他們自己的思想和願望化身爲「歷史潮流」，以瓦解一切與他們持論不同者的奮鬥意志。有人說：「所謂不可抗拒者往往祇是沒有去抗拒而已。」（"The irresistible is often only that which is not resisted."）我們對於「歷史潮流不可抗拒」之說正應作如是觀。所以，追究到最後，祇有不去抗拒或抗拒而不得其道的「歷史潮流」才是所謂「不可抗拒」的「歷史潮流」。當希特勒的納粹運動如日中天之際，它看起來不正是一種「不可抗拒」的「歷史潮流」嗎？

孔子說：「道之將行也與，命也；道之將廢也與，命也。」（《論語・憲問》）曇摩耶舍夢見博叉天王對他說：「道假眾緣，復須時熟。」（慧皎，《高僧傳》卷一）儒家的「命」、釋氏的「緣」在這裡都具有決定論的涵義。但決定論的限制終不能伸展到價值創造的最高層面。這是人類能否自作主宰的唯一關鍵之所在。孔子被當時的人描寫成一個「知其不可而爲之」的人，正可見孔子雖勇敢地承認「命」的限定，卻並不因此就向「命」投降。羅素在他的《西方哲學史》自序中曾說：哲學家同時是「果」（effects）也是「因」（causes）。他是「果」，因爲他的思想離不開他所處的社會環境，以及政治與制度的背景；他是「因」，因爲，如果幸運的話，他的思想變成了一般人的信仰，便可以塑造後來的政治與制度。羅素所說的「幸運」，當然也是決定論層面上的事，相當於上述的「命」與「緣」。所以思想一方面固然是在決定論的基礎上活動，另一方面則也具有突破決定論的限制的潛能。在後一種意義上，我們可以說，思想創造歷史。正由於思想可以創造歷史，並且實際上也一直是歷史進程中的一股重要的原動力，所以人對於歷史是必須負責的；而且越是在歷史發展中占據著樞紐地位的個人，其責任也就越重大。決定論的分析祇能開脫個人所不應負責的部分，但絕不能解除其一切應負的責任。在這個意義上，中西傳統史學中的褒貶（praise and blame）之論仍然有它的現代功用。希特勒、史大林的大批屠殺當然應該受到歷史家的嚴正譴責，我們豈能根據「不可抗拒」的「歷史潮流」或歷史心理分析來給他們塗脂抹粉，說他們的暴行完全是被決定的？

強調歷史上的思想因素自以柯靈烏（R.G. Collingwood）爲現代最重要的代表。柯氏曾有「一切歷史都是思想的歷史」（"All history is the history of thought."）的名言。他把歷史事件分爲「內在」與「外在」兩面；「外在」的是史事的物質狀態，「內在」的是史事中人物的思想狀態。史家祇有深入史事的「內在」面（即思想狀態）始能把握到歷史的眞相。因此柯氏認爲史家最重要的本領是能夠「設身處地重演古人的思境」；眞正地懂得了史事中所蘊藏的思想，則該史事何以會發生也就豁然呈露，無所遁形了。本書所收兩篇討論柯氏歷史觀的文字都曾涉及這一中心問題。但是這兩篇文字的撰寫距今已有二十年之久；在我撰寫之時，西方哲學家對柯氏這一說法（他們稱之爲"The method of empathetic understanding"「感通了解法」）抱有相當普遍的反感。如Carl G. Hempel Patrick、Gardiner、W.H. Walsh、G.J. Renier諸人都對此說有嚴厲的批評，或謂其訴諸「直覺」，或謂其將史學的題材神祕化。至於爲柯氏的歷史觀起而辯護者當時尚未有其人；對柯氏哲學作深入的專題研究，如Alan Donagan和Louis O. Mink的作品，是近十三、四年之內才出現的。但是據我閱覽所及，對柯氏的歷史思想解釋得最明白中肯的是戈斯坦（Leon J. Goldstein）在一九七〇年發表的

〈柯靈烏的史學致知論〉（"Collingwood's Theory of Historical Knowing"）一篇長文（刊於*History and Theory*, Vol. IX, No. 1, pp. 1-36）。戈氏此文對前此諸家之誤解柯氏宗旨作了最有說服力的駁正。依照戈氏的分析，柯靈烏之將史事分爲內在與外在之兩面，而復以內在的思想爲史學的核心，乃起於歷史知識的特殊性質：從一種觀點看，史學與自然科學最大不同之處是在於史學致知的對象早已成爲過去，不能再供人直接觀察。同時，史學的科學化又不再允許史家不加批判地接受前人的見證（testimony）。在這種限制之下，史家所能確實把握的致知對象便祇能是古人的思想了。但柯氏所謂「思想」是最廣義的用法；歷史上每一事件（event）或遺跡（如長城、烽燧），其背後都表現著人的目的（human purpose）。史家的主要任務便是找出貫注在史事後面的人的思想。（舉例言之，如果我們眞正把握烽燧背後所表現的人的思想，我們自然就懂得漢人爲什麼要建造它了。否則烽燧祇是一不可解的建築物而已。所謂史家重演古人的思想正是從這種基本目的方面用心，而不是重演漢人建造烽燧時的全部思考過程。）柯靈烏不僅是一位哲學家，同時也是一位歷史家；他的重演古人思想之論在其與J.N.L. Myres合著的*Roman Britain and the English Settlements*一書中有許多精采的實例。戈斯坦便曾具體地說明柯氏的思想重演是怎樣結合著證據而應用在歷史研究上的。根據柯氏的中心理論，史家致知的對象是人的「行動」（action），即貫注了思想的「行爲」（behavior informed by thought）而絕非單純地從物質方面去了解的行爲（behavior understood physicalistically）。前者是史學的範圍，後者則是行爲科學的園地。儘管柯氏的說法仍不免有其局限性，但其中絕不包含任何「直覺」或「神祕」的成分。通過戈斯坦的疏解，這一點是非常明顯的。

我絕不認爲柯靈烏的歷史觀是我們對於歷史的唯一可能的看法。我之所以比較推崇他，是因爲他的理論最便於接引中國傳統的史學，使之走向科學化的途徑。〈章實齋與柯靈烏的歷史思想〉一文便是要展示這一接引工作的可能根據。柯氏論史以人的思想爲其核心，這是合乎中國的史學傳統的；但柯氏正視行爲主義決定論對史學的衝擊作用，而同時復能超越決定論以歸宿於思想在史學上的中心位置，這對中國史學的科學化是極富於啓示性的。近代中國的史學，從清代訓詁考證的基礎上出發，一度湊泊而匯入蘭克（Leopold von Ranke）歷史主義的末流，眞是一個値得惋惜的發展。我在〈史學、史家與時代〉那篇講詞中曾指出，近代中國提倡「科學的史學」（scientific history）的人深信史學可以而且必須完全客觀化，其中不能滲入一絲一毫個人的主觀見解。照他們看來，史學最後可以發展到生物學、地質學同樣高度的科學性。落到實踐的層次，中國的「科學的史學」運動便成爲以史料學爲史學；在史料範圍的擴大和考訂的精密方面，這個運動的成績是有目共睹的。但是其代價則是將思想的因素完全排除於歷史之外；不但史家個人的主觀思想不許混入史學研究之內，而且歷史上已經客觀存在過的抽象東西如精神、價値觀之類也一律要劃出史學範圍之外。傅斯年在一九二八年發表的〈歷史語言研究所工作之旨趣〉中說得最明白：

一、把些傳統的或自造的「仁義禮智」和其他主觀，同歷史學和語言學混在一氣的人，絕不是我們的同志！

二、要把歷史學語言學建設得和生物學地質學等同樣，乃是我們的同志！

這確是蘭克的歷史主義一派的根本見解。過了十五年（一九四三）傅先生爲歷史語言研究所的《史料與史學》寫〈發刊詞〉，持論依然未變。他說：

> 此中皆史學論文，而名之曰「史料與史學」者，亦自有說，本所同人之治史學，不以空論爲學問，亦不以「史觀」爲急圖，乃純就史料以探史實也。史料有之，則可因鉤稽有此知識，史料所無，則不敢臆測，亦不敢比附成式。此在中國，固爲司馬光以至錢大昕之治史方法，在西洋，亦爲軟克（按：即Ranke）莫母森（按：即Thecdor Mommsen, 1817-1903）之著史立點。

傅先生所提倡的「科學的史學」是乾嘉考據和蘭克的歷史主義的匯流，在這裡得到了確切的證明。

我在〈史學、史家與時代〉中復指出，就在歷史主義正式進入中國史學研究的領域之際，它在西方已開始衰落了，我的講詞中特別提到美國史學家比爾德（Charles Beard），因爲他對歷史主義的攻擊最力，影響也最大。其實在比爾德同時或稍早，其他史學名家如美國的貝克（Carl L. Becker），德國的Karl Lamprecht已不斷地對這一過分樂觀而天眞的看法展開了有力的批判。蘭克一度幾成爲眾矢之的。但這對於蘭克本人而言是十分不公平的，蘭克並沒有把思想放逐於史學之外，而史料的審訂在他祇不過是史學的起點而已。我最近稍稍涉獵了若干有關蘭克和歷史主義的專題研究，特別是Georg G. Iggers的著作，才知道蘭克在西方史學思想界擁有兩個完全不同的形象。流行在美國的蘭克形象是所謂的「科學的史家」，這也正是蘭克在中國的形象；流行在德國的蘭克形象則是一個唯心史觀的主要代表，他的史料分析和個別史實的考訂都是支持他的唯心史觀的手段。大體上說，在第二次世界大戰之前，美國史學界對蘭克的了解尚限於他的方法論的層次；直到德國學者流亡到美國以後，才把蘭克的全貌介紹了過來，蘭克史學中的哲學涵義乃逐漸爲人所知。蘭克絕不承認史學祇是事實的收集，也不主張在歷史中尋求規律。相反地，他認爲歷史的動力乃是「理念」（Ideas），或「精神實質」（spiritual substances）；在「理念」或「精神實質」的背後則是上帝。每一時代的重要制度和偉大人物都表現那個時代的「理念」或「精神」，使之客觀化爲「積極的價值」（positive values）。史學的目的首先便是要把握住這些「理念」或「精神」。他自己的重要著作，如《宗教革命時代之日耳曼史》、《拉丁與日耳曼民族史，一四九四—一五一四》，以及晚年未及完成的《世界史》（只寫到中古末期）巨著等都企圖透過許多特殊的事象以了解其間之內在關聯性，並進而窺見歷史上的「趨向」（tendencies）和每一個時代的「主導理念」（leading ideas）。蘭克的瑞士弟子布加特（Jacob Burckhardt）的《義大利文藝復興之文化》便正是在這一史學理論引導之下寫成的經典作品（參看本書所收〈文藝復興與人文思潮〉一文）。由此可見蘭克本人及其弟子便恰恰不折不扣地是「把些傳統的或自造的仁義禮智和其他主觀，同歷史學混在一氣的人」。

蘭克和黑格爾一樣，以國家爲精神力量的表現（expression of spirituality）。但是他不贊成用抽象概念來講歷史，更反對把歷史看作「理性」的辯證發展的一種過程，每一個時代都有其主導性的理念，也都有其獨特的價值，因此必須具體性、如實地加以研究。他的名言說：「每一個時代都直接與上帝覿面」（"Every epoch was immediate to God."）其涵義即在於是。在方法論方面，他誠然是要人研究個別的事象，要找出「什麼事眞正發生了」（"What really had happened?"）；同時他也要求史家不要把自己的主觀價值放射到歷史研究的對象上去。他之所以強調這一點是由於他堅信史家唯有完全撇開自己的主觀始能看到歷史上的「理念」或「精神實質」。總結地說，蘭克仍浮蕩在德國唯心論的哲學主流之中，他非常注重歷史上的思想因素；對他而言，把史學建設得和生物學、地質學一樣，乃是不可想像的事。Cushing Strout對於十九世紀末葉美國「科學的史學家」之曲解蘭克曾有以下一段扼要的評論：

> 美國的史學家在「什麼事眞正發生了」這一號召之下集合在德國旗幟之下，但是他們所擁戴的領袖卻與眞正的蘭克很少相似之處。蘭克之從事歷史研究是出於哲學的和宗教的興趣。他喜歡講通史而不講狹窄的題目。照他的看法，歷史事實「就其外表言之，衹不過是一獨特之事，但就其本質而言，則具通性，而涵有意義和精神。」通觀蘭克一生的學術事業，他一直在努力建立一套以理念爲歷史之動力的理論；此種理念的基礎非它，正是源自上帝的道德力量。德國唯心論的傳統始終在與悍而肆的實徵主義精神搏鬥之中，而蘭克則非常接近這個傳統。但蘭克的美國信徒卻和他截然異趣，他們已不加批判地膜拜在科學的神龕之前。事實上他們是根據自己的形象而塑造了另外一個蘭克。（見*The Pragmatic Revolt in American History.* Carl L. Becker and Charles Beard, New Haven, 1958, p. 20.）

所以眞正的蘭克是非常注重思想的，他的精嚴的方法論其實是爲尋求各時代的「主導理念」

服務的，它本身並不是史學的終站。他論歷史事實也從外表的獨特性和內在的通性兩個方面著眼，這正是後來柯靈烏的歷史哲學的一個重要立足點。因此Lamprecht批評蘭克，亦如近代有些哲學家批評柯氏一樣，認爲他的歷史研究陷入了「感通了解」的神祕觀念之中。蘭克提倡通史，又要人從重要典章制度和偉大人物上面去捕捉每一時代的主導精神，這些都顯然足以和中國的史學傳統相通的。但近代中國一部分史學家竟把蘭克的史學方法論和他的史學理論的中心部分割裂了，其結果是把史學研究推到蘭克本人所反對的「事實主義」（factualism）的狹路上去，以章學誠所謂的「史纂」、「史考」代替了史學。

我當然不是說，因爲我們要接受蘭克的方法論，所以連他的德國唯心論也必須一齊搬到中國來。我祇是要指出，在蘭克的歷史理論中，思想、精神實占據著中心的位置；他絕不是一個祇考訂一件件孤立的事實的人，更不是一個以史料學爲史學的人。他和許多現代史學家一樣，把人當作歷史的中心。正唯如此，他總認爲歷史的眞實不能由抽象的概念得之，而必須通過對「全部人生的透視」（clear contemplation of total human life）然後始把捉得定。但人生絕不能限於衣、食、住、行之類有形的、客觀的物質生活，思想、信仰、情感種種主觀的精神上的嚮往，同樣是眞實人生的一部分。我們沒有理由把歷史上眞實地存在過的人的主觀嚮往排除於史學的範圍之外。在史學研究中要求達到主客交融、恰如其分的境界，是極爲困難的事，蘭克在《拉丁與日耳曼民族史》的〈自序〉中便坦白地承認這一點。但是他仍然強調這是史學家所必當努力企攀的境界。如果我們眞能適當地體會蘭克的歷史理論和方法，則史學的科學化祇能意味著中國史學傳統的更新與發揚，而不是它的終結。事實與價值之間、專精與通博之間終將趨向一種動態的平衡；而司馬遷所謂「究天人之際，通古今之變，成一家之言」也將獲致嶄新的現代意義！

一九七六年六月十六日余英時序於美國麻州之碧山

# 反智論與中國政治傳統

## ——論儒、道、法三家政治思想的分野與匯流

### 一　引言

中國的政治傳統中一向瀰漫著一層反智的氣氛；我們如果用「自古已然，於今為烈」這句成語來形容它，眞是再恰當不過了。但是首先我們要說明什麼叫做「反智」。

「反智論」是譯自英文的anti-intellectualism，也可以譯做「反智識主義」。「反智論」並非一種學說、一套理論，而是一種態度；這種態度在文化的各方面都有痕跡可尋，並不限於政治的領域。中國雖然沒有「反智論」這個名詞，但「反智」的現象則一直是存在的。因

爲這個現象可以說普遍地存在於一切文化之中，中國自然不是例外。研究這一現象的學者都感到不易給「反智論」下一個清晰的定義，不過一般地說，「反智論」可以分爲兩個互相關涉的部分：一是對於「智性」（intellect）本身的憎恨和懷疑，認爲「智性」及由「智性」而來的知識學問對人生皆有害而無益。抱著這種態度的人我們可以叫他做「反智性論者」（anti-intellectualist）。但是在西方，「反智性論者」和「反理性論者」（anti-rationalist）一方面頗相牽纏，而另一方面又有分別。神學史和哲學史上頗不乏反理性（reason）之士，此在西方即所謂徒恃理性不足以認識「上帝」或「眞理」；而在佛家，即所謂恃分別智不能證眞如。所以一般地說，反理性論者只是對「理性」的使用際限有所保留，並非完全拋棄「理性」。「智性」在通常的用法中則涵義較「理性」爲廣，並可以包括「理性」；反理性論者之不必然是反智性論者，其道理是顯而易見的。至於這兩者之間容易牽混不分，則是因爲反智論者往往喜援引反理性者的思想學說以自重。例如尼采、柏格森、詹姆士（William James）諸人的反理性論，便常成爲政治和社會上反智運動的思想武器。

反智論的另一方面則是對代表「智性」的知識分子（intellectuals）表現一種輕鄙以至敵視。凡是採取這種態度的人，我們稱他們作「反知識分子」（anti-intellectuals）。必須指出，「反知識分子」和「反智性論者」之間的區別主要祇存在於概念上，而在實踐中這兩者則有時難以分辨。我們之所以提出這一區別，是因爲社會上一般「反知識分子」常常以知識分子爲攻擊的對象，而不必然要直接觸及「智性」的本身，雖則對知識分子的攻擊多少也含蘊著對「智性」的否定。在下面的討論中，我們將盡量用「反智論者」一詞來兼指「反智性論者」和「反知識分子」兩者，非十分必要時不再進一步加以區別，以免引起了解上的混亂。

中國政治上的反智傳統是一個非常複雜的歷史現象，我在本篇中祇能從政治思想史的角度提出一些初步的看法，詳論且俟將來。首先必須說明，本文雖以討論反智論爲主旨，但我並不認爲中國的政治傳統是以反智爲其最主要的特色。相反地，至少從表面上看，中國的傳統政治，在和其他文化相形之下，還可以說是比較尊重智性的。自漢武帝以來，尤其是隋、唐科舉制度建立之後，政治上用人遵守一定的知識標準。明、清以八股文取士最受現代人攻擊。然而撇開考試的內容不談，根據學者統計，明初百餘年間進士之來自平民家庭（即三代無功名）者高達百分之六十。這樣一種長時期吸收知識分子的政治傳統在世界文化史上是獨一無二的。

但是判斷一個政治傳統和智性的關係，不能僅從形式方面著眼，也不能單純地以統計數字爲根據。最重要的還得看智性對於政治權力是否發生影響？以及如果發生影響的話，又是什麼樣的影響？賈誼雖曾受到漢文帝的特別賞識，但是如果眞如李義山所說的，「可憐夜半虛前席，不問蒼生問鬼神」，則這種賞識並不足以說明漢文帝的政治具有智性的成分。所以我不想根據歷史上知識分子有考試入仕這一途徑，而對中國政治傳統中的智性成分加以渲染。

政治上的反智傳統不能孤立地去了解，一般地說，它是由整個文化系統中各方面的反智因素凝聚而成的。本篇之所以選擇政治思想爲討論的基點，並不表示我認爲思想是中國反智政治的最後來源，而是因爲政治思想一方面反映當時的政治現實，而另一方面又影響後來實際政治的發展。中國先秦時代的政治思想雖然多采多姿，但主要流派祇有儒、墨、道、法四家。而四家之中，墨學在秦以後幾乎毫無影響，可以不論。因此本文的分析將限於儒、道、法三家對智性及知識分子的政治態度。

## 二　儒家的主智論

從歷史上看，儒家對中國的政治傳統影響最深遠，這一點自無置疑的餘地，但是這一傳統中的反智成分卻和儒家政治思想的關涉最少。先秦時代孔、孟、荀三家都是本於學術文化的立場來論政的，所以禮樂、教化是儒家政治思想的核心。無論我們今天對儒家的「禮樂」、「教化」的內容抱什麼態度，我們不能不承認「禮樂」、「教化」是離不開知識的。所以儒家在政治上不但不反智，而且主張積極地運用智性，尊重知識。

儒家在政治上重智性的態度更清楚而具體地表現在知識分子參政和論政的問題上。孔子是主張知識分子從政的，他自己就曾一再表示有用世之志，他當然也贊成他的弟子們有機會去改善當時的政治和社會。但孔子心中的知識分子參政卻不是無原則地去做官食祿。他的出處標準是能否行「道」，即實現儒家的政治理想，如果祇爲求個人富貴而仕宦，在孔子看來是十分可恥的事。所以他說：

> 天下有道則見，無道則隱。邦有道，貧且賤焉，恥也；邦無道，富且貴焉，恥也。
> （《論語．泰伯》）

單純地爲了做官而去讀書求知更是孔子所最反對的。他曾慨嘆地說：

三年學，不至於穀，不易得也。（同上）

這句話最足以澄清現代人對孔子的惡意歪曲。他稱讚讀了三年書尚不存做官食祿之念的人為難得，正是因為他要糾正當時一般青年人為「仕」而「學」的風氣。（現在許多人拿《論語．子張》「學而優則仕」這句話來攻擊孔子。姑不論這句話如何解釋，首先我們要指出這句話是子夏說的，根本不出自孔子之口。）總之，孔子一方面主張知識分子應當有原則的參政，另一方面又強調當政者應當隨時注意選拔賢才，這對春秋時代的貴族世襲政權是有挑戰意味的。在他的政治觀中，智性顯然占有很大的比重。

下逮戰國，百家爭鳴，是中國歷史上知識分子最活躍的時代。儒家在知識分子參政的問題上也相應而有所發展。這可以用孟、荀兩家的言論來略加說明。孟子和陳相討論許行「賢者與民並耕而食」的主張時曾提出一種分工論，那便是所謂「勞心者治人，勞力者治於人」的「天下之通義」（見〈滕文公上〉）。從現代民主的立場來看，這當然是不能接受的論點。但是從歷史的觀點說，孟子的分工論也有其時代的背景，即在戰國士氣高漲的情形下，為知識分子參政尋找理論的根據。他認為政治是知識分子的專業，他說：

士之仕也，猶農夫之耕也。（〈滕文公下〉）

他又對齊宣王說：

夫人幼而學之，壯而欲行之。王曰：姑舍女所學而從我，則何如。今有璞玉於此，雖萬鎰，必使玉人雕琢之。至於治國家，則曰：姑舍女所學而從我，則何以異於教玉人雕琢玉哉！（〈梁惠王下〉）

孟子在這裡更是明白地主張「專家政治」了。治國家的人必須是「幼而學，壯而行」的專門人才，正如雕琢玉石者必須是治玉專家一樣。而且治國既需依賴專門的知識，則雖以國君之尊也不應對臣下橫加干涉。和孔子相較，孟子所劃給知識分子的政治功能顯然是大得多了。

荀子生當戰國末期，知識分子在各國政治上已頗炙手可熱。故荀子所關心的已不復是如何爲知識分子爭取政治地位，而是怎樣爲知識分子的政治功能作有力的辯護。這便是他的〈儒效〉篇的中心意義。在〈儒效〉篇中，荀子主要在解答秦昭王向他提出來的一個問題，即「儒無益於人之國？」必須指出，荀子此處所說的「儒」是狹義的儒家之儒。當時各家爭鳴，在政治上尤其激烈，法家、縱橫家之流用「無益於人之國」的理由來攻擊儒家，自是情理中所可有之事。這也是〈儒效〉篇的另一可能的歷史背景。荀子則舉出許多史例來說明儒者對國家最爲有益。他指出儒者之可貴在其所持之「道」；這個「道」使得「儒者在本朝則美政，在下位則美俗。」可見荀子仍嚴守著儒家「禮樂教化」的傳統未失。荀子把儒者分爲俗儒、雅儒、大儒三類，而尤其值得重視的是他的劃分標準乃在學問知識的深淺。他特別強調知識是政治的基礎。他說：

> 不聞不若聞之，聞之不若見之，見之不若知之，知之不若行之。……故聞之而不見，雖博必謬；見之而不知，雖識必妄；知之而不行，雖敦必困。

又說：

> 聞見之所未至，則知不能類也。

知識必須到了能推類、分類的階段才是系統的知識。（按：「類」在儒、墨兩家的知識論中都是最重要的概念。）而荀子的「大儒」，其特徵之一便是「知通統類」。照荀子的意思，唯有這樣「知通統類」的「大儒」，才能負最高的政治責任。所以他說：「大儒者，天子三公也。」儒家主智論的政治觀至荀子而發展到最高峰。在荀子之世，政治上的當權者已對知識分子抱著很大的疑忌，所以，稍後秦統一了中國就採取了打擊知識分子的政策。荀子大概已感覺到風雨欲來的低氣壓，因此他一再強調國家必須尊重知識分子才能興盛和安定。他在〈君道〉和〈強國〉兩篇中曾重複地說道：

故君人者，愛民而安，好士而榮，兩者無一焉而亡。

荀子在這裡已不祇是爲儒家說話了，他是在主張一種普遍性的士人政治！

儒家政治思想的另一個重要的智性表現則在於對政治批評所持的態度。儒家論政，本於其所尊之「道」，而儒家之「道」則是從歷史文化的觀察中提煉出來的。因此在儒家的系統中，「道」要比「政」高一個層次；而儒家批評現實政治時必然要根據往史，其原因也在這裡。孔子承繼了古代士、庶人議政的傳統，而提出人民可以批評政治。他說：

天下有道，則庶人不議。（《論語．季氏》。按：《左傳》襄公十四年，師曠對晉侯語，謂「自王以下，各有父兄子弟以補察其政。」便提到「士傳言」和「庶人謗」。《國語．周語上》載召公與厲王論「防民之口，甚於防川」一段也說到「庶人傳語」。這些話應該就是孔子此語的歷史淵源。）

這句話的反面意思顯然是說「天下無道，則庶人議。」但是孔子一生都在嗟嘆「天下無道」、「道之不行」，他當然是主張「庶人議」的，他自己也從來沒有停止「議」過。事實上，孔子曾留下了一部有系統的議政的著作，就是《春秋》這部書。孟子告訴我們：

> 世衰道微，邪說暴行有作，臣弒其君者有之，子弒其父者有之。孔子懼，作春秋。春秋，天下之事也。是故孔子曰：知我者其惟春秋乎？罪我者其惟春秋乎？（《孟子．滕文公下》）

我們今天當然不能毫無批判地接受漢代公羊家的說法，認爲《春秋》一書中充滿了種種「微言大義」，但是如果我們說，孔子曾經用史官成法對魯史舊文加以纂輯，並藉之表現他對時政的批評，似乎是一個相當合理的推測。孟子距孔子不過一百餘年，他的記錄應該是有根據的。至少我們可以說，孔子以後的儒家都相信《春秋》是一部議政的著作；而且從孟子開始，這一議政的傳統一直在擴大發展之中，至西漢公羊學家的禪讓論而益見精采。

孟子自己就繼承並大大地發揮了孔子《春秋》的批評精神。他的許多創見，如「民爲貴，社稷次之，君爲輕。」如「聞誅一夫紂，未聞弒君也。」等等，在中國政治思想史上一直是光芒四射的。秦代統一以後，博士、儒生等人的「以古非今」、「各以其學議政」，也正是儒家批評精神的一種具體表現。事實上，孔子以後的儒家早已不拘守《春秋》的原始精神，他們的批評已不限於「亂臣賊子」，即使是大一統的皇帝也在批評的範圍之內。董仲舒說：

> 周道衰廢，孔子爲魯司寇，諸侯害之，大夫壅之，孔子知言之不用，道之不行也，是非二百四十二年之中，以爲天下儀表。貶天子，退諸侯，討大夫，以達王事而已矣。（《史記．太史公自序》引）

董仲舒的「貶天子」說來自公羊家，而公羊家是齊學；漢初齊學中頗有堅持儒家批評精神的人，如轅固生的「湯、武革命」論便是「貶天子」的一種具體表現。董仲舒在這一點上似乎和轅固生有思想的淵源（詳後）。其後西漢的儒生更援引五德終始之論，公開指責漢德已衰，要漢帝禪位於賢者。最顯著的例子是昭帝時（西元前七八年）的眭孟和宣帝時（西元前六〇年）的蓋寬饒都因上書言禪讓而誅死。這尤其是「貶天子」精神的最高度的發揮。東漢以後，禪讓論已離開儒生之手，變成權臣篡位的理論工具，知識分子也從此不敢再說「貶天子」了。儒家議政的精神雖遭挫折，但是在東漢到明末這一長時期中，中國知識分子所發動的幾次大規模的政治抗議和社會抗議的運動，則仍然是受了儒家「庶人議政」的傳統的影響。東漢太學生的清議和明末的東林運動便是兩個最顯著的史例。在這種運動中我們看不見道家和法家的影響（理由詳後）。十七世紀的黃宗羲說：

> 學校所以養士，然古之聖王，其意不僅此也。必使治天下之具皆出於學校，而後設學校之意始備。……天子之所是未必是，天子之所非未必非。天子遂不敢自爲非是，而公其非是於學校。是故養士爲學校之一事，而學校不僅爲養士而設也。（《明夷待訪錄》〈學校〉篇）

黃宗羲要人民不以天子的是非爲是非，並且要天子不敢自爲是非，這是西漢儒家「貶天子」的精神的復活。他又認爲學校不應僅爲養士之地，更應爲批評政治是非的所在，這當然是古代的「庶人議政」精神的進一步發揮。按《左傳》襄公三十一年條云：

> 鄭人游於鄉校，以論執政。然明謂子產曰：毀鄉校如何？子產曰：何爲？夫人朝夕而游焉，以議執政之善否。其所善者吾則行之；其所惡者吾則改之，是吾師也。若之何毀

之？我聞忠善以損怨，不聞作威以防怨。豈不遽止，然猶防川。……仲尼聞是語也，曰：人謂子產不仁，吾不信也。

可見黃宗羲是以古代的「鄉校」爲他學校理想之所寄，而他的「議政」精神也正是上承子產和孔子而來。所以在他看來，東漢的太學清議、宋代的太學生論政都是值得稱許的「三代遺風」。黃宗羲顯然不希望知識分子都變成皇帝所馴養的政治工具；東林和復社的精神仍然活在他的心中，他要知識分子負擔起批評政治的任務。儒家政治思想中的主智傳統在黃宗羲的手上獲得了一次最有系統的整理。

## 三 道家的反智論

道家和法家的政治思想雖然也有不少與儒家相通之處，但在對待智性及知識分子的問題上卻恰恰站在儒家的對立面。道家尚自然而輕文化，對於智性以及知識本不看重。但老、莊兩家同中亦復有異：莊子對政治不感興趣，確是主張政府越少干涉人民生活越好的那種「無爲主義」。他以「墮肢體，黜聰明，離形去智」爲「坐忘」（大宗師），這顯是反智性的。他又說：「庸詎知吾所謂知之非不知邪？庸詎知吾所謂不知之非知邪？」（齊物論）這便陷入一種相對主義的不可知論中去了。但是他在「不知」之外又說「知」，則仍未全棄「知」，不過要超越「知」罷了。所以莊子的基本立場可以說是一種「超越的反智論」（transcendental anti-intellectualism）。而且莊子也並未把他的「超越的反智論」運用到政治思想方面。因此我們可以說，莊子的思想對此後政治上的反智傳統並無直接的影響。而老子則不然。《老子》一書可以說是以政治思想爲主體的，和《莊子》之基本上爲一部人生哲學的作品截然異致。老子講「無爲而無不爲」，事實上他的重點卻在「無不爲」，不過托之於「無爲」的外貌而已。故道家的反智論影響及於政治必須以老子爲始作俑者。老子的反智言論中有很多是直接針對著政治而發的。讓我們舉幾條比較重要的例子：

> 是以聖人之治也，虛其心，實其腹；弱其志，強其骨。恆使民无知无欲也，使夫知不敢，弗爲而已，則无不治矣。
>
> 絕聖棄知，民利百倍。
>
> 民多智慧，而邪事滋起。
>
> 爲道者非明民也，將以愚之也。民之難治也，以其知也。故以知知（治）邦，邦之賊也；以不知知（治）邦，邦之德也。（按：以上引文主要係根據馬王堆漢墓出土《老子》寫本甲、乙兩本釋文，見《文物》，一九七四，十一期。）

老子在此是公開地主張「愚民」，因爲他深切地了解，人民一旦有了充分的知識就沒有辦法控制了。老子的「聖人」要人民「實其腹」、「強其骨」，這確是很聰明的，因爲肚子塡不飽必將鋌而走險，而體格不健康則不能去打仗或勞動。但是「聖人」卻絕不許人民有自由的思想（「虛其心」）和堅定的意志（「弱其志」），因爲有了這兩樣精神的武器，人民便不會輕易地奉行「聖人」所訂下的政策或路線了。老子的「聖人」不但不要一般人民有知識，甚至也不願意臣下有太多的知識。所以老子說：

> 不尚賢，使民不爭。

「尚賢」本是墨家的主張，而儒家也主張「舉賢」和「選賢任能」。這是相應於戰國時代各國政治競賽的形勢而起的。其結果則是造成游士（即有知識和才能的人）勢力的高漲。老子既持「以知治邦，邦之賊也」的見解，他當然不願意看見因政府「尚賢」所造成的人民之間的才智競爭。顯然地，這種競爭必然會使得人民越來越「明」，而不是越來越「愚」。老子不鼓勵人民和臣下有知識，可是他的「聖人」卻是無所不知的；「聖人」已窺破了政治藝術的最高隱祕。因爲「聖人」已與天合德了。老子說：

聖人恆无心，以百姓之心爲心。

儒家有「天視自我民視，天聽自我民聽」的觀念，西方原始基督教也有Vox populi vox Dei（人民的聲音即上帝的聲音）的諺語。但一個是指「天」，一個是指「上帝」。老子的「聖人」豈不即相當於儒家的「天」或基督教的「上帝」的化身了嗎？否則他怎麼能隨時隨地都確切地知道「百姓之心」呢？難道百姓都把心交給了「聖人」嗎？當然，必須指出，老子說的是「百姓」，不是「人民」，而百姓在古代祇是指「百官」而言。但是這種分別也許並不像字面上那麼重大。近來已有人說，儒家經典上的「人」都是「貴族」、「奴隸主」，更有人辨孟子「民爲貴」的「民」是「丘民」，亦即「大人」或「巨室」。祇要眞的「言之成理，持之有故」，我們也不必否認這種說法的成立的可能性。從嚴格的思想史觀點分析，西方學者也曾指出，原始基督教所說的「人民」（Populi）大概是指的古代猶太民族中的「長老」（Elders），並非當時全部以色列的居民。事實上，自古及今，對「人民」這個名詞的運用是一切政治魔術家所必變的戲法之一。但是通過思想史的分析，我們便可發現，這個名詞的內涵從來就沒有全面的包容性。美國憲法起草時所用的「人民」一詞原意便極爲狹窄，有些英國作者所說的「人民」實際上即是地主階級。對於希特勒而言，則祇有純雅利安種人才算是眞正的「人民」。（詳細討論請看George Boas, "The People"一文，載其所著*The History of Ideas*一書中，紐約，一九六九年版；及同氏所撰"Vox Populi"一文，載Philip P. Wiener主編，*Dictionary of the History of Ideas*，第四冊，一九七三年版。）無論老子的「百姓」所指爲何，總之是當時政治上直接起作用的人群。老子的「聖人」則自信隨時能集中這些「百姓」的意見，並制定永遠正確的政治路線。「聖人」既無所不知，掌握了事物的最高規律——道，則他之「以百姓之心爲心」是無人能加以懷疑的。「始悟顏回歎孔氏」，誰敢說自己比聖人知道得更多呢？

但是老子這部書雖然對政治運用的觀察分解入微，它畢竟祇是一套抽象的理論，而不是行動的綱領。所以老子說：

> 吾言易知也，易行也；而天下莫之能知也，莫之能行也。

又說：

> 夫天下，神器也，非可爲者也。爲之者敗之，執之者失之。

《老子》一書，言簡意豐，向來解者不一。我在上面所說的絕不敢謂盡得老子本旨。但自戰國末年法家攀附老子以來，老子思想的政治涵義確是愈來愈權謀化了。後世帝王之注《道德經》者如明太祖便不期而然地從權謀方面用心。所以講思想史與寫個別思想家的「學案」不同，必須兼顧到思想的歷史發展。（見〈唐、宋、明三帝老子注中之治術發微〉）

老子在政治上發生實際作用，要等到所謂黃老政治哲學的發展成熟以後，而且更重要的是要等到黃老和法家的一套辦法結合起來之後。黃老一派的所謂道家曾經過一個相當長的發展階段，大約是從戰國晚期到西漢初年。黃老思潮在政治上得勢則在漢初六、七十年之間。傳統學者對於黃老的認識大體上僅限於它的「清靜無爲」的一方面；但是司馬遷卻在《史記》中把道家的老、莊和法家的申（不害）、韓（非）合成一傳。他並明言「申子之學本於黃、老而主刑名」，又說韓非「喜刑名法術之學，而歸本於黃老」。此外從戰國到秦、漢，兼治黃老與刑名之學的人還很多，不必一一列舉。然則黃老與法家之間的關係究竟如何呢？這也是中國政治思想史上一直懸而未決的一個重要問題。主要的原因是文獻無徵，《漢書·藝文志》上所載屬於黃老一派的著作差不多都失傳了。最近長沙馬王堆漢墓出土了好幾篇古佚書，大體上可以斷定是屬於黃老一系的作品。因此我們對這個問題的解答便有了比較可靠的線索。

我們初步地考察這些新發現的佚文，便可知黃老之能流行於大一統時代的漢初，絕不是單純地因爲它提出了「清靜無爲」的抽象原則，而是黃老與法家匯流之後使得它在「君人南面之術」的方面發展了一套具體的辦法，因而才受到了帝王的青睞。本文不能對道、法關係作全面的深入檢討。這裡，我們僅從反智論的角度來看看黃老學派的基本態度，《經法》的〈大分〉篇說：

> 王天下者，輕縣國而重士，故國重而身安；賤財而貴有知（智），故功得而財生；賤身而貴有道，故身貴而令行。（《文物》，一九七四，第十期）

這段話中，作者既說「重士」，又講「貴智」、「貴道」，似乎在政治上很能尊重智性和知識分子的樣子。但事實上這段話不能如此孤立地去了解。黃老派要向帝王推銷他們的「道」，並推荐他們自己，當然希望人主「重士」而「貴智」。等到這種「士」變成了臣下之後，他們的「智」便將完全爲人主效忠，絕不會發揮任何批判的力量，以致對政權有危害性。所以同篇又說：

> 爲人主，南面而立。臣肅敬，不敢敝（蔽）其主。下比順，不敢敝（蔽）其上。

《十大經》的〈成法〉篇說：

> 黃帝問力黑（按：《史記・五帝本紀》黃帝的大臣有力牧，即是此處的「力黑」。「黑」假爲「墨」。）：唯余一人兼有天下，滑（猾）民將生，年（佞）辯用知（智），不可法組。吾恐或用之以亂天下。請問天下有成法可以正民者。力黑曰：然。……吾聞天下成法，故曰不多，一言而止。循名復一，民無亂紀。黃帝曰：請問天下猷（猶）有一虖（乎）？力黑曰：然。昔者皇天使馮（風）下道一言而止。……黃帝曰：一者，一而已乎？其亦有長乎？力黑曰：一者，道其本也，胡爲而无長？□□所失，莫能守一。一之解，察于天地。一之理，施于四海。何以知□之至，遠近之稽？夫唯一不失，一以騶化，少以知多。……。夫百言有本，千言有要，萬（言）有悤（總）。萬物之多，皆閱一空。夫非正人也，孰能治此？罷（彼）必正人也，乃能操正以正奇，握一以知多，除民之所害，而寺（持）民之所宜。

上引這一段文字講的正是思想統制的問題，特別值得注意。唐蘭（〈《黃帝四經》初探〉，《文物》，一九七四，第十期）斷定《經法》、《十大經》、《稱》及《道原》四篇佚文便是《漢書·藝文志》中的「黃帝四經」，大概可信，但他把這四篇佚文的製作時代定在西元前四世紀，則似嫌過早。他的根據是文中若干成語在西元前三世紀上半已被人引用。但是我們並不能確定這類的成語是在「四經」中第一次出現的。現在看本段有「余一人兼有天下」的話，很像是秦統一以後的語氣。何況「四經」中又有「黔首」這個名詞呢？儘管《呂氏春秋》中已屢見「黔首」的字樣，但《呂氏春秋》已顯然經過漢代人的整理。所以我相信這四篇佚文的撰成最早也在秦統一的前夕，即西元前三世紀的中葉，或者竟在秦統一以後。時代背景的確定有助於我們對本文的了解。

這裡所提出的問題是統一了天下的君主如何應付不同政治觀點的人的批評。因爲在大一統的君主的心中，這種批評具有高度的政治危害性，即可以「亂天下」。其所以如此，則是由於「佞辯用智」。「佞」是價值判斷，可以不論。「辯」即有說服力，與傳統中少正卯「言僞而辯」的「辯」字相當。但歸根結柢，毛病是出在「用智」。統治者對於無法征服的「智性」或「理性」總是最感到頭痛。黃老學派對「智性」及批評政治的知識分子所採取的態度在這裡表現得毫不含糊，「庶人議政」或現代所謂「亂說亂動」是絕不允許的。

但是即使是擁有絕對權力的統治者也終不能不需要一套政治思想來做他的精神武器，黃老學派於是便提出了他們所謂的「道」。這個「道」極簡單，所以是「一」。當然「一」也有唯一的眞理的意思。但這個「一」祇是一個最高原則，並非一成不變的。它可以「長」，即可以引申而施之於一切的具體情況，具有無窮的妙用。這大概就是所謂「放之則彌六合，卷之則藏於密」吧。「一之理，施於四海。」換言之，它是「放諸四海而皆準」的普遍眞理。掌握了這個唯一眞理的人便能「操正以正奇，握一以知多」——他不但永遠正確，而且幾乎懂得一切事物的規律。那麼誰才能全知全能而永不犯錯誤呢？答案是「正人」——「夫非正人也，孰能治此？」「彼必正人也」。這個「正人」的「正」，除了可作「正確」解以外，也有「政」的涵義。所以《經法》的〈君正〉篇說：「法度者，正（政）之至也。」（按：可能與秦代諱「政」字有關。）這樣的「正人」自然非人君莫屬，而且在黃老的思想系統中，也唯有人君始能掌握「道」。「帝王者，執此道也。」（《經法》〈論〉篇）人王和教主，內聖和外王，耶穌和凱撒在這裡已合而爲一了。

除了「黃帝四經」之外，馬王堆還出現了一篇〈伊尹．九主〉，也是黃老學派的作品，（見凌襄，〈試論馬王堆帛書「伊尹．九主」〉，《文物》，一九七四，第十一期）全篇的主旨在討論君臣的關係，也就是君主怎樣控制臣下，使得大權不致旁落。其中和我們的反智論的題旨最有關係的是下列一段：

> 得道之君，邦出乎一道，制命在主，下不別黨，邦无私門，諍李（理）皆塞。

這番話和前引《十大經》的〈成法〉篇相近，但似乎用意更深一層。〈成法〉篇所擔心的是「處士橫議」，而〈伊尹．九主〉則對臣下的諍諫或諍議也要嚴加禁止。黃老學派在這裡適與儒家的立場相反。儒家是主張有諍諫之臣的，荀子〈臣道〉篇云：

> 有能盡言於君，用則可，不用則去，謂之諫；有能盡言於君，用則可，不用則死，謂之爭。（參看劉向《說苑》〈臣術〉篇）

而《漢書．刑法志》也說：「聖王置諫爭之臣。」儒家的「道」是超越性的，所謂「不爲堯存，不爲桀亡。」它絕非帝王所得而私的。黃老的帝王則至少在理論上是「道」的壟斷者，他的一言一動都是合乎「道」的，因而也是永遠正確的，「聖王是法，法則明分。」他自己便是一切言行的最高標準，誰還能對他有所諍諫或批評呢？儒家分「道統」與「政統」爲二，而且肯定道統高於政統，因此根據道統的最高標準，臣下可以批評代表政統的帝王。這是「二道」而非黃老的「一道」。黃老則不然，〈伊尹・九主〉說：

二道之邦，長諍之李（理），辨黨長爭，……主輕臣重，邦多私門，……以命破威（滅）。

這段文字頗多殘缺，但意思仍很清楚：如果在帝之道以外還存在著另一個「道」的系統，那麼就會造成諍議，引起黨爭。其結果則是「主輕臣重」，政權不保。這是黃老一派最擔心的事。故〈九主〉篇又說：

□主之臣成黨於下，與主分權，是故臣獲邦之〔半〕，主亦獲其半，則……危。

這種顧慮現在看來也確有遠見，後世東漢的黨爭、明末東林的黨爭，都可以爲這段話作註腳。但朝臣和太學生批評政治的諍議從來就被看作是中國知識分子的一種光輝傳統，而在黃老的系統中竟祇有負面的意義，黃老思想的反智立場在這種地方表現得再清楚不過了。從理論上說，黃老的反智論的根源乃在於它的「一道」論。在〈儿主〉篇裡，「道」和「政」是一而二、二而一的觀念。下面是兩條最顯著的例證：

剸（專）授（按：「專授」是指君主把權柄給予臣下。），失道之君也。

剸（專）授，失正（政）之君也。

可見「道」、「政」兩字完全可以互訓。黃老的「道統」和「政統」是徹底地合而爲一的。阿基米德（Archimedes）曾說：「給我一個地球以外的立足點，我可以把地球翻一個身。」但阿基米德找不到地球以外的立足點，所以他終不能轉動地球。在「二道」或「多道」的社會，人民（包括知識分子在內）可以批評政府，可以攻擊國家領導人，因爲他們有政治以外的立足點。然而在黃老的「一道」的社會，祇有帝王可以持「一」以「正」臣民，臣民是無法批評帝王和他所制定的路線。政統和道統既已集中在帝王一人之手，試想臣民更從何處去尋找政治以外的立足點呢？

漢初黃老和儒家之間曾有過一場最著名的爭論。從這一爭論中，我們可以更深刻地認識到黃老學派的根本立場。《史記．儒林傳》記載：

> 黃生曰：湯武非受命，乃弒也。轅固生曰：不然。夫桀紂虐亂，天下之心皆歸湯武，湯武與天下之心而誅桀紂，桀紂之民不爲之使而歸湯武，湯武不得已而立，非受命爲何？黃生曰：冠雖敝，必加於首；履雖新，必關於足。何者？上下之分也。今桀紂雖失道，然君上也，湯武雖聖，臣下也。夫主有失行，臣下不能正言匡過以尊天子，反因過而誅之，代立踐南面，非弒而何也？轅固生曰：必若所云，是高帝代秦即天子之位，非邪？於是景帝曰：食肉不食馬肝，不爲不知味；言學者無言湯武受命，不爲愚。遂罷。是後學者莫敢明受命放殺者。

轅固生是有名的儒者，他主張湯武誅桀紂的革命，顯然是承繼了孟子所謂「聞誅一夫紂，未聞弒君」的傳統。黃生即〈太史公自序〉中所說「習道論於黃子」的黃子，是漢初黃老學派的一個重要人物，他反對湯武革命，其理論根據乃在於絕對化的政治秩序，尤其是絕對化的政治名分。原始儒家的君臣關係是以「義合」的，是荀子〈臣道〉篇所謂「從道不從君」，是相對的，故有「君不君則臣不臣，父不父則子不子」之說。這種相對的（也可以說是契約性的）關係可以邏輯地轉化出「聞誅一夫，未聞弒君」的理論。黃老和法家則相反，認為君臣關係是絕對的，永不能改變的。所以帽子雖破了仍要戴在頭上，鞋子雖是新的仍然得穿在腳上。這是「天下無不是的君主」的觀念。黃生所用「冠履」的論證不但見於「太公六韜」的佚文，而且也還兩見於《韓非子》（〈外儲說〉左下），可見此說為黃老與法家所共持。這裡洩漏了黃老之所以得勢於漢初的一項絕大祕密。兩千年來許多學者都不免被黃老的「清靜無為」的表象所惑，沒有抓住它「得君行道」的關鍵所在。轅固生最後不得已提出劉邦代秦的論據來反駁，大約才塞住了黃生的嘴。但最值得注意的是景帝的態度。景帝顯然偏袒黃生，不喜歡轅固生談湯武受命，所以說「學者毋言湯武受命不為愚」。從此以後漢廷的儒生便再也不敢碰這個題目了。（《漢書．儒林傳》刪去末句「是後學者莫敢明受命放殺者」，遂使後人看不到儒家政治理論在漢初受迫害的實況。這是很值得深思的。）

## 四　法家的反智論

中國政治思想史上的反智論在法家的系統中獲得最充分的發展。無論就摧殘智性或壓制知識分子言，法家的主張都是最徹底的。更重要的，從秦漢以後的歷史來看，法家的反智論在中國的政治傳統中造成了持久而深刻的影響，絕不是空談「仁政」的儒家所能望其項背的。

首先讓我們看看法家關於一般性的愚民政策的主張，因爲這是在政治上排斥智性的一種最清楚的指標。前面我們曾經指出老子具有明顯的愚民思想。但以老子與法家相比，則前者祇提出了一種高度抽象的原則，而後者則策劃了一套具體的實施辦法。《韓非子》〈五蠹〉篇說：

> 故明主之國，無書簡之文，以法爲教；無先王之語，以吏爲師；無私劍之捍，以斬首爲勇。是境內之民，其言談者必軌於法，動作者歸之於功，爲勇者盡於軍。（按：我所根據的是陳奇猷校注的《韓非子集釋》，一九七四。）

這是說，除了「法」以外不許有任何書籍存在，而歷史記載（先王之語）尤在禁絕之列，當然更沒有人敢在「法」的範圍以外亂說亂動了。在這一路線的領導之下，全國只有兩種人：勞動人民和軍隊，因爲前者可以「富國」，後者可以「強兵」。人民要學習文化嗎？各層的國家幹部便是他們的老師，法家的政治路線便是他們唯一的學習對象。但是我們必須記住，韓非這裡所說的並不是空話，在秦始皇統一中國之後，他的同學李斯把這些辦法都一一施行了。

韓非之所以主張愚民是因爲他根本就認定人民是愚昧無知的，無法了解國家最高政策的涵義。如果再讓他們有一些足以批評國家政策的知識和思想，則祇有更增加政府執行路線時的困難。他在〈顯學〉篇中說道：

> 今不知治者必曰：「得民之心。」欲得民之心而可以爲治，則是伊尹、管仲無所用

也，將聽民而已矣。民智之不可用，猶嬰兒之心也。……嬰兒子不知犯其所小苦致其所大利也。今上急耕田墾草以厚民產也，而以上爲酷；修刑重罰以爲禁邪也，而以上爲嚴；徵賦錢粟以實倉庫，且以救饑饉備軍旅也，而以上爲貪；境內必知介，而無私解，並力疾鬥所以禽虜也，而以上爲暴。此四者所以治安也，而民不知悅也。夫求聖通之士者，爲民知之不足師用。昔禹決江濬河而民聚瓦石，子產開畝樹桑鄭人謗訾。禹利天下，子產存鄭，皆以受謗，夫民智之不足用亦明矣。故舉士而求賢聖，爲政而期適民，皆亂之端，未可與爲治也。

這番話眞是說得痛快之至，動人之至，使孔子「民可使由之，不可使知之」那句話顯得黯然失色。人民都像無知的嬰兒一樣，政府要他們吃點小苦以謀求永久的大利，他們竟全然不能了解。以當時法家的四大基本政策而言，促進農業生產是爲了解決人民的經濟問題；加重刑罰是爲了鎮壓壞分子；徵稅徵糧是爲了備荒備戰；在全國範圍內要人民破私立公、國而忘家是爲了準備痛擊一切來犯之敵或進行統一中國的戰爭。但是人民對這四大基本政策竟都有怨言。在這種情況之下，政府如果再重視知識分子的批評或適應人民的政治水平，那麼國家便必然要陷入混亂的局面。

戰國晚期所集結的〈商君書〉也是一部重要的法家著作。其中對愚民政策有不同重點的發揮。〈墾令〉篇說：

無以外權爵任與官，則民不貴學問，又不賤農。民不貴學問則愚，愚則无外交，无外交，〔則國安而不殆。民不賤農，則勉農而不偷。〕國安不殆，勉農而不偷，則草必墾矣。（按：引文據高亨，《商君書注釋》，一九七四。）

高亨解「外權」爲「外國勢力」，大致可從。當時戰國競相招養游士，人民有了知識便有機會跑到外國的政治舞臺上去，因此本國政府也就不得不「禮賢下士」，予以重用。這類在政治上可以興風作浪的知識分子多了，便有動搖法家政治路線的危險，而人民放棄農耕去追求知識學問，對本國的農業勞動力也是一個損失。懂得了這個歷史背景，便可知〈墾令〉篇作者的愚民論主要是爲了防止知識分子和國外發生聯繫，影響到國內的政治路線。朱師轍《商君書解詁定本》注此段首句云：

> 權、勢也。管子君臣篇：以援外權；任法篇：鄰國諸侯，能以其權置子立相。此管仲政策，禁臣民借外力干政得官。故商君亦用其策。言不以民之有外交勢力者，而任爵與官，則民不貴學問，從事游說，而重農。（一九七四年重印本）

朱詁引《管子》爲旁證，使我們知道法家路線的貫徹必須以禁止人民，特別是知識分子，與國外交通爲其先決條件。理由很簡單，法家是政教合一的，國內祇有一種思想的標準，故能收「萬眾一心」之效。但國外的多重標準則無法加以控制。國內知識分子和國外的接觸一多，在思想上便有了其他的立足點，就不免要對法家的路線提出種種疑問以至批評了。

《商君書》中的反智論以〈算地〉篇所言爲最具代表性，其說如下：

> 夫治國舍勢而任說（當作「談」）說，則身修而功寡。故事詩書談說之士，則民游而輕其君；事處士，則民遠而非其上；事勇士，則民競而輕其禁；技藝之士用，則民剽而易徙；商賈之士佚其利，則民緣而議其上。故五民加于國用，則田荒而兵弱。談說之士

資在于口；處士資在于意；勇士資在于氣；技藝之士資在于手，商賈之士資在于身。故天下一宅，而圜身資。民資重于身，而偏托勢于外，挾重資，歸偏家，堯舜之所難也；故湯、武禁之，則功立而名成。聖人非能以世之所易勝其所難也；必以其難勝其所易。故民愚，則知（智）可以勝之；世知，則力可以勝之。臣（按：「民」字之形誤）愚，則易力而難巧；世巧，則易知而難力。故神農教耕，而王天下，師其知也。湯、武致強，而征諸侯，服其力也。（按：末段自「故民愚」以下可參看〈開塞〉篇。）

這段議論中特別提出戰國時代五類分子（「五民」）來加以攻擊。「詩書談說之士」顯然是指儒家，「勇士」則是游俠。儒、俠兩種人是法家路線的大敵，故韓非子有「儒以文亂法，而俠以武犯禁」（〈五蠹〉篇）的名言。「處士」當指一般不做官的知識分子，自然可以包括一部分的儒家和道家在內。最後兩類人即是工與商，法家和儒家同把他們看作社會上的寄生蟲。所以韓非又說：「夫明王治國之政，使其工商游食之民少。」（〈五蠹〉篇）但在這五類分子之中，知識分子（包括在朝的和在野的）顯然是攻擊的首要目標，因爲喜歡批評的知識分子對法家政權的危害性最大，他們會導致人民「輕視國君」和「誹謗朝廷」。至於其他三類分子，細察其罪狀，也都是屬於動搖政權的基礎一方面。追溯到最後，這五類分子的政治危害性無疑是來自一個共同的根源，即他們的專門知識或技能。所以最理想的情況是人民都普遍地愚昧無知，這樣他們就可以俯首貼耳地接受有智慧的君主的領導。但是如果情況不夠理想，國內已有大批的知識分子和專門技術人才，又怎麼辦呢？法家也並不在乎，他還有一套最後的法寶，那就是用武力來鎮壓。分析到這裡，我們才能眞正的懂得，爲什麼在法家政治路線之下，只有兩類人是最受歡迎和優待的：農民和戰士（可看《商君書》的〈農戰〉篇）。在法家看來，前者不但是國家財富的創造者，而且還比較地缺少知識，安分守己；後者則是政權存在的最後保證。至於知識技能，雖然也很需要，但終以壞的影響太大，只好割愛。「故遺賢去知，治之數也。」（〈禁使〉篇）

用武力來鎮壓上述五類分子仍不過是法家路線的消極的一方面。法家另有一套鞏固統治的積極辦法，更值得我們注意。《商君書》的〈賞刑〉篇說：

> 聖人之爲國也，壹賞，壹刑，壹教。壹賞則兵無敵。壹刑則令行。壹教則下聽上。

什麼是「壹賞」呢？

> 所謂壹賞者，利祿官爵摶（專）出于兵，無有異施也。夫固知愚、貴賤、勇怯、賢不肖，皆知盡其胸臆之知，竭其股肱之力，出死而爲上用也。

這是說，高官厚祿之賞專保留給有軍功的人，使人人都肯爲政府拚命。什麼是「壹刑」呢？

> 所謂壹刑者，刑無等級，自卿相將軍以至大夫庶人，有不從王令、犯國禁、亂上制者，罪死不赦。有功于前，有敗于後，不爲損刑。有善于前，有過于後，不爲虧法。

這是說，所有的人，除了君主以外，如有犯上作亂之事都一律判處死刑。縱使以前立過再大的功勞，做過再多的好事，也不能減輕刑罰。

最後，同時也是和本文的論旨最有關係的，什麼是「壹教」呢？

> 所謂壹教者，博聞、辯慧、信廉、禮樂、修行、群黨、任譽、清濁，不可以富貴，不可以評刑，不可以獨立私議以陳其上。堅者被（破），銳者挫。雖曰聖知巧佞厚朴，則

不能以非功罔上利，然富貴之門，要存戰而已矣。

我們記得，上面曾經分析過黃老學派的「一道」論，法家的「一教」在精神上正是和「一道」相通的。「一教」便是統一教育、統一思想、統一價值標準。「一賞」和「一刑」則是「一教」的雙重保證。這三者是三位一體的，合起來便相當於黃老的「一道」。反過來看，我們也可以說「一賞」、「一刑」、「一教」是「一道」的「一炁化三清」。那麼誰才能制定這種統一的教育呢？當然衹有那位「治國」的「聖人」了。〈農戰〉篇云：

故聖人明君者，非能盡其萬物也，知萬物之要也。

〈靳令〉篇云：

聖君知物之要，故其治民有至要。

這豈不就是黃老《十大經》所說的「握一以知多」的「正人」嗎？「聖君」既掌握了一切事物的規律。他所立之教，人民便衹能遵奉，不許批評，也不許向君主提出「獨立私議」。現在「聖人」除了農業勞動者以外，只需要戰士，因此法家的政權衹對有軍功的人開放。此外對於一切有德行、學問、技能的人，政權的門則永遠是關閉的。

在這些主張的後面，暗藏著法家對於人性的基本假定。第一，法家假定人性是好權勢、好財富的。因此衹要「聖人」全部控制了這兩樣法寶，他就可以誘導人民追隨他的政治路線。第二，法家假定人性是貪生怕死的，因此「聖人」的嚴刑峻法便可以阻嚇人民不敢亂說亂動。在這一點上，法家是和老子分歧了。他們不接受老子「民不畏死，奈何以死懼之」的論斷。韓非子〈解老〉、〈喻老〉兩篇都沒有提到這個問題。相反地，〈解老〉篇還對老子

「禍兮福之所倚」作了如下的解說：

人有禍則心畏恐，心畏恐則行端直，行端直則思慮熟，思慮熟則得事理，行端直則無禍害，無禍害則盡天年，得事理則必成功，盡天年則全而壽，必成功則富與貴，全壽富貴之謂福。

恰好可以證實前面所指出的法家關於人性的兩個基本假定。而且這裡還透露了法家對於人的思想的看法：人的思想是永遠在趨利避害的。這又是法家相信思想可以通過威脅利誘來加以控制的理論基礎。法家之所以肆無忌憚地公開提倡反智論，其一部分的根據也在這裡。

法家的反智論是和他們要樹立君主的領導權威分不開的，用法家的名詞說，即所謂「尊君」。在君主的心中，知識分子（無論是在朝的還是在野的）最不可愛的性格之一便是他們對於國家的基本政策或政治路線往往不肯死心塌地接受；不但不肯接受，有時還要提出種種疑問和批評。對於這類疑問和批評，即在今天號稱是民主國家的執政者也不免聞而生畏，至於大權獨攬的極權國家的領袖及其黨徒更是有「是可忍孰不可忍」之感了。赫魯雪夫的回憶錄曾特別提到知識分子的異端是蘇聯最感頭痛的一個問題。近來索忍尼辛和沙卡洛夫的言論便充分地證實了赫魯雪夫的說法。以今例古，我們就更能夠了解古代法家「尊君」論的心理背景了。

「尊君」論包括積極和消極兩方面的內容。在積極方面，君主必須把一切最高的權力掌握在自己的手上，不能容許有大權旁落、君弱臣強的情況發生。在消極方面，君主必須超乎一切批評之上，君主縱有過失，也要由臣下來承擔責任。所以在實踐中「尊君」必歸於「卑臣」。臣愈卑則君愈尊，而且非卑臣亦無以見君之尊。《管子》的〈明法〉篇開頭就說：

所謂治國者，主道明也；所謂亂國者，臣術勝也。夫尊君卑臣，非親也，以勢勝也。百官論職，非惠也，刑罰必也。故君臣共道則亂，專授則失。（文字據戴望校正）

〈明法〉篇有「解」，當是較早的法家著作，至少當在《韓非子》之前。（羅根澤，《管子探源》定此篇襲自《韓非子》〈有度〉篇，但舉證不堅，未可從。）可見法家「尊君卑臣」的觀念在戰國晚期已經出現。〈明法解〉釋之云：

明主在上位，有必治之勢，則群臣不敢為非。是故群臣之不敢欺主，非愛主也，以畏主之威勢也。百姓之爭用，非以愛主也，以畏主之法令也。故明主操必勝之數，以治必用之民；處必尊之勢，以制必服之臣。故令行禁止，主尊而臣卑。

這是主張君主用絕對的權力來制服臣民，使他們不敢稍有異動。

《韓非子》的〈主道〉篇說：

明君無為於上，君臣竦懼乎下。明君之道，使智者盡其慮，而君因以斷事，故君不窮於智；賢者敕其材，君因而任之，故君不窮於能；有功則君有其賢，有過則臣任其罪，故君不窮於名。是故不賢而為賢者師，不智而為智者正，臣有其勞，君有其成功，此之謂賢主之經也。

「尊君卑臣」論發展到韓非才真正鞭辟入裡，深刻周至；反智論發展到韓非才圓滿成熟，化腐朽為神奇。「有功則君有其賢，有過則臣任其罪」，這就是後世所謂「天王聖明，臣罪當誅」。尊卑之分還能過於此嗎？西方基督教徒說：「一切榮耀皆歸於上帝。」韓非的「明君」正是這樣的上帝。「不賢而爲賢者師，不智而爲智者正。」這才眞是「天下英雄入吾彀中」。有智識有才能的人只要肯聽「明君」的話，規規矩矩地「盡慮」、「守職」，他們的智識、才能便都變成了「明君」的智識、才能。「富貴」是不在話下的。但是如果居然不識相，自高自大，興風作浪，亂提意見，妄發議論，那麼，不要忘了，「明君」還有鎭壓的力量在後面。「世智，力可以勝之。」眼前的例子，像上面提到的沙卡洛夫，早年爲蘇聯的氫彈發展做出了重大的貢獻，得過史達林獎金，三度被封爲「社會主義勞動英雄」；但後來忘了分寸，講什麼「學術自由」（intellectual freedom），講什麼「人類生存，匹夫有責」（No one can shed his share of responsibility for something upon which the existence of mankind depends.）現在呢？沙卡洛夫垮了，臭了，頭上的帽子正式換了牌子，叫做「反愛國者」（anti-patriot），叫做「反動分子」（reactionary）。這樣的反智論才合乎「人盡其才」的經濟原則。蘇聯的文化沙文主義是著了名的，什麼東西都說是俄國人第一個發明的。但是唯獨在發明一套控制知識分子的精密設計這件事上，他們無論如何不能再爭第一。中國的法家確確實實地比他們占先了兩千年。

法家的反智論從來不是玄想，也不是情緒，它是從戰國（特別是中晚期）的政治經驗中逐步發展成熟的；韓非則運用他的冷酷的理智（cool reason）總結了以往的一切經驗，而加以系統化，使它變成了專制政治的最高指導原則之一。秦始皇和李斯則又根據韓非所總結的原則而在全中國的範圍內開創了一個反智的新政治傳統。「焚書」和「坑儒」這兩件大事便是法家反智論在政治實踐上的最後歸宿。「坑儒」一案另有曲折，而且是偶發的事件，姑置不論。「焚書」則是秦代的基本政策，讓我們看一看它的具體內容。《史記・秦始皇本紀》載李斯的奏議說：

古者天下散亂，莫之能一，是以諸侯並作，語皆道古以害今，飾虛言以亂實，人善其所私學，以非上之所建立。今皇帝并有天下，別黑白而定一尊。私學而相與非法教之制，人聞令下，則各以其學議之，入則心非，出則巷議，夸主以為名，異趣以為高，率群下以造謗。如此弗禁，則主勢降乎上，黨與成乎下，禁之便。臣請史官非秦記皆燒之。非博士官所職，天下敢有藏詩、書、百家語者，悉詣守、尉雜燒之。有敢偶語詩書者棄市。以古非今者族。吏見知不舉者與同罪。令下三十日不燒，黥為城旦。所不去者，醫藥卜筮種樹之書。若有欲學法令，以吏為師。（按：引文據〈李斯傳〉校訂。）

顯見「焚書」令是完全針對當時一般知識分子批評法家路線而起。儒家當然首當其衝，那是毫無問題的。但諸子皆在焚毀之列，也已由「百家語」三個字完全證明了。（也許法家的著作是例外。）明令不去的書籍祇有秦代史乘和技術性的東西，則這一措施的思想性之強烈可想而知。秦廷發動「焚書」的唯一理由即是「主勢降乎上，黨與成於下」。那就是說，如果讓以「私學」攻擊皇帝所立之「法教」這種運動繼續演變下去，上面將損害人主的威信，下面將造成知識分子的團結，其必然的結局便是「君弱臣強」。我們在這裡清楚地看到，法家的「尊君」論被它自己的邏輯一步一步地推向反智論：尊君必預設卑臣，而普遍地把知識分子的氣燄鎮壓下去正是開創「尊君卑臣」的局面的一個始點。

「焚書」政策的實施是韓非的反智論的徹底勝利。李斯的奏議不但在精神上完全忠實於韓非的理論，而且在用詞遣字等細節方面也謹守著韓非的原文。這一點，郭沫若在〈韓非子的批判〉中早已舉例證明了。《韓非子》的〈和氏〉篇曾提到商鞅「燔詩書而明法令」。此說雖不見於《史記》或其他先秦典籍，然後世學者多信其爲實錄。這樣說來，秦國已早有焚毀儒書的傳統，韓非思想的影響也許不像想像中那麼大。但是我很懷疑這是後世法家或韓非本人的「托古改制」。秦國一向是所謂「西戎之地」，在文化上很落後。在紀元前四世紀的中葉，儒家的詩、書縱已傳至秦地，也不可能有太大的影響，以致成爲商鞅變法的阻礙。若說《尙書》中有〈秦誓〉、《詩經》〈國風〉中有〈秦風〉，即是商君所燔的詩、書，但那是秦人自己的東西。以「史官非秦記皆燒之」一條推之，可斷其必無此事。所以我認爲「焚書」的觀念雖未必始於韓非，但李斯、秦始皇的推行焚書政策則恐怕正是受了韓非「燔詩書」一語的啓示。

兩千年來，韓非對於中國人政治生活的影響，遠超出一般的常識了解之上。

## 五　儒學的法家化

秦朝亡了，漢朝代之而起，而法家所建立的制度卻延續了下去。漢代一直被古今歷史家認作是儒學得勢的時代，尤其是從漢武帝接受了董仲舒的賢良對策，正式「罷黜百家，獨崇儒術」以後，中國的思想界似乎已成了儒家獨霸的局面。因此近代學人攻擊儒家在歷史上與君主專制互爲表裡，便往往以漢武帝的「復古更化」爲始點。

在秦始皇時代已不容存身的儒學，過了幾十年，在漢武帝的時代不但捲土重來，而且竟

「定於一尊」。這真是思想史上的一個奇蹟。這個奇蹟的出現說明了在這幾十年中儒學本身和客觀的政治情勢都發生了重大的變化。詳細解釋這一段歷史發展勢將遠遠超出本篇的範圍。我現在祇能以本文論旨爲中心，簡單地說一說漢初儒學在政治性格上所發生的一種基本改變。爲了討論的方便起見，我姑且把這一改變稱之爲「儒學的法家化」。但是我必須鄭重地補充一句，「法家化」祇是漢初儒學發展的一種特殊的方面，絕不是它的全部。

所謂「儒學的法家化」，其意義不是單純地指儒家日益肯定刑法在維持社會秩序方面的作用。遠在先秦時代，荀子〈王制〉和〈正論〉兩篇已給刑法在儒家的政治系統中安排了相當重要的位置。漢初儒學的法家化，其最具特色的表現乃在於君臣觀念的根本改變。漢儒拋棄了孟子的「君輕」論、荀子的「從道不從君」論，而代之以法家的「尊君卑臣」論。

漢代第一個在政治上得意的儒生是高祖時代的叔孫通。我們知道劉邦是最鄙視儒生的，但叔孫通居然用「朝儀」這件事得到了劉邦的賞識。原來劉邦雖做了皇帝，而同他一齊打天下的功臣卻都不知禮節。史稱「群臣飲酒爭功，醉或妄呼，拔劍擊柱，高帝患之。」（《史記・叔孫通傳》）於是叔孫通提議由他到魯地去徵召他的弟子來「共起朝儀」。他說他願意「采古禮與秦儀雜就之」。他是否有「古禮」作根據似乎大爲可疑，因爲魯地有兩個儒生便拒絕受召。他們對叔孫通說：「公所爲不合古，吾不行。公往矣，無污我！」但是叔孫通曾任秦廷博士，他所說的「秦儀」恐怕確是貨眞價實的。由此可見他爲漢廷所訂的朝儀其實即是秦廷那一套「尊君卑臣」的禮節。難怪在施行了之後劉邦要說：「吾迺今日知爲皇帝之貴也。」南宋時朱熹便看穿了叔孫通的把戲。朱子說：

叔孫通爲綿蕝之儀，其效至於群臣震恐，無敢失禮者。比之三代燕享，君臣氣象，便大不同。蓋只是秦人尊君卑臣之法。（《朱子語類》卷一三五）

叔孫通的「尊君卑臣」手段尚不止此。後來漢惠帝繼位，在長安的未央宮和長樂宮之間造一條路，已經動工了，叔孫通向惠帝指出這條路設計得不妥，會影響到高祖的廟。惠帝倒肯接受批評，立刻就要毀掉已造成的路段。但是叔孫通卻又不贊成，他說：

人主無過舉。今已作，百姓皆知之。今壞此，則示有過舉。

這就是說，皇帝是永遠不會犯錯誤的。即使眞是錯了，也不應公開的糾正，使人民知道皇帝也有過錯。所以皇帝必須用其他曲折的方式來補救自己已犯的過失。「人主無過舉」這句話從此變成皇帝的金科玉律，皇帝的尊嚴眞是至高無上的了。（這句話據褚少孫補《史記．梁孝王世家》是周公對成王講的，但我看正是叔孫通一類儒者造出來的，爲的是和法家爭結帝王之歡。）太史公說：

叔孫通希世度務，制禮進退，與時變化，卒爲漢家儒宗。

這位「與時變化」的「聖人」把「尊君卑臣」變成儒家政治制度的一部分，他是漢代第一個法家化的「儒宗」。

中國歷史上第一個「封侯拜相」的儒生是漢武帝時代的公孫弘。《史記．平津侯列傳》說：

丞相公孫弘者，齊菑川國薛縣人也。字季。少時爲薛獄吏……年四十餘，乃學春秋雜說。……弘爲人恢奇多聞，常稱以爲人主病不廣大，人臣病不儉節。……每朝會議，開陳其端，令人主自擇，不肯面折庭爭。於是天子察其行敦厚，辯論有餘，習文法吏事，而又緣飾以儒術，上大說之。二歲中，至左內史。弘奏事，有不可，不庭辯之。嘗與主爵都尉汲黯請閒，汲黯先發之，弘推其後，天子常說，所言皆聽，以此日益親貴。嘗與公卿約議，至上前，皆倍其約以順上旨。

公孫弘眞可以說是中國政治傳統中「兩面派」的開山大師。他的「人主廣大，人臣儉節」的主張把「尊君卑臣」的原則更進一步地推廣到君與臣的生活方式之中；他不肯「面折庭爭」便是要閹割先秦儒家的「諫諍」傳統。總而言之，在任何情形之下他都不願意損傷君主的尊嚴。

清代的學者如何焯和沈欽韓都力辨公孫弘本是雜家或刑名（法）家，並非眞儒者，其實這一點並非關鍵的所在。公孫弘的同鄉老前輩，即景帝時和黃生爭「湯武受命」的轅固生，曾同他一道被徵到漢廷，轅固生那時已九十餘歲，他警告公孫弘道：

公孫子，務正學以言，無曲學以阿世！（《史記．儒林傳》）

可見這位堅持原則的老儒早已知道公孫弘是靠不住的了。但是公孫弘之所以能致身卿相，卻正是由於他打的是儒家的招牌。〈儒林傳〉中保存了他請立太學的一篇文獻，讀起來豈不句句講的是儒家「禮樂教化」的道理？〈儒林傳〉說：「公孫弘以春秋，白衣爲天子三公，封以平津侯。天下學士靡然鄉風矣。」大批的法家改頭換面變成了儒生，更加速了儒學的法家化。

漢武帝最欣賞公孫弘以儒術緣飾吏事，而《漢書．循吏傳》序也說：

孝武之世……唯江都相董仲舒、內史公孫弘、兒寬居官可紀。三人皆儒者，通於世務，明習文法，以經術潤飾吏事。天子器之。

那麼什麼才是「緣飾」或「潤飾」呢？《史記．酷吏張湯傳》說：

是時上（即武帝）方鄉文學，湯決大獄，欲傅古義，乃請博士弟子治尚書、春秋，補廷尉史。

據《漢書．兒寬傳》，兒寬便是因習尚書而補爲張湯的「廷尉史」的。可見帝王要殺人，除了引據法律條文以外，還要在儒家經典中找根據。現在讓我舉一個實例來說明「儒術緣飾」的作用。《史記．淮南王傳》：

趙王彭祖、列侯臣讓等四十三人議，皆曰：淮南王安甚大逆無道，謀反明白，當伏誅。膠西王臣端議曰：淮南王安廢法行邪，懷詐僞心，以亂天下，熒惑百姓，倍畔宗廟，妄作妖言。春秋曰：臣無將，將而誅。安罪重於將，謀反形已定。臣端所見，其書節印圖，及他逆無道事驗明，甚大逆無道，當伏其法。

懂得漢代法律的人一定知道，「大逆無道」、「謀反」等罪名已足夠置淮南王於死地，而膠西王更引春秋「臣無將，將而誅」之文，顯見爲疊床架屋，似無必要。其實不然，中國歷史上有些帝王殺人，不但要毀滅人的身體，更要緊的是毀滅人的精神。戴震說：

酷吏以法殺人，後儒以理殺人，浸浸乎舍法而論理。死矣，更無可救矣。（〈與某書〉）

又說：

人死於法，猶有憐之者，死於理，其誰憐之？（《孟子字義疏證》）

漢代的「經義斷獄」比戴東原所說的還要可怕，人不但死於法，而且同時又死於理。這才是「更無可救矣」！董仲舒著了一部《春秋斷獄》（又叫《春秋決事比》），把《春秋》完全化爲一部法典，更是「儒學法家化」的典型例證。王充說：

董仲舒表春秋之義，稽合於律，無乖異者，然則春秋漢之經，孔子制作，垂遺於漢。論者徒尊法家，不高春秋，是闇蔽也。（《論衡》〈程材〉篇）

所以「緣飾」兩字，我們萬不可看輕了，以爲只是裝潢門面之事。其實法律只能控制人的外在行動，「經義斷獄」才能深入人的內心。硬刀子和軟刀子同時砍下，這是最徹底的殺人手段。清代的趙翼說「漢初法制未備」，所以才要用「經義斷事」（《廿二史箚記》卷二），那簡直是不著邊際的歷史斷案。叔孫通嘗「益律所不及，傍章十八篇。」（見《晉書》卷三十〈刑法志〉）這顯然是在爲統治者擴大並加密法網，竟至傍及律外，更不可視爲「法制未備」了。馬端臨論《春秋決事比》時曾沉痛地說：

決事比之書與張湯相授受，度亦災異對之類耳。（武）帝之馭下，以深刻爲明；湯之決獄，以慘酷爲忠。而仲舒乃以經術附會之。王（弼）、何（晏）以老莊宗旨釋經，昔人猶謂其深於桀、紂，況以聖經爲緣飾淫刑之具，道人主以多殺乎？其罪又深於王、何矣。又按漢刑法志言，自公孫弘以春秋之義繩下，張湯以峻文決理，於是見知腹誹之獄興。湯傳又言，湯請博士弟子治春秋、尚書者補廷尉史。蓋漢人專務以春秋決獄，陋儒酷吏遂得因緣假飾。往往見二傳（按：公羊、穀梁）中所謂「責備」之說、「誅心」之說、「無將」之說，與其所謂巧詆深文者相類耳。聖賢之意豈有是哉！（《文獻通考》卷

（一八二）

這才眞正揭破了漢代「春秋斷獄」的眞相。兩千年來，中國知識分子所遭到的無數「文字獄」不正是根據「誅心」、「腹誹」之類的內在罪狀羅織而成的嗎？追源溯始，這個「以理殺人」的獨特傳統是和漢儒的「春秋斷獄」分不開的。換句話說：它是儒學法家化的一種必然的結果。馬端臨責備董仲舒的話也許太過。董氏在主觀願望上很可能是想因勢利導，逐漸以「德」化「刑」，但就此下漢代歷史的實況說，馬端臨的論斷是很難動搖的。漢以後雖不再用「春秋斷獄」，但漢儒既已打開了「誅心」之路，程、朱的理學便同樣可資帝王的利用。明太祖和清雍正便抽象地繼承了漢武帝的傳統。章太炎解釋戴震「以理殺人」的歷史背景道：

> 明太祖誦雒（程）閩（朱）言，又自謂法家也。儒法相漸，其法益不馴……雒閩諸儒制言以勸行己，其本不爲長民。故其語有廉棱，而亦時時軼出。夫法家者輔萬物之自然，而不敢爲，與行己者絕異。任法律而參雒閩，是使種馬與良牛並駟，則敗績覆駕之術也。清憲帝（雍正）亦利雒閩，刑爵無常，益以恣雎。……吏惑于視聽，官困于詰責，惴惴莫能必其性命。冤獄滋煩，莫敢緩縱，戴震生雍正末，見其詔令謫人不以法律，摭取雒閩儒言以相稽。覘司穩微，罪及燕語。九服非不寬也，而迾之以叢棘，令士民搖手觸禁。其盡傷深。（《太炎文錄初編》卷一〈釋戴〉）

章太炎對法家的看法，尚不免有理想化之嫌，因此他的論斷，說「任法律而參雒閩」是「敗績覆駕之術」，也還有討論的餘地。然而他所指出明、清兩代儒、法在政治上互爲表裡的歷史事實，則是無可否認的。儒學的法家化並不限於漢代，它幾乎貫穿了全部中國政治史。（參看蕭公權，〈法家思想與專制政體〉（英文），《清華學報》新四卷，第二期，一九六四年二月。）

漢代儒學的法家化，董仲舒曾在理論上提供了重要的基礎。讓我們稍稍檢查一下他的政治思想中的法家成分。董仲舒在第三次賢良對策中說：

春秋大一統者，天地之常經，古今之通誼也。今師異道，人異論，百家殊方，指意不同，是以上亡以持一統，法制數變，下不知所守。臣愚以爲諸不在六藝之科、孔子之術者，皆絕其道，勿使并進。邪僻之説滅息，然後統紀可一，而法度可明，民知而從矣。（《漢書．董仲舒傳》）

我們把這一段文字和前面所引李斯的奏議對照一下，便可以看出這兩者在形式上多麼相似。兩者都是要統一思想，都是要禁絕異端邪說，都是要「上有所持」而「下有所守」。所不同者，董仲舒要用儒家來代替法家的正統，用「春秋大一統」來代替黃老的「一道」和法家的「一教」而已。誠然，董仲舒沒有主張焚書，激烈的程度和李斯有別。李斯對付異端用的是威脅，所謂「世智，力可以勝之。」董仲舒則用的是利誘，祇有讀儒家的經書才有官作。《漢書．儒林傳》說「武帝立五經博士，開弟子員，設科射策，勸以官祿。」這正是給董仲舒所謂「絕其道，勿使並進」作後盾的。所以儘管董仲舒「復古更化」的具體內容頗與法家有異，儘管董氏的用心也許祇是希望儒家之道可以藉此機會實現，但是對於大一統的帝王來說，他的主張卻同樣可以收到「尊君卑臣」客觀效果。

先秦儒家的君臣觀在董仲舒手上也經過了一番相當徹底的法家化。周輔成在《論董仲舒思想》中曾徵引了以下幾條《春秋繁露》中材料：

是故春秋君不名惡，臣不名善。善皆歸于君，惡皆歸于臣。臣之義比于地，故爲人臣下者，視地之事天也。（「陽尊陰卑」。按：周氏書中誤作「王道通三」。）

人主立于生殺之位，與天共持變化之勢，……天地、人生，一也。（「王道通三」）

功出于臣，名歸于君。（「保位權」按：蘇輿《春秋繁露義證》卷六云：「此篇頗參韓非之旨。」）

君者民之心也；民者君之體也。心之所好，體必要之；君之所好，民必從之。（「爲人者天」）

他接著解釋道：「這種尊君的程度，雖然太過，但是溯其來源，仍在先秦儒家。」（頁二五）周氏的解釋是錯誤的，先秦儒家並無此類說法。董仲舒事實上是竊取了法家的「尊君卑臣」之論。前面所引韓非〈主道〉篇「有功則君有其賢，有過則臣任其罪」之語，便是董仲舒「善皆歸于君，惡皆歸于臣」的思想之來源，不過董氏托其說於《春秋》而已。這也是儒學法家化的一個顯例。董氏的《春秋繁露》中，「尊君卑臣」的議論甚多，如〈竹林〉篇亦云：

春秋之義，臣有惡，君名美。故忠臣不顯諫，欲其由君出也。書曰：爾有嘉謀嘉猷，入告爾君于內，爾乃順之于外。曰：此謀此猷，唯我君之德。（按：此《尚書》〈君陳〉篇語）此爲人臣之法也。古之良大夫，其事君皆若是。

這正是「善皆歸于君」的具體說明。叔孫通「人君無過舉」，公孫弘「不肯面折庭爭」、

「有不可，不庭辯之」，在這裡都獲得了經典上的根據。《禮記．坊記》說：

子云：善則稱君，過則稱己，則民作忠。

《禮記》中縱有先秦材料，但其書至少曾經漢初儒者整理。魏張揖甚至說它是叔孫通所撰。無論如何，像「善則稱君，過則稱己」的話，大概可以斷定是出於法家化了的漢儒之口。

董仲舒把「尊君卑臣」的原則推廣到其他社會關係方面，於是就產生了著名的「三綱」之說，《春秋繁露》的〈基義〉篇說：

天爲君而覆露之，地爲臣而持載之；陽爲夫而生之，陰爲婦而助之；春爲父而生之，夏爲子而養之。王道之三綱可求於天。

這就是後世儒家所謂「君爲臣綱、父爲子綱、夫爲婦綱」的教條。現代人攻擊儒家，尤其集矢於「三綱」說。但事實上，「三綱」說也是法家的東西。韓非〈忠孝〉篇說：

臣事君，子事父，妻事夫，三者順則天下治，三者逆則天下亂，此天下之常道也，明王賢臣而弗易也。

儒家「三綱」之說淵源在此。（周輔成已指出此點。前引書，頁五一）由此可見，董仲舒所要建立的尊卑順逆的絕對秩序根本上是儒學法家化的結果。

韓非在〈忠孝〉篇中主張「定位一教之道」。他最反對孔子把君臣父子的關係解釋爲相對性的，以致鼓勵了犯上作亂的行爲。如舜之放父（瞽瞍），湯、武之弒君（桀、紂），都是萬萬不可以爲訓的。他說：

父之所以欲有賢子者，家貧則富之，父苦則樂之；君之所以欲有賢臣者，國亂則治之，主卑則尊之。

總之，他和黃老派一樣，是堅決主張「冠雖敝，必加于首；履雖新，必關于足」的。韓非在君臣、父子之外又將夫婦關係納入尊卑的系統之中。這是和他一向輕視婦女的思想分不開的。他在〈亡徵〉篇中一則曰：「男女無別，是謂兩主；兩主者，可亡也。」再則曰：「女子用國，……可亡也。」他在〈六反〉篇中提及當時殺女嬰的惡習，不但毫無同情的表示，而且還解釋為當然。他說：

父母之於子也，產男則相賀，產女則殺之。此俱出父母之懷衽，然男子受賀，女子殺之者，慮其後便，計之長利也。

「三綱」說之由韓非發其端，絕不是偶然的。（按：韓非在〈五蠹〉篇中曾說：「君之直臣，父之暴子。」又說：「父之孝子，君之背臣。」他因此認為公私相背，事君事父難以並存。這一點在表面似與〈忠孝〉篇兼言忠孝有矛盾。有人因此懷疑〈忠孝〉篇不出韓非子之手。但〈忠孝〉篇旨在駁孔子「未知孝悌忠順之道」，與〈五蠹〉篇並無眞正的衝突。這種辨僞是無根據的。〈忠孝〉篇所言是一般正常的情況，所以要普遍地維持尊卑上下之分。〈五蠹〉篇所言是非常的情況，事君（公）事父（私）不能兼顧。在這種情況下，韓非當然主張「破私立公」。儒家也早就遭遇到這個「公私不能兼顧」的難題。孔子主張「父為子隱，子為父隱，直在其中。」孟子認為舜為天子，而瞽瞍殺人，則舜當棄天下，「竊負而逃」。這種辦法是否合理是另一問題，但顯然表示原始儒家不願意輕易犧牲「孝」來成全「忠」。後來儒家在忠孝不能兩全時提出了「移孝作忠」甚至「大義滅親」的主張，那正是接受了韓非〈五蠹〉篇的原則，也是儒家法家化的一種結果。）

與法家合了流的黃老學派也同樣是維護絕對性的政治、社會秩序的。馬王堆發現的〈稱〉篇說：

> 凡論必以陰陽□大義。天陽地陰。春陽秋陰。夏陽冬陰。大國陽，小國陰。重國陽，輕國陰。有事陽而無事陰。信（伸）者陽（者）屈者陰。主陽臣陰。上陽下陰。男陽〔女陰〕。〔父〕陽〔子〕陰。兄陽弟陰。長陽少〔陰〕。貴〔陽〕賤陰。……制人者陽，制人者制于人者陰。（按：下半句「制人者」三者疑是衍文。）諸陽者法天，天貴正……諸陰者法地，地〔之〕德安徐正靜，柔節先定，善予不爭。此地之度而雌之節也。

像這樣把宇宙間萬事萬物都按照「陽尊陰卑」的原則加以劃分，豈不正是爲「三綱」說提供了一種形而上學的根據嗎？《經法》的〈道法〉篇說：

> 天地有恆常，萬民有恆事，貴賤有恆立（位），畜臣有恆道，使民有恆度。天地之恆常，四時、晦明、生殺、輮（柔）剛。萬民之恆事，男農、女工。貴賤之恆立（位），賢不宵（肖）不相放（妨）。畜臣之恆道，任能毋過其所長。使民之恆度，去私而立公。

這裡所描繪的是一個永恆不變而尊卑分明的社會秩序，這一秩序又是和宇宙的永恆秩序合而爲一的。董仲舒在〈賢良對策〉的第三策中曾有「道之大原出於天，天不變道亦不變」的名言。這種說法也不見於先秦儒書。如果我們一定要爲這句名言尋找思想史上的根源，那麼它正可以從上引〈道法〉篇的議論中提煉出來。

我們在上面對董仲舒的援法入儒作了一番極簡單的清理。我們不能不承認漢儒的法家化實已達到了驚人的程度。以往研究董仲舒的人都注意他吸收陰陽五行的學說的一方面，對於他受法家影響的部分則未能給予足夠的重視。這也許是由於他「緣飾」的手段巧妙之故罷。但是我並不是說董仲舒祇是一個陽儒陰法的思想家，從〈賢良對策〉和《春秋繁露》中，我們仍然可以看出他並未完全拋棄儒家的立場。他想用「天人感應」說來限制君權，一方面可見他的陰陽化的程度，另一方面卻也可見他並不甘心把「道統」整個地託付給帝王。這在精神上尚符合先秦儒學的傳統。就在這一點言，他和清初的「理學名臣」李光地是有本質上的區別的。後者則希望「治統」和「道統」在康熙的身上合而爲一。董仲舒和轅固生在時代上是銜接的。因此他對湯、武革命的理論依然加以肯定。（見《春秋繁露》〈堯舜不擅移，湯武不專殺〉篇）正是由於這一思想背景，他至少還敢於假借「春秋之義」來「貶天子」，雖則所貶的祇是歷史上的天子。無論如何，董仲舒對後世儒家的「庶人議政」傳統多少還有一些正面的影響。（按：蘇輿《義證》卷七謂〈堯舜不擅移，湯武不專殺〉篇「非董子文」，並疑此篇即轅固生與黃生爭論之語。其論證之一謂景帝既不許人言湯、武受命，而「董生篤學，豈容忽先帝遺言？」蓋蘇氏於清末主編《翼教叢編》反對變法、革命，此處辨僞殊不可從。）

然而事實終歸是事實。漢武帝之所以接受董仲舒的建議，「罷黜百家，獨尊儒術」，卻絕不是因爲欣賞他的「貶天子」之說，而是因爲他巧妙地用儒家的外衣包住了法家「尊君卑臣」的政治內核。當時有一位黃老學派的汲黯便當面揭穿了這一事實。《史記．汲黯傳》說：

> 天子（武帝）方招文學儒者。上曰：吾欲云云。黯對曰：陛下內多欲而外施仁義，奈何欲效唐、虞之治乎？

「外施仁義」便是以儒術「緣飾」，「內多欲」則非做法家型「唯我獨尊」的人主便無以操縱自恣。儒家所謂「禮樂教化」不但在武帝一朝未見實效，就是到了他的曾孫宣帝的時代也還是紙上空談。下面是漢代一個極有名的故事，可以使我們知道所謂「獨尊儒術」的眞相。《漢書．元帝本紀》載元帝爲太子時：

> 柔仁好儒，見宣帝所用多文法吏，以刑名繩下。……嘗侍燕，從容言：陛下持刑太深，宜用儒生。宣帝作色曰：漢家自有制度，本以霸王道雜之，奈何純任德教、用周政乎？且俗儒不達時宜，好是古非今，使人眩於名實，不知所守，何足委任。迺歎曰：亂我家者，太子也。

請看宣帝罵儒生「好是古非今」的話，豈不完全是秦始皇、李斯的口吻，那裡有一絲「仁義」的味道？顏師古注引劉向《別錄》云：

> 申（不害）子學號刑名。刑名者，以名責實，尊君卑臣，崇上抑下。宣帝好觀其君臣篇。

可見西漢的皇帝從高祖到宣帝，基本上都採用了法家的路線；他們內心所最關切的問題可以說祇有「尊君卑臣，崇上抑下」八個字。不但西漢如此，晉室南渡，已成君弱臣強之局，做皇帝的還是嚮往著法家路線。《資治通鑑》卷九十，〈晉紀〉十二云：

> （元）帝好刑名家，以韓非書賜太子。庾亮諫曰：「申、韓刻薄傷化，不足留聖

心。」太子納之。（元帝太興元年三月庚午條）

司馬氏號稱儒學大族，而晉元帝即位後第一件事便是賜韓非書給太子，君統與法家關係之深，可以推見。歷史上叔孫通、公孫弘之類的「儒宗」看清了這一點，「與時變化」，入法家之室而操其戈，逢君之欲而長其惡，才在表面上奪得思想界的統治地位。然而個別的儒家要眞想當權，首先就得法家化，就得行「尊君卑臣」之事。他不但有義務幫朝廷鎭壓一切反對的言論，而且連自己的「諫諍」之責也要打一個七折八扣。理由很簡單，「忠臣不顯諫」，「善皆歸於君，惡皆歸於臣」，皇帝是不能公開罵的。這樣的儒家在政治上最後也祇能成爲「反智論者」。所以「尊君卑臣」的格局不變，知識分子的政治命運也不會變。但是中國政治史始終陷於「尊君卑臣」的格局之中。《朱子語類》載：

黃仁卿問：自秦始皇變法之後，後世人君皆不能易之，何也？曰：秦之法盡是尊君卑臣之事，所以後世不肯變。且如三皇稱皇，五帝稱帝，三王稱王，秦則兼皇帝之號。只此一事，後世如何肯變？（卷一三四。按：《舊唐書》卷一三九，〈陸贄傳〉載陸宣公答唐德宗語曰：「古之人君稱號，或稱皇，稱帝，或稱王，但一字而已；至暴秦，乃兼皇帝二字，後代因之，及昏僻之君，乃有聖劉、天元之號。」朱子議論當即本於陸宣公此節奏語也。）

朱子能議論及此，才眞不愧是曠代巨儒。現代人都說中國君主專制的傳統在精神上是靠儒家支持的。這話不知道算是恭維儒家還是侮辱儒家，至少韓非的「孤憤」之魂一定會委屈得痛哭的。現代人之所以讀錯了歷史，一方面固然是由於叔孫通之流「緣飾」的成功，另一方面也是由於歷代帝王中很少有人像漢宣帝、明太祖那樣坦率可愛，肯公然地說：「絕不施仁政！」

朱子答陳亮云：

老兄視漢高帝、唐太宗之所爲而察其心，果出於義耶，出於利耶？出於邪耶，正耶？若高帝則私意分數猶未甚熾，然已不可謂之無。太宗之心則吾恐其無一念之不出於人欲也。直以其能假仁借義以行其私，而當時與之爭者才能知術既出其下，又不知有仁義之可借，是以彼善於此而得以成其功耳。若以其能建立國家，傳世久遠，便謂其得天理之正，此正是以成敗論是非，但取其獲禽之多而不羞其詭遇之不出於正也。千五百年之間，正坐爲此，所以只是架漏牽補過了時日。其間雖或不無小康，而堯、舜、三王、周公、孔子所傳之道，未嘗一日得行於天地之間也。（《朱文公文集》卷三六，〈答陳同甫〉，四部叢刊初編縮本，頁五七九。）

從朱子到今天，又過了八百年，因此我們祇好接著說：

二千三百年之間，只是架漏牽補過了時日。堯、舜、三王、周公、孔子所傳之道，未嘗一日得行於天地之間也。

一九七五年十二月二十二日初稿

一九七六年五月二十四日改定

馬王堆三號漢墓棺室西壁帛畫

# 「君尊臣卑」下的君權與相權

## ——〈反智論與中國政治傳統〉餘論

我寫〈反智論與中國政治傳統〉一文，主要是從政治思想的角度來檢討中國政治傳統中的反智成分。在這樣的限制之下，我所勾畫出來的一些現象自不能不有所偏。這是由於歷史分析的體裁使然，而不是我有意地深文周內。不用說，如果換一個角度和題旨，則我們觀察所得的景象必將與此有異。所以該文既不是對中國的政治傳統作全面性的論斷，更不是對儒、道、法三家思想在整個中國文化史上的地位下任何「定評」。讀者千萬不要誤會我輕率地用「反智」兩個字來概括了一部中國的政治史和思想史（尤其是儒、道兩家）。

以今天中國知識分子在全國範圍內的遭際來說，反智的政治實已發展到了史無前例的程度：不但智性已普遍而公開地遭受唾棄，知識分子更是在絕對權力的支配下受盡了屈辱。現代中國的反智政治當然有很大的一部分是來自近代極權主義的世界潮流，並不能盡歸咎於本土的傳統。但是潛存在傳統中的反智根源也絕不容忽視。如果沒有傳統根源的接引，我們很難想像中國反智政治的狂潮會在短短二、三十年之中氾濫到今天這樣的地步。正是基於這一認識，我才特別感到有在觀念上清理中國反智傳統的必要。

爲了免除一些不必要的誤解，我願意略略說一說我自己對於所謂「傳統」的看法。自從德國社會學大師韋伯（Max Weber）以來，在一般社會學和政治學的用法中「傳統」（tradition）和「現代」（modernity）久已成爲互相排斥的對立性的東西，韋伯在社會學上影響之大、貢獻之卓，自不待言。但他在觀念上尚未能盡脫十八世紀啓蒙思潮（Enlightenment）的窠臼，即以理性和科學爲近代的新興事物，而傳統的權威則主要是建築在非理性的信仰甚至迷信的基礎之上。如所謂「長老統治」（Gerontocracy）、「家長統治」（Patriarchalism）都是屬於傳統的權威。這樣把「傳統」和「現代」在概念上加以對立化帶來了一種甚不可喜的後果，使人認爲「傳統」與「現代」勢不兩立，非徹底摧毀「傳統」便不能有所謂「現代化」。這個看法已在世界上所有要求現代化的地區中輾轉而廣泛地傳播了開來，並不限於中國，但在中國則似乎更趨極端而已。目前流行的一些政治口號如「不破不立」、「破舊立新」便是最明顯的例證，雖則製造這類口號的人未必直接地接觸過韋伯的理論。

但是韋伯的二分法近年來已受到社會科學家的挑戰。魯道夫（Lloyd I. Rudolph and Suzanne Hoeber Rudolph）夫婦研究印度的傳統及其現代化的過程便對此一二分法提出了有力的駁正。照他們的分析，傳統與現代化之間具有非常複雜，甚至可以稱爲「辯證的」（dialectic）關係。不僅傳統之中涵有近代性的因子；而且現代化本身亦絕非全屬現代，其中也有脫胎於傳統的成分。甘地便最善於運用印度傳統中的舊因子來誘發近代化的變革。（詳見他們合撰的*The Modernity of Tradition-Political Development in India*, Chicago, 1967.）事實上，任何傳統都不是靜止的，也不是單純的；傳統本身便包涵著內在的矛盾，而足以導致改變。就傳統和現代化的關係來說，傳統內部自有其合理的成分，並能繼續吸收合理性（rationality），因而可以與現代化接筍。（參看Carl J. Friedrich, *Tradition & Authority*, Praeger Publishers, 1972.）我個人頗傾向於接受這一對韋伯的傳統觀的重要修正。根據這個新的看法，我們便不可能對傳統採取任何籠統的論斷，無論是全面讚美或一筆抹殺都同樣是不符合實際的。相反地，我們必須從各種不同的角度對傳統加以分解，然後再分別地衡量其得失。傳統不是一朝一夕形成的，也無法毀之於頃刻。激烈的革命派在主觀願望上總想「速變」、「全變」。但若一察其思路及作風，則他們攻擊傳統的憑藉主要仍是傳統的力量，而且由於要求速效往往不惜充分地運用傳統中非理性的力量。今天中國反智政治的空前發展正應該從這個角度去作深一層的體認。

現在讓我們再回到中國政治傳統的本題。我在前文中曾強調，中國政治傳統中的反智成分在思想上淵源於法家，與法家匯了流的黃老道家以及法家化了的儒家也都曾在不同的程度上給反智政治提供了理論的基礎。而反智論的政治內核則可以歸結到「尊君卑臣」這一最高的原則。我在前文中僅說明了這一原則在思想意識方面的發展，而完全沒有涉及它在政治制度方面所表現的形態。這雖不是該文的主旨所在，但終不能不略作交代。

談到「君尊臣卑」在政治制度上的表現，我們立刻就碰到了中國歷史上所謂「君權」（或「皇權」）的問題，特別是「君權」和「相權」之間的關係。照傳統的說法，理想的政治格局是所謂「聖君賢相」。聖君垂拱而治，賢相則負責處理一切實際的政務。這樣，皇帝雖然世襲卻不妨害政府領袖——宰相——可以永遠在全國範圍內選拔出最賢能的人來擔任。這對於廣土眾民的古代中國而言，誠不失爲一種良好而合理的辦法。但可惜這祇是傳統儒生的一種理想和期待，歷史的實際卻不是如此。必須指出，在「君尊臣卑」的原則之下，君權與相權從來就不是平行的，其間也缺乏一種明確的界限。君權是絕對的（absolute）、最後的（ultimate）；相權則是孳生的（derivative），它直接來自皇帝。換言之，與君尊臣卑相應，君權與相權是有上下之別的。

我們說君權是絕對的、最後的，是否意味著中國歷史上的皇帝可以完全不受拘束而隨心所欲呢？那當然也不是。事實上，自秦、漢以下，大一統的皇帝中也並沒有像傳說中所渲染的桀、紂一類的暴君。至少我們可以說是昏君遠多於暴君。這是因爲君權雖無形式化、制度化的限制，但仍有一些無形的、精神上的限制。首先是儒家一直想指出一個更高的力量來約束君權，漢儒的「天」和宋儒的「理」都顯然具有這樣的涵義。同時儒家又不斷企圖用教育的方式來塑造皇帝於一定的模型之中。這些努力雖然都不曾發生決定性的效果，但多少也起了一些馴化權勢的作用。這裡我們也可以看到，儒家通過文化教育所發揮的對政治的影響力遠大於它在政治方面的直接成就。

其次是自秦、漢大一統帝國建立以後，君權本身逐漸凝成一個獨特的傳統，因而對後世的君主多少有些拘束力。前代帝王之失固當引以爲戒，但以往在治道方面有建樹的君主則亦須奉以爲師。故唐太宗撰「帝範」十二篇以賜太子，並說：「汝當更求古之哲王以爲師。」（見《資治通鑑》卷一九八，貞觀二十二年條）至於在一代之內，由於開國之君如能立法垂統，因此所謂「祖法」對本朝的君權自然有更大的示範意義。張居正上明神宗奏說：

竊以爲遠稽古訓，不若近事之可徵；上嘉先王，不如家法之易守。……唐憲宗讀貞觀政要，竦慕不能終卷；宋仁宗命侍臣讀三朝寶訓及祖宗聖政錄。前史書之，皆爲盛事。……仰惟我二祖（按：明太祖及成祖）開創洪業，列聖纂紹丕圖，奎章睿謨，則載之實訓；神功駿烈，則記之實錄。其意義精深，規模宏遠，樞機周慎，品式詳明，足以邁三五之登閎，垂萬億之統緒。此正近事之可徵、家法之易守者也。（《張文忠公全集》，奏疏九〈請敷陳謨烈以裨聖學疏〉）

可見「家法」對君權的約束性確在「古訓」之上。但另一方面，中國歷史上變法的阻力也往往由此而來。所以張居正初爲首輔時（一五七二）即語明神宗云：

方今國家要務惟在遵守祖宗舊制，不必紛紛更改。（同上奏疏二〈謝臺見疏〉）

而王安石行新政之際，文彥博更是義正詞嚴地對宋神宗說：

祖宗法制具在，不須更張，以失人心。（李燾，《續資治通鑑長編》卷二二一）

最後我們更應該指出，君權的行使在事實上所遭到最大的阻力則來自傳統的官僚制度（bureaucracy），我這裡用「官僚制度」一詞絕無貶義，也與傳統所謂相權有別。相權如僅指宰相（無論爲獨相或並相）所擁有的權力而言，則它既直接出於君授，自不足以成爲君權之限制。但宰相爲「百官之長」、「群僚之首」，在這個意義上，他是整個官僚系統的領袖，因此當官僚制度對任意揮灑的君權發生一定程度的抗拒力時，相權往往首當其衝。在唐代三省制之下，皇帝的詔令、制敕必須經過中書門下副署。後來劉禕之得罪了武則天，則天借故下敕懲治他。禕之見敕文未經中書門下副署，遂說：「不經鳳閣（中書）鸞臺（門下），何名爲敕？」（見《舊唐書》卷八七，〈劉禕之傳〉）這個有名的故事從表面上看似是君權侵犯了相權，但深一層看則是君權的行使干擾了官僚制度的正常運作，因而受到這個制度的反彈之力。君權可以隨時削弱（如漢武帝）以至廢除（如明太祖）相權，但它不可能毀滅整個官僚制度。官僚制度是治理帝國所必不可少的一套行政機器，沒有這套機器君權本身即無法發揮。所以明代可以廢掉中書省（相權），但不能并六部而去之，而且在廢相之後仍得代之以四輔官以至內閣。官僚制度最初雖然也是在君主授權之下建立起來的，但它既產生之後，本身即成一客觀的存在，有它自己的發展和運行的軌道，不再完全隨君主的主觀願望而轉移了。韋伯是近代研究官僚制度的開山大師，他指出：擁有絕對權力的君主（absolute monarch）面對著官僚制度也是一籌莫展。普魯士的腓特烈大帝（Frederick the Great, 1712-1786）下了許多廢除農奴的詔令，都因受阻於官僚制度而終歸無效；俄國的沙皇如得不到官僚制度的支持也不能有何作爲。（看*From Max Weber: Essays in Sociology*, translated and edited by H.H. Gerth ard C. Wright Mills, Oxford University Press, 1946, pp. 232-235.）所以官僚制度有點像Mary Shelley在一八一八年發表的小說《佛朗肯斯坦》（*Frankenstein*）裡面的怪物（monster）：佛朗肯斯坦創造一個怪物，但怪物獲得了生命以後便不再是主人所能控制的了。

在以上所說的君權的三種限制之中，前兩種的力量都相當微弱，祇有最後一種限制——官僚制度——比較眞實。但是我們知道，官僚制度畢竟祇是傳統政治體系中的一部機器，它本身在很大的程度上仍是受君權操縱的。它祇能要求操縱者遵守機器運行的合理軌道，但是卻無力阻止操縱者運用這部機器去達成甚至是相當不合理的任務。從反智論的觀點出發，我們可以這樣說：儘管官僚制度的運作必須預設一定程度的智性與知識，但官僚制度所隸屬的政治傳統仍然可以具有反智的傾向。這兩個不同的層次至少在概念上應該加以區別。

在中國的政治傳統中，君權和官僚制度的關係更是一部不斷摩擦，不斷調整的歷史。當官僚制度的機器發展得不符合「君尊臣卑」的要求時，君主便要對這部機器作一次基本的調整。由於相權是處在這部機器運轉的樞紐地位，因此每一次重大的調整便導致宰相制度的變更。自秦漢以下，中國宰相制度一共經歷了三個基本的發展階段，即秦漢的三公九卿制，隋唐的三省制，和明、清的內閣制（清代又加上軍機處）。「君尊臣卑」的原則正是每一階段發展的最後動力。章太炎先生是近代最先揭出此一歷史眞相的學者，他曾從官名的變遷上對古今相制演進作過一番分析。茲將其中論及秦漢以下的部分摘錄如下：

> 相者、賓贊之官，故在人主左右。舜舉十六相賓于四門，明其所任傳導威儀之

事。……七國以下定箸相國、丞相諸名，于是故名始替。僕射者，周時侍御之臣也。記稱：僕人師扶右，射人師扶左。秦時加於謁者博士之流，取其領事。……名位尚微也。尚書、中書者、漢時贊作詔版之官。尚書猶主書：中書乃以宦者爲之。（英時按：此指漢武帝初用司馬遷主中書事，唯其後成帝則用士人爲之。）侍中者、漢時所以奉唾壺、執虎子，出則從法駕，入則應對，與中常侍齊體耳。自後漢以降，尚書漸重；魏世中書監令始參大政；訖晉之東，侍中始優矣。下逮宋、齊，三者皆爲輔臣，而唐以三省分治，僕射既爲尚書專官，其下亦不敢軼上犯名。本有三微，至是乃極貴。翰林者，唐時冗從雜技之官也。其後稍置翰林學士承旨，與人主周親而掌內制。宋世或私名內相，其重乃與中書等夷。（英時按：翰林被目爲「內相」已始唐德宗時之陸贄。見《舊唐書》卷一三九，〈陸贄傳〉。）明太祖變胡、汪（英時按：即胡惟庸與汪廣洋），不欲以大臣光輔；成祖入，始簡翰林官直文淵閣。其後閣職漸崇，所加或至保、傅、尚書，而其文移關白猶曰翰林院也。（原注：隆慶以前皆然。）以翰林名公輔又自此始也。略此數者皆以走使圉隸之臣、倡優之伍，漸積其資而爲執政，大名通于四海。然自威權既亢，又遷其名以奉黃髮祝哽，而新名代之。是故太保、太宰諸名，承閒置于魏晉；丞相、江左不以處異姓，獨有王導，而三貴實秉國鈞。唐、宋三省至尊，漸更屏置；置同中書門下平章事以攝焉。比明、更省中書不用，始以翰林直閣。清世內閣至第一品，即復與寄祿同流，令軍機處踞而居上。亦見人主之狎近幸，而憎尊望者之逼己也。（《檢論》卷七，〈官統上〉）

太炎這一番觀察極爲敏銳，近數十年來關於中國官制的研究大體上都傾向於支持他的斷案。

李俊所撰《中國宰相制度》一書，其結論即引太炎此文以解釋「中國宰相制度變遷之法則」。李氏自己更對相權的發展作了一個簡明而相當扼要的總結。他說：

中國宰相制度，代不相同，然相因而變，有其趨勢，亦有其法則。趨勢維何？時代愈前，相權愈重；時代愈後，相權愈輕。法則維何？君主近臣，代起執政，品位既高，退居閒曹是也。（頁二三九）

一九四二年日本學者和田清主編了一部由各朝代專家分章撰寫的《中國官制發展史》。該書僅出版了上冊，寫到元代爲止。但和田清本人則寫了一篇很有見解的〈序說〉，綜論中國官制的三種特色，第一個特色便叫做「波紋式的循環發生」。所謂「波紋式的循環發生」者意即天子個人左右的微臣逐漸獲得權力，壓倒了政府的大臣，終於取而代之。但取代之後，其中又別有私臣變成實權者，再來取代現有的政府大臣。如此後浪推前浪式的往復不已。例如漢代的丞相初爲尚書所取代；及曹魏時尚書省已正式成爲丞相府，它復爲中書長官所取代，再發展下去，門下侍中又漸握實權了。唐代三省長官的權力後來爲擁有「同中書門下三品」或「同中書門下平章事」頭銜的天子親信所取去。下逮晚唐，「同中書門下平章事」已正式成爲朝廷重臣，其實權遂又轉入翰林學士及樞密使（宦官）之手。（詳見和田清編著《支那官制發達史》上，中華民國法制研究會，一九四二，頁四—七）和田清此文是通論性質，並未注明參考文獻，不知道他有沒有受太炎的影響；但無論如何，他的結論大體上是和章氏相合的。

從上述宰相制度變遷的大勢看，相權實在說不上有什麼獨立性，因爲每當它發展到具有某種程度的客觀形式的時候，君權便要出來摧毀這種形式，使之重回到「君尊臣卑」的格局。「聖君賢相」互相制衡的局面在歷史上實在少見，也許祗有史家豔稱的貞觀之治勉強可以接近這種理想。據我所知，君權在中國歷史上從來沒有明確的限制，但唐初三省制初行時卻居然對君權的範圍有所劃定。李華（玄宗時人）的〈中書政事堂記〉說：

> 政事堂者，自武德以來常於門下省議事，即以議事之所謂之政事堂。……至高宗光宅元年（六八四）裴炎自侍中除中書令，執事宰相筆，乃遷政事堂於中書省。記曰：政事堂者，君不可以枉道於天，反道於地，覆道於社稷，無道於黎元。此堂得以議之。臣不可悖道於君，逆道於仁，黷道於貨，亂道於刑，剋一方之命，變王者之制，此堂得以易之。……（《全唐文》卷三一六）（英時按：據《舊唐書》卷四三〈職官志二〉注，永淳二年七月，中書令裴炎以中書執政事筆，遂移政事堂於中書省。永淳二年即弘道元年（六八三），因是年十二月改元也。《新唐書》卷六一〈宰相表〉上繫此事於弘道元年十二月。《資治通鑑》卷二○三從之。而《通鑑》卷二一二胡三省注則定爲永淳元年（六八二）。但光宅乃武則天年號，且裴炎於是年十月被殺，故李華此處繫年當有誤。）

此記明白規定君主有四「不可」，眞是中國制度史上一項極可珍貴的文獻。更重要是最後一項，即君不可以對人民無道。（按：「黎元」當是避太宗之諱。）此記絕非李華個人的意見，而是代表了唐初（特別是貞觀）以來的政治傳統。照這個傳統，宰相（政事堂）至少有制度化的「議」君的權力。（此處須指出者，即政事堂對臣的制裁力更大，可以「易」之，此記下段尚列舉了「誅」、「殺」之權，因文長未引。）當然，與古代宗法制度下的貴卿比，政事堂的權力並不算太大。因爲齊宣王問孟子「貴戚之卿」，孟子說：「君有大過則諫，反覆之而不聽，則易位。」（《孟子》〈萬章〉下）而政事堂卻並不能「易」君。但就秦統一後的情勢言：「議」君之權見諸明文，已極爲難得。因此，從這個文獻看，唐初三省制度下的集體相權不但非宋以下可比，而且也超過了漢代，唐初君權之所以自動地做如此重大的讓步當然與太宗個人關係極大。李世民的政治智慧和自制力都是古今少見的。但另一方面，歷史的背景也不容忽視。

東晉南北朝是中國史上君權最低落的一個時代，社會上最有勢力的世族高門把持著政治上的權位。北朝的君權須與胡、漢貴族妥協；南朝則君權益弱，所謂「士大夫故非天子所命」。（《南史》卷三六，〈江斅傳〉中語）唐承其後，社會上高門世族的聲勢猶凌駕於帝族之上。所以貞觀初太宗詔高士廉定氏族志，而博陵崔氏仍居第一。（見《新唐書》卷九五，〈高儉傳〉）李唐的社會政治基礎本在陳寅恪先生所謂「關隴胡漢集團」，故對山東舊族如崔氏者初欲加以壓抑。但唐太宗畢竟是懂得政治藝術的人，他大體上仍主張平衡、調和各種社會勢力。唐初門下省政事堂議政的大權正當從南北朝以來的門閥政治的歷史背景中去求了解。（或謂門下省乃代表門閥貴族的意志的機構，而政事堂議政乃是一種天子與貴族的合議政治，則其說殊嫌過當，與唐統一後的情勢不合。）（參看濱口重國，《秦漢隋唐史の研究》下卷，頁八八九，東京，一九六六。）《舊唐書》卷七八〈張行成傳〉云：

> 太宗嘗言及山東、關中人，意有同異，行成正侍宴，跪而奏曰：臣聞天子以四海爲家，不當以東西爲限；若如是，則示人以隘陋。太宗善其言……自是每有大政，常預議

焉。

顯然地，太宗一定是在談話中偏袒關中集團而貶抑山東舊族，所以才引出張行成的諫言，太宗立即明白了張行成的論點的政治涵義，因此讓他參加政事堂會議。張行成當時祇是御史臺中的一個小官（殿中侍御史，唐制從七品下）。太宗之所以破格要他加入最高層的議政機構，很可能因為他是定州（即博陵）人，比較了解山東舊族的觀點。我們舉此一例，以見唐初政事堂議權之重多少在制度上反映了當時不同地區社會勢力的峙立。事實上，政事堂的光輝為時極暫。李華撰〈中書政事堂記〉時，相權已暗中由門下轉移至中書，「君尊臣卑」的原則又在發揮制度化的效用了。自宋代以降，社會上更無足以威脅帝王的勢力，君權的絕對化遂愈演愈烈。相形之下，相權則愈來愈微弱。傳統相權的衰落，宋代是一關鍵時代。宋代宰相不僅失去了兵權和財權，而且連用人之權也被剝奪了。故宋代的中央集權已可謂是集於帝王之一身。（見錢穆，〈論宋代相權〉，《中國文化研究彙刊》，第二期，一九四二年九月。）據司馬光說：

淳化中……太宗患中書權太重，且事眾宰相不能悉領理，向敏中時為諫官，上言請分中書吏房置審官院，刑房置審刑院。（《涑水紀聞》卷三，頁一三b。《學津討原》，第一六四冊。但據李燾《續資治通鑑長編》卷一二五，蘇紳〈陳便宜八事〉，分中書之權，其議出自趙普。）

可見宋太宗確是有意要削掉宰相的用人與司法之權。從這種發展的趨勢看，明太祖洪武十三年（一三八〇）廢相之舉可以說是水到渠成的事。（按：最近Frederic Wakeman, Jr.論中國專制，謂宋代已廢除宰相，那是不符事實的。見他的"The Price of Autonomy: Intellectuals in Ming and Ch'ing Politics," in S.N. Eisenstadt and S.R. Graubard, eds., *Intellectuals and Tradition*, Humanities Press, 1973, p. 39.）

前面已指出，相權問題必須當作整個官僚制度的一個樞紐部分來處理，在這個意義上，章太炎、和田清諸人所指出的相權演變的法則卻可以使我們對中國政治傳統獲得另一方面的體認。單從相權的角度看，我們所見到的是君權壓抑相權，是君主不讓宰相擁有客觀化、制度化的地位和權力。但是從君權一方面著眼，相權托身所在的官僚制度也始終構成君主貫徹他個人意志的一重阻礙。在歷史上君主必須一再重複地起用私臣、近臣來取代品位既高的相權，這正說明官僚制度本身具有相當強韌的客觀化傾向。因爲任何原屬君主私臣的職位（如尚書、中書）在長期移置於「百官之長、群僚之首」的地位之故，這種私臣的性質便逐漸發生變化，終於轉成官僚制度中的「公職」而具有一定程度的客觀威權。所以明太祖廢相而直接總攬政務才是最徹底的解決之道。但即使如此，明宣宗（一四二六—一四三五）以後內閣之權漸重，當時的人便說閣臣雖無宰相之名而有宰相之實了。（參看山本隆義，《中國政治制度の研究—內閣制度の起原と發展》，京都大學出版，一九六八，頁四八三、五二六，注四三條。）

由私臣轉化爲公職是歷史上官僚制度發展的形態之一。中國自戰國以來即有此轉化，至秦漢大一統而益爲顯著。上引章太炎「官統」之文已足說明此點，不須多贅。英國官僚制度的出現也循著類似的途徑。在英國官制史上，財政大臣（exchequer）首先從王室中獨立出來，成爲政府機構之一支，其事在十二世紀。英王的財臣也有稱爲"chamberlain"的，這種名號即顯示其職初爲國王私室中的執事。到了十三世紀，英國的首相（chancellor）又逐漸由國王的私臣轉化爲政府的公職。Chancellor最初是爲英王起草文書和保管王印的人，很像中國的「尙書」、「中書」之類。因爲他是國王的祕書長，最得信任，因此久而久之便無形中成爲大臣之首，即是首相（prime minister）。既成首相，職務日漸繁劇，使不能沒有自己的辦公處。於是相府終於從宮廷中分化了出來，而chancellor也不復能經常追隨在國王的左右了。到愛德華三世（Edward III）一朝（一三二七—一三七七）首相府已正式成爲獨立自足的政府機構，有它自己的人員、傳統和處理政務的方法，英王絕不能再視首相爲私臣。與中國不同的是英國的相權獨立之後便沒有受王權的干擾。這是由於英國的王權遭到封建貴族（barons）的對抗；封建貴族要求與英王有同樣控制政府的權力。英國相權的發展及其客觀化與這種特殊的政治情勢有相當的關係。（見T.F. Tout, "The Emergence of A Bureaucracy"，收在Robert K. Merton等所編的*Reader in Bureaucracy*, The Free Press, 1952, pp. 70-71.）

中國的官僚制度雖經常受到「君尊臣卑」的原則的干擾，但由於統一帝國的規模龐大，組織複雜，與此一規模與組織相應的官僚制度也具有抗拒干擾的巨大潛力。這一點或可以解釋何以君權一再打擊相權，而終不能完全禁絕相權的潛滋暗長。中國傳統的官僚制度雖與近代工業社會的官僚制度有別，但確已具有某種程度的自主性（autonomy）。艾森斯達（S.N. Eisenstadt）研究歷史上的各種官僚社會，對官僚制度的獨立自主的傾向曾提出了一些經驗性的總結。據他的綜合觀察，官僚制度的自主性表現在兩個主要方面。第一、官僚制度通常都建立並維持若干普遍性的法度，這些法度多少是照顧到人民的一般利益的。對於要破壞此種法度的外來壓力（如君主或特殊階級），官僚制度則盡可能的加以抗拒。第二、官僚制度中的分子（即官吏）往往把自己看作是國家或社會的公僕（即使「國家」是一王朝dynasty的形式，也不例外）；他們並不認爲自己只是統治者的私臣。艾氏當然也承認官僚制度維持其自主性之不易，尤其在君主壓力過於強大的情況下，整個官僚機構並非不可能僅成專制君主的統治工具。（見*The Political Systems of Empires, The Rise and Fall of the Historical Bureaucratic Societies*, The Free Press of Glencoe, 1963, pp. 273-276.）艾氏的觀察包括了中國傳統在內，他所指出的兩項特徵，一般來說，在中國官僚制度史上是可以得到印證的，雖則印證的深淺在中國各歷史階段中頗有差異。其第二項所謂「公僕」意識，尤有助於說明中國史上相權反覆浮沉的獨特現象。君主近臣從宮廷走向外朝，取代相位之後，就立刻會接觸到這種意識。這時他究竟還是君主的「私臣」呢？還是國家的「公僕」呢？他遇到了一個無可避免的認同問題。這個問題在平時也許可以拖延不決，但一旦碰到君主的私利和國家（或社會）的公益發生正面衝突的情況時，他就不能不有所抉擇了。

以上關於君權與相權的討論足以說明我們何以必須對中國政治傳統加以分解，而不能籠統地下任何價值判斷（無論是肯定的或否定的）。從權力結構方面著眼，我們首先應該將君權和官僚制度區別開來。這一區別非常重要，因爲以反智而論，君權的傳統才是反智政治的最後泉源（詳後），而官僚制度的傳統中倒反而不乏智性的成分。官僚制度本身要求客觀而普遍的法度，要求對事不對人的態度（impersonality），要求上下權責分明，也要求專門分工（specialization of functions）。這些基本要求都必須通過理性的規劃才能達到。中國傳統的官僚制度無論在中央或地方的行政制度方面，都表現著高度的理性成分（rationality）。

有些制度經過長期的運用和不斷的改進，確已能將弊端減至最低的限度。即以科舉制度爲例，唐、宋以來曾發展出糊名、彌封、謄錄種種防弊的方法，而科場迴避親族之制亦早始於唐代。至於明、清八股文爲害之烈，有人繪圖比之於「八瞽」，更有人因唐太宗「天下英雄入吾彀中」之語而作詩說「太宗皇帝眞長策，賺得英雄盡白頭」，那當然都是不可否認的事實。但這些事實恰好說明官僚制度只是一部機器，操縱的人可以把它巧妙地運用到反智的方向而已。就制度本身而論，科舉是具有高度的客觀性的。一般地說，中國傳統的官僚制度有相當突出的成就。韋伯便認爲它是使傳統中國獲致長期政治穩定的重要因素。有些古代帝國便因爲缺乏這種組織而很快地退出了歷史的舞臺。（見*From Max Webers: Essays in Sociology*, p. 209.）我絕不是無保留地頌揚中國官僚制度的傳統。我祇是想指出：傳統制度裡面確有一些理性的成分可以和我們所追求的「現代化」接筍。如果我們對「傳統」和「現代」不採取斬截的二分法的話，則這個看法似乎沒有太不合理的地方。前面舉的魯道夫夫婦研究印度現代化的例子便可資借鏡。事實上，孫中山先生提倡「考試」和「監察」兩權，並主張「耕者有其田」的原則，早已指示了傳統和現代接筍的途徑。考試和監察是傳統中國行政制度中的兩個重要環節，「耕者有其田」則與古代的均田制精神相通。中山先生在這些地方顯見是有斟酌的。

但官僚制度既是一部機器，本身不能決定運行的方向，則它的獨立自主性便不免常常受到外來壓力的侵蝕。以中國的情形來說，官僚制度的壓力來自上下兩個方面。從上面來的是君權，從下面來的則是社會上（特別是地方性的）各種勢力。在未回到君權問題以前，讓我先說一說來自下面的壓力。

傳統官僚制度的底層有一個極大的漏洞，那便是胥吏制度。中國官與吏之分途至少可溯至唐代。但唐代的吏尚有出身，可上升至卿相（較著名的例子有牛仙客、田神功等人），宋以後官吏乃截然兩途。胥吏並非經嚴格選拔而來，但由於他們熟悉舊牘成規，因此爲正途出身的長官所仰賴。久而久之，一切行政業務便都落入他們的手上。無可否認，胥吏在制度史上也有其正面的功能。但不幸的是，這些人（尤其是縣級的胥吏）和社會上的特殊勢力（如豪強）最容易勾結在一起；官僚制度的客觀性因此便遭到很嚴重的破壞。葉適在〈吏胥〉一文中已說：

何謂「吏胥之害」？從古患之，非直一日也。而今爲甚者，蓋自崇寧極於宣和，士大夫之職業雖皮膚蹇淺者亦不復修治，而專從事於奔走進取，其簿書期會，一切惟胥吏之聽。而吏人根固窟穴，權勢熏炙，濫恩橫賜，自占優比。渡江之後，文字散逸，舊法往例，盡用省記，輕重予奪，惟意所出。其最驕橫者，三省樞密院，吏部七司戶刑，若他曹外路從而傚視，又其常情耳。故今世號爲「公人世界」，又以爲「官無封建而吏有封建」者，皆指實而言也。（見《葉適集》，第三冊，頁八〇八，中華書局，一九六一。）

可見宋代情形已極爲嚴重。下逮明、清，胥吏制度的弊害更爲廣泛，這已是歷史常識了。顧炎武〈郡縣論八〉便接著葉適的論點來講明代的情況。（見《顧亭林詩文集》，頁一七，中華書局，一九五九。並可參看黃宗羲《明夷待訪錄》〈胥吏〉篇。）顧氏又指出：「天下之病民者有三：曰鄉宦，曰生員，曰胥吏。」（〈生員論中〉，同上，頁二四）這一層尤爲重要，因爲鄉宦、生員、胥吏三者正是互相勾結、把持地方的惡勢力。胥吏雖在流外，不能算作官僚制度的一個正式組成的部分，但其影響所及有時竟足以使整個官僚制度爲之失靈。這也是討論中國政治傳統的人所萬萬不容忽視的。（關於明代情況可參看繆全吉，《明代胥吏》，嘉新水泥公司文化基金叢書，一九六九。）

最後讓我們對君權問題略作檢討，以結束本篇。我在前面曾說，中國君權的傳統是反智政治的最後泉源，這句話有解釋的必要。韋伯曾根據法譯《史記》中的資料，推斷戰國相爭促使各國發展出理性的行政機構，他又參考法譯《周禮》，認爲中央集權的官僚制度主要與水利灌溉有關（即《周禮》中的溝洫制度）。這是在經濟生活中所表現的「理性行爲」（rational conduct of economic life）。同時，他還解釋，自從由知識分子（或「文士」"literati"）所構成的官僚階層在戰國時代出現以後，這批人便不斷地思考行政技術和官僚組織等問題，以期有效地達到治理國家的目的。（見Max Weber, *The Religion of China, Confucianism and Taoism*, tr. by Hans H. Gerth, The Free Press, 1951, p. 37.）韋氏的說法有得有失，此處不能詳論。但大體言之，他至少說明了何以官僚制度中具有理性成分這一事實。（按：韋氏論中國傳統雖多創見，亦謬誤疊出。這是受了當時西方漢學水平和他自己的方法論所限。上引關於中國專制源於水利灌溉之論影響後世尤大。參看Otto B. Van der Sprenkel, "Max Weber on China," *History and Theory*, Vol. III, No. 3, 1964, pp. 348-370，特別是pp. 351-352。）

但與官僚制度相對照，君權傳統則顯然缺乏同樣的理性基礎。君權的取得以至保持主要都仰賴於武力。所謂「馬上得天下」、「一條桿棒打下四百座軍州」，總之，君權是從槍桿子裡出來的。歷史上「得天下以正」的皇帝如漢高祖、明太祖，也不過是說他們的天下是堂堂正正地用武力打來的，不是使陰謀詭計取之於「孤兒寡婦」之手而已。君權的保持當然也要靠武力，歷代的兵制就是最好的說明。保衛皇帝和首都的武力總是全國最精銳的軍隊；西漢的南北軍在品質上遠勝郡國兵及戍卒（東漢且罷郡國兵）；唐代府兵制「重首輕足」，折衝府多集中在關中地區，而長安的北軍更直接關係君位的得失；宋代在「強幹弱枝」的政策下，中央禁軍尤非地方性的廂軍所能比擬，後者僅堪供役而已。無論是「重首輕足」或「強幹弱枝」，都可以說是「君尊臣卑」的原則在兵制上的具體表現。而唐、宋、明諸朝宦官監兵之制更說明皇帝對於維持君權的武力是絕不肯放鬆的。所以，除非我們承認有天下者即是「天命所歸」、「聖德所在」或「民心所向」，否則我們不能不說，君權的傳統中是以「力」爲核心的。更重要的是，從制度史的觀點說，兩千年來君權問題是理性所不許施，議論所不敢到的領域。秦始皇統一之後可以讓群臣在廷議中對「封建」與「郡縣」的抉擇公開作理智的討論，但對於君主的問題，則議論僅限於名號，而絕不涉及權限職責。舉此一例即可見何以官僚制度可以包含若干理性的成分，而君權傳統中卻容不得理性的充分施展。（個別思想家的私地議論當然是有的，但秦、漢以下也寥寥可數。）所以在實際歷史過程中，除了用武力「取而代之」以外，沒有任何其他資格可以使人配做皇帝（後世所謂「禪讓」也都是先打好了武力的基礎的）。雍正問曾靜道：

你所著逆書知新錄內云：「皇帝合該是吾學中儒者做，不該把世路上英雄做。周末局變，在位多不知學，盡是世路中英雄，甚者老奸巨猾，即諺所謂光棍也。若論正位，春秋時皇帝該孔子做；戰國時皇帝該孟子做；秦以後皇帝該程、朱做；明末皇帝該呂子（按：指呂留良）做。今都被豪強占據去了。吾儒最會做皇帝，世路上英雄他那曉得做甚皇帝。」等語。孔孟之所以爲大聖大賢者，以其明倫立教，正萬世之人心，明千古之大義。豈有孔子、孟子要做皇帝之理乎？……使孔、孟當日得位行道，惟自盡其臣子之常經，豈有以韋布儒生要自做皇帝之理？……開闢至今，無此狂怪喪心之論。可問曾靜是如何說？（《大義覺迷錄》卷二）

如果眞是堯、舜在位，孔孟自無要做皇帝之理。但孔、孟之世何曾有堯、舜之君？漢代尙容許孔子爲「素王」，雍正則只肯讓孔、孟「自盡其臣子之常經」，可見君權的獨占性愈往後便愈強烈。聖王的理想自有其令人永遠嚮往之處，但可惜歷史上未見聖人變成皇帝，只看到一個個皇帝都獲得了「聖人」的稱號。這正是蕭公權先生所謂「下材憑勢亦冒堯、舜之美名，以肆其倍蓰於桀、紂之毒害。」（《中國政治思想史》，第二冊，頁二三二。現代國民基本知識叢書，一九七一年三月再版。）我們不要以爲雍正是異族之主才如此悍而肆。曾靜要是落到了明太祖的手上，其命運也許更悲慘。《明史》卷一三九，〈錢唐傳〉云：

帝（太祖）嘗覽《孟子》，至「草芥」「寇讎」語，謂非臣子所宜言，議罷其配享，詔有諫者以大不敬論。唐抗疏入諫曰：「臣爲孟軻死，死有餘榮。」時廷臣無不爲唐危。帝鑒其誠懇，不之罪。孟子配享亦旋復。

清初萬斯選考證此事，引《典故輯選》云：

上讀孟子，怪其對君不遜。怒曰：「使此老在今日，寧得免耶？」時將丁祭，遂命罷配享。（見全祖望，《鮚埼亭集》卷三十五，〈辨錢尚書爭孟子事〉所轉引）明太祖因「君之視臣如草芥，則臣視君如寇讎」這類的話，竟至對孟子動了殺心，他會讓孔、孟做皇帝嗎？（按：隋煬帝自負才學，每驕天下之士，嘗謂侍臣曰：「天下皆謂朕承藉緒餘而有四海，設令朕與士大夫高選，亦當爲天子矣。」見《資治通鑑》卷一八二，大業九年條。這句狂言倒表現了一個不尋常的觀念，即以爲帝位可以憑才學來競爭。但這種想法大概也只有在「士大夫故非天子所命」的時代才會出現。）所以歸根結柢，做皇帝的條件不是通過理性所能分析列舉出來的。傳統政治文獻中把皇帝描寫作「與天合德」、「天縱英武」、「天亶聰明」之類，正表示他的品質中含有超人的、神異的成分，一般屬於常人的語言和觀念是無法用來形容這種品質的。這就是韋伯所講的charisma。但是誰具有做皇帝的charisma卻永遠無法事先斷定，祇有登上了皇帝寶座以後才知道。（關於韋伯對中國「天子」的charisma品質的討論，請參看Max Weber, *The Theory of Social and Economic Orgainization*, tr. by A.M. Henderson and Talcott Parsons, Oxford University Press, 1947, p. 360及*The Religion of China*, pp. 30-32.）

從靜態方面看秦漢以來每一王朝的君權的奪取及其維持主要都仰賴於武力，已如上述。從動態方面看，君權的運用有時也會脫出理性的常軌，而其後果則尤爲嚴重，因爲這會直接或間接地給國家和人民帶來災害。前面已指出君權雖受到一些無形的、精神上的限制，但這些限制並不能發生決定性的作用。當皇帝不是基於理性的考慮而決心要採取某些非常的行動時，天下沒有任何力量可以阻止得住他。這時「天」或「理」固然可以置之一邊，就是「祖法」也未嘗沒有彈性。如果阻力來自官僚制度，則皇帝至少有力量控制這部機器的總樞紐

（相權），使之隨我而轉。從歷史上看，有很多非理性的因素足以激動皇帝：上自誇大狂、猜忌狂，下至求長生、好奇珍，都可以把全國人民捲入苦難之中。

撇開這些特殊情形不說，在正常狀態下君權對官僚制度的經常性的干擾也是傳統政治不上軌道的一大原因。君權是獨占性最強烈的東西；除非萬不得已皇帝對於他使用不盡的權力絕不肯交給宰相，而寧可讓他的宮奴去分享。這就是自漢至明，宦官之禍所以始終不斷的癥結所在。因此在中國的政治傳統中「明君」在位時是皇帝親自操縱行政機器，而「昏君」當道時則這部機器便落到了宦官的手上。（羅馬帝國後期Later Roman Empire也有類似的情形。四世紀時尤爲嚴重，宦官基本上控制了外廷官員，略見Harold Mattingly, *Roman Imperial Civilization*, New York, 1957, p. 133.）總之，官僚制度幾乎無時不在承受著君權所施予的沉重壓力。精明的皇帝祇要稍識利害，至少還知道適可而止，不肯使政治秩序全面崩潰；宦官則由於心理不正常，往往作威作福，肆無忌憚，未有不導致大亂者。（按：范曄對宦官的變態心理早就有深刻的把握，他說：「刑餘之醜，理謝全生，聲榮無暉於門閥，肌膚莫傳於來體。」《後漢書・宦者傳論》）這裡隱伏著中國史上朝代興亡、治亂循環的一個重要根源。

君權長期地由宦官分享是它的獨占性的最好說明，也是「君尊臣卑」的原則的必然歸趨。漢初環繞在君權左右的至少還有宗室、外戚和宦官三股勢力，宗室的分子最足以構成君權的威脅，所以首先遭到迫害的便是他們，君權的獨占性排斥了一切家人骨肉之情。唐太宗殘殺兄弟，逼老父退位；宋高宗爲了阻止徽、欽二帝回朝，不惜對敵人奉表稱臣。這都是盡人皆知的例子。其次對君權有危害性的則是外戚。西漢的霍光、東漢的梁冀都曾爲廢立之事，王莽且取而自代。（按：漢代外戚大概以孟子所謂「貴戚之卿」自許，故數易君位。趙岐注《孟子》即云：「貴戚之卿謂內外親族也。」顯是以漢事解《孟子》。實則孟子「貴戚之卿」本與「異姓之卿」對舉，不能包括漢代的外戚。）所以自唐以後君主對外戚的防範也很嚴密。但宦官則是例外，他們得君主的寵信始終不衰。因爲這種刑餘之人無論如何是不可能覬覦帝位的，儘管他們可以視皇帝爲「門生天子」，甚至可以弒君。在「君尊臣卑」的原則下，皇帝衹有用至卑至賤的宮奴爲他辦事才絕對不致有君權外流，一去不返的危險。相反地，如果使用不盡的君權都轉化爲相權，那麼「君尊臣卑」的原則豈不從權力基礎上發生動搖了嗎？黃宗羲說：

或謂後之入閣辦事，無宰相之名，有宰相之實也。曰：不然。……吾以謂有宰相之實者，今之宮奴也。蓋大權不能無所寄，彼宮奴者見宰相之政事墜地不收，從而設爲科條，增其職掌。生殺予奪出自宰相者，次第而盡歸焉。（《明夷待訪錄》〈置相〉篇）

其實相權原由君授，明代既廢中書省，相權已盡收歸君主之手，則宦官所掌握的正是君權。這一細微的分辨頗關重要。李俊說中國相權發展的總趨勢是愈後愈輕，當然是不錯的。其實換一個角度看，這正表示傳統的君權是在不斷擴大的過程之中。宦官之禍則顯然隨君權的增漲而加深。至明太祖廢相，君主的絕對專制完全確立，宦官的勢力也就發展到了空前的高度。君權擴大在制度史上的涵義便是破壞官僚制度的自主性和客觀性，而相權從低落到消失則適成爲這種發展的一個最清楚的指標。官僚制度癱瘓於君權的巨大壓力之下，政治還能走上合理的軌道嗎？所以在這個意義上，我同意黃宗羲的論斷，「有明之無善治，自高皇帝罷宰相始也。」（同上）

我們不要因爲明太祖曾立下「內臣不得干預政事」的「祖訓」便以爲後來明代宦官之禍完全出於歷史發展的偶然。明太祖所要防範的是宦官「弑君」和「門生天子」之類的情形。在官僚與宦官兩者之間，明太祖仍然是偏袒後者的。李文忠因「言宦官過盛，非天子不近刑人之義」，終至忤旨而遭譴責。（見《明史》卷一二六，本傳）王世貞嘗見一野史記此事說：

> 文忠多招納士人門下，上聞而弗善也。一日勸上，內臣太多，宜少裁省。上大怒，謂若欲弱吾羽翼何意？此必其門客教之。因盡殺其客。文忠驚悸，得疾暴卒。（《弇山堂別集》卷二十，〈史乘考誤一〉。臺灣學生書局影印本。）

王氏考辨，僅認爲太祖殺李文忠門客事不根。至於文忠忤旨事則有《明史》可證。可見明太祖清清楚楚地認識到宦官是君權的羽翼。事實上，明代宦官組織（十二監、四司、八局）的規模是太祖一手制定的，成祖篡位以後，宦官干政已全面展開。故《明史》說：

> 蓋明世宦官出使、專征、監軍、分鎮、刺臣民隱事諸大權，皆自永樂間始。（卷三〇四〈宦官傳〉序）

我們通觀有明一代宦官的種種活動，似乎可以得到一種印象，即君權通過宦官來伺察並干涉整個官僚系統的運行。《明史》所謂「刺臣民隱事」，其實主要還是針對著文武官員而來。所以明代做官最沒有安全的保障，京官清晨上朝甚至不知道晚上還能不能活著回來。（見趙翼，《廿二史劄記》卷三二〈明祖晚年去嚴刑〉條引《草木子》）明太祖父子大概懂得韓非所謂「明主治吏不治民」（〈外儲說右下〉）的道理。明代是中國君權發展的最高階段，同時也是反智政治的典型時代，這兩者之間的關係眞是再清楚不過了。（清代無宦官之禍，但君權所寄乃在滿人，故滿人對皇帝自稱「奴才」，漢人連作「奴才」的資格也沒有。又清代以內務府代替了明代宦官的組織，如曹雪芹的祖父曹寅由內務府郎中外調任蘇州、江寧等處織造，織造在明代正是宦官的職務。曹寅任織造期間經常給康熙上密奏，報告南方地方官的活動情狀，也正是代君主暗地伺察百官，和明代的宦官貌異心同。參看《關於江寧織造曹家檔案史料》，中華書局，一九七五，特別是一六、四四、一三五諸摺的「硃批」。）

我在〈反智論與中國政治傳統〉中曾指出，西漢的皇帝從高祖到宣帝基本上都採用了法家路線。我這樣說，當然絕不意味著，這些皇帝都曾對法家的理論系統作過縝密的研究，適當的體會，然後才制定他們的政治路線。我一向認為，一切理論思想，對於專制的統治者而言都具有工具的價值。他們從思想家著作中所吸取的主要只是有利於他們奪取並維持權力的某些基本觀念。至於這些觀念在原來的理論系統中的眞義和位置究竟如何，大權在握的人是絕無興趣理會的。因此如果我們認眞地把韓非的政治理論和個別的皇帝所推行的法家路線加以對照，那麼我們也無法否認韓非的思想在後世的實踐中也受到了歪曲。由韓非集其大成的法家思想是為君主專制而設計的，這一點是無可置疑的。不過在韓非的設計中，專制君主如果要長久保持他的權力必須兼用三種武器，第一是「勢」，第二是「術」，第三是「法」。什麼叫做「勢」呢？韓非說：

> 夫有材而無勢，雖賢不能制不肖。故立大材於高山之上，下臨千仞之谿，材非長也，位高也。桀為天子，能制天下，非賢也，勢重也。堯為匹夫，不能正三家，非不肖也，位卑也。（〈功名〉）

所以「勢」的主要涵義便是人君自處於至尊之地，居高以臨下。換言之，便是「君尊臣卑」。這種「勢」是絕不能與臣下共享的，「權勢不可以借人，上失其一，臣以為百。」（〈內儲下〉）韓非對「法」與「術」則是對照著講的。他說：

人主之大物非法即術。法者編著之圖籍，設之於官府，而布之於百姓者也。術者藏之於胸中，以偶眾端，而潛御群臣者也。故法莫如顯而術不欲見。（〈難三〉）

可見「術」即〈主道〉篇所說的「明君無為於上，群臣悚懼乎下」。因為深藏不露，所以表面上看起來好像是「無為」。後來像明太祖、成祖那種暗地伺察百官的辦法便正是「術」的一種運用。

最值得注意的則是「法」。「法」當然涵有現代所謂法律的意思，不過法家的法律是嚴峻的，是罰重於賞的。「法」的另一涵義則正指客觀化的官僚制度。從「編者之圖籍，設之於官府」的話來看韓非此處的「法」字，絕不能解釋為狹義的刑法。治國必須有一套客觀有效的行政系統，這個道理韓非是完全了解的。這個有效性當然要仰賴於君、臣、民上下都尊重這種公開建立的制度。誠然，在法家的理論中，君主是超乎法律、制度之上的。但是為了充分地達到專制的效果，君主只有尊重法度才能把他的權力發揮到最大的限度。

根據上面這個簡單的陳述，我們不難看到，後世的皇帝對韓非的「勢」、「術」兩件武器都已運用得非常到家，唯獨對於「法」這一項卻不能接受韓非的建議。為什麼是這樣呢？原因並不難尋找。韓非是思想家，他用冷酷的理智為君主專制作了最有效的設計；因此這套設計的完全實現也必須以冷酷的理智為前提。但是在行動中的人卻無法永遠保持他的冷酷的理智，而握有絕對權力的人在行動中則更容易失去他的理智。艾克頓（Lord Acton）的名言說：「權力腐蝕人，絕對的權力則絕對地腐蝕人。」韓非和後世皇帝的分別便在這裡。

我在本篇中將中國政治傳統作了一番很粗疏的分解。根據這種分解，中國政治傳統至少有三個重要的組成部分，我們不妨姑且分別稱之爲「君統」、「官統」和「吏統」。關於「吏統」本文說得很少，因爲這不是主旨所在。「君統」和「官統」相當於通常所謂的「君權」與「相權」，但是「官統」比「相權」似乎更能符合歷史的實際。我肯定「官統」中有理性的成分，可以在傳統與現代的接筍中發生一定程度的積極作用。但是對於「君統」我卻看不出它的現代意義。現在中國所需要的政治領袖，絕不應如黃宗羲所說的三代以下的「人君」：

> 以爲天下利害之權皆出于我。我以天下之利盡歸于己；以天下之害盡歸于人……使天下之人不敢自利，以我之大私爲天下之公。（《明夷待訪錄．原君》）

民國以來，皇帝制度已經從中國歷史上消失了，但是無形的精神上的「君統」是不是也一去不返了呢？這個問題似乎並不能簡單地回答。至少從形式上看，廢除中書省、打亂行政系統之類的君權仍然存在。傳統君權的絕對性，也許會在我們的潛意識裡發生一種暗示作用，使人相信權力集中在一個具有charisma的領袖之手是最有效率的現代化途徑。如果很多中國人（特別是知識分子）還有這種潛意識，那眞是最值得憂慮的事。憑藉著傳統中非理性的力量來從事現代化的變革，其結果祇有使傳統與現代距離越來越遠。

前引魯道夫夫婦的著述提出警告說：「關於如何使現代化與舊社會中相應的成分銜接起

來，以適合新的需求，這絕不是一件自然或必然的事。也許最後什麼變化也不發生；傳統和現代終於接不上筍。」（前引書，頁一四）佛烈德教授（Carl J. Friedrich）在引述了這個警告之後，更接著指出：

> 這裡面（按：指傳統與現代的接筍）涉及了創造性那個因素，及其各種不可預料的途徑。思想和行動都同樣地牽連在內。不單是憲法之類才與政治傳統有關，更要緊的是思想的模式（modes of thinking）。（見 *Tradition & Authority*, p. 39.）

關心中國現代化而又尊重民族傳統的人應該三復這位老政治學者之言！

## 附言

本篇所討論的僅限於中國專制君主和官僚制度之間的關係。其主旨唯在說明「君尊臣卑」不止是一個空洞的觀念，而是制度化了的。但因係通論性質，故語焉不詳，許多與此題旨相關的問題也都無法涉及。最重要的，如皇帝與國家究竟是何種關係，便是一個極具關鍵性的問題。黃宗羲引漢高祖「某業所就孰與仲多」之語，似謂皇帝即視天下爲其私產。（《明夷待訪錄·原君》）但另一方面，皇帝在漢代也不完全是公私不分的。早在一九一八年日本學者加藤繁便撰有專文討論「漢代國家財政和帝室財政的區別」了。他指出大司農掌理國家（公）財政，少府和水衡都尉則掌理帝室（私）財政。他又指出，這一分別至少可上溯到秦代。（見《中國經濟史考證》，吳杰譯，商務印書館，一九五九，頁二五—一二四。）從制度上看，公、私財政的區分漢以後大體上依然存在。下逮晚清，户部與內務府兩個系統的收支還是分得很清楚的。（見Lien-sheng Yang楊聯陞*Studies in Chinese Institutional History*, Harvard, 1961, pp. 80-90.）這樣看來，我們似乎祇能說中國的皇帝兼具公私兩重身分，而不是公私混而不分。又如荀子在〈君道〉篇中所討論的「有治人，無治法」的問題，也極爲重要。制度自然不能與人的因素截然劃分，互不牽涉。像這一類的問題都和本文的題旨有密切的關係，但祇有等到以後有機會再作進一步的分析了。希望讀者不要對本文掛一漏萬之處過於求全責備。

一九七六年三月十五日

# 唐、宋、明三帝老子注中之治術發微

在〈反智論與中國政治傳統〉一文中，我曾指出《老子》書中的政治思想基本上是屬於反智的陣營；而這種反智成分的具體表現便是權謀化。這一點在現存帝王注釋《老子》諸本中可以得到說明。

據唐玄宗《道德眞經疏》卷首所附之「外傳」（《道藏》，第三五八冊洞神部，玉訣類，頁二a），帝王之注老者以梁武帝蕭衍爲最早，其書凡四卷，「證以因果爲義」。稍後又有梁簡文帝蕭綱作《老子述義》十卷，但兩書今已失傳。（按：《隋書．經籍志三》，列有梁武帝《老子講疏》六卷及簡文帝《老子私記》十卷，卷數與書名略有異同。）《道藏》所收帝王注解《老子》者僅有唐玄宗、宋徽宗及明太祖三家，（參看柳存仁，〈道藏本三聖注道德經之得失〉，《崇基學報》第九卷，第一期，頁一—九，一九六九年十一月。）以下僅就與「反智論」題旨相關者引諸帝解老之文若干條，以略見老子思想與傳統治術之關係。其餘不能詳及也。

我在〈反智論與中國政治傳統〉中曾引老子的「夫天下，神器也，非可爲者也。爲之者敗之，執之者失之。」唐玄宗和明太祖兩人對此條的疏釋各具妙諦。此條至「爲者敗之」止，玄宗疏曰：

天下大寶之位所以不可力爲也者，爲是天地神明之器將以永終聖德之君，而令流布愷悌之化。豈使兇暴之夫力爲，而得毒螫天下乎？是知必不可爲，爲亦必敗。此戒姦亂之賊臣也。（〈唐玄宗御製道德眞經疏〉，《道藏》，三五六冊，卷四，頁七b）

至「執者失之」句，則曰：

人君者或撥亂反正，或繼體守文，皆將昭德塞違，恤隱求瘼。或執有斯位，凌虐神主，坐令國亂無象，遂使天道禍淫，神怒人怨，是生災瀰，亂離斯作，誰奉爲君？當失斯位矣。此戒帝王也。（同上，頁八a）

今按：老子原文顯是作爲一種普遍命題而提出的，「爲者」、「執者」何嘗分別指臣下與君主而言？玄宗此疏最能表現帝王對「神器」的患得患失之情。他一方面怕賊臣造反搶他的帝位，另一方面又怕自己弄得不好要失去大寶。玄宗之注與疏皆成於開元時（參看柳存仁文，頁二）以上疏語實不啻爲其後安祿山之亂作預言也。但玄宗論「執者失之」一段仍流露出唐初君權在社會壓力下深自抑制戒懼的精神，與同時李華〈中書政事堂記〉所論「議君」諸端互爲呼應，至堪玩味。（參看〈「君尊臣卑」下的君權與相權〉）

明太祖注同條則說：

此老子自歎之辭。朕於斯經乃知老子大道焉。老子云：吾將取天下而將行又且不行，云何？蓋天下、國家神器也。神器者何？上天后土，主之者國家也。所以不敢取。乃曰：我見謀人之國未嘗不敗。然此見主者尚有敗者，所以天命也。老子云：若吾爲之，惟天命歸而不得已，吾方爲之。（〈大明太祖高皇帝御注道德眞經〉，《道藏》，第三五四冊，卷上，頁三〇b）

明太祖是開國之君，所以此注特別強調他之擁有「神器」是「天命所歸」。他用「天命」來注釋此節已屬奇談，而復鄭重地說：「朕於斯經乃知老子大道焉」。他心中的老子之「道」究竟是怎樣一回事便不難推知了。他注「古之善爲士者，微妙玄通，深不可識」一大段有云：

君子之人懷仁堅志，人輕不可得而知彼之機，故設七探之意，使欲知彼之機尤甚難知。蓋欲使後人修道堅如是也。又以猶豫二獸名于其中，又以整然之貌見之，加以怠慢之情合之，添淳淳然混之，亦聲勢以動之，侮以諠譁窺之。凡如此者有七，終不得其眞情。（同上，卷上，頁一四b）

此處所說的正是「君人南面之術」，即帝王如何用權謀術數來控馭臣下。司馬遷曾歎道：「而老子深遠矣！」明太祖才眞正窺見了此種「深遠」之境。臣下儘管設「七探」來測君上之機，而君上仍必須不動聲色。這也正是韓非所說的「術不欲見」，和「明君無爲於上，群臣悚懼乎下。」柳存仁說：「自有談道家陰柔之術以來，未有如此處所言之豁朗者也。」（前引文，頁五）這是一針見血的話。

關於老子「不尚賢，使民不爭」一點，宋徽宗的解釋比較值得注意。他說：

尚賢則多知，至於天下大駭，儒墨畢起。……不尚賢則民各定其性命之分，而無所夸跂，故曰不爭。……莊子曰：削曾、史之行，鉗楊、墨之口，而天下之德始玄同矣。（〈宋徽宗御解道德眞經〉，《道藏》，第三五九冊，卷一，頁五b）

宋徽宗引《莊子》〈胠篋〉篇之語注「不尚賢，使民不爭」，頗顯露時代的背景。（按：「曾、史之行」指「曾參行仁、史鰌行義」而言。）北宋思想比較自由活潑，因此有學派之爭和黨派之爭，徽宗殆深感於此，而興統制思想之念。至於明太祖，則君權獨運的局面已成，在文字獄的壓力之下士大夫早已噤若寒蟬。所以明太祖反而不再覺得「鉗楊、墨之口」是什麼問題了。（關於明初文字獄的情況，參看顧頡剛，《明代文字獄禍考略》，《東方雜誌》三二卷，十四期，民國二十四年七月；吳晗，《朱元璋傳》，新中國書局，一九四九年七月再版，頁二一〇—二二二。）

三帝論「愚民」問題，合而觀之，也甚有趣。老子「爲道者非以明民也，將以愚之也」一節，唐玄宗注曰：

人君善爲道者，非以其道明示於民，將導之以和，使歸復於朴，令如愚耳。（〈唐玄宗御注道德經〉，《道藏》，第三五五冊，卷四，頁七a）

宋徽宗生當儒學復興之世，則引孔子語解之曰：

民可使由之，不可使知之。古之善爲道者使由之而已。（前引書卷四，頁九b）

兩帝在採用愚民政策這一點上主張是一致的。相形之下，明太祖的心思便複雜得多。他說：

老子言大道之理務欲使人君君、臣臣、父父、子子，彝倫攸敘。實教民愚，罔知上下，果聖人歟？又言民難治，當哉！若使小民知有可取者，彼有千方百計，雖法嚴冰霜，莫知可治。老子設喻，故以智治又不以智治。文何奧哉？非也。蓋謂民多智巧，王若以巧以計治民，則為民禍；臣若以智匡君理政，則君之賊。（前引書，卷下，頁二九a—b）

老子的思路本屬辯證式的發展，統一之中有矛盾，矛盾中又見統一。明太祖便抓住了這一點。他這一段文字不甚通順，但意思則很清楚。他認為無論是愚是智，都不可一概而論。人民有時應該愚，有時又不應該愚；治國有時應該「不以智」，有時又應該「以智」，在同條注稍前，他曾說老子的「愚民」並不等於「癡民」。譬如說，在分別君臣父子、上下尊卑的秩序方面，他顯然希望人民智而不愚。所以他說如果聖人教民愚到不知上下之分的地步，那還成其為聖人嗎？又譬如他所撰寫的「大誥」，要「所在臣民，熟觀為戒」，他當然也不希望全國人民愚昧得無法了解他的意思。總之，由於他深知民之難治，他領悟到為政有發動人民的積極性之必要。因此「愚民」對他而言，絕不是「不知不識，順帝之則」或「民可使由之」那樣被動式的了。但是為了壓制人民的物質欲望，明太祖則堅決地主張「愚民」。他說：

所以有德之君絕奇巧、卻異財而遠聲色，則民不爭浮華之利。奇巧無所施，其工皆罷虛務而敦實業。不數年淳風大作。此老子云愚民之本意也。（前引書卷下，頁二九a）

老子本意是否如此，姑且不論。把這段話和「若使小民知有可取者，彼有千方百計，雖法嚴冰霜莫知可治」合起來看，可見他感到最難應付的問題之一便是小民對於改善他們物質生活的強烈要求。明太祖在這裡用了一些傳統的價值觀念（如「奇巧」、「異財」、「聲色」、

「浮華」、「虛務」）來譴責小民的這類欲求，使人覺得這類欲求全是罪惡。戴震曾說：

> 今既截然分理欲爲二，治己以不出於欲爲理，治人亦必以不出於欲爲理，舉凡民之飢寒愁怨、飲食男女、常情隱曲之感，咸視爲人欲之甚輕者矣。輕其所輕，乃〔曰〕：吾重天理也，公義也，言雖美，而用之治人，則禍其人。（《孟子字義疏證》卷下）

這正是針對著明太祖這一類的「愚民」政治而言的。所以戴氏主張「人倫日用，聖人以通天下之情，遂天下之欲，權之而分理（「理」疑當作「釐」）不爽，是爲理。」（同上）章太炎〈釋戴〉篇云：

> 如震所言，施於有政，上不訾苛，下無怨讟，衣食孳殖，可以致刑措。……夫言欲不可絕，欲當即爲理者，斯固隸政之言，非飭身之典矣。（《太炎文錄初編》卷一）

這一解釋是十分正確的。故以反智政治而言，明太祖的了解遠比唐玄宗與宋徽宗爲深刻。章太炎說他「任法律而參雒、閩（程、朱）」，現在我們又看到，在儒、法兩家以外，他對老子書中的反智成分也利用得十分到家。

老子的政治思想，至少在表面上看，是以「清靜無爲」爲其最顯著的特色。三帝注老，在這一類的地方自然也不能不加以敷衍，但在政治實踐中，嚴格的「清靜無爲」是不可能的事。即如漢初曹參的無爲而治，事實上乃是「蕭規曹隨」。以刑法而言，蕭何的九章律，大體仍承秦之舊；雖有斟酌增減，還是相當嚴酷的。然則曹參謹守蕭何之規，又烏得謂之「清靜」乎？宋徽宗解「民不畏死」章之「若使民常畏死而爲奇者，吾得執而殺之，孰敢？」云：

> 天下樂其生而重犯法矣，然後奇言者有誅，異行者有禁，荀卿所謂犯治之罪，固重

也。（前引書卷四，頁二〇b）

徽宗此處顯然主張對「犯治」者用重刑。他解「爲奇者」作「奇言」、「異行」，疑有時代背景，或即指「吃菜事魔」、「夜聚曉散」之摩尼教徒而言。據吳曾《能改齋漫錄》云：

> 政和八年（一一一八）詔有司，使學者治御注道德經。間于其中出論題。（卷十三「記事」門「詔學者治御注道德經」條。中華書局本，一九六〇）

則徽宗注老當在政和八年（按：是年改元重和）前不久。而方臘之亂即起於宣和二年（一一二〇），上距注老不過兩三年耳。徽宗以前，宋代已屢禁「夜聚曉散傳習妖法」，徽宗時摩尼教益活躍，故大觀二年（一一〇七）八月及政和四年（一一一四）七月均有有關他們活動的報告。（見牟潤孫，〈宋代之摩尼教〉，收入《注史齋叢稿》，新亞研究所，一九五九）政和四年八月三十日詔曰：

> 河北州縣傳習妖教甚多，雖加之重辟，終不悛革。聞別有經文，互相傳習；鼓惑至此，雖非天文圖讖之書，亦宜立法禁戢。（《宋會要稿》，〈刑法二〉「禁約」，中華書局影印本，一九五七，第七冊，頁六五二七。）

此詔所指不必即是摩尼教，但在時間上正與徽宗注老相先後，則注中「奇言」、「異行」並非泛言，從可知矣。

明太祖與「民不畏死」章，尤有特殊淵源。據他洪武七年（一三七四）所撰的「自序」說：

> 見本經云：民不畏死，奈何以死而懼之。當是時，天下初定，民頑吏弊，雖朝有十人

而棄市，暮有百人而仍為之。如此者豈不應經之所云。朕乃罷極刑而囚役之。不逾年而朕心滅恐。

太祖初因嚴刑無效，感於「民不畏死」之語，遂發憤注道德經。照理說，他此後應該不再嗜殺了。實則不然。注老不久，他又恢復了重刑，至洪武十八年而益甚。（見鄧嗣禹，〈明大誥與明初之政治社會〉，載於《明朝開國文獻》，第一冊卷首，頁二五。臺灣學生書局排印本。）而且就在老子注中，他的用刑之意也躍然字裡行間，不能自掩。他注「民不畏死」一節云：

民不怕死，乃以極刑以禁之，是為不可。若使民果然怕死，國以此為奇。老子云：吾豈不執而殺之。噫！畏天道而孰敢？王者陳綱紀，各有所司，司之以道。民有可罪者，乃有司責之，官守法以治之。然如是猶有過誤者、故違者，君有所不赦。天地以司君，君乃代天而理物。若或妄為，其有救乎？即人主不赦過誤故違者是也。（前引書卷下，頁三四b—三五a）

此注前半段有不敢妄殺人的意思，但緊接著就口氣一變，強調對於「妄為」者或「過誤故違」者，君主絕不寬赦。可見他在注解過程中，經過再三考慮之後，終覺治天下不能放棄法家的嚴峻手段，因而轉把老子「民不畏死，奈何以死懼之」的話看淡薄了。注中特重刑罰之處屢見不一見。如「天下有始，以為天下母；既得其母，以知其子」條注曰：

云始母，人能知大道。能如是，生生不絕，則常守其大道。大道果何？曰仁、曰義、曰禮、曰智、曰信，此五者道之化而行也。君天下者行此、守此，則安天下，臣守此，而名賢天下，家乃昌；庶民守此，而鄰里睦、六親和、興家，不犯刑憲、日貞、郡里

稱良。若天子、臣、庶守其道，則終身不危。人人守之，不妄爲。（前引書卷下，頁一五b）

此條以儒家五常之道解老子所謂「大道」，但老子曾說：

失道而後德，失德而後仁，失仁而後義，失義而後禮。夫禮者，忠信之薄而亂之首也。（按：明太祖注此段亦甚費心思，可參看，卷下一a—二b。）

這顯然與注語有矛盾，而太祖並不顧及，眞不脫帝王本色。注中「鄰里睦、六親和、興家、不犯刑憲……不妄爲」諸語，在正文中也並無照應。同樣的注解也見於〈出生入死〉一章。其注有云：

人生於世……貪取養生之物……取非其道，用非其理，反爲所傷。……酒色財氣，無病醫藥過劑，及有病不醫，飲食衣不節，思欲過度，妄造妖言，奸邪犯憲，冒險失身，不畏鬼神，不孝不悌，於此數事人未嘗有能免者。（卷下，頁一二b—一三a）

老子原文中說到「善攝生」的問題，明太祖借題發揮，最後又回到他最關切的政治道德的教訓上面去。但這正是注文特見精神之所在，我們自然不能用經生注疏的標準來衡量它。讀到這些地方，我們簡直覺得明太祖不是在注《道德經》，而是在發揮他的「六諭」。據洪武二十一年（一三八八）三月十九日所頒〈教民榜文〉，

每鄉每里各置木鐸一箇，於本里内選年老或殘疾不能理事之人或瞽目者，令小兒牽引，持鐸循行本里。如本里内無此等之人，於別里内選取。俱令直言叫喚，使眾聞知，勸其爲善，毋犯刑憲。其詞曰：「孝順父母，尊敬長上，和睦鄉里，教訓子孫，各安生

理，毋作非爲。」如此者每月六次。（見《皇明制書》卷九，台北成文出版社，一九六九年影印萬曆刻本，第三冊，頁一四一九—一四二〇。）

試看與上引兩條老子注何其肖似。在傳統社會中，明太祖利用大眾傳播以收統制之效，也已達到了很驚人的程度。（參看和田清，〈明の太祖の教育敕語に就いて〉，《白鳥博士還曆紀念東洋史論叢》，一九二五，頁八八五—九〇四；曾我部靜雄，〈明太祖六諭の傳承について〉，《東洋史研究》第十二卷第四號，一九五三年六月，頁二七—三六。）

又「民不畏威，大威至矣」一章，明太祖注曰：

謂王、臣及士、庶修身謹行，止務大道焉。經云：民不畏威，大威至矣。言君天下者以暴加天下，初則民若畏，既久不畏。既不畏方生，則國之大禍至矣，莫可釋。在士、庶，平日不可恣意慢法，眇人侮下，一日干犯刑憲，則身不可保。若言王，大禍即大威；士、庶則刑憲乃大威矣。（卷下，頁三三a）

此注前半是太祖現身說法，與〈自序〉所說「朕乃罷極刑……不逾年而朕心減恐」之語完全符合。足見他一度因「民不畏死」而內心曾大起恐懼，以爲「大禍」將至。可是接下去注語仍是一再搬出「刑憲」來恐嚇人，說這是對於士、庶的「大威」。《商君書》說，「世智，則力可以勝之。」明太祖雖注老子，而終不能自掩其法家的本來面目，以致「刑憲」兩字時來腕底，這是很耐人尋思的。

三帝老子注中可資討論發揮之處尚多，因佚出本篇題旨之外，故不具論。

一九七六年五月二十三日

# 御製大誥序

朕聞曩古歷代君臣當天下之大任閔生民之塗炭立綱陳紀昭示天下為民造福當是時君臣同心志同一氣所以感

皇天后土之監海嶽效靈由是雨暘時若五穀豐登家給人足斯君臣之逝遐且久矣育民之功載諸方冊猶如見存君子讀誦至斯陡然情懷感激仰慕於千萬古之下恨不目擊耳聞樂此昇平以為慶幸曩者元處華夏實非華夏之儀所以九十三年之治華風淪沒彝道傾頹學者以經書專記熟為奇其持心

操節。必格神人之道。略不究衷。所以臨事之際。私勝公微。以致愆深曠海。罪重巍山。當犯之期。棄市之屍未移。新犯大辟者即至。若此乖為。覆身滅姓見存者曾幾人而格非嗚呼。果朕不才而致是歟。抑前代汚染而有此歟。然況由人心不古。致使而然。今將害民事理昭示天下諸司。敢有不務公而務私。在外贓貪。酷虐吾民者。窮其原而搜罪之。斯令一出。世世守行之。洪武十八年十月朔序

# 御製大誥三編序

朕爲臣民有不善者往往造罪淵深。及其犯也。法司究問。情弊顯然。以其弊也。弊甚多端。以其情也。情甚姦深。由是法司原情擬弊。凡律所該載者各隨所犯備施五刑。如此者非一年矣。其姦頑之徒。未嘗肯格心向善。良民君子。每被擾害。終無一歲優閑。朕才跡德薄。控馭之道竭矣。遂於洪武十八年冬十一月首出大誥前編。以示臣民。其誥一出。良民君子。欣然遵奉。惡人以爲不然。仍蹈前非者疊疊。不旋踵而發覺。發覺速者爲何。爲良民君子。知前誥之精微。一心欽遵有所怙恃。乃與姦惡辨所以强淩人者。殺暴人者以計量致賺人者。設諸不正邪謀之徒。專以此為良善之害者。一施即為良善之所擒。所以發覺之疾也。所以良善之志伸矣。舍寬者漸少。然無藉姦頑尚不知善良秉大誥以除姦頑。設心無知。輕生易死犯若尋常。上累朝廷用刑之慘。下滅身家。若此者又非一二人。朕慮不忍。以續編再出。警省愚頑。使毋仍蹈。諸出。良民一見。欽敬之心。如流之趨下。巨惡之徒。尚以為不然。中惡之徒。將欲遷善而不能。云何以其惡已及人盈于胷懷。著予耳目矣。終被善良所擒。朕觀若是斯二誥于民間良民君子坦然無憂伸於諸惡之上其姦頑之徒屈於善良之下雖不死者終是囚徒以前二誥良民君子欽遵有益人各獲安迩來兇頑之人不善之心猶未向化朕復出誥以三示之姦頑敢有不欽遵者凡有所犯比誥所禁者治之嗚呼良民君子之心言不在多其心善矣兇頑之徒雖數千萬言終不警省是其自取也此誥三須良民君子家傳人誦以為福壽之實不亦美乎洪武十九年冬十有二月望日序

# 從宋明儒學的發展論清代思想史

## ——宋明儒學中智識主義的傳統

### 一 引言

關於清代思想與宋明儒學傳統的關係，自來有兩種不同的看法：第一種看法是把它當作對理學的全面反動。梁任公與胡適之兩先生持此說最力。他們認爲十七世紀中葉以後的中國學術思想史走上了一條與宋明以來截然不同的新趨向。這一新趨向，在消極方面表現爲反玄學的運動；在積極方面，則發展爲經學考據。在這兩個方面，顧炎武的業績都具有開創性。因爲亭林不僅深斥「昔之清談，談老莊；今之清談，談孔孟」，而且還提出了「經學即理學」的明確口號，要用經典研究的實學來代替明心見性的處理。第二種看法則是對第一種看法的修正。它並不否認清學有其創新的一面，但強調宋明理學的傳統在清代仍有其生命。至少晚明諸遺老，還是盪漾在理學的餘波之中。錢賓四師對此一觀點闡發得最明白，他說：

> 言漢學淵源者必溯諸晚明諸遺老。然其時如夏峰、梨洲、二曲、船山、桴亭、亭林、蒿菴、習齋，一世魁碩，靡不寢饋於宋學。繼此而降，如恕谷、望溪、穆堂、謝山乃至慎修諸人，皆於宋學有甚深契詣，而於時已及乾隆，漢學之名始稍稍起。而漢學諸家之高下淺深，亦往往視其宋學之高下淺深以爲判。（《中國近三百年學術史》，上冊，頁一）

此外，馮友蘭先生在他的《中國哲學史》中也專闢〈清代道學之繼續〉一章，討論到漢學與宋學的關係。在他看來，清代漢學家於講及義理之學時，其所討論之問題與所據之典籍都未能佚出宋明理學的範圍。因此，他的結論是：「漢學家之義理之學，表面上雖爲反道學，而實則係一部分道學之繼續發展也。」（下冊，頁九七四—九七五）

這兩種看法的區別，具體地說，在前者強調清學在歷史上的創新意義，而後者則注重宋學在清代的延續性。從學術思想演變的一般過程來看，後說自較爲近情理。因爲不僅前一時代的思想不可能在後一時代突然消失無蹤，而且後一時代的新思潮也必然可以在前一時代中找到它的萌芽。事實上，清儒的博雅考訂之學也有其宋明遠源可尋。這一點在下面將會談到。梁任公在《清代學術概論》中曾以西方文藝復興比敷清學，其說頗可商榷。但從史學史的觀點看，梁、胡兩人對清代學術的歷史意義的解釋確和布哈德（Jacob Burckhardt）對義大利文藝復興的解釋有相近之處。布氏所描繪的文藝復興乃是與中古時期截然不同的嶄新文化。易言之，它是中古與近代的分水嶺。但是一百年來的史學研究卻使我們愈來愈明白，幾乎文藝復興的所有「新」的成分都可以在中古找到遠源。時至今日，史學家甚至需要爭辯文藝復興究竟應該算作中古的結束抑或近代的開始。我們對於清代學術思想史的研究自然尚不能與西方學者對文藝復興的研究相提並論。然而僅就已有的修正意見言之，我們至少有充分的理由對清學與宋明儒學的關係重加考慮。（參看本書所收〈文藝復興與人文思想〉一文）

另一方面，上述兩種看法雖然不同，卻有一個基本上共同的出發點：即以討論理、氣、性、命的所謂「義理」之學爲宋明儒學的典型，而以之與乾嘉時代名物訓詁的「考據」之學相對照。這種漢宋（即所謂考據與義理）的對峙，自十八世紀中葉以來即已顯然。推原其始，實由於清代考據學者立意自別於宋、明儒，以爭取在整個儒學史上的正統地位。換句話說，漢、宋之辨主要是清儒宗派意識的產物，是否與宋、明以來儒學發展的史實相應，頗成問題。因此即在清代已有人提出疑問。江鄭堂（藩，一七六一—一八三一）寫《國朝漢學師承記》爲漢宋分疆。而同時龔定菴（自珍，一七九二—一八四一）即遺書商榷，謂「漢學」之名有十未安，其最有關係之三點如下：

若以漢與宋爲對峙，尤非大方之言；漢人何嘗不談性道？五也。宋人何嘗不談名物訓詁？不足概服宋儒之心。六也。近有一類人，以名物訓詁爲盡聖人之道，經師收之，人師擯之，不忍深論，以誣漢人，漢人不受。七也。（〈與江子屏牋〉，見《龔自珍全集》，王佩諍校本，中華書局，下冊，頁三七四。）

定菴此疑特別涉及宋、明以來儒學的定義問題。心性之學本是宋代儒學復興中最新穎與最突出的一環，這一點自無諍議的餘地。但若逕以心性之學爲宋學的唯一內容，則未免將近一千年來的儒家門庭過分狹隘化了。其實當宋代儒學初興之際，經典整理本有其重要性。全謝山編《宋元學案》，以胡瑗與孫復爲宋學先河，而安定教學則分經義與治事兩齋。這已可見經典整理在宋初儒學中所占的比重。後來熙寧二年（一〇六九）安定高弟劉彝在答覆神宗詢問胡瑗和王安石孰優時，曾對儒學有如下的界說：

> 臣聞聖人之道，有體、有用、有文。君臣父子仁義禮樂歷世不可變者，其體也；詩書史傳子集垂法後世者，其文也；舉而措之天下，能潤澤斯民，歸于皇極者，其用也。
>
> （《宋元學案》，萬有文庫薈要本，卷一，頁二六。關於這一儒學定義的討論，可參看W. Theodore de Bary, "A Reappraisal of Neo-Confucianism," in Arthur F. Wright, ed., *Studies in Chinese Thought*, Chicago, 1953, pp. 89-91.）

這裡所說的「文」更顯然是指與儒學直接有關的文獻而言。尤可注意者，其範圍且不限於原始經典，而擴大到經、史、子、集各方面。全氏「學案」又特立「廬陵」一卷，首載其「易童子問」，足見對歐公經學的重視。永叔於經史詞章都有卓越的成就，但獨不喜言性，致爲後儒所譏。（參看劉子健，《歐陽修的治學與從政》，頁三三—三四）則謝山不以心性之學爲宋學的唯一標幟，其意固極昭著。宋儒的經典整理工作至朱熹而告一段落。僅就考據之學言，朱熹的貢獻也是驚人的。龔定菴說「宋人何嘗不談名物訓詁」實是持平之論。

我們當然不能否認，南宋以後經典整理工作在儒學復興的大運動中，最多只能占據次要的地位。無論是「六經註我」的陸子靜或「泛觀博覽」的朱元晦都一樣沒有教人「爲讀書而讀書」的意思。讀書如果有意義，則祇能因爲這樣可以使我們在聖賢的道理上討得分曉。在這個層次上看，宋學確乎是「義理之學」，與清代乾嘉的「考據之學」適成一強烈的對照。但問題並不止此。在肯定了求義理的大前提之後，我們還得要面臨讀不讀書的選擇問題。這一點上，朱陸的異同仍有其重要的意義，雖則我們所談的異同，從純哲學的眼光看，也許根本不存在。這裡涉及哲學史和一般思想史的分野問題。朱陸的歧見，據〈象山年譜〉（《象山先生全集》卷三十六）淳熙二年條記云：

> 鵝湖之會，論及教人。元晦之意欲令人泛觀博覽，而後歸之約。二陸之意欲先發明人之本心，而後使之博覽。朱以陸之教人爲太簡；陸以朱之教人爲支離。此頗不合。先生更欲與元晦辯，以爲堯舜之前何書可讀？復齋（即九齡）止之。

後來的儒者更把二者之異同簡化爲「尊德性」與「道問學」之前。（參看《宋元學案》卷五十八，黃宗羲案語，冊十五，頁六。按：此分別朱子已自言之，見後。）這類的看法自然祇是表面的，並沒有觸及朱陸兩家理論系統的內層。因此，從哲學史的觀點看，也許很少意義可說。然而，由於這種常識上的分別長期地存在於一般儒者的意識之中，並對後世朱陸異同的爭論有深遠的影響，它們反而成了思想史上必須討論的題旨。

## 二　宋明理學中智識主義與反智識主義的對立

朱陸的異同，若從此淺顯處去說，便必然要歸結到讀書的問題上。所以鵝湖之會象山最後提出了「堯舜之前何書可讀」的質難。這裡轉出了思想史上一個帶有普遍性的問題：即智識主義（Intellectualism）與反智識主義（Anti-intellectualism）的衝突。西方基督教傳統中的「信仰」（faith）與「學問」（scholarship）的對立，便是這種衝突的一個例證。在《新約》中耶穌一方面認爲知識學問是虔誠信仰的阻礙，另一方面又表現出對《聖經》有深入的研究。後來基督教中重信與重學的兩派因之都可以在《新約》中找到根據。但一般而論，在十五、六世紀的所謂學術復興（Revival of Learning）以前，西方思想基本上是偏向於信仰一邊的。在信仰空氣瀰漫之下，希臘古典學術極受排斥，Tertullian（西元二二二年卒）的反智識主義的名論最足代表重信輕學一派人的態度。他公然宣稱雅典與耶路撒冷沒有絲毫共同之處，也否認希臘古典哲學可以對基督教義有任何助益。一言以蔽之，「自有耶穌基督以來，我們已毋須乎好奇；自有福音以來，我們再也用不著求知。」[1]西方中古「信仰」與「學問」的對峙，從歷史上考察，是希伯來宗教文化和希臘古典文化相互激盪的一種表現。（此層論者甚多，不煩詳及。簡明的解說可看Frederick B. Artz, *The Mind of the Middle Ages*, 3rd edition, 1962, 第一及第二章。）就這一點說，它和宋代以來儒學演變的歷史頗有不同。第一、儒學雖也有智識主義與反智識主義的對立，但遠不像西方所表現的那樣強烈。第二、這種對立並非兩種截然相異的文化衝突的結果，而是起於儒學內部學者對「道問學」與「尊德性」之間的畸輕畸重有所不同。朱子答項平父書云：

> ……大抵子思以來，教人之法，惟以尊德性、道問學兩事爲用力之要。今子靜所說專是尊德性事，而熹平日所論卻是問學上多了……。

在答項平父另一書中又云：

……近世學者務反求者，便以博觀為外馳；務博觀者又以內省為隘狹。左右佩劍，各主一偏，而道術分裂，不可復合。此學者之大病也……。（均見《朱文公文集》卷五十四，頁九六二，四部叢刊初編縮本。）

這兩段話正可看作常識中所了解的朱陸異同一種最明白的注釋。從朱子的話裡，我們知道，他不但已自覺到他的基本立場是偏於學的一面，而且有意糾正這種偏向。另一方面，陸象山也並非眞的主張束書不觀，否定一切經典注疏的價值。不過象山偏向於「先立其大」一邊，深恐「泛觀博覽」之必流於「支離」而已。據呂祖謙寫給朱子的信說：

子壽前日經過，留此二十餘日。幡然以鵝湖前見為非，甚欲著實看書講論。心平氣下，相識中甚難得也。（《宋元學案》卷五十七，冊十四，頁一二九）

似乎陸九齡在鵝湖會後有轉重「道問學」的傾向。（唯象山則似持舊說未變，故朱子答書曰：「子靜似猶有舊來意思。子壽言其雖已轉步，而未曾移身。」同上引）全謝山調停朱陸，說：

斯蓋其從入之途，各有所重。至于聖學之全，則未嘗得其一而遺其一也。（見〈淳熙四先生祠堂碑文〉，《鮚埼亭集》，外編，卷十四，萬有文庫本，冊八，頁八三九—八四〇。）

這在最淺的層次上是可以成立的。因此，就整個宋代儒學來看，智識主義與反智識主義的對立，雖然存在，但並不十分尖銳。其所以如此者，或是由於在兩宋時，二氏之學（尤其是禪學）尚盛，儒者忙於應付外敵，內部的歧見因此還沒有機會獲得充分的發展。

下逮明代，王陽明學說的出現把儒學內部反智識主義的傾向推拓盡致。說王學是儒家反智識主義的高潮並不含蘊王陽明本人絕對棄絕書本知識之意。從他的思想立場上看，博學對於人的成聖功夫言，只是不相干。所以我們既不必過分重視它，也不必著意敵視它。一五一六年（丙子），他給陸元靜的信中對這一點說得最明白：

……博學之說，向已詳論……使在我果無功利之心，雖錢穀兵甲、搬柴運水，何往而非實學，何事而非天理，況子史詩文之類乎？使在我尚存功利之心，則雖日談道德仁義，亦只是功利之事。況子史詩文之類乎？一切屏絕之說是猶泥於舊習。平日用功未有得力處，故云爾。（《王文成公全書》，四部叢刊初編縮本，卷四，頁一八六）

想必陸元靜原信本有屏絕子、史、詩、文之說，而陽明不以爲然，故答語如此。但陽明時學者對朱陸異同有一普遍性的誤解，即謂朱子專以道問學爲事，而象山則專主尊德性。（參看〈王陽明年譜〉正德四年「論晦菴象山之學」條，全書卷三十二，頁九一二—九一三）朱子「道問學」之教不僅遭受了誤解，同時這種誤解還具有廣泛的影響。因此陽明在矯正朱學流弊時遂主要集中在讀書問題上。傳習錄中答顧東橋書（即拔本塞源論）有云：

……有訓詁之學，而傳之以爲名；有記誦之學，而言之以爲博；有詞章之學，而侈之以爲麗。若是者紛紛籍籍，群起角立於天下，又不知其幾家。萬徑千蹊，莫知所適。……記誦之廣，適以長其傲也；知識之多，適以行其惡也；聞見之博，適以肆其辨也；辭章之富，適以飾其僞也。……（全書卷二，頁一〇一—一〇二）

這一段話極力說明離開「尊德性」而務博學之失，可以說是陽明反智識主義的最明確的表示。

陽明對朱子的諍議特別著重於讀書博學適足以害道一點，最可以從他的《朱子晚年定論》中得其消息。《定論》中所錄朱子的書簡，幾乎全是關於讀書無益而有害的議論。論末附錄吳草廬（澄）一文，正代表陽明自己所要說的話：

……程氏四傳而至朱，文義之精密又孟氏以來所未有者。其學徒往往滯於此而溺其心。夫既以世儒記誦詞章爲俗學矣，而其爲學亦未離乎言語文字之末，此則嘉定以後，朱門末學之敝，而未有能救之者也。……訓詁之精，講說之密，如北溪之陳，雙峰之饒，則與彼記誦詞章之俗學，相去何能以寸哉！（全書卷三，頁一六八—一六九）

蓋元明以來，朝廷用四書集注取士，朱子博覽之訓隨之而深入人心。一般學者從朱子入儒門也都不免流於訓詁講說一途。陽明對症下藥，乃不得不極力撥除文字障。這裡透露出一個重要消息，即宋代儒學復興中的重「文」精神自元迄明始終是思想界一伏流。其所以只成一伏流者，則因爲經典整理工作在宋明儒學傳統中畢竟是次要的。這幾百年中的第一流學術人才主要都在心性辨析上用功夫。所以朱熹儘管在訓詁考釋方面有卓越的貢獻，基本上他仍然是一位理學家，而不是考據家。但是這一伏流的存在，從思想史的觀點看，卻具有重大的意義。儒家的智識主義正托身於此。忽略了這一重要的歷史事實，我們便很難將清學在中國近世思想史上安排一個適當的地位。

從近世儒學的發展歷程上看，宋代（包括元代）是一個階段，明代是另一個階段。概括言之，宋代的規模較廣，而明代則所入較深。所謂宋代規模較廣者，就本文的範圍言，是指它同時包羅了「尊德性」和「道問學」兩方面，比較上能不墮於一邊。所謂明代所入較深者，則指其在心性之學上有突出的貢獻，把「尊德性」領域內的各種境界開拓到了盡頭。黃宗羲在《明儒學案》的〈凡例〉中說得最明白：

嘗謂有明文章事功皆不及前代；獨於理學，前代所不及也。牛毛繭絲，無不辨晰，眞能發先儒之所未發。程、朱之闢釋氏，其說雖繁，總是在跡上。其彌近理而亂眞者終是指他不出。明儒於毫釐之際，使無遁影。

正因爲明代儒學偏在象山「尊德性」一面，故反智識主義的氣氛幾乎籠罩了全部明代思想史，實不僅陽明一人而已。在明代主要思想家中，前如陳獻章（一四二八—一五〇〇），後如劉宗周（一五七八—一六四五）皆於讀書窮理之說持懷疑的態度。白沙說：

學勞擾，則無由見道。故觀書博識，不如靜坐。（《明儒學案》，萬有文庫本，卷五，冊一，頁五三）

又說：

人之所以學者，欲聞道也。求之書籍而弗得，則求之吾心可也。惡累於外哉！此事定要覷破。若覷不破，雖日從事於學，亦爲人耳！……詩文末習，著述等路頭，一齊塞斷，一齊掃去，毋令半點芥蔕於胸中，然後善端可養，靜可能也。（同上，頁七〇）

黃宗羲謂「有明之學，至白沙始入精微……至陽明而後大。兩先生之學最爲相近。」（同上，頁四七）蓋白沙治學雖從程朱入手，而其所深造自得者則近乎象山。此與陽明之由朱子格物之說，轉入象山簡易之教者，先後如出一轍。無怪乎他們兩人在這一問題上見解一致了。蕺山是明代理學的最後大師，他對程、朱與陸、王兩派雖都有所批評（見《明儒學案》卷六十二，冊十二，頁六二—六三），但大體上仍不出陸王樊籬。在讀書問題上，他頗同情於陽明的論點。他在「讀書說」中有這樣的話：

> 學者欲窺聖賢之心，尊吾道之正，舍四書六籍，無由而入矣。蓋聖賢之心即吾心也。善讀書者第求之吾心而已矣。舍吾心而求聖賢之心，即千言萬語，無有是處。陽明先生不喜人讀書，令學者直證本心，正爲不善讀書者。舍吾心而求聖賢之心，一似沿門持缽，無益貧兒。非謂讀書果可廢也。（《明儒學案》卷六十二，冊十二，頁九〇）

從表面上看，他是在主張書不可廢。但一究其實，讀書卻不爲求知識，依然不脫陽明「證本心」的意思。前面曾說過，在陽明思想系統中，書本知識與成聖功夫可以不相干。今蕺山「沿門持缽，無益貧兒」之喻，則正爲此說添一有力的旁證。蕺山在「應事說」中云：

> 學者靜中既得力，又有一段讀書之功，自然遇事能應。若靜中不得力，所讀之書，又只是章句而已。（同上，頁八七）

按：朱子嘗教人「半日靜坐，半日讀書」，然並未說明何者較重要。而明代大儒在涉及這一點時，則往往重靜坐而輕讀書。陳白沙是如此，劉蕺山也是如此。陽明早期也主張用靜坐來「補小學收放心一段工夫」（全書卷四，頁一七〇）僅此一端，已可看出明代反智識主義的基本傾向。上引蕺山兩段話都說得比較含蓄，至少還承認讀書在儒學中的輔助作用。但他在解答讀書窮理的問題時，則祇認爲靜坐是窮理的唯一法門，讀書致知反成歧出：

> 靜中自有一團生意不容已處，即仁體也。窮此之謂窮理，而書非理也。集此之謂集義，而義非外也。今但以辨晰義理爲燕越分途，而又必假讀書以致其知，安知不墮於義

外乎？（〈答葉廷秀〉，《明儒學案》，冊十二，頁六四）

這恐怕才是他對讀書問題的眞正態度。

陳第（一五四一—一六一七）云：

書不必讀，自新會始也；物不必博，自餘姚始也。（〈謬言〉，頁三五，道光重刻本《一齋集》。轉引自容肇祖，《明代思想史》，台灣開明本，頁二七三）

白沙、陽明所代表的反智識主義，在明代儒學史上誠占有主導的地位。但當時持異議者亦大有人在。明代傾向於智識主義的儒者可以粗略地分爲兩大派：一派是在哲學立場上接近朱子者，另一派則是從事實際考證工作者。前者是在理論上肯定知識的重要性；後者則從經驗中體會非博不足以言約。

白沙初受學於吳與弼（康齋），與胡居仁、婁諒同爲「康齋之門最著者」（《明儒學案》卷二，冊一，頁二三），而胡、婁兩人即與白沙意見不合。婁諒是「讀書窮理」派，著述甚豐，與白沙適相反。胡居仁則一方面主敬，一方面重致知，介乎陳、婁之間，因而對二者皆有批評。但若僅就讀書一端上說，胡、婁都可歸之於智識主義一派。居仁曾說：

婁克貞（諒）說，他非陸子之比。陸子不窮理，他卻肯窮理；公甫（白沙）不讀書，他勤讀書。以愚觀之，他亦不是窮理。他讀書，只是將聖賢言語來護己見；未嘗虛心求聖賢指意，舍己以從之也。（同上，頁一六）

可見他不但主張讀書，而且強調讀書不可主觀，這正是承朱子虛心讀書之教。（按：朱子論讀書須虛心，備見於《朱子語類》卷十一「讀書法下」諸條，正中書局影印本，冊一，頁三三九—三四六。

如朱子說：「今人觀書，先自立了意後方觀。盡率古人語言入做自家意思中來。如此只是推廣得自家意思，如何見得古人意思。」（頁三四五）尤可與居仁之說比觀。）居仁又說：

> 孔門之教，惟博文、約禮二事。博文是讀書窮理事；不如此，則無以明諸心。約禮是操持力行事；不如此，無以有諸己。（《明儒學案》，冊一，頁一八）

這是在理論上肯定讀書爲儒學中必不可少的一個階梯。因此他屢說白沙爲「禪」（同上頁一三）又說：「陳公甫窺見此道理本原，因下面無循序工夫，故遂成空見。」（頁一六）

與陽明同時，而持論相反者，則有羅欽順整菴（一四六六—一五四七）。陽明編《朱子晚年定論》，整菴首先致書質難。整菴理氣之說雖與朱子不同，但其主「道問學」爲「尊德性」的基址，則確然是「朱學的後勁」（用容肇祖語。見其《明代思想史》，〈朱學的後勁〉章，台灣開明書店本，頁一八三—一九六）故整菴與陽明的對立，從本文觀點看，實可說是儒家智識主義與反智識主義的對立；從歷史的線索看，則也可說是宋代朱陸異同的重現。有人問高攀龍（一五六二—一六二六）「整菴、陽明俱是儒者，何議論相反？」他答道：

> 學問俱有一個脈絡，宋之朱、陸亦然。陸子之學直截從本心入，未免道理有疏略處。朱子卻確守定孔子家法，只以文行忠信爲教，使人以漸而入。然而朱子大，能包得陸子；陸子麄，便包不得朱子。（《明儒學案》卷五十八，冊十一，頁九四）

這顯是以羅、王爲明代的朱、陸。高氏亦是程、朱派的儒者，故其言不免偏袒整菴。然其特提「脈絡」一點，則實具有思想史的觀點。象山嘗反駁朱子曰：「既不知尊德性，焉有所謂道問學？」（事在一一八三年，象山年四十五，見〈象山年譜〉，全集卷三十六，頁三二一）整菴評曰：

此言未爲不是。但恐差卻德性，則問學直差到底。原所以差認之故，亦只是欠卻問學功夫。要必如孟子所言，博學詳說，以反說約，方爲善學。苟學之不博，說之不詳，而蔽其見於方寸之間。雖欲不差，弗可得已。（《困知記》，叢書集成本，卷一，頁六）

故整菴極不滿象山「六經皆我註腳」之言。他說：

自陸象山有「六經皆我註腳」之言，流及近世，士之好高欲速者，將聖賢經書都作沒緊要看了。以爲道理但當求之於心，書可不必讀。讀亦不必記，亦不必苦苦求解。看來若非要作應舉用，相將坐禪入定去，無復以讀書爲矣。一言而貽後學無窮之禍，象山其罪首哉！（同上卷三，頁二五—二六）

是竟以明代反智識主義的風氣完全歸罪於象山了。稍後陳建（一四九七—一五六七）著《學蔀通辨》破陽明「晚年定論」之說，即聞整菴之風而起者。《通辨》卷五（後編中）討論象山讀書諸條，即全本整菴評「六經註腳」一段，並引白沙、陽明之詩文，以實整菴之說。其中評白沙的一條云：

陳白沙詩云：古人棄糟粕，糟粕非眞傳。吾能握其機，何用窺陳編。又曰：吾心內自得，糟粕安用邪！愚按糟粕之說，出自老、莊。王弼、何晏之徒，祖尚虛無，乃以六經爲聖人糟粕，遂致壞亂天下。白沙奈何以爲美談至教，與象山註腳之說相倡和哉！（叢書集成本，頁六二—六三）

白沙糟粕之詩最爲明代朱學一派所不滿。婁諒的弟子夏尚樸東巖有〈讀白沙與東白（張元楨〉論學詩〉，疑之云：

愚謂六經載道之文，聖賢傳授心法在焉。而謂之糟粕非眞傳何耶？（《明儒學案》卷四，册一，頁四三）

是已先清瀾而發[2]。清瀾又評及陽明云：

王陽明嘗撰尊經閣記（即〈稽山書院尊經閣記〉，見全書卷七，頁二五〇—二五一），「謂聖人之述六經，猶世之祖父遺子孫以名狀數目，以記籍其家之產業庫藏而已。惟心乃產業庫藏之實也……。」嗚呼！陽明此言，直視六經爲虛器贅物，眞得糟粕、註腳之嫡傳矣！（《學蔀通辨》，頁六三）

由此可見，在明代，不僅讀書博學成爲一般人意識中朱陸異同的一個焦點，而且對經典的態度也是兩派分歧之所在。但是根據智識主義的觀點發展下去，則最後必然會導致義理的是非取決於經典的結論，看看誰的話是眞正合乎聖賢的本意。這就要走上清儒訓詁考證的路上去了。所以儘管羅整菴是一個理學家，他有時也會訴諸訓詁的方法。試看下面一條：

程子言：性即理也；象山言：心即理也。至當歸一，精義無二。此是則彼非；彼是則此非。安可不明辨之？昔吾夫子贊易，言性屢矣。曰：乾道變化，各正性命。曰：成之者性。曰：聖人作易，以順性命之理。曰：窮理盡性，以至於命。但詳味此數言，性即理也，明矣！於心，亦屢言之。曰：聖人以此洗心。曰：易其心而後語。曰：能說諸心。夫心而曰洗、曰易、曰說，洗心而曰以此。試詳味此數語，謂心即理也，其可通乎？且孟子嘗言，理義之悅我心，猶芻豢之悅我口。尤爲明白易見。故學而不取證於經

書，一切師心自用，未有不自誤者也。（《困知記》卷二，頁一三）

「性即理」或「心即理」是四百年來儒學史上一個最大的爭論。現在整菴對這一問題的解決竟要「取證於經書」，這是很可玩味的。這種從哲學論證到歷史考據的推移，其原因自然很複雜。其中之一即抽象的心性爭辯愈來愈缺乏說服力。所以整菴雖然理氣論有創見，卻不得不承認「心、性至爲難明」（同上，頁一五）黃宗羲對整菴理氣論與心性論互相矛盾的批評是一篇極簡當的哲學分析文字。但他最後也要下一轉語，說：「心、性之難明，不自先生始也。」（《明儒學案》卷四七，冊九，頁三六）因此之故，理學家中竟也有人會對抽象的心性說採取一種近乎取消主義的態度。例如何塘（一四六四—一五四三）因反對陽明之學，至謂「本原性命非當務之急」。主張由「學」直接過渡到「政」，毋怪黃宗羲要說他是「本末倒置」了。（同上，卷四九，冊九，頁八〇—八二）

就明代朱、陸兩派對經典的態度的分歧而言，智識主義與反智識主義的對立顯然已趨向兩極化。從一種意義看，這是儒學鞭辟向裡，雙方對彼此相異之點推究到底的結果。所以這一對立在宋代遠不及在明代顯朗。因此，朱子雖可說是一智識主義者，但他對六經的看法有時竟亦與象山相去不遠。象山「六經註腳」之說也並未引起朱子的批評。象山語錄中有兩處說及此。其一曰：

> 論語中多有無頭柄的說話……非學有本領，未易讀也……。學苟知本，六經皆我註腳。（全集卷三四，頁二五八）

其二曰：

或問先生何不著書？對曰：六經註我，我註六經。（同上，頁二六一）

細味此兩段，則象山並非存有輕蔑六經之意。其大旨不過謂善讀書者必須將書中道理與心中道理融合無間而已。其第一節強調論語未易讀，尤可見象山於六經未敢掉以輕心。第二節係針對著書之問而來。語雖簡略，意旨則甚明白。蓋謂若著書便是「我註六經」，不著書則是「六經註我」。象山認定他所了解的道理已備見於六經，所以覺得沒有著書的必要。這和後來陳白沙「糟粕非眞傳」，「何用窺陳編」的說法是很有距離的。僅就此點說，反智識主義在象山不過微見端緒；在白沙則已是暢發無遺[3]。其中朱子也說：

讀六經時，只如未有六經。只就自家身上討道理。（《語類》卷十一，頁三五七）經之有解，所以通經。經既通，自無事於解。借經以通乎理耳。理得則無俟乎經。（同上，頁三六五）

正可與象山之言互證。推而上之，也可會通於易繫辭所謂「言不盡意」及莊子所謂「得意忘言」的說法。我們這樣把朱子和象山對比，並不是要證明朱陸早異晚同或早同晚異。我們只是要指出在朱陸當時，智識主義與反智識主義的壁壘尚不十分森嚴。這是近世儒學復興初期所以規模較廣的一個內在因素。到了明代以後，儒學內部兩派的分裂既顯，鬥爭亦劇。這樣就發生了誰壓倒誰的問題。就明代說，自然是反智識主義占了上風。復由於明代儒學的發展正如黃宗羲所指出的，基本上是在義理一方面，因此智識主義與反智識主義的鬥爭也始終是在理論的層次上進行的。陸、王一系反讀書窮理者固不用說，即使是程朱一派主張格物致知的人也祇是在理論上肯定經典研究的價值，而未能實踐其說，如朱子之所爲者。清人每言明代學術空疏，正是從實踐方面立論。但智識主義若要壓倒反智識主義，最後必然要歸宿到實踐，而不能長駐於理論的境域。這是因爲它所採取的立場和反智識主義根本不同。一個反智識主義者既否定知識對他的思想或信仰有任何幫助，則他毋須乎借助他所否定的知識，來支持他的立場。相反地，一個智識主義者則必須說明他的持論和他所肯定的知識之間有什麼關係。這樣，他不但要建構理論，同時還要整理知識。並且，他的知識是否可靠基本上決定他的理論是否站得住。

以上是從一般典型的智識主義與反智識主義的分野而言的。若就歷史上任何特定學派或教派（如中國的儒學或西方的基督教）的實際發展來觀察，二者之間的交涉自不能如此涇渭分明。以宋明以來的儒學而言，其中尙涉到所謂「正統」的問題。無論是程朱派或陸王派都認爲自己所主張的道理是承接著孔孟的。這就使採取了反智識主義立場的陸王派多了一層知識上的糾纏。如果反智識主義的儒者只是直截了當地提出自己所見的眞理，如程明道所謂「天理二字是自家體貼出來」，或如象山所謂「因讀孟子而自得之於心」。則一切經典都成題外。因爲讀古人之書得到啓發而見道是一事，但進一步強調此「道」即古聖相傳之「道」，則勢將陷入智識主義的泥淖而不自知。大體上說，象山在這一方面還比較斬截，始終能不落入訓詁的陷阱。所以他敢說東海、西海、南海、北海、千世之上、千世之下，此心同、此理同的話。王陽明便已不能擺脫經典的糾纏。因此，他要編《朱子晚年定論》，要重定「大學古本」。在陽明言，不過借「大學」爲他的良知說張目（劉蕺山即如此說，見《明儒學案》，冊十二，頁八五），並以箝反對者之口。殊不知這樣一來，反而授人以隙，引起此後訓詁辨僞種種節外之枝。陽明又嘗說：「夫學貴得之於心。求之於心而非也，雖其言之出於孔子，不敢以爲是也。……求之於心而是也，雖其言之出於庸常，不敢以爲非也。」（全書卷二，頁一一七）這才與他的反智識主義的立場，義成條貫。別人雖然還可以批評這種說法，但必須提高批評的理論層次，而不能僅僅根據經典來駁斥他了。（例如顧憲成〈與李見羅書〉，見《明儒學案》卷五八，冊十一，頁六三—六四，唯顧氏引語與文略異。）

另一方面，我們必須再鄭重聲明：我們說朱子及其明代的後學注重讀書，因而有智識主義的傾向，絕不意味著他們的中心問題是知識問題（包括經典知識）。更不是說，朱陸異同可以簡化成智識主義與反智識主義的對壘。我們要指出：從思想史的觀點看，由於朱子教人偏在「道問學」一方面較多，故其明代的傳述者往往提倡讀書博學之說，作爲反陸王一系的重要論據之一。事實上，現代正是儒學「尊德性」一面發展到巔峰的時代。朱學後勁關於讀書博學的主張也都是在「尊德性」的大前提下提出的。但既以「尊德性」爲儒學最高標準，而程伊川已說「德性之知，不假見聞」（《宋元學案》卷十五，冊五，頁五九）則讀書博學都不過是「聞見之知」，與「德性」本不相干。此所以在明代陸、王之學風靡一時，卒非朱學所能匹敵。

上面曾指出，王陽明爲了替他的良知說找歷史的根據而重定大學古本，因而與儒家原始經典發生了糾纏。一涉及經典整理，偏重「道問學」一派的儒者便有了用武之地。宋明以來儒學中不絕如線的智識主義遂因此而得了發展的機會。羅整菴「取證於經典」的主張尚不過是反智識主義高漲的風氣下一個微弱的智識主義的呼聲。要貫徹這種主張卻絕不是一朝一夕所能奏功。這不但需要多數人繼續不斷的努力，而且首先必須有一個濃厚的智識主義的思想空氣。這兩個基本條件都要到清代才具備。從這個觀點看，清學便不能是宋明儒學的反命題，而是近世儒學復興中的第三個階段。在這一階段中，有兩項中心工作特別值得注意：第一是儒家經典的全面整理。這是朱子以後便沒有再暢進的一派。由於清代在考證方法上的進步，其成績遂遠超過了宋明。第二是觀念還原的工作，即找出儒學中重要觀念的原始意義。這就是後來戴東原所謂「以六經、孔、孟之旨還之六經、孔、孟。」這一工作本與第一項密切相關，但並不相同，可以說是清學特見精神之所在。後來的人用考據兩字來概括清學，固有其理由；但這樣一來，清學與宋明以來的儒學傳統遂若邈不相接。其實若從思想史的綜合觀點看，清學正是在「尊德性」與「道問學」兩派爭執不決的情形下，儒學發展的必然歸趨，即義理的是非取決於經典。但是這一發展的結果，不僅儒家的智識主義得到了實踐的機會，因而從伏流轉變為主流，並且傳統的朱陸之爭也隨之而起了一種根本的變化。關於這一發展的曲折過程，我們將在下篇中詳加討論。

## 三　經典考證的興起與儒學的轉向

在結束本篇之前，我們還要談一談明代若干考證學者和儒家智識主義發展的關係。以上的討論大旨只在指出：明代在哲學立場上接近朱子一派的儒者如何從理論方面強調讀書的重要。但這並不是說，明代的智識主義者僅限於程朱派的理學家。事實上，明代尚有不少理學門戶以外的儒者，雖不高談窮理致知，而實際上卻在博文方面有具體的貢獻。這些人的業績對後來清學的發展也有重要的影響。《四庫全書總目提要》說：

> 明之中葉，以博洽著稱者楊愼……次則焦竑，亦喜考證。……惟以智崛起崇禎中，考據精核，迥出其上。風氣既開，國初顧炎武、閻若璩、朱彝尊沿波而起。始一掃懸揣之空談。（子部、雜家類三，方以智「通雅」條。萬有文庫本，冊二十三，頁五一）

這顯然是以清代經史考證之學遠起於明之中葉（參看錢穆，《中國近三百年學術史》，上冊，頁一三五—一三七）。清初費密（一六二五—一七〇一）著《道脈譜》（弘道書上）歷引王鏊、鄭曉、歸有光等人推重漢唐經典注疏的話，胡適之先生據之，認爲清代漢學風氣已起於明中葉以後。（《胡適文存》，台北，一九五三，第二集，頁七〇—七一）這些證據都很堅明。但問題則在於我們怎樣處理這些證據。若根據這些證據而肯定清學只是明中葉以後個別考證活動的匯流與擴大，則全部清代學術史就會被解釋成一個單純的方法論的運動。胡適之先生的結論正是如此。（見他的〈清代學者的治學方法〉，《胡適文存》，第一集，頁八三八—四一二和〈治學的方法與材料〉，《文存》，第三集，頁一〇九—一二二）這樣的說法自然不是沒有事實的根據。例如顧炎武研究古音，用「本證」和「旁證」的方法就源自陳第的《毛詩古音考》。又如閻若璩的《古文尚書疏證》是清初考據的最大著作之一。而其書亦有採於梅鷟的《古文尚書考異》。但是這個說法最大的漏洞在於根本忽略了從顧炎武到乾嘉的漢學家所共持的中心理論。離開這一理論，我們便無法了解清學的發展何以採取那樣一個特殊的方式，而不循別種途徑。譬如胡先生自己就曾遭遇到這種困難而無法提出解答。他在比較三百年來中國和西方學術發展的分歧之後，很慨歎中國的「科學方法」僅在故紙堆中發揮了它的作用，而沒有像在西方那樣被應用到對自然界的研究上。這正是思想史家所要追究的關鍵性的問題，但胡先生把它輕輕放過了。至於中國的考證方法究竟是不是科學方法，自然又當別論。當然，胡先生和梁任公先生都說過：清學在中國思想史上的意義是「反理學」，而考證方法不過是一種工具。這個說法也是有理由的，但仍不免有可商榷之處。第一、它太強調清學的反面意義，而不能說明其正面意義。依照這種邏輯，我們也可說，孟子的工作在於闢楊、墨，或宋、明理學的意義在於反佛、老。而事實上，我們都知道孟子和宋、明理學在全部儒學史上還有其更重要的正面意義。同樣地，清學在儒學傳統中也自然應有其正面的意義。這正是治思想史者所必須求解答的問題。第二、這種說法與事實亦不盡相合。若說從一六〇〇年以後中國思想界的主要工作便是反理學（見胡適〈幾個反理學的思想家〉，《文存》，第二集，頁五三）我們便無法解釋清學鼎盛時代許多並不反理學的第一流考據家的存在。梁任公先生也承認清學正統派人物「將宋學置之不議不論之列。」（《清代學術概論》，商務本，一九二一，頁八）第三、考證方法和反理學並無必然關係，在清代如此，在明代亦如此。楊慎（一四八八—一五五九）雖不喜白沙、陽明一派廢書不觀的態度，卻並未因此而否定理學本身的價值，且頗推重羅整菴之學。（見《升菴全集》，萬有文庫本，卷四十五，冊四，頁四五三—四五四）我們固不得謂升菴從事考證是出於反理學的動機。陳第著《毛詩古音考》也不過是要糾正明人廢學之病。所以焦竑爲之作序有云：

世有通經學古之士，必以此爲津筏。而簡陋自安者，以好異目君，則不學之過矣！

（《澹園集》，金陵叢書乙集，卷十四，頁二下）

在理學問題上，陳第尊重陽明，但不滿意王學末流之弊。他曾說：

我朝二百餘年，理學淵粹、功業炳燿，惟王文成。然文成之教主於簡易。故未及百年，弊已若斯。（《書札燼存》，轉引自容肇祖，頁二七六）

同時，他的格物說也與王陽明相近。（容肇祖，前引書，頁二七七—二七八）所以，說陳第論學傾向於智識主義則可，必謂其反理學則恐不符眞相[4]。焦竑（一五四〇—一六二〇）更是一個有趣的例子。在清代，他是以考證聞名的；而在明代，他卻是一位理學領袖，爲王門泰州一派的健者。黃宗羲說他「主持壇坫，如水赴壑。其以理學倡率，王弇州（世貞）所不如也。」（《明儒學案》卷三十五，冊七，頁四六）弱侯的例子最可以說明考證與反理學不能混爲一談。

現在我們要進一步追問：明中葉以後考證學的萌芽究竟可以說明什麼問題？從思想史的角度看，它是明代儒學在反智識主義發展到最高峰時開始向智識主義轉變的一種表示。前面已說過，就儒學內在的發展說，「尊德性」之境至王學末流已窮，而「道問學」之流在明代即始終不暢。雙方爭持之際，雖是前者占絕對上風，但「道問學」一派中人所提出「取證於經書」的主張卻是一個有力的挑戰，使對方無法完全置之不理。而另一方面，「尊德性」一派的儒者爲了要說明「古聖相傳只此心」，也多少要涉及原始儒學經典的整理問題。在這種情形之下，除非儒學能定於德性之一尊，或安於五經四書大全之功令，否則回到孔子的博文之教，對儒學的下一步發展來說，似乎是勢所必至的事。明中葉以後考證的興起便正是相應這一發展而來。所以在消極方面，當時富於考證興趣的儒者所最不滿意的就是陳白沙一派的極端反智識主義態度。前面我們已引及陳第「書不必讀，自新會始」的話。楊愼也說：

伊川謂治經遺道，引韓非子買櫝還珠。然猶知有經也。……今之學者謂六經皆聖人之蹟，不必學。又謂格物者非窮理也。……是全不在我，全不用工。是無櫝而欲市珠，無筌而欲得魚也。（《升菴全集》卷七十五，册八，頁九八九）

升菴意態激昂，有時竟以爲離經即是叛道。故說：

逃儒叛聖者以六經爲註脚；倦學願息者謂忘言爲妙筌。（〈周官音詁序〉，同上，卷二，册一，頁一六）

稍後方以智（一六一一——一六七一）在《通雅》自序中說道：

聞道者自立門庭，糟粕文字……其能曼詞者，又以其一得管見，洸洋自恣，逃之空虛。

這也顯然是對「糟粕六經」一系思想的駁議。他們既不滿意離開書籍而空談儒家的道理，自然就要進一步注意到儒家舊有的智識主義傳統。謝與棟記焦竑在新安講學，有下面一段對話：

黃莘陽少參言：顏子歿而聖人之學亡。後世所傳是子貢多聞多見一派學問，非聖學也。先生曰：多聞擇其善者而從之。多見而識之。是孔子所自言。豈非聖學？孔子之博學於文，正以爲約禮之地。蓋禮至約，非博無以通之。故曰：博學而詳說之，將以反說約也。（見〈古城答問〉，《澹園集》卷四十二，頁八，金陵叢書乙集）

這一番問答頗能透露儒學從反智識主義轉向智識主義的消息。黃莘陽之問自是代表明代一般儒者輕視知識的態度。焦弱侯的答語則強調兩點：一、知識本爲孔子所重；二、非經博文的過程便不能達到約禮的境地。以明代而論，這卻是一個新的立場。在這個立場上，他已不知不覺地把「聖學」的領域擴大了：多聞博識也是儒家舊統，固不得摒之於孔門之外。而弱侯以一個王門理學家而從事博聞考訂功夫，則更可見儒家思想的動向[5]。

上述焦弱侯所強調的兩點，也正是其他考證學者所重視的問題。由於對多聞多見的傳統的重視，方以智遂得到「古今以智相積」的看法：

古今以智相積。……生今之世，承諸聖之表章，經群英之辯難，我得以坐集千古之智，折中其間，豈不幸乎？（《通雅》卷首之一〈考古通說〉）

明季之尚考據者要數方以智的智識主義氣味最濃，幾幾乎已脫出了儒學的樊籬。此節論知識的累積性在明代固是空谷足音，而尤可注意者則是他對智性本身的重視。所以他又說：

大成貴集，述矽于刪。千古之智，惟善讀書者享之！（同上卷首之二，〈藏書刪書類略〉）

這種爲著觀賞古人智慧而讀書的態度，絕不是明代一般糟粕六經的儒者所能贊同的，但在考證家之間卻時有所見。如陳第也說：

余於傳註異同，最喜參看。譬如兩造具備，能以片言折之，使兩情俱服固善。不然如五色並列，五音並奏，亦見人心靈竅，此說之外，又有彼說，不爲無益。（《松軒講義》，頁四七，引自容肇祖，頁二七九）

頗可與方以智之說互證。

與重知識相隨而來的還有博與約之間的關係究當如何？這本是朱陸異同中的老問題，但明代考證學家重提這個問題時卻已給予它不同的意義。關於這一點，我們將在下篇討論清代思想時作較詳的解釋，因爲此不同之處必須要等到清代考證學發展成熟以後才能完全顯露出來。現在我們只能這樣概括地指出：即博約問題在宋、明理學的系統中基本上是「尊德性」層次上的問題。換句話說，知識之有意義僅在於它能使人成就德性，而不是由於它本身的內在價值。晦菴與象山的爭論是在次序上，即由博返約抑或先立其大。（此「立其大」即後來陳白沙所謂「欛柄」或王陽明所謂「頭腦」）晦菴因爲比較傾向智識主義，他的博約論有時亦不全就德性而言。這一層留待下面再說。及至考證學家重提博約問題時，他們的論點則已從「尊德性」的層次轉移到「道問學」的層次上了。這在明代中葉以後已見端倪。上引焦弱侯的話便有此意。不過弱侯同時也是理學家，因此他在別處論及博約問題時尚徘徊於兩個層次之間，不十分確定。（參看《筆乘》卷四「尊德性而道問學」條，頁二五—二六及《筆乘續集》卷一，頁八—九）但方以智在前面所說的「集」與「刪」則已是從客觀知識的意義上討論「博」與「約」了。以智的《通雅》自序上還有更明顯的說法：

學惟古訓，博乃能約。當其博，即有約者通之。博學不能觀古今之道，又不能疑，焉貴書簏乎？

此處所謂博與約便完全跳出了「尊德性」的範圍。以智生當明清之際，其時知識主義已漸得勢，宜其立論與焦竑有別。但明代從知識觀點論博約者，楊愼實在焦、方諸人之先。升菴全集中有「博約」一條，所說極清晰：

> 博學而詳說之，將以反說約也。或問反約之後，博學詳說可廢乎？曰：不可。詩三百，一言以蔽之，曰：思無邪。禮三千三百，一言以蔽之，曰：毋不敬。今教人止誦思無邪、毋不敬六字。詩、禮盡廢可乎？（卷十五，冊四，頁四六九）

這顯是純在讀書致知的境域內解釋博與約的關係。所以，不但未約之先須從博入，而且既約之後仍當不斷求博。其實朱子教人讀書，早已說到這一層。《朱子語類》卷十一云：

> 爲學須是先立大本。其初甚約，中間一節甚廣大，到末梢又約。孟子曰：博學而詳說之，將以反說約也。……近日學者多喜從約，而不於博求之。不知不求於博，何以考驗其約？（頁三五八）

此節所論博約次序雖與升菴不同，用意則至近。同卷又一條云：

> 學者觀書，先須讀得正文，記得注解，成誦精熟。注中訓釋文意、事物、名義，發明經指相穿紐處，一一認得，如自己做出來底一般，方能玩味反覆，向上有透處。若不如此，只是虛設議論，如舉業一般，非爲己之學也。曾見有人說詩，問他〈關雎〉篇，於其訓詁名物全未曉，便說「樂而不淫，哀而不傷」。某因說與他道：公而今說詩，只消這八字，更添「思無邪」三字，共成十一字，便是一部毛詩了。其他三百篇皆成渣滓矣！（頁三六四）

合而觀之，朱子這裡也正是從「道問學」方面說博與約的交互爲用。所以他第一節所謂「先立大本」也是就「爲學」方面立論的，不可與象山「先立其大」之說混爲一談。我們以升菴之論上合之朱子之教，便可見儒家智識主義的伏流，自宋迄明，始終未斷。升菴雖於朱子時有不滿之言，然其說讀書之博與約則並不能異乎朱子的緒論。這裡也可以看出，在儒學傳統內，知識的檢定自有其客觀性，不因哲學立場而變。後來章實齋以清代博雅考訂之學歸之朱子一脈，其一部分意義亦在於是，未可全以宗派之實際傳承說之。焦弱侯的出現尤其富有象徵意義。他的王學立場已不復能阻止他對「博學多識」的追尋。這就表示儒家智識主義的力量已足以撼動舊有的理學門戶。程朱與陸王的爭論在「尊德性」的層次上已走到了盡頭，此後的異趨則將轉移到「道問學」的層次上去。故弱侯之兼治理學與考證，就其自身說誠不免分爲兩橛，但就思想史的發展說，則適象徵儒學從「尊德性」階段到「道問學」階段之過渡。弱侯在〈鄧潛谷先生經繹序〉上說：

> 孔子之言曰：我非生而知之者，好古敏以求之者也。故興於詩、立於禮、成於樂。迨晚而學易，韋編三絕。曰：若是我於易則彬彬矣！蓋經之於學，譬之法家之條例，醫家之難經，字字皆法，言言皆理，有欲益損之而不能者。孔子以絕類離倫之聖，亦不能釋經以言學。他可知已！漢世經術盛行，而無當於身心。守陋保殘，道以寖晦。近世談玄課虛，爭自爲言。而徐考其行，我之所崇重，經所絀也；我之所簡斥，經所與也。嚮道之謂何，而卒與遺經相刺謬。此如法不稟憲令，術不本軒岐，而欲以臆決爲工。豈不悖哉！（《澹園續集》卷一，頁一一—一二）

此序亦學風將變未變之際一極有意思之資料，其中有可注意者數點：一、論學扣緊經典不放，並說自孔子已然，顯與糟粕六經之說相反，而意在開闢經學的新途。二、對當時「談玄課虛」者之「以臆決爲工」的風氣深致不滿，至謂經典如法家條例與醫家難經，其中「字字皆法，言言皆理」，則頗近乎羅整菴論心性必須「取證於經書」的主張。從此處再略一引申便是顧亭林「經學即理學」的理論。三、論經術仍鄙薄漢儒，謂其「無當於身心」，則猶是宋明理學家宿見，可見弱侯尚未完全放棄他的理學門面。就這一點言，他不但不像清儒那樣推崇漢代的經注，而且較之其他明代理學圈外的學者（如王鏊、鄭曉、歸有光、楊慎諸人）對漢儒的態度，也尚有距離。惟序文重點終在提倡治經，趨新的意味遠過於守舊，則顯然可見。故此序不徒反映出弱侯自身學術的歧點，而且極能說明何以儒家「尊德性」層次上的爭論發展到最高峰會逼到經典研究的路上去。清初萬斯同（季野，一六三八—一七〇二）曾述及他從理學爭辯轉到經典研究的過程，頗可與此序相參證。他說：

> 某少受學於黃梨洲先生，講宋明儒者緒言。後聞一潘先生（按：即潘平格，字用微）論學，謂陸釋、朱老，憬然於心。既而同學競起攻之，某遂置學不講，曰：予惟窮經而已。（據李塨所記，見戴望，《顏氏學記》卷七，中華書局本，一九五八，頁一八九。）

這不是逃避問題，而實是探本溯源的態度。韓非子顯學篇有云：「孔子、墨子俱道堯、舜，而取舍不同，皆自謂眞堯舜。堯舜不復生，將誰使定儒、墨之誠乎？」朱、陸則俱道孔、孟，而取舍亦異。所不同者，堯、舜無文字遺存，故其「誠」永不能定，而孔孟則有經典傳世，故後儒終相信其間是非可藉觀念之還原而明。此後清儒便是自覺地朝著這個目標努力，而上引弱侯的序文則已透露出此一儒學發展的新方向。所以，從思想史的觀點看，我們不能把明、清之際考證學的興起解釋爲一種孤立的方法論的運動，它實與儒學之由「尊德性」轉入「道問學」，有著內在的相應性。這一點，待下篇討論儒學在清代的演變之後，便會更清楚地顯示出來。

## 附記

本篇原爲追溯清學的宋明遠源而作，不意牽涉稍廣，超過預定字數遠甚。故不得不先行單獨發表。其中語意多有未足處，須待下篇成稿時申論之。又本篇主旨僅在抉出宋、明儒學發展中與清學密切相應的背景部分。故既非泛論宋明理學，亦非辨朱陸異同，讀者幸勿誤會。

1 關於基督教中這兩方面的衝突，英文著作甚多，以上所論大體根據下列幾種書籍：E. Harris Harbison, *The Christian Scholar in the Age of Reformation*, 1956, pp. 1-3; Charles Norris Cochrane, *Christianity and Classical Culture*, A Galaxy Book,1957, pp. 222-223; Etienne Gilson, *Reason and Revelation in the Middle Ages*, 1938, pp. 8-10; John Herman Randall, Jr., *The Role of Knowledge in Western Religion*, 1958.

2 清瀾謂「糟粕之說，出自老、莊。王弼、何晏之徒祖尚虛無，乃以六經爲聖人糟粕」。大體雖是，細節多訛。莊子「天道」篇輪扁問齊桓公所讀何言。「公曰：聖人之言也。曰：聖人在乎？公曰：已死矣！曰：然則君之所讀者，古人之糟魄已夫！」淮南子〈道應訓〉亦載此故事。蓋謂死人之遺言，已不能盡其意也。是糟粕亦不必定指六經而言。王荊公讀史詩云：糟粕所傳非粹美，丹青難寫是精神。亦泛指古人陳編，可證。魏晉之際，首發糟粕六經之意者，爲魏太和（二二七—二三二）時之荀粲。其言曰：「然則六籍雖存，固聖人之糠秕。」（見《三國志．魏志．荀彧傳》注及《世說新語．文學篇》注引〈粲別傳〉）其事尚在正始清談之前。今清瀾歸罪王、何，亦失之未考。（參看我所撰〈漢晉之際士之新自覺與思想〉，《新亞學報》第四卷第一期，一九五九年八月，特別是頁一〇〇—一〇四）至於「糠粃」之於「糟粕」，用語雖異，意指則一，置之不辨可也。

3 謂之「微見端緒」者，因推極象山之意，眞理若本存在人心中，則亦可不藉書冊而得。陳清瀾著《通辨》，門户意識太強，評語殊多失當，與其文獻編年部分，價值未可同日而語。如前引之文中，將「註腳」與「糟粕」等量齊觀，即是一例。反不如羅整菴「流及近世」之說，專從影響方面立論者，下語爲少病也。近人容肇祖，《明代思想史》，頁三九，引白沙〈道學傳序〉論「六經糟粕」之文，以爲純是象山「六腳註經」見解，亦沿明代以來舊説。象山此語，受誤會久矣。故特爲辨正之如此。

4 容肇祖論陳第之文，名爲「考證學與反玄學」，然細按其所引諸文，雖有反對當時講學家之語，亦多反對博學不切實用之論，容文之末復備論陳第受陽明思想影響之深。而討論《毛詩古音考》一節，又未能舉出任何反玄學或反理學的證據。實有過分搭題之嫌。蓋容氏《明代思想史》一書的基本觀點完全採自胡適〈幾個反理學的思想家〉一文（《文存》卷三，頁五三—一〇七）。此觀其第一章可知。既有先入之見，遂不免下語過當。手頭無陳氏一齋集，不能深論。

5 按焦弱侯師事耿定向、羅汝芳，又與李贄交密，從明代理學傳統言，殆已走上黃宗羲所謂「能赤手以搏龍蛇」之境。（《明儒學案》卷三十二，〈泰州學案序〉，冊六，頁六二）故以「佛學即爲聖學」。（同上，卷三五，冊七，頁四六）。在心性問題上，他不承認儒釋分途。他曾說：「學者誠志於道，竊以爲儒釋之短長，可置勿論，而第反諸我之心性。苟得其性，謂之梵學可也，謂之孔孟之學可也。即謂非梵學，非孔孟學，而自爲一家之學亦可也。」（《澹園集》卷十二，頁三下）這正是把陽明「學貴得之於心」之教發揮到了盡處。四庫提要至謂其與李贄「相率而爲狂禪……尊崇楊墨，與孟子爲難。」（子部雜家類存目二，「焦弱侯問答」條）。所以，在心性之學方面，弱侯實可說是一結束人物。此與其在博學考訂方面之爲一開創人物，適成爲有趣之對照。但他自己並不覺得其學之分爲兩橛，有何內在矛盾。此正是象徵「尊德性」之境既窮不得不轉向「道問學」一途也。泰州學派中稍前有趙貞吉（一五〇八—一五七六）亦與弱侯途轍相近。他一方面公然承認自己是禪學；另一方面又從事大規模的著作。

據黃宗羲說：「分作二通，以括古今之書。內篇曰經世通；外篇曰出世通。內篇又分二門：曰史，曰業。史之爲部四：曰統，曰傳，曰制，曰誌。業之爲部四：曰典，曰行，曰藝，曰術。外篇亦分二門：曰說，曰宗。說爲之部三：曰經，曰律，曰論。宗之爲部一：曰單傳直指。書雖未成，而其緒可尋也。」（《明儒學案》卷三三，冊六，頁一〇〇）是不僅其談心性與著述分爲兩橛，即其書之分爲經世與出世兩篇，亦至堪玩味。觀其內篇子目，則其書若成，亦必於清代經史考證之學會有所影響。此亦儒學途窮將變之一顯例。若更推而上之，則泰州學派的創始者王艮心齋即已略露重知識的傾向，而與陽明良知之教有異。《心齋語錄》上說：「孔子雖天生聖人，亦少學詩、學禮、學易、逐段研磨，乃得明徹之至。」（《學案》卷卅二，冊六，頁七二）但說得更明白的則是他給錢德洪（緒山）的一封信：

「……正諸先覺，考諸古訓，多識前言往行，而求以明之，此致良知之道也。觀諸孔子曰：不學詩，無以言。不學禮，無以立。五十以學易，可無大過。則可見矣。然子貢多學而識之，夫子又以爲非者，何也？說者謂子貢不達其簡易之本，而從事其末。是以支離外求而失之也。故孔子曰：吾道一以貫之。一者，良知之本也，簡易之道也。貫者，良知之用也。體用一原也。使其以良知爲之主本，而多識前言往行，以爲蓄德，則何多識之病乎？昔者陸子以簡易爲是，而以朱子多識窮理爲非。朱子以多識窮理爲是，而以陸子簡易爲非。嗚呼！人生其間，則孰知其是非而從之乎？孟子曰：是非之心，人皆有之。此簡易之道也。充其是非之心，則知不可勝用，而達諸多識前言往行以蓄德矣。故曰：博學而詳說之，將以反說約也。」（《王心齋先生遺集》卷二，頁一五—一六，一九〇九年東台袁氏重編本）

雖然自表面觀之，心齋此論仍不離陽明良知之宗旨，但全文之意，則在強調博學多識並不必然有害於致良知一層上。至其游移於朱陸之間，而嘆是非之難定，則尤耐尋味。我們自不能以重知識爲心齋學術之要點。據心齋年譜正德十五年（一五二〇），心齋初見陽明後，歸途過金陵與太學諸友講論六經大旨云：

「夫六經者，吾心之註腳也，心即道。道明則經不必用；經明則傳復何益？經傳印證吾心而已矣！」

（《遺集》卷三，頁三）

是純依陸王之教。其與錢緒山書，文末有「先師」之語，則已在陽明卒後，陽明死於一五二九年，心齋死於一五四一年。或者心齋晚年較注重博學多聞，亦未可知。又《語錄》云：

「若能握其機，何必窺陳編。白沙之意在學者須善觀之。六經正好印證吾心。孔子之時中全在韋編三絕。」（《遺集》卷一，頁五）

《語錄》亦出晚年。可見心齋雖始終「以經證心」之說未變，但其重點則轉在教人不可廢六經。故要人善觀白沙之意。心齋關於讀經與博學之主張，對於泰州後學必有影響。上引焦弱侯「古城答問」一節即全本其與錢緒山之書而立論者也。

# 清代思想史的一個新解釋

## 緣起

這篇文字是根據我今年二月十八日下午在臺灣大學歷史研究所的講演紀錄修改而成的。我當時並沒有預備正式的講稿，祇是把近幾年來的研究所得作了一次扼要的口頭報告。五月間我在香港收到了錄音的文字紀錄，恰值事忙，一時無暇整理。後來在修改過程中又發現我的講詞涉及人名、書名、專名較多，紀錄頗有錯誤，要想修改得文從字順，頗爲不易。所以修改工作祇進行了三分之一，我就放棄了。以下的三分之二，我是根據講詞的線索另行撰寫的。改撰的工作在離港前終於來不及完成，最近生活稍稍安定之後才重新鼓起勇氣來接著寫了下去。所以這篇東西越到後面便越不像是口語了。但這篇東西雖不是當時講詞的忠實紀錄，而講演中的要點則都完全包括了進去。在舉證說明的方面，本文則比原講詞加詳了一些。本文寫成後，又分段加上小標題，但劃分並不嚴格，不過取便讀者而已。

一九七〇年九月我曾發表了〈從宋明儒學的發展論清代思想史〉上篇。（《中國學人》，第二期）該文祇寫到明末爲止，清代部分則完全沒有討論到。該文發表以來，不斷有朋友促我續寫下篇。五年以來，我因研究工作尚在進行，自己的見解也時時在發展變化之中，所以始終不肯動手。而且如果讓我今天來重寫「上篇」的話，我在個別問題上的論點也將有所不同。現在這篇講稿則大體上可以代表我對於清代思想史的最新看法。我願意暫時把它來填補「下篇」的空缺。其中論及宋、明的部分則與「上篇」詳略互見，有些地方也可以算是「上篇」的補正。至於清代部分，我已另寫成《論戴震與章學誠》一部專刊，討論較詳。該書不久將由香港龍門書店刊行，讀者可以參看。

一九七五年十月五日於美國麻州之碧山

## 一 為什麼要重新解釋清代思想史

我這幾年的研究工作主要是「清代思想史」，研究清代思想史當然會牽涉到許多問題，其中最重要的一個，就是怎樣把清代思想史重新加以解釋。首先，我想先談談爲什麼需要對清代思想史重新解釋。

這五、六十年以來，也就是說自「五四」以來，甚至還要再往上推到辛亥革命以前，自章太炎先生開始，對於清代的思想或學術史，有一種共同的看法。這種看法和我們當時的「反滿」意識有關。大家似乎都認定清代的學術之所以變成考證、變成經學，主要是因爲讀書人受到滿洲人的壓迫，不敢觸及思想問題，因此轉到考證方面。因爲考證一名一物不會觸犯思想上的禁忌，引起文字獄。用章太炎的話說：「家有智慧，大湊於說經，亦以紓死。」這可以說是近人解釋清代思想史的一個重要觀點、一個中心理論。這個理論自然並不是全無根據，但是在應用這一理論的時候，它是不是被過分的誇張呢？是不是整個清代二百多年的思想發展，只用這樣的一種外緣的因素就可以解釋得清楚呢？就是我自己經常反省、考慮的問題。另外我們還可以舉出幾個其他的理論，一是反理學，這又和反滿是密切相關的一種解釋。我們研究清代學術史，有一個共同的清晰印象，就是宋明理學到了清代好像一下子便中斷了，爲什麼呢？清初不少大儒一方面反滿，一方面也反玄談。這兩者之間顯然有某種關聯。因此有些學者像梁啓超先生便認爲清初一般讀書人痛定思痛，深恨清談心性誤國，因此都反理學，終於走上了經史實學的路子。跟反理學之說有關的一種解釋是說清代學術的發展，基本上是一個方法論的運動，由於反玄談、反理學，大家便從主觀冥想轉到客觀研究的新方法上來了。這些說法，在我看來，並不是不對，而是不足以稱爲嚴格意義上的歷史解釋。因爲它們只是一種描寫，對歷史現象的描寫。至於這種現象何以發生，在這些理論中則沒有解答，或解答不夠徹底。我們還要問爲什麼反理學？反玄談？不喜歡講心性？新方法又是怎樣出現的？難道這些問題都是「反滿」兩字可以解答得了的嗎？

讓我再講一個馬克思主義的解釋。大陸上有些學者如侯外廬提出一個說法，以爲繼宋明理學之後，清代在思想史上的意義是一種啓蒙運動。這是搬的西洋名詞Enlightenment。這種「啓蒙運動」照他們的階級分析說，則是代表一種市民階級的思想。這種說法當然是用馬克思的史觀來解釋清代思想的經濟背景，我也不願意說它完全沒有根據。比如說黃宗羲在《明夷待訪錄》財計篇中曾反駁世儒「工商爲末」之論，並明確提出「工商皆本」的命題。這與傳統儒家以農爲本的思想大不相同。但如果我們因此就說顧炎武、黃宗羲這幾位大師的立說，全是爲了代市民階級爭利益而來，恐怕還是難以成立的。我們不妨把這種說法擺在一邊，聊備一格。

總結我剛才所說的幾個理論，不出兩大類：一是反滿說，這是政治觀點的解釋；二是市民階級說，這是從經濟觀點來解釋的。無論是政治的解釋或是經濟的解釋，或是從政治解釋派生下來的反理學的說法，都是從外緣來解釋學術思想的演變，不是從思想史的內在發展著眼，忽略了思想史本身的生命。我們大家都知道，現在西方研究intellectual history或history of ideas，有很多種看法。其一個最重要的觀念，就是把思想史本身看作有生命的、有傳統的，這個生命、這個傳統的成長並不是完全仰賴於外在刺激的，因此單純地用外緣來解釋思想史是行不通的。同樣的外在條件、同樣的政治壓迫、同樣的經濟背景，在不同的思想史傳統中可以產生不同的後果，得到不同的反應。所以在外緣之外，我們還特別要講到思想史的內在發展。我稱之爲內在的理路（inner logic），也就是每一個特定的思想傳統本身都有一套問題，需要不斷地解決，這些問題，有的暫時解決了，有的沒有解決，有的當時重要，後來不重要，而且舊問題又衍生新問題，如此流轉不已。這中間是有線索條理可尋的。懷德海（A.N. Whitehead）曾說，一部西方哲學史可以看作是柏拉圖思想的註腳，其眞實涵義便在於此。如果我們專從思想史的內在發展著眼，撇開政治、經濟及外面因素不問，也可以講出一套思想史。從宋明理學到清代經學這一階段的儒學發展史也正可以這樣來處理。

我爲什麼要這樣說呢？因爲在我們一般的印象中，六百年的宋、明理學到清代突然中斷了，是眞的中斷了嗎？還是我們沒有看見？或者是我們故意視而不見？我想這個問題值得我們好好地想一想。以清初的三大儒來說，王船山也罷、顧炎武也罷、黃宗羲也罷，他們思想其實還是跟理學分不開的；他們有濃厚的理學興趣，至少腦子裡有理學的問題，因此跟後來的考證家還是相去很遠的。儘管這三位在考證方面都有貢獻，我們恐怕還是不能把他們當作純粹的考證學家。我們不免要問，那麼理學到底是什麼時候才失蹤的呢？胡適之先生寫戴東原的哲學，他感慨地說六百年的哲學遺風到了清代忽然消歇了。爲什麼消歇了呢？胡先生並沒有作進一步的說明。馮友蘭先生的《中國哲學史》有一章就叫做清代道學的繼續。他說道學在清代還繼續存在，但是相對於漢學而言，它已不是學術思想的主流了，祇是一個旁支而已。清朝人談到哲學問題，還是沿用舊的名詞；如性、命、理、氣，但是從哲學觀點看，清人並沒有突破性的成就，所以也不占重要地位。這也是說，清代的宋學和漢學之間並沒有必然的內在關係，而且從歷史觀點看，漢學是對宋明理學的一種反動。可是我們往深一層想，如果說整個清代三百年的思想都從反抗理學而來，恐怕也不容易講得通；我們很難想像，只是反，便可以反出整個清代一套的學術思想來。貫穿於理學與清學之間有一個內在的生命，我們現在便要找出宋明理學和清代的學術的共同生命何在。

我認為這兩者之間是有線索可找的。我是經過多方面的考慮，才得到一個初步的看法。這個看法，並不和上面提到的幾個說法相衝突，因為那些說法都是從外面講的，都只注意思想史的外緣。而專靠外緣的因素則無法解釋清代學術思想發展的全部過程。以政治外緣為例，反滿並不足以解釋經學考證的興起和理學的衰落。我們研究四庫全書的纂修經過，的確看到清廷禁毁不少的書，也改易了不少的書中文字。不過再細究下去，便可見禁毁改易多限於史學方面，經學方面似乎沒有大影響，「集」部也是牽涉到夷狄等字眼才觸犯忌諱，關於經學方面，我們知道清朝的幾個皇帝是提倡經學的，也提倡理學，特別是程、朱之學。當然也是別有用心，有政治作用。不過眞正講理學也不會犯很大的忌。清初還有很多所謂理學的名臣。所以說把理學的衰落和漢學的發展完全歸之於清代政治壓迫的影響，是不周全的。再從社會經濟發展來講，市民說也是大有問題的，首先我們要找出一個所謂市民階級的存在。這還是一個大有爭論的問題，大陸上曾掀起過一場所謂「資本主義萌芽問題」的討論，可是並沒有得到一定的結論。

## 二　宋代儒學及其內在問題

我現在想從思想史發展的內在理路方面提出一種看法，這個看法不僅涉及整個清代的學術，同時也牽涉到宋明理學的主要傳統。我們如何解釋宋明理學傳統的內涵，這又是一個重要問題。當然，宋明理學，從朱熹到王陽明，用現代觀點看，顯然是屬於形而上學的範疇。

它講的是心、性，是性命之學，是道、是理、是抽象的，而清朝人則說它是虛的、玄的。可是虛的、玄的是一個相對的說法。究竟什麼是虛的、玄的，什麼是實的，是要看你自己的價值取向。譬如說一個宗教感很強的人便會覺得清代那些實實在在的考證，反而是虛的，和自己的精神生命沒有關係。他反而覺得儒家的宗教思想的一方面，或者基督教宗教思想的一方面，是最眞實的。所以虛和實，我們必須以相對的名詞來看待，並不是說清人對古書一本本的考證研究便一定是實的。事實上，清代考證學到後來跟人生、跟社會、跟一切都脫離了關係。雖號稱樸學，當時已有人說是「華而非樸」。也就是說它是虛而不實的。

我想我們要講宋明理學跟清代學術的關係，應該對宋明理學的內涵重新作一檢討。照傳統的看法，宋明理學從朱熹到王陽明當然是一條主流，是以道德修養爲主的。或者用儒家的舊名詞說，就是尊德性之學。和尊德性相對的，還有道問學的一方面，道問學相當於我們現在所說的求實在的學問知識。所謂尊德性之學就是肯定人的德性是本來已有的，但不免爲物欲所蔽，因此你要時時在這方面用工夫，保持德性於不墜。但是尊德性也要有道問學來扶翼，否則不免流於空疏。這本來是儒家的兩個輪子，從大學中庸以來，就有這兩個輪子，不能分的。儒家傳統中還有其他的名詞和這兩個輪子相應的。比如說「博學」和「一貫」，或者「博」與「約」，或者「聞見之知」和「德性之知」，或者「居敬」與「窮理」，這些都是成套的，你不能把它割裂開來看。

所有宋、明的儒家都是尊德性的，把德性之知放在第一位，這當然不成問題。但另外一方面講，尊德性之下，還有問題在，即要不要知識呢？要不要道問學呢？比如宋朝人說他們把握到了孔孟之道，但你怎麼知道所把握到的眞是孔孟之道呢？要不要看孔、孟、六經之書呢？經學上的問題，要不要處理呢？因此雖同是尊德性，儒家自身便不免要分爲兩個不同的流派了。陸象山和朱子的分別，從一種意義上來說正是在這裡。照陸象山說，他是讀了《孟子》以後，心中便直接得到了儒家的義理。事實上，很可能他是心中先有了義理，然後才在《孟子》中得到印證罷了。象山雖然並不主張完全廢書不觀，但他畢竟認爲讀書對於成德的功夫而言祇是外在的，不是直接相干的。而朱熹則可以說是走的另外一條路子。朱子當然也是尊德性的，但是他特別強調在尊德性的下邊大有事在，不是祇肯定了尊德性就一切都夠了。比如朱熹講《詩經》，他就不贊成只用「思無邪」三個字來概括三百篇的全部意義。這三個字不能概括《詩經》的豐富內容，我們眞要懂得《詩經》，總得要將一部《詩經》從頭到尾好好地讀一遍。所以朱子的《詩集傳》對《詩經》提出了特別的看法，新穎的見解。這就充分表現出來朱子喜歡研究學問，注重知識的一方面。所以至少在朱子一系的新儒學中，知識是一個占有中心位置的問題。事實上這是世界思想史上一個具有普遍性的問題，我們可以說幾乎每一個重要的宗教傳統或道德傳統中都存在著知識的問題。我們怎樣處理它，對待它？這是頗費斟酌的事。以西方文化爲例，知識與宗教之間的關係，便屢經變遷，而尤以近代科學知識興起以後，雙方的交涉，更爲複雜。John H. Randall, Jr.有一本講演集，叫做*The Role of Knowledge in Western Religion*，便是特別討論這個問題的。

世界上似乎有兩類人，他們性格不同（姑不論這種性格是天生的，還是後來發展出來的）；一類人有很強的信仰，而不大需要知識來支持信仰；對於這類人而言，知識有時反而是一個障礙。學問愈深，知識愈多，便愈會被名詞、概念所糾纏而見不到眞實的道體。所以陸象山才說朱子「學不見道，枉費精神」。另外一類人，並不是沒有信仰，不過他們總想把信仰建築在堅實的知識的基礎上面，總要搞清楚信仰的根據何在。總之，我們對自己所持的信仰是否即是放諸四海而皆準，這在某些人可以是問題，而在另一些人不是問題。如果根據這個粗疏的分類，我們可以說陸象山是那種性格上有極強的信仰的人，王陽明也可以說是如此；朱熹這一派人強調窮理致知，便是覺得理未易察，他們雖然一方面說「理一」，而另一方面則又說「分殊」，所以要一個個物去格，不格物怎麼知道呢？這裡面顯然牽涉到怎樣求取知識的問題。在尊德性之下，是否就可以撇開知識不管，還是在尊德性之後，仍然要對知識有所交代，這在宋明理學傳統中是個中心的問題。

談到宋明理學，有一點應該說明，即至少在北宋時代，所謂理學，尙非儒家的主流；講求心性的理學，要到南宋以後，才開始當令，在北宋時還看不出這種局面的。北宋時儒學再生了，規模十分宏闊，周、張、二程的義理尙不過是儒學的一支而已。根據胡瑗的弟子劉彝的說法，聖人之道包括了三個方面，一是講體，像君臣、父子、仁義禮樂，歷世不可變的體；一是講用，怎樣拿儒家學問來建立政治社會秩序，即所謂經世濟民；最後還有文，即指經、史、子、傳，各種文獻。任何宗教或道德傳統或文化傳統，一定有它一套基本文獻，文獻怎麼處理，如何解釋，這是一個大問題。所以至少在北宋時，除了少數人講心、講性以外，還有更多的新儒家講其他的問題，如經史問題、政治改革問題等等。下逮南宋儒學始偏重於體的方面，而且是偏於體的哲學方面，或者說要建立道德的形而上學的基礎。體是永久性的、絕對的，不是暫時的、相對的。要確定這種永久性、絕對性，便不得不從形而上方面著眼。總之，南宋以後，儒家注重體的問題過於用了。何以是如此呢？因爲在北宋時儒家覺得在政治上還有很多機會可以發揮經世的效用，范仲淹的改革，王安石的改革，都是發揮儒家致用的精神。到王安石變法失敗以後，事功的意味轉淡，大規模的經世致用是談不上了。在理論上，朱子強調「體生用」，呂祖謙也教人不要過分看重用。陳亮、葉適等人比較傾向事功，但在儒學中已不是主流了。

現在要談到文的一方面。北宋可以說在疑經和考古方面都有重要的開始。歐陽修、司馬光這些人整理儒家傳統中的文獻，而成就了他們的經史之學。特別是歐陽修，開始了經學的辨僞門徑。他的「易童子問」辨《繫辭》非聖人之言，又疑《周禮》爲最晚出之書，這些都是淨化儒家原始經典的重要努力。下至南宋，朱子也還是繼承了這種傳統。所以他說：「如果照著我的意思說下去，只怕倒了六經。」這就是說，儒家經典裡面有很多問題。朱熹是一個很重知識傳統的人，因此對整理經典知識有極高的興趣，在南宋可稱獨步。朱子特別重智，他提出了「乾道主知」的說法。什麼是「乾」？「乾」是動的，是active reason，這可以看出他對知識本身的特別強調。這一點很重要，可是我在此只能略爲一提，不能發揮太多。總之，在朱熹的學術系統裡面，雖然第一是尊德性，但是在尊德性之下，他還特別注重知識的基礎。正因有此重視，他才大規模地做經典考證的工作（包括史學、經學、文學各方面），我們讀一讀錢穆先生的朱子新學案，便可以看出朱子興趣之廣，方面之多，也可以看出他是怎樣一個重知識的人。他在儒家這一個道德的大傳統裡面，卻處處不忘記要把道德建立在知識的基礎上面。可惜朱子這個傳統，後來沒有能夠好好的繼承下去。爲什麼沒有繼承呢？第一個牽涉到利祿問題。朱子之學變成了正學，《四書集注》變成科舉考試的標準教本，在這種情形下，大家念朱子的書，感受是不會一樣的。許多讀朱子書的人並不關心什麼道德的知識基礎，他們只關心考試，得功名，做官。這樣一來，把朱子弄壞了。朱學的傳統跟俗學連在一起，不是眞的學問了。第二層原因則是由於自南宋到明代，儒學正處在「尊德性」的歷史階段。「尊德性」的路沒有走到盡頭，「道問學」中的許多問題是逼不出來的。而朱子所重視的知識基礎的問題因此也就不大受到注意了。

## 三　從「德性之知」到「聞見之知」

明代理學最盛，而王學的出現更是儒家「尊德性」的最高階段。但也正是在這一階段，「道問學」的問題不可避免地凸顯出來了。王陽明的思想發展便是一個很好的例子。他的良知之說，可以說主要是和朱子奮鬥的結果。儘管我們在思想史上常說陸、王，其實陽明跟陸的關係並不很深，反而是和朱的關係深些。他因早年起就被格物之教所困擾，他格竹子的故事，也是依照朱子之教，希望最後能一旦豁然貫通。格了三天無結果，覺得此路不通，聖人無分。當然他那時只是一個十幾歲的小孩子，格竹子的經過連王陽明思想起點都談不上。那不過是一個年輕人的好奇罷了。可是後來他在龍場頓悟，還是起於對格物發生了新解，他忽然覺得要把格物的物字認作心中之物，一切困難都沒有了。如果要格外物，一件件地去格，最後得到統貫萬事萬物的理，那是做不到的。所以王陽明一生基本上都是在和朱子奮鬥之中，他心中最大的問題之一還是如何對待知識，如何處理知識。在王陽明的《傳習錄》中，我們清楚地看到他和他的學生歐陽崇一討論到聞見之知和良知的關係，這是宋明理學中的一個大問題。我們要不要用耳朵聽，用眼睛看呢！還是閉目靜坐、正心誠意便可以悟道了呢？雖然從《傳習錄》上看，好像歐陽崇一聽了王陽明的話，承認「聞見之知」只是「良知」的發用而無助於我們「良知」的當下呈現。可是如果我們讀一讀歐陽崇一的文集，特別是他和羅整菴的往復討論，就可以看出來，這裡面還有問題，不像《傳習錄》裡說得那樣簡單。

總而言之，我覺得宋明理學傳統裡面關於如何對待儒家文獻的問題，即「文」的問題始終是一個中心問題。這一點，到明代特別顯著，因爲明代的思想界，從陳白沙到王陽明，都走的是一條路子，都想直接的把握住人生的道德信仰，並在這種信仰裡面安身立命。他們因此把知識問題看成外在的，不相干的，或外緣的，看成跟道德本體是沒有直接關係的。正因爲如此，他們反而不能對知識問題完全避而不談。從某種意義上說，王陽明的「良知」說便是想要解決這個問題的。王氏的「致良知」之教，雖然後來流入反知識的路向，但陽明本人則並不取反知的立場。他正視知識問題，並且要把知識融入他的信仰之中。所以他和柏格森一樣，是「超知識的」（Supraintellectual）而非「反知識的」。王陽明自己說過，他的「良知」兩字是經過百死千難得來的，不得已而與人一口道盡。陽明經過艱苦深刻的奮鬥，最後發明了良知學說，解決了知識問題對他的困擾。但是後來的人沒有經過「百死千難」，就拿到了良知，那就是現成良知，或「僞良知」。抓住這個欛柄（當時明朝人如陳白沙喜歡用「欛柄入手」這個說法），他們認爲是找到了信仰的基礎，因此不免形成一種輕視「聞見之知」的態度。而且有了這種「欛柄」，他們更自以為在精神上有了保障，再也不怕任何外魔的入侵。

我們知道，從朱子、陸象山到王陽明，儒學主要是在和禪宗搏鬥的，道家還在其次。儒家的心性之學，雖然說早在孔、孟思想中已有根苗，事實上，宋明理學是深入了佛教（特別是禪宗）和道家之室而操其戈。可是到了明代，禪宗已衰歇了，理學講了五、六百年講到了家，卻已失去敵人。不但如此，由於王陽明和他的一部分弟子對於自己「入室操戈」的本領大有自信，他們內心似已不再以為釋、道是敵人，因而也就不免看輕了儒、釋、道的疆界。陽明說：釋氏說一個「虛」字，聖人又豈能在「虛」字上添得一個「實」字？老氏說一個「無」字，聖人豈能在「無」字上添得一個「有」字？這種議論後來便開啓了王學弟子談「三教合一」的風氣。但是對於不願突破儒家樊籬的理學家而言，這種過分的「太丘道廣」的作風是不能接受的。那麼，怎樣才能重新確定儒學的領域呢？這就逼使一些理學家非回到儒家的原始經典中去尋求根據不可，儒家的「文」的傳統在這裡便特別顯出了它的重要性。

再就儒家內部來說，朱、陸的義理之爭在明代仍然繼續在發展，羅整菴和王陽明在思想上的對峙便是最好的說明。這種思想理論上的衝突最後也不免要牽涉到經典文獻上面去。例如程、朱說：性即理，象山說：心即理。這一爭論在理論的層次上久不能解決，到明代依然如此。例如羅整菴是程、朱一派的思想家，服膺「性即理」的說法。然而他覺得祇從理論上爭辯這個問題已得不到什麼結論，因此他在《困知記》中徵引了《易經》和《孟子》等經典，然後下斷語說：論學一定要「取證於經書」。這是一個非常值得注意的轉變。本來，無論是主張「心即理」的陸、王或「性即理」的程、朱，他們都不承認是自己的主觀看法：他們都強調這是孔子的意思、孟子的意思。所以追問到最後，一定要回到儒家經典中去找立論的根據。義理的是非於是乎便只好取決於經書了。理學發展到了這一步就無可避免地要逼出考證之學來。不但羅整菴在講「性即理」時已訴諸訓詁的方法，其他學人更求救於漢唐注疏。例如黃佐就很看重十三經注疏，他認爲鄭玄對於中庸「道不可須臾離也」那句話的解釋最簡單但也最正確。「道」便是「道路」之意。黃佐更進一步說，如果我們仍以爲鄭康成不是眞儒，仍以爲求孔、孟之「道」祇有靠「明心見性」的路子，那麼我們便眞是甘心與禪爲伍了。又如稍後東林的顧憲成更明白地提出了爲學必須「質諸先覺，考諸古訓」的口號，這豈不就是後來清儒所謂「訓詁明而後義理明」、「漢儒去古未遠」這一類的說法的先聲嗎？

由此可見晚明的考證學是相應於儒學發展的內在要求而起的。問題尙不止此，晚明時代不但儒學有這種轉變，佛教也發生了同樣的變化。陳援菴先生研究這一時期雲南和貴州的佛教發展，曾指出一個極有趣而又重要的現象。他說：「明季心學盛而考證興，宗門昌而義學起，人皆知空言面壁，不立語文，不足以相懾也，故儒、釋之學同時丕變，問學與德性並重，相反而實相成焉。」援菴先生的觀察眞是深刻，可惜治明清學術思想史的人一直都沒有留心他這一精闢的論斷。我最初討論儒家智識主義的興起時，也沒有發現他的說法。後來寫方以智晚節考，涉及晚明佛教的情況，細讀明季滇黔佛教考，才注意到這一段話，我當時眞有說不出的佩服和興奮。這一段話使我對自己的看法更有信心。因爲援菴先生並不是專治思想史的人，而他從不同的角度竟然得到了和我極爲相近的結論，足見歷史知識的確有它的客觀基礎。更值得注意的是，援菴先生所說的佛教主要是指禪宗而言。禪宗本來是「直指本心、不立文字」的，但現在也轉入智識主義的路向上來了。又根據援菴先生的考證，明末許多禪宗叢林中都有了藏經樓，大量地收集佛教經典，可見佛教和儒家一樣，內部也有了經學研究的要求。羅整菴「取證於經書」的觀點不但適用於儒學，並且對禪宗也同樣的有效。

我剛才曾提到「德性之知」和「聞見之知」的問題，這一點在王陽明之後也有重要的發展。陽明死在一五二八年，十年之後（一五三八）王廷相寫《雅述》便特別指出見聞的重要，強烈地反對所謂「德性之知」。他說：人的知識是由內外兩方面造成的。內在的是「神」，即是認知的能力；外在的是見是聞，即是感官材料。如果不見不聞，縱使是聖人也無法知道物理。把一個小孩子幽閉在黑房子裡幾十年，等他長大出來，一定是一個一無所知的人，更不用說懂得比較深奧抽象的道理了。所以王廷相認爲人雖有內在的認知能力，但是必須通過見聞思慮，逐漸積累起知識，然後「以類貫通」。他最不贊成當時有些理學家的見地，以爲見聞之知是小知，德性之知是大知，這個分別他認爲只是禪學惑人。專講求德性之知的人，在他看來，是和在黑房子裡幽閉的嬰兒差不多的。

再舉一個明顯的例子。明末的劉宗周是宋明理學的最後大師；在哲學的立場上，他接近陸、王一派。但是在知識問題上他也十分反對「德性」、「聞見」的二分法。他在《論語學案》裡注釋「多聞擇善、多見而識」一章，便肯定地說人的聰明智慧雖是性分中所固有，可是這種聰明智慧也要靠聞見來啓發。所謂德性之知也不能不由聞見而來。王學末流好講現成良知，認爲應該排斥聞見以成就德性，劉宗周便老實不客氣地指出這是「隳性於空」，是

「禪學之談柄」。

王廷相、劉宗周的觀點可以代表十六、七世紀時儒家知識論發展的新方向。這個發展是和儒家「文」的傳統的重新受到重視分不開的。換句話說，這一發展是爲儒家的經典研究或文獻考訂提供了一個重要的理論基礎，清代考證學在思想史上的根源正可以從這裡看出來。說到這裡，我們已可以清楚地了解，爲什麼清代漢學考證的興起不能完全歸咎於滿清入主這一簡單的外在因素了。如果沒有儒家思想一番內在的變化，我很懷疑漢學考證能夠在清代二三百年間成爲那樣一種波瀾壯闊而又持久的學術運動。正因如此，王、劉的觀點在乾隆時代才有回響。戴東原雖然未必讀過王廷相的著作，但是戴的知識論卻正走的是王廷相的路數，而且比王廷相走得更遠、更徹底。而劉宗周的《論語學案》那一條注釋也特別受到四庫全書提要編者的重視。這些思想史上的重要事實，雖然相隔一兩百年，但絕不是孤立的、偶然的。它們是儒家智識主義的興起的清楚指標。

## 四　經世致用與顏李學派

講思想史最忌過分簡化。我雖然認定從明末到清代，儒家是朝著智識主義的方向發展，但是我並不以爲這個發展是當時思想史上唯一的動力。事實上，在十七世紀（即明、清之際），儒學在體、用、文三個方面都發生了新的變化。就「體」而言，儒家的重心從內聖的道德本體轉到了外王的政治社會體制。黃梨洲的《明夷待訪錄》便有意要爲傳統的政治社會秩序指出一條徹底改變的路子；王船山的《噩夢》、《黃書》，取徑也大體相同。顧亭林在

《日知錄》和文集中則留心於歷代風俗以及封建制和郡縣制的利害得失。依照傳統的看法，清初這三位大儒的學問都是所謂「有體有用」的。但這裡所謂「體」已不是指內聖方面的道德本體，而是指外王方面的政治社會體制而言了。外王的「體」，更離不開「用」；政治社會的改造如果完全無從實踐，那就要比空談心性還要缺乏意義。所以顧亭林給黃梨洲的信，一方面欣喜彼此的見解相近，另一方面則盼望將來有王者起，把他們的理想付諸實現。

談到外王方面的「用」的問題，這尤其是儒學的一大癥結。儒家的「用」集中地表現在「經世致用」的觀念上。但是「經世致用」卻由不得儒者自己作主，必須要靠外緣。所謂外緣便是顧亭林說的「王者」，因此無論是顧亭林或黃宗羲都要有所「待」。從歷史上看，儒家所期待的「王者」似乎從來沒有出現過，宋神宗也許算是一個例外。可是即使是號稱「得君行道」的王安石仍只落得個倉皇而去的下場，終不能不發出「經世才難就」的浩嘆。（今天有人曲說王安石是法家，眞不值一駁。姑且不論當時的人曾一度把安石比做孟子，也不論他的變法根據主要是在儒家的經典，僅僅從他的詩篇中我們便清楚地看到他對孔、孟——特別是孟子——是何等的仰慕嚮往。他的〈中牟〉詩有「驅馬臨風想聖丘」之句。這當然是暗用《論語》上「吾豈匏瓜也哉？焉能繫而不食。」那段話。可見王安石的用世精神正是來自孔子。安石對孟子更是心嚮往之，他在答歐陽修的詩中就說「他日若能窺孟子」的話。他又有〈孟子〉一詩，說：「沉魄浮魂不可招，遺編一讀想風標。何妨舉世嫌迂闊，故有斯人慰寂寥。」這首詩最足以說明孟子是安石的理想主義的精神泉源。至於安石欣賞商鞅的地方，不過取其「能令政必行」一點而已。古人說「詩言志」，一個人的眞感情在詩歌中最不容易隱藏。我們判斷王安石是儒是法，必須根據第一手資料，不可用當時或後世的政敵和論敵的攻訐文字爲證據。）

北宋王安石變法的失敗是近世儒家外王一面的體用之學的一大挫折。南宋以下，儒學的重點轉到了內聖一面，一般地說「經世致用」的觀念慢慢地淡薄了，講學論道代替了從政問俗。少數儒者雖留心於社會事業如朱子倡導社倉、鄉約之類，但已遠不能和王安石變法的規模相比了。所以「經世致用」這一方面可以說完全靠外緣來決定。不過從主觀方面看，儒家的外王理想最後必須要落到「用」上才有意義，因此幾乎所有的儒者都有用世的願望。這種願望在缺乏外在條件的情況下當然只有隱藏不露，這是孔子所說的「用之則行，舍之則藏」。但是一旦外在情況有變化，特別是在政治社會有深刻的危機的時代，「經世致用」的觀念就會活躍起來，正像是「瘖者不忘言，痿者不忘起」一樣。明末的東林運動，晚清的經世學派都是明顯的例子。馬克思曾說：從來的哲學都是要解釋世界，而哲學的眞正任務是要改造世界。這句話對於西方哲學史而言也許有相當的眞實性，但對於中國思想史來說則是適得其反。至少從儒學史的發展看，安排世界的秩序才是中國思想的主流，至於怎樣去解釋世界反而不是儒學的精采的所在。

清初處在天翻地覆之餘，儒家經世致用的觀念又顯得非常活躍，前面提到的顧、黃、王三大儒都抱有用世之心，但是清初把經世致用的思想發揮到極端，並且自成一個系統的卻要數顏元和李塨，一般稱作顏李學派。如果我們講清代思想史是以儒家智識主義爲其最中心的內容，那麼我們把顏李學派安排在怎樣一個位置上呢？我們又怎樣去了解顏李學派的興起及其終歸於消沉呢？這些緊要的問題當然不宜輕率作答。現在我姑且提出一點初步的意見，以供大家參考。

顏李的基本立足點是在「用」，講「實用」一旦講到極端便不免要流於輕視知識，尤其是理論知識。在理學的傳統中，這就牽涉到所謂「知」和「行」的問題。特別強調「用」的人一般是重「行」過於重知，而且往往認爲理論知識、書本知識是無用的。王陽明便已明顯地有這種傾向；陽明雖不是反智識主義者，但是從他的理論中卻可轉出反知的方向。另一方面，儒家智識主義者則堅持知先於行，先要明體然後才能達用。朱子便是一個典型的例證。顏習齋是一個極端的致用論者，而同時，他又是一個最徹底的儒家反智識主義者。他反對朱子的讀書之教，態度最爲激越而堅決，上自漢唐箋注訓詁，下至宋明性理討論，他都以「無用」兩個字來加以否定。讀書不但無用，而且還有害，所以他把讀書比作吞砒霜，並懺悔式地說，他自己年輕的時候也是吞砒霜的人。把知識看作對人有害的東西，以前儒家的反知論者也表示過這個意思。陸象山在給朋友的信中就說過知識有時反而害事的話；黃東發在《黃氏日抄》中也指出象山一派曾把知識比作毒藥。明代的陳白沙則嫌書籍太多，希望再來一次秦火，把世界上不相干的著作燒掉。但是無論是象山或白沙，都沒有達到顏習齋那樣激烈的程度。習齋可以說是把儒家反智識主義的一派思想發展到了最高峰。習齋特別欣賞象山「六經皆我註腳」那句名言，絕不是偶然的。

從「實用」、「實行」的觀點走上反智識主義的路向，並不限於儒家，西方基督教中也有這個傳統。Richard Hofstadter研究美國生活中的反智識主義便特立專章討論它在宗教上的根源。政治、社會方面的反智識主義又常常和哲學上對理性（reason）或智性（intellect）的懷疑合流。美國實用主義大師威廉·詹姆士（William James）就是從「用」的觀點出發而傾向反智識主義，和顏習齋很相近。如果更推廣一點看，Gilbert Ryle分別“Knowing How”和“Knowing That”也和儒家講知行先後的問題有密切相應的地方：“Knowing How”相當於「行」，“Knowing That”相當於「知」。而照Ryle的分析，在我們學習事物的過程中，總是實踐先於理論，而不是先學會了理論然後才依之而行。（Efficient practice precedes the theory of it.）換句話說，我們是先從實際工作中摸索出門徑，然後才逐漸有系統地掌握到理論和方法。Ryle這一「寓知於行」的說法，我們很容易從日常經驗中得到印證。王陽明的「知行合一」說固是建立在這種經驗的基礎之上，顏習齋的致用論也正是以此爲根據。所以習齋曾特舉彈琴和醫病爲例證。學琴一定要手到才能心到，不是熟讀琴譜就算會彈琴的；學醫也得從診脈、製藥等等下手，絕不是熟習醫書便可以成良醫的。習齋堅決地認定讀書無用，空談性理無用，著書也無用，從他的思想路數說，都是很順理成章的。

我們現在可以稍稍談一談顏李學派爲什麼終歸於消歇的問題了。這個問題有內外兩個方面。從外在方面說，顏李的經世致用必須和政治外緣結合才眞正能發揮作用；而事實上，我們知道，這個外緣條件對顏李來說是根本不存在的。李恕谷雖一生南北奔走，但是也始終沒有找到有力的支持來幫助他實現社會改革的理想。我們今天稍稍知道一點顏李學術的精神還是靠他們留下來的一些紙墨文字，這眞是對他們的反智識主義的一個絕大的諷刺！

在我看來，內在的因素更爲重要。內在的因素是指顏李學派並不能跳出儒家的圈子，最後還是擺脫不掉儒家經典文獻的糾纏，並且終於走向自己立場的反面，和智識主義匯了流。

顏習齋論學，也和許多其他清代儒家一樣，非常強調孔、孟和程、朱之間的不同；其中最大的不同，在他看來，乃在於孔、孟的學問是講實用實行的，是動態的；而程、朱則祇講求靜坐和讀書，是靜態的，因此完全是無用的。眞正的聖學在堯舜之世只有所謂六府（金、木、水、火、土、穀），三事（正德、利用、厚生），在周公、孔子的時代祇有所謂「三物」。「三物」是指六德（知、仁、聖、義、忠、和），六行（孝、友、睦、婣、任、卹）和六藝（禮、樂、射、御、書、數）。由此可見，習齋是要恢復古代的原始儒學，以代替宋以後的新儒學。所以他一方面講實用、實行，是進步的、動態的，但另一方面卻給人以抱殘守闕、復古保守的印象。這一點在習齋早年的思想中便已有根源。我們知道，習齋在三十多歲以前是自號「思古齋」的，以後才改成「習齋」。講實用、實行一定要因時變化，容不得泥古不化；因此習齋的經世致用和復古主義之間有著不可調和的內在矛盾的。而他之所以要復古，則是由於他托庇在儒家的旗幟之下的緣故。

習齋自己足不出鄉，根本不甚理會外面學術界的發展，所以他的內在矛盾一時尚不致暴露出來。到了他的大弟子李恕谷這一代，情形就不同了。恕谷四方交遊，希望找到同志來實現習齋的經世致用的理想。在恕谷的朋友之中有許多講經學考證的人，如毛西河、閻百詩、萬季野、方望溪等等。這些經典考證恰恰和顏李學說的根據有密切的關係。例如「六府、三事」是出於《古文尚書》（〈大禹謨〉）的，「鄉三物」是出於《周禮》的。而閻百詩則說《古文尚書》是僞書，方望溪又認爲《周禮》是僞書。在這種疑古潮流之下。李恕谷自然不能不受到波動，所以他的文集頗有一些討論《古文尚書》和《周禮》眞僞問題的文章和信札。恕谷又化了很大的功夫寫成《大學辨業》一書，更顯然是受了當時新興的考證學風的影響。他所根據的版本便是從毛西河那裡得來的所謂「大學古本」。恕谷當然不是考證家，也無意要在文墨世界中與人爭勝。可是他所持的儒家經世致用的立場終使他不能不維護某一部分經典，或對某些原始的儒家文獻加以新的解釋。這樣我們就看到，儘管顏李學派從激烈的反智識主義出發，但它仍不免一步一步地向智識主義轉化，最後還是淹沒在清代考證學的洪流裡。

## 五　清初儒學的新動向——「道問學」的興起

我在前面提到王陽明以後，明代的儒學已逐漸轉向「道問學」的途徑。在這一轉變中，以前被輕視的「聞見之知」現在開始受到了重視。到了清代，這一趨勢變得更爲明顯了。

清初三大儒顧亭林、黃梨洲、王船山都強調「道問學」的重要性。亭林的口號是「博學於文，行己有恥」。這可以看作是把知識和道德清楚地分別開來。他非常反對明人的空談心性，認爲他們是捨「多學而識」來求什麼「一貫之方」。這一路的思想後來到了戴東原的手上又得到更進一步的發揮。

黃梨洲則繼續劉宗周對「聞見之知」的重視，提倡用淵博的知識來支撐道德性的「理」。因此他說：「讀書不多，無以證斯理之變化。」梨洲在思想方面本屬於王學的系統，現在他竟主張從「讀書」來證定儒家的「理」（也就是通過「道問學」而進於「尊德性」），這裡最能看出思想史的動態。而且梨洲要人讀書不限於經學，因爲食古不化是無用的。要想有用必須同時讀歷史；越是時代接近的歷史，用處也就越大。可見梨洲和顏李學派一樣，也非常注重「用」的觀念。所不同者，顏、李一方面排斥書本知識，以爲無用；另一方面又不免信古，把他們關於政治社會的種種新觀念掛搭在少數古經籍上，如《古文尙書》和《周禮》之類。梨洲則不是極端主「用」論者，他沒有顏李的內在矛盾。至於在心性修養一方面，梨洲也對王學有重要的修正。王學末流好講「現成良知」，不需要「工夫」便可直透「本體」。梨洲卻直截了當地說：「心無本體，功力所至，即其本體。」這雖是「尊德性」範圍中的事，但是在取徑上也恰和他主張由「道問學」進至「尊德性」的先後層次相應。後來乾嘉時代的章學誠便以梨洲這些觀點爲起點，完成了王學的智識化。

王船山在三大儒中理學的興趣最高，因此他曾正面地從哲學上討論到「聞見之知」的問題。船山仍在宋明理學的傳統之中，依然承認人的認知能力得之於天。但是他同時又強調多見多聞的重要性，離開了見聞，人將沒有知識可言。所以他提倡程朱一派的「格物窮理」之學；而勸人不要學陸王一派的孤僻，祇講「存神」兩字。人的心之所以有靈明，是要靠見聞知識來培養和啓發的。更值得注意的是船山很佩服方以智、方中通父子的科學思想，認爲「格物」應該是「即物以窮理」，而不應該是「立一理以窮物」。前一種方法是客觀的，後一種方法則是主觀的。

我在前面又提到，儒家由「尊德性」轉入「道問學」的階段，最重要的內在線索便是羅整菴所說的義理必須取證於經典。這個趨勢在王陽明的時代已經看得見，入清代以後更是顯露無遺。每一個自覺得到了儒學眞傳的人，總不免要向古經典上去求根據。陸象山最富於獨立的精神，然而他也仍然要說他的思想是受到了孟子的啓示以後才得於心的。王陽明在龍場頓悟之後便寫了《五經臆說》，他顯然是要把自己所悟得的道理和五經上的道理相印證。到了清初，顧亭林正式提出了「經學即理學」的說法，這條思想史上的線索就越發彰顯了。當然，顧亭林並沒有親自寫下「經學即理學」這五個字，這五個字後來全謝山根據亭林給友人論學的一封信總結出來的，但大體上是符合亭林的本意。亭林因爲不滿意晚明心學流入純任主觀一路，所以才提倡經學研究。在他看來，儒家所講的「道」或「理」當然要從六經孔、孟子的典籍中去尋求，離開了經典根據而空談「性命」、「天道」，則祇有離題愈遠。因此古代僅有「經學」，沒有所謂「理學」。亭林又曾提出「明道」和「救世」兩大目標；「救世」是屬於「用」的一方面，我們在上面已經提過了，「明道」則非研究經學不可，這就是亭林心目中的「理學」。所以，他又堅決地宣稱，凡是「不關於六經之旨、當世之務」的文字，他都一概不爲。其實，亭林這番意思不但遠在明代已呼之欲出，即在當時也頗有同調。黃梨洲一方面提倡「學者必先窮經」，另一方面又說「讀書不多無以證斯理之變化」，這也顯然是要把經學和理學打成一片。方以智晚年在江西青原山講學，出入三教，在儒學方面他明確地提出「藏理學於經學」的主張，更和亭林的說法如出一口。清初這幾位大師，背景和學術淵源各不相同，居然不期而然地得到共同的結論，這就可以看出當時思想史上的一種新的動向了。不過由於亭林的口氣最爲堅決，又處身於儒學傳統的樞紐地位，因此影響也最大。後來的人都尊奉亭林爲清學的開山宗師，當然是有理由的。

但是亭林之所以特別爲群流所共仰還不僅是因爲他有理論、有口號，更重要的是他有示範性的著作，足爲後人所取法。《日知錄》中關於經學的幾卷以及《音學五書》都是這樣的著作。我們知道，學術史上每當發生革命性的變化時，總會出現新的「典範」（"paradigm"這是採用孔恩Thomas S. Kuhn在*The Structure of Scientific Revolutions*一書中的說法。參看本書所收〈近代紅學的發展與紅學革命〉一文。）在任何一門學術中建立新「典範」的人都具有兩個特徵：一是在具體研究方面他的空前的成就對以後的學者起示範的作用；一是他在該學術的領域之內留下無數的工作讓後人接著做下去，這樣便逐漸形成了一個新的研究傳統。顧亭林和後來清代考證學的關係便恰是如此。當然，亭林的考證並不是前無所承，但經學考證發展到他那樣的規模和結構才發生革命性的轉變，那也是無可否認的。

## 六　經學考證及其思想背景

「經學即理學」要成爲一個有眞實內容的學術思想的運動當然不能停留在口號的階段，而必須以具體的研究成績來說服人。從清初到乾嘉的經學考證走的便是這一條路。但是「經學即理學」卻建立在一個過分樂觀的假定之上：即以爲六經、孔、孟中的道或理祇有一種正確的解釋，經過客觀的考證之後便會層次分明地呈現出來。事實上，問題絕不如此簡單。清代經學考證直承宋、明理學的內部爭辯而起，經學家本身不免各有他自己獨特的理學立場。理學不同終於使經學也不能一致，這在早期尤爲明顯。一個人究竟選擇某一部經典來作爲考證的對象往往有意無意之間是受他的理學背景支配的。這樣的史證可以說不勝枚舉，姑擇幾個最著名的例子說一說。劉宗周的弟子陳確在清初寫了一篇轟動一時的大文章，叫做〈大學辨〉。「辨」即辨僞的意思。他列舉了許多項理由，證明〈大學〉這篇經典不是聖賢的經傳，而是秦以後的作品。這些理由中當然有很多是哲學性的（他稱之爲「理」），但是也有好幾項是歷史考證方面的（他稱之爲「跡」）。後來他又寫了許多書信，和同志輩繼續討論這篇「僞書」的問題。從這些信裡，我們清楚地看到，他之所以對〈大學〉的眞僞發生興趣，主要是要解決義理系統上的困難。陸、王一派從來不滿意朱子的〈格物補傳〉，從王陽明到劉宗周尤其爲了〈大學〉的問題傷透了腦筋。王陽明的「大學古本」已是一種校刊的工作，而劉宗周一直到晚年仍然對〈大學〉一篇不能釋然無疑。現在陳確則用快刀斬亂麻的手段，乾脆斷定「大學非聖經」，乃後世的僞作，把這個複雜問題簡單地解決了。他的是非得失是另一問題，但他這篇著作卻清楚地把理學兩派的爭鬥從義理的戰場轉移到考證的戰場。

再舉清初考證《易經》爲例來說明我們的論點。最早從事這個工作的大概要算是黃梨洲和黃宗炎弟兄，稍後又有毛西河（奇齡），都是浙東的王學一派。他們主要的目標是要考出宋以後易學中所謂先天、太極諸圖是從道教方面傳來的，跟儒家沒有關係。表面上，這好像是出於歷史的興趣，而暗地裡則是在攻擊朱子。因爲朱子的《周易本義》的開頭便列了九個「圖」。我們可以斷言，黃氏弟兄以及毛西河之所以從易圖下手考證是有他的義理的動機的。我們應該記得，關於太極圖的問題，朱子生前便已和陸梭山、象山兄弟展開了激辯。二陸當時就認爲周敦頤的太極圖出於道家，可能根本不是濂溪所作。朱子則特別看重周子的太極圖。所以易圖問題本是朱陸異同中的一筆舊帳。當然，易圖的考證要到稍後的胡渭手上才定讞，而胡氏則不一定有黃、毛諸人那樣的哲學背景。但攻難既起之後，易圖問題已成經學上一大公案，這種情形自然又當別論了。另一方面，從清初以至中葉，凡是爲《周易本義》辯護的人則都是在哲學立場上接近或同情朱子的。他們的辯護方式也出之於考證校讎一途。顧亭林在《日知錄》中便立專條，指出朱子的《周易本義》在明代修《五經大全》時被割裂殽亂了，以致後人已看不到朱子定正的原本。在胡渭的《易圖明辨》問世之後，王白田（懋竑）曾寫了一篇〈易本義九圖論〉爲朱子洗刷。他的結論是「九圖斷斷非朱子之作……蓋自朱子既沒，諸儒多以其意，改易本義，流傳既久，有所纂入，亦不復辨。」戴東原早年在《經考》裡面也有好幾條筆記是專爲朱子的易學開脫的。例如他在「先後天圖」條中說朱子「易學啓蒙」中載邵雍所傳的先天、後天之圖不過是用來釋易理的。朱子自己並沒有說先天圖是伏羲造的，後天圖是文王造的。關於《周易本義》，東原比亭林更進一步考出朱子原本的被攪亂早起於宋寶祐（一二五三—一二五八）中董楷所編的《周易傳義》。以上這三個人之中，王白田是一生治朱子之學的，固不必說，戴東原在《經考》時代也仍然信奉程、朱的「理精義明之學」。至於亭林，儘管後人把他當作漢學的開山大師，又有人說他是清初反理學的先鋒，事實上他在學術思想方面是屬於朱子的系統。這一點章實齋早已指了出來。亭林生前十分尊敬朱子；他的文集中有〈華陰縣朱子祠堂上梁文〉，又有〈與李中孚書〉提到他自己曾捐四十金爲朱子建祠。嚴格地說，亭林只是反陸、王一系的心學，而不是毫無區別地反對整個宋明理學的傳統。所以，清初易經考證的經過最可以說明：理學立場不同則經學也不能不隨之而異。

最後讓我們舉閻百詩（若璩）和毛西河關於《古文尚書》的爭論來看清代經學考證的思想背景。閻百詩的《古文尚書疏證》是兩百多年來大家公認的一部最成功的考證傑作。當然，百詩是一個典型的考證學者，他喜歡從事考據工作，而且《古文尚書》也的確是南宋以來經學史上的一個問題。他化了一生的功夫來考證這部僞書，當然基本上是受了純學術興趣的吸引。但是在純考證興趣之外，百詩也還另有一層哲學的動機。僞古文〈大禹謨〉有所謂十六字心傳，便是「人心唯危，道心唯微，唯精唯一，允執厥中。」這十六個字又叫做「虞廷傳心」或「二帝傳心」，是陸、王一派最喜歡講的。明末的王學家尤其常常援引它。「人心」、「道心」的分別雖然朱子有時也引用，但朱子是不談「傳心」的，因爲這個說法和禪宗的「單傳心印」太相似了。而且，朱子又是最早懷疑《古文尚書》乃後世僞書的一個人。所以我們可以說，這十六字心傳是陸、王心學的一個重要據點，但對程、朱的理學而言，卻最多祇有邊緣的價值。到了清初，朱學中人往往特別提出這一點來加以猛烈的攻擊。例如《日知錄》「心學」一條便根據黃東發的議論痛斥「傳心」之說。閻百詩雖然不是理學中人，但是他的基本哲學立場則確爲尊程、朱而黜陸、王。因此《疏證》中時有攻擊陸、王的議論，並於「十六字心傳」爲僞作一點鄭重致意。黃梨洲爲《疏證》寫序也一改往日對此十六字深信不疑的態度，虛心接受百詩的發現。可見這十六字在全書中占有特殊的分量，而百詩也的確有意識地藉辨僞的方式來推翻陸、王心學的經典根據。當時反對朱子最激烈的毛西河在思想上相當敏感，他讀了百詩的《疏證》之後，便立刻感到這是在向陸、王的心學進攻。因此他寫了一封信給百詩，說你考證《古文尚書》眞僞，爲什麼忽然要罵到金谿

（陸）、姚江（王）的頭上，這豈不是節外生枝嗎？其實百詩辨僞本有一層哲學的涵義，並非節外生枝。毛西河也不是不了解這點，所以他後來寫《古文尚書冤詞》時也特別強調十六字心傳不是後世僞造的。閻、毛兩人在《古文尚書》問題上的針鋒相對更可以讓我們看清清初考證學和宋、明理學之間的內在關聯。當時的考證是直接爲義理、思想服務的，也可以說是理學爭論的戰火蔓延到文獻研究方面來了。我們要個別地檢查每一個考證學者的思想背景、宗派傳承，看他的考證究竟有什麼超乎考證以上的目的。這樣一檢查，我們就會發現，顧亭林、閻百詩的考證是反陸、王的，陳乾初、毛西河的考證是反程、朱的，他們在很大的程度上依然繼承了理學傳統中程、朱和陸、王的對壘。我們絕不能籠統地說清代經學考證單純地起於對宋明理學的反動。以前有人持這樣的看法，是因爲他們一方面沒有辨別出清初考證學者的思想動機，一方面又沒有察覺出十六世紀以後儒學從「尊德性」階段轉入「道問學」階段的新動向。

## 七　戴東原與章實齋

當然我並不是說清代每一個考證學家都具有思想的動機。到了清代中期，考證已形成風氣，「道問學」也取代了「尊德性」在儒學中的主導地位，這時候的確有許多考證學者，只是爲考證而考證；他們身在考證運動之中，卻對這個運動的方向缺乏明確的認識。但這祇是就一般的情形而言。至於思想性比較強的學者則對清代學術在整個儒學傳統中的位置和意義有深刻的自覺。戴東原和章實齋便是最突出的例子。章實齋在清代學者中最以辨別古今學術源流見長，因此他對清代儒學的歷史淵源有非常深刻的觀察。我個人重新整理清代思想史，主要也還是靠實齋現身說法所提供的線索。《文史通義》中有兩篇重要的文章，一篇是〈朱陸〉，一篇是〈浙東學術〉。〈朱陸〉篇大概寫於東原死後（一七七七）不久，可以說是實齋對於東原學術所作的一種「定論」；〈浙東學術〉則寫於實齋逝世的前一年（一八〇〇），是他自己的「晚年定論」。

照實齋的講法，朱、陸兩系到了清代已變成了所謂「浙西之學」和「浙東之學」。浙西之學始於顧亭林，經過閻百詩等一直傳到實齋同時的戴東原；浙東則始於黃宗羲，經過萬氏弟兄（充宗、季野）、全謝山等傳到實齋本人。浙西之學的特色，實齋稱之爲「博雅」，這是繼承了朱子「道問學」的傳統。但「博雅」並不是氾濫無歸，而是像實齋所說的，「求一貫於多學而識，寓約禮於博文，其事繁而密，其功實而難。」浙東之學的特點是「專家」，所謂「專家」也就是與「博」相對的「約」，是先求大體的了解再繼續深入研究。實齋是很自重同時也是很自負的。儘管他在當時學術界的地位遠不能和戴東原相比，但他卻把自己看作是乾隆時代的陸象山，東原當然是並世的朱子了。東原是經學大師，實齋則提出史學來和他相抗。所以他不但發明了一套「六經皆史」的理論，而且說「浙東之學言性命者必究於史，此其所以卓也。」總而言之，清代朱陸變成了浙西和浙東的分流，博雅和專家的對峙，經學和史學的殊途。這一劃分在現在看來未免太過於整齊單純，其中包含了不少實齋自己的主觀嚮往的成分，因此和清代學術思想發展的實際情形必然有相當的距離。不過就實齋和東原兩個人的學術異同來說，大體上確是如此。

最值得我們注意的是實齋不肯說浙東和浙西的不同在於一個偏重「尊德性」，一個偏重「道問學」，雖然他明明知道這是朱陸異同的傳統分野。從這種地方我們便不難察覺到清代儒學的基調已變，「道問學」已成爲一個主要的價值，在通常情形下人們不大會懷疑它。實齋雖宗主陸、王，但對「道問學」則仍然採取積極的肯定態度。甚至後來攻擊漢學考證最烈的方東樹在不知不覺中也接受了考證學家的「道問學」觀點，否則他就不必極力爲程、朱辯護，說他們並非「舍學問，空談義理」了。

實齋說他自己屬於陸、王一系，這話確有根據。他是繼承了陸、王的「先立其大」的精神。但是陸、王的「先立其大」是指「尊德性」而言的，或者套用現代流行的名詞來說，是「道德掛帥」。實齋所謂「由大略而切求」卻已改從「道問學」的觀點出發了，他講的是求知的程序。所以我認爲實齋是把陸、王徹底的知識化了，也就是從內部把「尊德性」的陸、王轉化爲「道問學」的陸、王。這種轉化還可以從其他種種跡象上看得出來。例如他用學術性情來重新界說王陽明的「良知」；學者的「良知」不是別的，正是他求知的直覺傾向。他把「致良知」的「致」字說成「學者求知之功力」，也同樣是轉德成智的一種表現。

戴東原也十分了解清學的歷史地位。他早年已認定不知「道問學」便根本談不上什麼「尊德性」。晚年他的哲學論著——《孟子字義疏證》——完成以後，他更明確地提出「德性資於學問」的命題，所以有人說他持「知識即道德」的見解。我們通觀東原一生思想的發展，便知道他早年走的是程、朱「道問學」的路，中年以後開始和程、朱立異，晚年自己的思想系統漸次成熟才正式攻擊朱子。他在三十歲以前對程朱只有維護，並無敵意；相反地，他對陸象山、陳白沙、王陽明則公開地加以指責。我們可以說，早年的戴東原和顧亭林十分相似，他並不是籠統地反對宋明理學，而是站在「道問學」的立場上排斥陸、王的心學。清初經學考證背後的思想動機在東原的早期著述中還留下了明顯的痕跡，像《經考》和〈與是仲明論學書〉都可以爲證。

東原晚期對程、朱系統的批評牽涉很廣，有的關於純哲學方面的，如理、氣、才、性等問題，也有雖是哲學問題然而卻富於政治、社會的涵義，如理和欲的關係問題。但是在我看來，東原和程、朱的最大分歧還是在對待知識的態度上面。程、朱一方面講「進學在致知」，另一方面則更重視「涵養須用敬」。東原對「敬」的方面似乎缺乏同情的了解，因爲他認爲「主敬」是從釋氏教人認「本來面目」變易的方法而來，而且「主敬」並不能使人得到事物之「理」。總而言之，他覺得程、朱在「敬」的方面講得太多，在「學」的方面說得太少。但東原畢竟還是一個儒者，他不但沒有完全拋棄了儒家所說的「德性」，而且基本上仍然承認人的「德性」是內在的、先天的，不是後天從外而獲得的，否則他就會捨孟子而取荀子了。不過德性雖內在於人，但卻必須靠後天的知識來培養，使它得以逐漸發展擴充。他毫不遲疑地宣稱人的「德性始乎蒙昧，終乎聖智」，中間則全是用學問來擴充德性的過程。所以整個地看，知識的分量在東原的哲學系統中遠比在程、朱傳統中爲重。我們可以說，東原是從內部把程朱的傳統進行了改造：加強了它的知識基礎，並削減了它的道德成分。他晚年雖然批評程、朱，但是在程、朱和陸、王之間我們很清楚地可以看出他的偏向是在程、朱一邊。對於程、朱，他祇覺得他們「道問學」的程度尚不足，對於陸、王，他則認爲和老、釋一樣根本就廢棄了「道問學」。由此可知，東原晚年雖同時攻擊程、朱和陸、王，但攻擊之中大有輕重之分。他既不是籠統地排斥宋儒，也不是因爲宋儒講「義理」之學才加以排斥。一言以蔽之，東原的哲學徹頭徹尾是主智的，這是儒家智識主義發展到高峰以後才逼得出來的理論。以往的儒者縱使在個別的論點上偶有和東原近似之處，但是從來沒有人想要建立一套以智爲中心的哲學系統。

## 八 結語

根據章實齋的指示，再加上我們對實齋和東原的理論文字的疏解，我們就確切地知道六百年的宋、明理學傳統在清代並沒有忽然失蹤，而是逐漸地溶化在經史考證之中了。由於「尊德性」的程、朱和陸、王都已改換成了「道問學」的外貌，以致後來研究學術思想史的人已經分辨不出它們的本來面目了。清代當然還有許多號稱講理學的人，但是在章實齋的眼中他們不過是「僞程、朱」、「僞陸、王」而已。其中少數傑出之士，認眞地提倡朱學或陸學，如王白田、李穆堂諸人，也都採用了「道問學」的方式。王白田用一生的精力考證朱子的生平和著作，李穆堂也遍讀朱、陸之書，而且肯爲陸象山一兩句近禪的話翻遍釋藏，尋找出處。這些都顯然是以考證講義理，以「道問學」說「尊德性」。王、李諸人的著作雖仍不免有門戶之見，但是較之以前王陽明的《朱子晚年定論》和陳建的《學蔀通辨》要客觀多了，也謹嚴多了。在考證運動興起之後，沒有嚴肅的學者敢撇開證據而空言義理了。

段玉裁晚年頗有推崇理學的表示，又自責生平喜言訓詁考證，捨本逐末。這個例子好像表示「尊德性」的空氣仍然籠罩著乾嘉的學術界，以致像段玉裁這樣的考證大師都要懺悔自己太過於追求「道問學」了。其實這個問題並不能如此簡單地處理。本來儒學的重心確在它的道德性、宗教性的方面，而儒學的這一部分則正托身在它的「尊德性」的傳統裡面。清儒的考證之學雖然發揚了儒家的致知精神，但是同時也不免使「道問學」和「尊德性」越來分得越遠。和「尊德性」疏離之後的「道問學」當然不可能直接關係到「世道人心」，也不足以保證個人的「成德」。乾嘉之世，儒家統一性的「道」的觀念尚未解體，一意追求知識（儘管是關於儒家經典的知識）的學者在離開書齋的時候難免會懷疑自己的專門絕業究竟於世何補，於己何益。段玉裁類似悔恨的言論應該從這種心理角度去了解，（至於專講「尊德性」是否必然有補於「世道人心」，甚至是否可以保證個人「成德」，則純是一事實問題。這裡可置之不論。）十六世紀時歐洲有些基督教的人文學者（Christian Humanists）在從事訓詁考證（philology）之餘也往往流露出歉仄之情，覺得他們的訓詁工作無補於弘揚基督教之道。但是如果細察他們生平研治訓詁的經過，那眞可以說得上是全副生命都貫注在裡面。他們事實上是把虔敬上帝的宗教熱誠轉移到學術研究上面去了。換句話說，學術研究已成爲他們的宗教使命了。段玉裁和許多其他乾嘉學者也是如此：他們「尊德性」的精神、「主敬」的精神都具體地表現在「道問學」的上面。段玉裁一方面說他平生不治理學，追悔已晚，一方面卻因爲不知道「之」、「脂」、「支」三部的古音分別何在，而寫信給江有誥說：「足下能知其所以分爲三乎？僕老耄，倘得聞而死，豈非大幸！」孔子曾說過「朝聞道，夕死可矣」的話。現在段玉裁竟把儒家這種最莊嚴的道德情操移用到「聞」古音之

「道」上面，這豈不可以說明清儒是用「尊德性」的精神來從事於「道問學」嗎？我說清代思想史的中心意義在於儒家智識主義的興起和發展，我所指的正是這種「道問學」的精神。「智識主義」不過是「道問學」的現代說法而已。其實把清代看作儒家「道問學」的歷史階段並不是我個人的什麼特殊發現，清代學者自己就是這樣說的。段玉裁的外孫龔自珍告訴我們：儒家之道不出「尊德性」和「道問學」兩大端，清代的學術雖廣博，但「其運實爲道問學」。他說這話是表示對清代儒學的偏向發展有所不滿，可是他所下的歷史斷案卻是動搖不了的。但是歷史是一種經驗知識，我們並不能以一兩句富於眞知灼見的斷語爲滿足。清代之運何以爲「道問學」，其中仍有無數的曲折在。怎樣把這許多曲折原原本本地整理出來，使大家都能看清這一段學術思想發展的內在理路，這才是現代史學工作者的任務。

我在開始就說過，我對清代思想史提出一種新解釋是因爲我覺得以前從外緣方面來處理清代學術的幾種理論不能完全使我信服。無論是「滿清壓迫」說或「市民階級興起」說最多都祇能解釋清初學術轉變的一部分原因，而且也都太著重外在的事態對思想史的影響。「反理學」之說雖然好像是從思想史發展的本身來著眼的，但事實上也是外緣論的一種伸延。因爲追溯到最後，「反理學」的契機仍然是滿洲人的征服中國激起了學者對空談心性的深惡痛絕。我雖然批評了以上各種解釋，但我自己提出的「內在理路」的新解釋，並不能代替外緣論，而是對它們的一種補充、一種修正罷了。學術思想的發展絕不可能不受種種外在環境的刺激，然而只講外緣，忽略了「內在理路」，則學術思想史終無法講到家、無法講得細緻入微。所以我的新解釋，也不是全面性的。事實上，我的新解正是乘舊說的間隙而起。「內在理路」既是思想史的一個客觀的組成部分，以前的外緣論者也都多少接觸到了它，不過沒有達到自覺的境地，更沒有在這一方面作過比較有系統的、全面的探討而已。倘使沒有章太炎先生以來的許多思想史先輩留下的種種線索，我不相信我今天能夠提出這樣一種初步的看法。所以我的新解釋的產生，其本身便是思想史「內在理路」的一個最好見證。至於我的說法究竟站不站得住，那當然完全是另外一個問題。最後我必須鄭重聲明一句，根據「內在理路」來整得清代思想史，我自己的工作也不過剛剛有個初步的頭緒。這中間牽涉到無數具體而專門的問題，需要耐心地去解決，而且也絕不是我個人的才力和精神所能夠承擔得起來的。我懇切地盼望有更多的同道來開闢清代思想史研究的新方向！

# 略論清代儒學的新動向

## ——《論戴震與章學誠》自序

《論戴震與章學誠》這部稿子大體上是在一九七四年夏季與一九七五年春季之間陸續寫成的。

這本書的主旨雖然是在分析戴東原和章實齋兩人的思想交涉，以及他們和乾、嘉考證學風之間的一般關係，但是我同時也想藉此展示儒學傳統在清代的新動向。近幾十年來，講中國哲學史或思想史的人往往無意中流露出一種偏見，那便是把宋、明理學當作傳統儒家精神的最高發展階段。清代以下祇有少數儒者如王船山、顏習齋、戴東原等人的思想還受到一定程度的注意，但也不過是當作宋、明理學的餘波來看待而已。所以清代兩百餘年的儒學傳統祇有學術史上的意義，而幾乎在思想史上占不到一席之地。追源溯始，這一偏見也可以說是由清儒自取其咎。乾、嘉時代一般考證學家標榜「漢學」，而貶斥「宋學」爲空談義理。這樣便造成一種印象，好像漢學考證完全不表現任何思想性（所謂「義理」）。

清代考證學和宋、明理學截然兩途，而且清代絕大多數的考證學家也盡量避免直接觸及思想問題，這自然是無可否認的歷史事實。然而這並不等於說，清代兩百年的經史研究運動是盲目的，或完全爲外緣（如政治環境）所支配的。事實上，通觀考證學從清初到中葉的發展，我們可以很肯定地說，其整個過程顯然表現出一個確定的思想史的方向。如果我們仔細地排列清儒研究古代典籍的譜系，我們將不難發現其先後輕重之間確是有思想史上的內在理路可尋的。換句話說，清儒絕不是信手摭取某一段經文來施其考證的功夫，至少在考證學初興之際，他們對考證對象的選擇是和當時儒學內部的某些重要的義理問題分不開的。下逮乾、嘉之世，由於儒家的智識主義（intellectualism）逐漸流爲文獻主義（textualism），不少考證學家的確已迷失了早期的方向感。但當時考證運動的兩大理論代言人——戴東原和章實齋——則仍然緊緊地把握住清代思想史的方向。我們細讀他們兩人的著作，則清代儒學發展中所蘊藏的義理脈絡固猶分明可見。由是言之，儘管清儒自覺地排斥宋人的「義理」，然而他們之所以從事於經典考證，以及他們之所以排斥宋儒的「義理」，卻在不知不覺之中受到儒學內部一種新的義理要求的支配。這眞是思想史上一個極爲有趣的現象。

撇開思想的內容不說，在方法論的層次上，儒學自始即懸學思兼致爲標的。但是這種平衡並不易長期維持，後世各階段的儒學發展終不免各有偏至。大體言之，宋、明理學偏於思，清代考證則偏於學。唯宋、明的理學家並未盡廢學，且可謂之凝學成思，其精思實從積學中透出。此在大儒如朱熹尤見其然。另一方面，我們也同樣不能以「學而不思」四字來概括清儒的治學精神。清儒所嚮往的境界可以說是寓思於學，要以博實的經典考證來闡釋原始儒家義理的確切涵義。清初顧炎武有「經學即理學」的名論，而方以智也提出「藏理學於經學」的綱領。他們兩人竟不約而同地爲此下儒學的發展規劃出一個嶄新的方向。十八世紀下葉，考證學已臻成熟之境，戴東原遂更進一步說：「故訓明則古經明，古經明則賢人聖人之理義明。」錢竹汀復爲之揚其波，至謂「訓詁者，義理之所出，非別有義理出乎訓詁之外」。同時章實齋雖持「六經皆史」論與東原由經明道之說相抗，然其厭棄「空言性與天道」之情則亦與東原、竹汀不異。實齋一則曰：「古人未嘗離事而言理」，再則曰：「浙東之學，言性命者必究於史。」細繹其意，不過是要易「經學即理學」爲「史學即理學」而已。所以龔定菴說清代儒術之運爲「道問學」，眞是一針見血之論。用現代的話來說，清儒所面對並關切的問題正是如何處理儒學中的知識傳統。

談到知識傳統，不免使我們立刻聯想到近代另一個流行的看法，即在西方哲學史和學術史的對照之下，中國在純知識的領域內表現得甚爲遜色。最顯著的，是知識和邏輯在中國哲學史上並不占重要地位，而自然科學也不是中國學術史上特顯精采的所在。在這種情形之下，所謂儒學中的知識傳統究竟有多少眞實的意義呢？基本上，我並不懷疑上述看法的有效性。但是我必須指出，儒學內部仍然有它自己獨特的知識問題。撇開原始儒學中「博學於文」、「多學而識」之教不論，即使以「尊德性」爲第一義的宋、明理學也不能完全避開知識問題。理學家之所以分別「德性之知」與「聞見之知」，從某種意義說，也正是要把客觀知識在儒學系統中安排一個適當的位置。朱子論「格物致知」雖仍以「尊德性」爲最後的歸宿，但已顯然接觸到了客觀認知的問題。王陽明在龍場頓悟以前也一直是在與朱子的格物說奮鬥，他的龍場之悟起於對「大學」格物致知之旨發生了新解，所謂「聖人之道，吾性自足，向之求理於事物者誤也。」足見在此以前陽明也認爲「格物」離不開外在事物的客觀知解。甚至在龍場頓悟十年之後，陽明重定「大學」古本，他的主要論點依然是說此書「以良知指示至善之本體，故不必假於見聞。」尤可證陽明受「聞見之知」的困擾之深。所以儘管儒家從來不把成就知識當作它的主要價值，然而客觀認知始終構成儒學系統中的一個基本問題。

從中國學術思想史的全程來觀察，清代的儒學可以說比以往任何一個階段都更能正視知識的問題。就知識論而言，王船山已轉而強調「聞見之知」的重要性，認爲「人於所未見未聞者不能生其心。」戴東原則更爲徹底，斷然提出「德性資於學問」的命題。依照這種說法，則「德性之知」已無獨立性可言，而不過是「聞見之知」的最後結果而已。此一命題在義理上的是非得失是另一問題，但它所透露的思想動向卻大可注意。但是我並不認爲清儒已具有一種追求純客觀知識的精神，更不是說清代的儒學必然會導致現代科學的興起。儒學如何突破人文的領域而進入自然的世界的確是一個極爲艱難的課題，而且其中直接牽涉到價值系統的基本改變。但是無可否認地，清代儒學的發展至少已顯示了這種基本改變的可能性。清代學術始於考經，進則考史，乾、嘉以下更轉而考及諸子，儒家知識傳統的逐步擴張於此已見端倪。在經學範圍之內，顧炎武首言「讀九經自考文始，考文自知音始」。此後經學研究大體即循此程序進展，文字、音韻之學終由附庸而蔚爲大國。要之，就清儒來說，如何通過整理經典文獻以恢復原始儒學的眞面貌，其事即構成一最嚴肅的客觀認知的問題。戴東原論經學難明，有云：「誦『堯典』數行至乃命羲和，不知恆星七政所以運行，則掩卷不能卒業；不知少廣旁要，則『考工』之器不能因文而推其制；不知鳥獸蟲魚草木之狀類名號，則比興之意乖。」如果眞從此轉身移步，也未嘗不能別造新境。無論如何清代中葉的學術已開始走上了分途發展的專業化途徑。毋怪乎對學術流變最爲敏感的章實齋要屢言「業須專精」，又特重「專家」之學了。

十九世紀以後內亂與外患交乘，中國面臨一個空前巨大的政治、社會危機，乾隆盛世那種爲學問而學問的從容意態已無法再持續下去。代之而起的則是儒家要求「致用」的精神：晚清所謂「經世學派」便乘運而興。晚清儒者雖仍多推尊顧炎武及其《日知錄》，但意義已迴然不同。這時顧炎武之受到重視並不是因爲他的考證成就，而是由於他所揭櫫的「明道救世」的主張，換句話說，顧炎武變成了清代經世運動的先驅。馮桂芬是經世學派的中堅人物，然而他字景亭，又號林一，其景仰顧氏之情顯然可見。在經世運動的激盪之下，經學也開始轉向，漢代所謂「通經致用」的觀念在一般儒者的心中復活了。今文經學便是在這種情形之下興起的。

清代儒學中的知識傳統尚沒有機會獲得充量的發展便因外在環境的遽變而中斷了，我們今天已無法揣想這一傳統在正常情況下究竟會歸向何處。但是依我個人的偏見，清儒所表現的「道問學」的精神確是儒學進程中一個嶄新的階段，其歷史的意義絕不在宋、明理學的「尊德性」之下。現代一些以弘揚儒學自負的哲學家，如四〇年代的馮友蘭，總歡喜說他們的新儒學是「接著宋、明理學講的」。至於清學，在他們看來，既不能「經虛涉曠」，則已無積極的思想內容可言，甚至不免是中國哲學精神進程中的「一次逆轉」。對於這一類的哲學論斷，我沒有資格加以評論。我祇想指出一點，即從歷史的觀點看，把辨析心性理氣認作儒學的主要內涵是不甚符合事實的，至少也是以偏概全。所謂「內聖之學」雖早在儒家的原始經典中已經萌芽，但它一直要到宋代才獲得充分的發展。無可否認地，這一發展是和佛教在心性問題上的長期挑戰分不開的。韓愈是唐代排佛最力的儒者，但他放逐到潮州以後，看到大顛和尚能「以理自勝，不爲事物侵亂」，也終不免爲之心折。朱子批評退之，說他應該「因彼稊稗之有秋，而悟我黍稷之未熟，一旦飜然求諸身，以盡聖賢之蘊。」其實當時的心性之學不僅在退之個人未臻成熟之境，即在整個儒學系統中也還沒有取得中心的位置。如果我們堅持以「心性之學」爲衡量儒學的標準，那麼不但在清代兩百年間儒學已經僵化，即從秦、漢到隋、唐這一千餘年中儒學也是一直停留在「死而不亡」的狀態之中。相反地，如果我們對儒學採取一種廣闊而動態的看法，則有清一代的「道問學」傳統正可以代表儒學發展的最新面貌。尤其重要的是這個新的發展恰好爲儒學從傳統到現代的過渡提供了一個始點。

我們必須承認，儒學的現代課題主要是如何建立一種客觀認知的精神，因爲非如此便無法抵得住西方文化的衝擊。傳統儒學以道德爲「第一義」，認知精神始終被壓抑得不能自由暢發。更不幸的是現代所謂道德已與政治力量合流，如果知識繼續以「第二義」以下的身分維持其存在，則學術將永遠成爲政治的婢女，而絕無獨立的價値可言。我們常常聽到的所謂「政治掛帥」、「先紅後專」之類口號並不全是新貨色。從某種意義上說，它們不過是「士先器識」、「先立其人」的現代變形而已。當然，變形也必然涵蘊著一定程度的歪曲。儒學發展史告訴我們，極端的德性論和功利論往往會走上一個共同的方向，即反智識主義（anti-intellectualism）：因此陸、王的末流和清代的顏、李學派都把知識看作毒藥。反智識主義又可以分爲兩個主要方面：一是反書本知識、反理論知識，或謂其無用，或謂其適成求「道」的障礙；另一個方面則是由於輕視或敵視知識遂進而反知識分子，所謂「書生無用」、「書生不曉事」等等話頭即由此而起。陸象山雖有反知識的傾向，但尙不反知識分子，顏習齋則反知識而兼反知識分子。不用說，這兩個方面的反智識主義，今天都正在以嶄新的現代面貌支配著中國的知識界。

中國今天一方面要求現代化，而另一方面又輕視知識、鄙視知識分子，對我個人來說，這終是一件難以理解的事。在傳統中國文化中，儒學一向占據著主導的地位。但儒學目前正面臨著一次最嚴重的歷史考驗，即如何處理客觀認知的問題。儒學將來能否重新成爲中國文化的領導力量，恐怕就得看它怎樣應付這個新的考驗。西方基督教也曾遭遇過客觀認知問題的挑戰。其中比較積極而成功的反應可以舉中古的聖多瑪（Thomas Aquinas）和現代的狄立克（Paul Tillich）爲例。聖多瑪肯定知識的價値，認爲我們對客觀事物的知識每進一步即是對上帝的知識多增一分。狄立克最不贊成在所謂「科學」與「宗教」之間劃分畛域，製造對立。照他看來，宗教如果想以居於科學認知以外的領域自足，則其結果將是進行一場無窮盡的敗退之戰。因爲科學知識進軍到那裡，宗教就得從那裡撤退。狄立克因此主張正視科學，希望以現代的科學知識爲始點，然後翻上一層去建立新的基督教神學。這是他在《系統神學》（*Systematic Theology*）第三卷中所企圖完成的工作。他的基本立場可以一言以蔽之，「科學的見證即是爲上帝作見證。」（The witness of science is the witness to God.）

我舉出聖多瑪和狄立克的例證，其用意當然不是要對現代基督教神學的本身有所討論。我衹是覺得，從比較思想史的觀點看，這兩個例證對於儒學的何去何從似乎頗富於啓示作用。居今而論，儒學必須挺立起客觀認知的精神。但這不是單純地向西方學習科學便可以做得到的。借外債無論如何不能代替生產。我們的任務首先是誘發儒學固有的認知傳統，使它能自我成長，儒學「道問學」的潛流，經過清代兩百年的滋長，已凝成一個相當強固的認知傳統。我之所以特別強調十八世紀的考證學在思想史上的意義，這是基本原因之一。我清楚地知道，認知精神的充分發展，最後將不免有必要使儒學在價值系統方面作某些相應的調整。但是由於「道問學」原是儒學的基本價值之一，我深信這種調整絕不致導向儒學的全面解體。相反地，現代儒學如果禁不起嚴格的知識考驗，則它所維護的其他許多價值是否能發揮實際的作用，恐怕將是一個很大的疑問。未來是無從預測的，但往事則未嘗不可借鑑。中古時代佛教的深刻刺激曾給儒家在「內聖」一面的發展提供了最重要的因緣。宋人當時曾慨嘆「儒門淡薄，收拾不住」，致使有識之士多爲釋氏扳去。但經過此下宋、明儒者數百年的努力，「尊德性」之教大弘，儒學在中國文化系統中的中心地位終於更鞏固地建立起來了。今天無疑又是一個「儒門淡薄，收拾不住」的局面，然而問題的關鍵已不復在於心性修養，而實在於客觀認知的精神如何挺立。因此我深信，現代儒學的新機運祇有向它的「道問學」的舊統中去尋求才有著落；目前似乎還不是「接著宋、明理學講」的時候。陸象山曾經譏刺朱子說：「既不知尊德性，焉有所謂道問學？」在以「尊德性」為第一義的時代，這樣的質問是足以塞人的。可是六百年後的戴東原卻反唇相稽道：「然舍夫道問學，則惡可命之尊德性乎？」而同時錢竹汀也說：「知德性之當尊，於是有問學之功。豈有遺棄學問而別為尊德性之功者哉！」在今天的處境之下，我誠懇地盼望提倡儒學的人三復戴東原、錢竹汀之言！

一九七五年九月廿二日於美國麻州之碧山

# 章實齋與柯靈烏的歷史思想

## ——中西歷史哲學的一點比較

### 引言

「歷史哲學」一詞在中國已流行了幾十年之久，但一般智識界對它的了解似乎還是很模糊。中國談這門學問的人主要都是受了黑格爾那部《歷史哲學》（*Philosophy of History*）的影響，他如馬克思、斯賓格勒等也都是黑氏一派的後起之秀。這一類的歷史哲學的最大特色在於強調歷史上這樣或那樣現象的重要性，並依之而建立一整套哲學系統，以解釋全部歷史過程。這種歷史哲學自亦有其價值，但是中國人對它的推崇卻似乎超過了它本身應有的限度。過分強調史學的哲學性最後必然使史學流於空疏，失去任何客觀的標準。於是哲學家就可以把歷史家看作他的奴僕，而歷史家的任務也就限於如何爲哲學家提供「建造系統」的材料了！把歷史哲學推展到這一步田地，它對於人類知識的增加，不但沒有幫助，而且還極端有害，這是喜歡談「歷史哲學」的人所不能沒有的警覺。

在本文中我所要涉及的「歷史哲學」與黑格爾一派的說法與涵義都全不相同。這裡所謂的「歷史哲學」或「歷史思想」乃是最近數十年來英美若干哲學家所開闢的一條新途徑。我說「新」，並不表示其中所討論的問題從未經前人道過；相反地，用歷史眼光來看，中西史家早在兩千年前便都已零星地接觸到此中所涉及的問題的某些方面。柯靈烏的《歷史之觀念》（*The Idea of History*）一書即追溯這一路思想的遠源至希臘的史家如Herodotus及Thucydides，而我在下面討論中國歷史思想時也把時間上推至孔子。凡此皆足說明，這門學問本身雖尚待我們繼續探求，但所探求的問題卻不必全是新穎的。

我這篇文字是比較章實齋與柯靈烏的歷史思想，其中所涉及的問題僅是新興的歷史哲學中很小的一部分。爲了使讀者對此一知識領域的全貌有所窺起見，我願意極簡要地說一說歷史哲學的最近發展。英美的哲學家現在已將歷史哲學分爲兩個主要派別，一是黑格爾一系的「玄想的歷史哲學」（Speculative philosophy of history）；另一則是由英、美經驗論一派哲學中所發展出來的「批評的歷史哲學」（Critical philosophy of history）。就玄想派而言，往前追溯我們可以提到聖奧古斯汀（St. Augustine），在近代我們亦當先注意康德與赫德爾（Herder），黑格爾以下則馬克思、斯賓格勒爲後起健者，至於當代則以湯因比（Toynbee）爲最顯著之代表。中國的讀者頗震於湯氏的淵博，並從他《歷史之研究》中所包括的史料之豐富而斷定他爲注重經驗的歷史科學家，以爲與黑氏路數不同。其實這完全是一種誤會。湯氏確是一位不折不扣的玄想派歷史哲學家。他與其他同路哲人不同之處最主要是在於他比別人用力較勤，肯花工夫尋找更多的史料以填入他的歷史哲學系統之中。我們祇要一讀他自己敘述他預定撰書計畫之經過的短文，即可了然他是如何先玄想了一套理論架子，然後再動手找材料的[1]。所以西方一般歷史家與哲學家對《歷史之研究》的批評是：作爲歷史著作，它的取證仍嫌貧乏，但作爲哲學系統，又似累贅而不稱。當然，這不是說湯氏與黑格爾、斯賓格勒等一點分別都沒有；若進一步加以分別，我們固不妨說黑氏是「哲學爲體，歷史爲用」，斯氏是較含文學色彩，而湯氏則史學氣息稍濃[2]。但通體而論，他們卻無疑都屬於玄想派的陣營。玄想的歷史哲學發展到湯因比也許已達登峰造極之境。目前歷史哲學界似乎已漸漸厭棄這種路數，向這一方面用心的人也日少一日。至少我們暫時還看不出這一路歷史哲學可能有什麼更高的發展。

另一方面，批評的歷史哲學卻顯然方興未艾。這一派歷史哲學，據較近人的意見，在英國方面首當推布萊德勒（Bradley）在一八七四年所發表的一篇論文——The Presupposition of Critical History——爲發難之作[3]。此後則德國的狄而塞

（Dilthey），義大利的克羅齊（Croce）等均對這門學問有所貢獻。這一派歷史哲學又可分爲兩支：一是狄而塞、克羅齊、窩克紹（M.J. Oakeshott著*Experience and Its Modes*, 1933）以及柯靈烏等所代表的理想主義；另一則是最近的哲學家如C.G. Hempel, M. White, K.R. Popper, P. Gardiner, William H. Dray等所從事的語言分析和一般性的歷史知識的檢討。批評派歷史哲學不同於玄想的歷史哲學之處最根本的在於前者所注重的乃在於歷史知識之成立如何可能，換言之，即我們怎樣才能確定過去所發生過的事實爲眞實不虛，而後者則注重歷史事件之本身在整個發展過程中具有何種意義，並如何能解釋全部歷史進程爲一必然之歸趨。在兩派哲學中「解釋」雖同樣存在，但卻具有極大的差異，不可不辨。玄想派的「解釋」一詞我以爲在英文中是interpretation，而批評派則當是explanation[4]。Explanation（亦可譯作「解說」或「說明」）的作用是將許多孤立的史實的眞正關係尋找出來，使歷史事件成爲可以理解的。這種解釋乃是歷史事實的一部分，絕不容分割。離開了這種解釋則歷史學便根本不能成立，而史籍也祇能流爲一種流水帳了。Interpretation則是人所加予歷史事實的一種主觀看法，如黑格爾在歷史上看出了「世界精神」、「理性」、「自由」等是也。這種解釋很難說有什麼客觀性，因之也是因人而異的。有些人往往不清楚「解釋」有這兩種區別，以致以爲史事之考訂及整理與「解釋」可以分爲兩事。說這種話的人，其本意極可能是指interpretation而言，但顯然會引起嚴重的誤解。

一般地說，批評派歷史哲學尚未發展至成熟的階段，到目前爲止，除了柯靈烏這本書外，討論全部批評派歷史哲學中種種問題的著作尚不多見。從討論這一方面文獻來看，它的範圍包括史學與其他學問的關係，歷史的眞實與事實，歷史學的客觀性，以及歷史的解釋（explanation）等問題[5]。本文不能對這些問題的內容加以討論，甚至連略一提及都不可能。我深知中國史學界對這一方面比較隔膜，這一方面的發展也的確需要充分的介紹，但這祇有等以後有機會再談了。以上所說的最近歷史哲學的發展趨勢，僅僅是爲了給下文作引子而寫的，使讀者對於正文所討論的問題在目前歷史哲學中的位置有一初步的了解。由於中國過去所謂的「歷史哲學」祇是指著玄想派的哲學而言，此一引言尤爲必要；不然讀者必然會責難我所討論的問題根本就不屬於「歷史哲學」的範圍了！

本文名爲比較章實齋與柯靈烏的歷史哲學，實則有些處不免要涉及中國史學中之其他重要問題，故也可以說是從柯靈烏的觀點來檢討中國傳統的歷史哲學。但由於篇幅所限，所論皆極爲簡略，疏漏是不可避免的。又關於柯靈烏之歷史哲學，讀者最好讀其原書。我曾撰〈一個人文主義的歷史觀〉，刊於《祖國》週刊十四卷十期，介紹柯氏之歷史哲學，讀者亦可參考。

一九五七年四月五日於美國劍橋旅次

按：自一九五七年以來，批評的歷史哲學已成爲一時之顯學，著作至多。最主要的是一九六一年創刊的*History and Theory: Studies in the Philosophy of History*學報。又柯靈烏的歷史哲學著作現又增一種，即William Debbins所編的*Essays in the Philosophy* *of History*, Texas, 1965.

一九七五年三月二十日英時重訂於香港

中國史學史具有兩個最大的特點：一是源遠流長，一是史學傳統一脈相承，不因政治社會的遷變而中斷。中國是一個注重歷史的民族；撇開以後歷代官修史書的傳統不說，春秋以前便早已有了史官的制度。但就歷史之成爲一門學問而言，我們祇能從孔子修《春秋》說起。孔子修《春秋》一方面開私人修史的先河，另一方面也爲中國史學奠定了基礎。故其後司馬遷著《史記》也以上承孔子《春秋》自許。孔子以降史才輩出，不勝枚舉。但是我們的史學儘管發達，而歷史哲學的園地卻十分荒蕪。一般地說，西漢公羊派的歷史觀和北宋邵雍的《皇極經世》論勉強可算是玄想的歷史哲學；倘以批評的歷史哲學而言，劉知幾與章學誠可爲代表。劉氏的《史通》和章氏的《文史通義》同被國人推爲評史的傑作。若更進一步分析，則《史通》所討論的問題僅限於史籍的各種體裁，如紀傳、編年之類的利害得失以及歷史方法論等等，至於對史學本身及其有關各方面作有系統的哲學性的思考，則兩千餘年來，我們祇能舉出章學誠一人，而《文史通義》一書也是唯一的歷史哲學的專著[6]。（至於中國傳統史學中所謂「史評」一類，則主要都是根據某種「應然」的觀點來評論歷史的「實然」，相當於西方史學中的moral judgement，非本文所欲深論。）

另一方面，我們也必須指出，中國儘管缺乏嚴格意義上的歷史哲學，卻並不必然表示歷史哲學在劉知幾或章學誠以前根本便不存在。相反地，歷史哲學的歷史與史學本身同其古老，自有歷史的著作便存在了歷史哲學。《春秋》以下的史籍中均多少包含了某些歷史思想。不過這些零零碎碎的思想直到劉知幾，或者更確切地說，直到章學誠時才獲得有意識的檢討與系統化罷了！就這種意義說，章氏歷史哲學的重要性不僅在於它表現了章氏個人思想的天才卓越，而尤在於它匯集了以往許多零星的歷史觀念，因而構成了一套較有系統的中國歷史哲學。

本文的目的並不是對章氏的歷史哲學作全面的檢討，而祇是將章氏哲學中可以與柯靈烏的觀點相對照的部分加以剔出，並略作分析和比較，以使《文史通義》一書中某些觀念因此而益於明晰。

## 一　中國史學中的人文傳統

柯靈烏曾指出歷史學具有四大特徵，其中最後一個是：

> 歷史是人爲了求自知而有的學問……因此它的價值也就在於指示我們：人曾經做了什麼並因而顯出人究竟是什麼。7

同時他於駁斥人性的科學可以用類似自然科學的方法建立起來的說法之後，更進一步地指出：

> 我所要爭論的是：人性科學（Science of human nature）所做的工作實際上已由，而且也祇能由歷史學完成之；歷史學即是研究人性的科學，同時洛克（Locke）也是正確的（不論他自己對他所說的話了解得多麼少），當他說研究人性的正當方法乃是歷史的、平常的方法的時候。8

這裡我們接觸到了歷史的功能的問題。我們已很清楚地看到柯氏強調歷史學是以人爲中心的。因它是重人的，所以它所應當記載的乃是人類的言行，而非神的活動，亦非自然的現象。換言之，神話必須摒除於歷史學的範圍以外，而歷史的過程與自然的過程二者之間的區別，亦必須加以劃分。舉例來說，中國顧頡剛氏所倡導的古史辨派，儘管討論有過激處，但在中國近代史學的科學化歷程中卻曾起著推進的作用；此一推進的作用，質言之，即將古史中的神話成分摒除於歷史範圍之外，使人們認清，後代傳說的古史是如何「累層地造成的」。此種神話性的古史，柯靈烏稱之爲Theocratic history。如古巴比倫的〈創世紀詩〉（Poem on the Creation，約成於西元前七世紀），又如Hebrew scriptures中敘述的宇宙萬物以及人類的起源，與中國盤古開天闢地之說在本質上正復不殊，同非現代歷史家所能信據。再就自然過程（natural process）與歷史過程（historical process）的區別說，中西史學史上亦同具有有趣的例證。就中國現存的古史說，自《春秋》、《史記》以降都保存了許多關於天象的記載如日蝕月蝕之類。班孟堅作《漢書》復專立五行志以記載此類變異的自然現象，（班氏之先劉向已有是作，但其書不傳，班氏五行志蓋承劉作而來。）並附會其與人事之間的因果關係。此自柯靈烏的觀點言之，即爲自然過程與歷史過程混而不分的結果。在西洋史學史上，我們也同樣找到此種混自然過程於歷史過程之中的階段。蓋中古時代，編年史家都喜記載月蝕、隕星，以及其他各種變異，他們不僅記載這類現象，而且也和中國的史家一樣，把它們和人間的災難如戰爭、瘟疫、水災、旱災……等聯繫起來。中西史學史上這一點相同之處也許並不完全是出於偶然。因爲我們知道，這種歷史觀是有其思想根源的，那便是占星學

Astrology，亦即相信天體的運動可以影響人事的變化。漢代董仲舒的天人相應的災異論，一部分便是承襲了古代占星學的結果。災異論在漢代具有特殊重要的政治意義。大臣奏議每藉之立說。在西方，占星學至羅馬帝國時代亦與實際政治發生聯繫。羅馬諸帝自Augustus、Tiberius以降每相信占星之術，而占星術亦往往假天象以造謠或預言，故常與Emperor與Senate之間的種種陰謀有密切關聯，此爲稍知羅馬史者所熟悉的事實，毋待繁言。降至中古時代占星學與基督教中之神祕論相糅合，於是自然災異均被解釋爲上帝不樂之表現，此可說是一種神人相應論，與中國的天人相應論極其相似。我們由此可見，中西史學都曾經受過占星學的影響，因而才同樣產生了天人相應的歷史哲學，自然過程與歷史過程之間的界線遂一度泯而難分[9]。

中國傳統史學中，儘管存在著上述的分不清歷史與自然的小毛病，但通體而論，它實具有極深厚的人文傳統，正如柯靈烏所說的，是人所以求自知的學問。這一人文傳統似乎可以孔子修《春秋》爲其開始。孟子曾經告訴過我們《春秋》的性質，他說：

世衰道微，邪說暴行有作，臣弒其君者有之，子弒其父者有之。孔子懼，作春秋。春秋，天子之事也。是故孔子曰：知我者，其惟春秋乎？罪我者，其惟春秋乎？[10]

司馬遷亦嘗論及孔子寫《春秋》之動機，及其書之功用：

上大夫壺遂曰：昔孔子何爲而作春秋哉？太史公曰：余聞董生曰……夫《春秋》上明三王之道，下辨人事之紀，別嫌疑，明是非，定猶豫，善善，惡惡，賢賢，賤不肖，存亡國，繼絕世。補敝起廢，王道之大者也。[11]

從以上兩節論《春秋》的文字中，我們知道，孔子修《春秋》實是以人爲中心的，質言之，即欲藉歷史以教人，而思於世道人心有所裨益。我們都知《春秋》寓褒貶之意——至少後人多如此相信——，而褒貶之前提即人具有自由意志，故可以並必須對其自己的行爲負責。承認個人有意志自由乃是近代人文主義的歷史哲學中的重要一環，亦是否定各式各樣的歷史決定論（historical determinism）之基本論據之一[12]。孔子既對歷史人物加以褒貶，他的歷史觀則無疑是人文主義的。尤有進者，孔子復爲中國人文思想的創始者，從來「不語怪，力，亂，神」[13]，因之我們自更不應懷疑他的歷史人文主義（historical humanism）了。至於《春秋》中所記載的日月蝕、地震等自然現象，我們認爲孔子的本意祇是用之以警戒人君，並不涵神的力量直接干預人事之意，所以根本上不妨害他的歷史人文主義。清儒劉寶楠對此點有很好的解釋，其言曰：

> 至日食、地震、山崩之類皆是災變與怪不同，故春秋紀之獨詳，欲以深戒人君，當修德力政，不諱言之矣！[14]

但是孔子的褒貶一方面固然承認了人的意志自由，另一方面卻又給中國傳統史學蒙上了一層倫理的色彩。近代中國的歷史家們頗攻擊這種倫理的色彩，以爲有害於歷史的客觀性。我們覺得這種責難是需要重新加以考慮的。誠然，在近代科學歷史家中頗有人反對對歷史事件或人物加予道德性的評判（moral judgement），可是我們也不應忘記，直到今天，關於道德因素是否必須完全摒除於史學之外的問題仍在聚訟紛紜的階段[15]。因之，我們便不能對孔子曾用道德眼光看歷史一點單獨加以苛刻的責難。西方最早的史學家如Herodotus與

Thucydides都具有歷史的道德意識，也就是說，對史事曾加以價值的判斷。然而西方學者仍然承認他們是偉大的歷史家[16]。若更進一步分析，孔子的褒貶的看法亦自有其遠源可尋。如齊之太史兄弟因書「崔杼弑其君」，被殺者先後二人，而其弟猶書之。而南史氏聞太史盡死，執簡以往，聞既書矣，乃還[17]。更著名的如董狐大書「趙盾弑其君，以示於朝」[18]。此種秉筆直書的精神，實即孔子褒貶之史法之所承。孔子自己就說過：「董狐古之良史也，書法不隱。」[19]我們由此可見，孔子雖爲私家修史之第一人，但他並非褒貶史法的眞正創始人，而是承繼了古代史官的成規。關於這一點，班孟堅《漢書》中曾爲我們保存了一條最好的證據，其言曰：

> 周室既微，載籍殘缺，仲尼思存前聖之業……以魯周公之國，禮文備物，史官有法，故與左丘明觀其史記，據行事，仍人道，因興以立功，敗以成罰，假日月以定歷數，藉朝聘以正禮樂，有所褒諱貶損。[20]

這裡特別值得我們注意的是「史官有法」一語，因爲它點明了孔子史法之所出。下文「有所褒諱貶損」語正承「史官有法」而來。古代史官之制今已不可詳考，然就上引諸條言之，則秉筆直書，以保存史事之眞相必爲史官職責之一種，無可疑者。後人推尊孔子頗有過分處，遂以褒貶之法創自尼山，殊未得史跡之眞也。我們既知褒貶之史法係由史官直筆一脈相承而來，不過隨時勢之不同而略一轉變，而直筆之本意正在於記載事實之眞相，則《春秋》之書法——今人所謂以道德判斷加諸史事者——不但沒有歪曲，反而倒保存了歷史的客觀性。孔子因生值社會大變遷的時代，周代舊制正在解體之際，史官的優良傳統已很難持續下去，所以發憤以私人身分繼承史官的事業。孔子以前無私人撰史之事，故孟子說：「春秋天子之事也。」孔子修《春秋》，一方面希望別人了解他保存史官傳統的用心，另一方面卻又怕別人責備他不該無官守無言責而僭越史官的職權，故說：「知我者其惟春秋乎？罪我者其惟春秋乎？」21

對中國史學之起源略加檢討之後，我們才可以進一步去了解章實齋對史學源流的見解。章氏認爲史學之初祖不在《尚書》而在孔子的《春秋》，他先辨明「尚書」非後世之史學曰：

> 上古簡質，結繩未遠，文字肇興，書取足以達微隱，通形名而已矣！因事命篇，本無成法，不得如後史之方圓求備，拘於一定之名義者也。夫子敘而述之，取其疏通知遠，足以垂教矣。世儒不達，以謂史家之初祖實在尚書，因取後代一成之史法紛紛擬書者皆妄也。22

推章氏之意，蓋謂上古之所謂「史」祇是政府的官書，因而不足以成爲學問23。根據這種認識再進一步發揮，他便獲得了《春秋》爲史學之開山，孔子是中國第一個史學家的結論：

> 孟子曰：王者之跡息而詩亡，詩亡然後春秋作。蓋言王化之不行也；推原春秋之用也。不知周官之法廢而書亡，書亡而後春秋作，則言王章之不立也；可識春秋之體也。

他指出這是一種自然的歷史變遷：

> 六藝並立，樂亡而入於詩禮，書亡而入於春秋，皆天時人事，不知其然而然也。24

我們在前面曾指出孔子修《春秋》曾承襲了古代史官的成法，現在章氏認爲春秋之學（亦即史學）係從《尙書》變化而出，而《尙書》則正是史官所記之書[25]；由此可見對孔子以私人身分修史係繼承史官的統緒一點之肯定也是章氏史學理論中一個重要的環節。不過他更強調——非常正確地——從《尙書》到《春秋》爲中國史學史上一大躍進耳！

自《尙書》至《春秋》固爲中國史學之一飛躍階段，另一方面也顯示出中國史學精神之一脈相傳，綿延不斷。這一精神究竟是什麼呢？依我們的看法，就是前面已說過的歷史的人文主義。關於這一點我們可以從章實齋的話裡得到證明。章氏引孔子「疏通知遠」之義以解釋中國史學之精神，我們剛才已徵引過了。依章氏的意思，孔子僅取《尙書》中「疏通知遠」之義以垂教後世，但把歷史當一種專門學問來說，《尙書》本身卻夠不上作中國史學的初祖。

由於孔子取《尙書》「疏通知遠」之教奠定了中國歷史哲學的基礎，而此後的歷史家自司馬遷以降又多信奉而不衰，故我們實可以說，「疏通知遠」一語是中國歷史的人文主義的最扼要的說明[26]。唯此語太簡略，我們生當千載之下，已甚難確知其本意，不過後來司馬遷有幾句話卻大可以與此語相發明，他在〈報任安書〉中曾這樣說到他著《史記》的動機：

> 亦欲以究天人際，通古今之變，成一家之言。[27]

我們覺得用「究天人之際，通古今之變」來注解「疏通知遠」似乎並不太牽強附會。司馬遷的話說得比較具體，用現代的話來說，他企圖對以往的歷史加以哲學性的反省，俾求得一種會通的了解。這種理想也就是後來鄭漁仲、章實齋以及近代中國史學家提倡通史的理論根據。但是這個理論儘管極爲動人，卻也有它的危險性。因爲抱著這種想法而撰史的人，如果不受嚴格的科學方法的限制，則很容易走上曲解史實以勉強求通的路了。這一弊病在西方近代史學上表現得最爲明顯。黑格爾、馬克思，以至斯賓格勒等人有關歷史哲學的著作——簡言之即玄想派的歷史哲學——便常常不惜有意歪曲或忽略史實以求合於他們的「一家之言」[28]。這種歪曲或忽略，如用中國古典名詞表達之，則爲「誣妄」。所以孔子在「疏通知遠書教也」一語之後，緊接著警告我們：「書失之誣，疏通知遠而不誣，則深於書者也。」

章實齋不僅承襲了此一傳統的人文史觀，而且還作了更進一步的發揮，故推尊歷史的人文精神達於極端，而歸之於「經世」。他一方面說歷史的意義在於能「綱紀天人，推明大道」「通古今之變而成一家之言」[29]。另一方面則說：

> 三代學術知有史而不知經，切人事也。後人貴經術，以其即三代之史耳[30]！……史學所以經世，固非空言著述也。且如六經同出於孔子，先儒以爲其功莫大於春秋，正以切合當時人事耳！後之言著述者舍今而求古，舍人事而言性天，則吾不得而知之矣！學者不知斯義，不足言史學也。

又自注云：

> 整輯排比，謂之史纂；參互搜討，謂之史考；皆非史學。[31]

從「疏通知遠」的歷史哲學發展到史學經世論，這眞是中國傳統的歷史人文主義的極境！柯靈烏謂Thucydides「強調歷史具有人文目的及自我展示的功能」[32]；我們若以此語來形容中國史學從孔子至章實齋這一悠久的人文傳統也是十分恰當的！

## 二　史學中言與事之合一

柯靈烏的名言「一切歷史都是思想的歷史」（All history is the history of thought）在中國傳統的史學，特別是章氏的歷史哲學中也可以找到相近的說法。柯靈烏認為任何歷史事件都有兩個方面，即內在的與外在的。他說：

我所謂事件之外在面，即該事件中一切可以用形體及其運動來加以說明之部分（in terms of bodies and their movements）……，我所謂事件之內在面則爲該事件中祇能用思想來加以說明之部分。……歷史家從不祇顧其中之一面而不管另一方面。他所探求的並不僅是單純的「事」（按：即events，原注云：「此所謂事即祇有外在而無內在面者。」），而是行動（actions），而行動則爲事之外在與內在兩面之合一。33

在未討論章實齋的觀點以前，爲了使問題獲得比較徹底的解決，我們仍須從中國史學的遠源談起。根據若干舊籍之記載，古代史官有所謂「左史」、「右史」之分，比較通行的說法是「左史記言，右史記事，言爲尚書，事爲春秋」34，依照這種說法，中國在極古遠的時代即已有兩派史家，一記言（相當柯氏所謂思想或內在面），一記事（相當柯氏所謂單純的「事」或外在面），各不相涉。古代是否眞有記言記事之分，就本文的題旨說，是無關重要的。值得我們注意的是，這一說法之出現至少已說明：在中國歷史哲學中歷史這一觀念曾一度分裂爲二，柯氏所謂歷史事件之內在與外在面蓋未能合而爲一整體。此種嚴格的分類本不可通，故劉知幾已謂尙書所載並不盡是記言之文：

蓋書之所主本於號令，所以宣王道之正義，發話言於臣下，故其所載，皆典謨、訓誥、誓命之文。（釋：數語勒清記言）至於堯舜二典，直序人事；禹貢一篇，唯言地理；

洪範總述災祥，顧命都陳喪禮。茲亦爲例不純者也。（釋：數語以書有兼及記事之文，摘出言之。）35

但是眞正能對此一問題作透闢深入之批評而自成新說者則是章實齋。章氏從其「六經皆史」皆所以切人事而非個人之私言的觀點出發，認定言與事爲不可分：

記曰：左史記言，右史記事，其職不見於周官，其書不傳於後世，殆禮家之愆文歟？後儒不察，而以尚書分屬記言，春秋分屬記事，則失之甚也。夫春秋不能舍傳而空存其事目，則左氏所記之言不啻千萬矣！尚書典謨之篇，記事而言亦具焉；訓誥之篇，記言而事亦見焉。古人事見於言，言以爲事，未嘗分事言爲二物也。劉知幾以二典貢範諸篇之錯出，轉譏尚書義例之不絕，毋乃因後世之空言而疑古人之實事乎？記曰：疏通知遠書教也，豈曰記言之謂哉！36

推章氏此處之意，蓋謂古代政教未分，政治史與思想史遂不得分而爲二；上古無私門之著述，故無空言，言必有事之背景。但章氏之事言合一論並不僅爲《尚書》而發。他進一步認爲自孔子修《春秋》，建立中國史學以來，事與言即已合一。所以他接著說：

六藝並立，樂亡而入於詩禮，書亡而入於春秋，皆天時人事，不知其然而然也。春秋之事則齊桓晉文，而宰孔之命齊侯，王子虎之命晉侯，皆訓誥之文也。而左氏附傳以翼經，夫子不與文侯之命同著於編，則書入春秋之明證也。司馬遷紹法春秋，而刪潤典謨以入紀傳，班固承遷有作，而禹貢取冠地理，洪範特志五行。而書與春秋不得不合而爲一矣！37

他不但認爲史學中言與事必須合一，同時復以爲後世私人文字之中亦含有事在，他說：

> 蕭統文選以還，爲之者眾。今之表表者姚氏之唐文粹，呂氏之宋文鑑，蘇氏之元文類，並欲包括全代，與史相輔。此則轉有似乎言事分書，其實諸選乃是春華，正史其秋實爾。（自注云：史與文選各有其言與事，故僅可分華與實，不可分言與事。）[38]

我們細心體味章氏這幾段文字，便顯然可以看出，在章氏歷史思想的背後，隱藏著一種與柯靈烏非常接近的歷史觀——即視人類已往的業績爲一系列的「行動」（柯靈烏特用的action）所構成，在每一行動之中均包含了「言」與「事」（也就是柯氏所謂inside與outside或thought與event）兩面。此所以章氏不但認爲《尚書》中言與事並存，上古之人未嘗分言與事爲二，而且中國史學自孔子修《春秋》而馬班繼之以後，「言」與「事」亦同樣合而不分——至少眞正的史學著述（即章氏所謂「撰述」，後文另有論及）必須同時涵攝此二因素。其不能識此義而強分言與事爲二之後世陋儒，則深爲章氏所譏焉！

惟柯氏歷史哲學之勝義並不止於指出了每一歷史事件均有內外兩面以及歷史家必須合二者爲一；這祇是柯氏歷史哲學中消極的一面。它的積極的一面則是肯定在歷史過程中，內在思想乃是核心，而外在之事反爲次要。他認爲歷史家研究歷史事件時必須深入當時人們的思想之中。祇要他眞能摸索到歷史過程（即一連串行動）中的思想過程（process of thought），那麼他就已找到了該事件發生的眞正原因。這就是柯氏「一切歷史都是思想的歷史」的著名原則之中心意義[39]。

在這一點上，柯氏不但與章實齋的一家之言極爲近似，而且還符合中國一般的傳統歷史思想的路數。我們實可說，中國的史學，自孔子修《春秋》以降，即注重思想。《孟子》中有這樣的記載：

晉之乘，楚之檮杌，魯之春秋，一也。其事則齊桓、晉文，其文則史；孔子曰：其義則丘竊取之矣！[40]

依據這一分析，則孔子的史學中至少含有三種因素：事、文與義。事與文二者，雖亦爲歷史哲學中的重要項目，然與本文主旨無關，可以不論。此處我們所須注意的乃是孔子所特取之「義」。昔賢注疏此字者多賦予此字以倫理的意義。如焦循引萬氏《大學春秋隨筆》云：

春秋書弒君，誅亂賊也，等而趙盾崔杼之事，時史亦直載其名，安見亂賊之懼獨在春秋而不在諸史？曰：孟子言之矣！春秋之文則史也，其義則孔子取之。諸史無義而春秋有義也。義有變有因……因與變相參，斯有美必著，無惡不顯，三綱以明，人道斯立。「春秋」之義遂與天地同功。

又引何休注說：

則義指貶刺撥亂可知。[41]

此種政治倫理的解釋，蓋由孟子開其端而漢人信之尤篤，司馬遷說：

春秋之義行，則天下亂臣賊子懼焉！[42]

近代學者也有人承認古書確具有此種作用者[43]。這種解釋的建立一方面形成了我們在上一節中所說的「歷史人文主義」，另一方面也顯示出中國史學中重思想的傾向。因爲歷史人文主義與重史事之內在面原不可分的。我們於此必須對柯靈烏所謂「一切歷史都是思想的歷史」

一語之涵義加以較深入之檢討。如果斷章取義地了解，則此語不僅過於武斷偏激，甚至可說是不通。因爲「思想」非歷史之唯一因素，亦如經濟非歷史之唯一因素，其事甚顯，不待智者而後知。實則柯氏所謂「思想的歷史」並非我們所習知的「思想史」之同義語。他把人類的行爲分爲兩類，一爲「自然過程」，如飲食男女之類，此非歷史家所欲過問之事。另一則爲「歷史過程」，蓋即人類自覺地創造的種種習慣與制度之類——易言之，即文化耳——這才是歷史研究的主題。柯氏所說的「行動」便是外在行爲之含有思想意識者，也就是一種自覺的行動。他之以情緒、情感與思想相對待，而謂前二者爲心理學所研討之對象；後者始爲歷史家所當用心之所在，尤能透露出他的歷史人文主義的立場[44]。

本此而論，則我們說中國史學中重「思想」之傾向，實即指中國歷史家常以載諸史籍的人類行爲多係自覺的行動。舉例來說，如《左傳》宣公二年：

> 趙穿殺靈公於桃園，宣子未出山而復。太史書曰：趙盾弒其君。以示於朝。宣子曰：不然。對曰：子爲正卿，亡不越竟，反不討賊，非子而誰？

董狐把弒君的罪名歸之於趙宣子，若就現代史學觀點說，實爲不眞實之極，而孔子反因此稱讚他「書法不隱」，是古之良史。這是什麼緣故呢？我們若用柯氏的觀點解釋之，則此事並非不可理解。這是因爲中國史家太注重史事之內在面——用章實齋的話說，即人之心術是也。作者並無意提倡此種史法。相反地，我們倒可以從這一例證中，了解柯氏之歷史觀如發展到極端——即從無行動中推出人之思想——是十分危險的。但是這一例子至少也證明了我們要證明的一點：即中國傳統史學的確是注重柯氏所謂的「思想」或「歷史的內在面」的。

在史學中重倫理的因素一方面，如我們已經指出的，是歷史人文主義之一形態，另一方面亦爲極端強調人的歷史行爲的自覺性之一表現。因爲褒貶之所以可能，係以人能對其自己之行爲負責爲前提；而人能對自己之行爲負責則顯爲人在行動中有意志自由之另一說法。此亦爲我們所已論及者。如果我們肯定了這一點，那麼祇要我們再向前邁進一步，就立刻可以達到「一切眞正具有歷史性的行動都是自覺的行動或爲『思想』所貫注的行動」這一結論。這就是柯氏歷史哲學中的中心論點之一，亦即與中國傳統歷史思想深相吻合之一點也。

章實齋爲中國傳統歷史思想之集大成者，故其歷史哲學中亦有重政治倫理之一面。章氏所特倡的「史德」說，一部分意義即在此。他說：

> 史所貴者義也，而所具者事也，所憑者文也。孟子曰：其事則齊桓、晉文，其文則史，義則夫子自謂竊取之矣！非識無以斷其義，……能具史識者必知史德。德者何？謂著書者之心術也。[45]

可見章氏在此處以孔子所竊取之「義」爲史德。章氏史德之說於史學中重天人之辨，其主旨雖在說明歷史家於善惡是非之際必須力求公正，毋使一己偏私之見（人）損害歷史的「大道之公」（天）；但是這種天人之辨仍與西方近代史學界所常討論的歷史的客觀性和主觀性有不同處[46]。蓋章氏的天人之辨並非針對著歷史知識之眞僞問題而發。我們必須知道，他的話是站在中國傳統史學中的倫理層面上說的。因此他才這樣爲司馬遷辯護道：

> 後世論文，以史遷爲譏謗之能事，以微文爲史職之大權，或從而羨慕而倣效爲之，是直以亂臣賊子之居心而妄附春秋之筆削，不亦悖乎！

又說：

> 吾則以爲史遷未敢謗主，讀者之心自不平耳！夫以一身坎坷，怨誹及於君父，且欲以是邀千古之名，此乃愚不安分，名教中之罪人，天理所誅，又何著述之可傳乎？[47]

唯章氏除從政治倫理的觀點解釋孔子之「義」外，同時又賦予它一種新的內涵。他說：

> 夫子因魯史而作春秋。孟子曰：其事齊桓晉文，其文則史，孔子自謂竊取其義焉耳。載筆之士，有志春秋之業，固將惟義之求，其事與文所以藉爲存義之資也。[48]

又說：

> 孔子作春秋，蓋曰其事則齊桓晉文，其文則史，其義則孔子自謂有取乎爾。夫事即後世考據家之所尚也，文即後世詞章家之所重也，然夫子所取，不在彼而在此，則史家著述之道，豈可不求義意所歸乎？[49]

這裡所說的「義」則是指著使史學成爲史學的那個要素而言的。晚近論孔子之義者已有人主是說[50]。依章氏的看法，史學能否成爲一種專門的學問，要視撰史者是否於事與文之外尚能得史義而定。這種「義」，就史家本身言就是要具備一種特殊的心靈能力——章氏所常說的「別識心裁」[51]。所以章氏在我們前引〈申鄭〉篇之文後，接著說道：

> 自遷、固而後史家既無別識心裁，所求者徒在其事其文。惟鄭樵稍有志乎求義。

可見史學中之「義」與史家之「別識心裁」爲不可分。章氏於「別識心裁」之外又常引史遷「好學深思，心知其意」一語，此二者互爲表裡，遂形成他的歷史知識論中之重要環節。這一史學致知的途徑也恰恰與柯靈烏的歷史方法論相近似。我們在此祇需引柯氏一段話，以與章氏之說相參證：

> 思想史以及一切歷史著作都是歷史家在自己頭腦中對已往的思想加以重演（reenactment）的結果。……歷史家並不是單純的重演已往的思想，他是把它放在他的知識系統中而重演的。因之，在重演時，他還批評它，形成他對它的價值判斷，改正他所能察出的一切錯誤。52

對史事之內在面作深入之「重演」是柯氏歷史哲學中非常重要的一端，他在《歷史之觀念》一書中曾立專節討論之。（標題爲History as Reenactment of Past Experience, pp. 282-302.）柯氏「重演」之方法論係以其「一切歷史都是思想的歷史」的原則爲前提，而章氏所主張的「好學深思，心知其意」與「別識心裁」之歷史的認知途徑，也必須從其重史事之內在面一點上去求深解。關於這一點，我們將在下一節中再作進一步的比較，此處暫不多贅。

## 三　筆削之義與一家之言

在章氏的歷史思想中「筆削」與「一家之言」亦同爲重要的概念，且與上節已提到的「別識心裁」的歷史認知法密切相關。「筆削」之說始於孔子著《春秋》，「一家之言」則爲史遷所創。此二概念久已爲中國歷史哲學中之要素，爲一般讀者所已熟知者。「筆削」一辭過去一直被賦予政治倫理的意義，《春秋》之微言大義即見於孔子之筆削53。關於此一問題，我們前面也業已論及。惟章氏所說的「筆削」則在傳統的解釋之外另予以近代史學中的涵義，此則直接關係新史學的撰述，也是我們現在所要討論的題旨之一。我們先看看章實齋的說法：

> 史之大原本乎春秋，春秋之義昭乎筆削；筆削之義不僅事具始末，文成規矩已也。以夫子義則竊取之旨觀之，固將綱紀天人，推明大道。所以通古今之變而成一家之言者，必有詳人所略，異人之所同，重人之所輕而忽人之所謹；繩墨之所不可得而拘，類例之所不可得而泥。而後微茫杪忽之際有以獨斷於一心。及其書之成也，自然可以參天地而質鬼神，契前修而俟後聖，此家學之所以可貴也。54

章氏此節文字，言簡而旨遠，若不用現代術語加以分析，則其眞義頗易爲我們所忽略。我們首當檢討的便是「筆削」之義。柯靈烏曾說：

> 史學思想的自主性最初見於史料取捨工作的最簡單形式之中。55

若僅就字面的意義說，柯氏所謂「史料取捨工作」（work of selection）與「筆削」頗爲相近。但是我們通觀章氏史學理論之全，則「筆削」一詞的內涵實遠較「史料取捨」爲豐富，而當包括柯氏所說的史料取捨、歷史建設與歷史批評三者——柯氏持此三元素以說明史學思想的自主性（the autonomy of historical thought），意即謂史學的堂廡賴此三大支柱而建立的。章實齋屢以《春秋》爲中國史學之始祖，其論「筆削」之義亦以《春秋》爲依歸，因之，我們如欲證明「筆削」之義的確包括此三元素，則最好的辦法是檢討《春秋》本身是否具備這三項條件。《春秋》之撰述過程中有「史料取捨」爲不證自明的事。司馬遷說孔子：

> 故西觀周室，論史記舊聞……約其辭文，去其煩重，以制義法。56

足見孔子不但曾對史料有所取捨，且其取捨之標準即爲「義法」，亦即孔子自承竊取之

「義」也。前引章氏之文，固已言及之。我們如合實齋所謂「必有詳人之所略，異人之所同，重人之所輕，而忽人之所謹」之語而觀之，則《春秋》具備第一條件——易言之，即章氏史學思想中所用「筆削」之詞涵有「史料取捨」之義，殆爲不容置疑之事。

其次當論及「歷史建設」。讓我們先看看柯靈烏的解釋：

> 歷史家先以某些權威著作爲根據，這些權威告訴他這個或那個歷史過程中的某一階段，但在此過程之中尚有許多其他中間階段而爲這些權威所略而不論者；歷史家就得自己把這些階段添增上去。因之，他對他的研究主題所描繪的全景，其中雖有一部分陳述係直接採自以往的權威，但還有一部分陳述則是他根據自己標準、方法和價值系統而推論得之；而且歷史家的史才愈高則其後一部分在全景中所占的分量也愈多。57

《春秋》既爲一歷史著作，自不能缺乏柯氏所說的「歷史建設」。史遷謂《春秋》「存亡國、繼絕世」班孟堅亦云「仲尼思存前聖之業」，凡此種種皆非於古史全景有一通體之了解不可。所以章實齋說：「筆削之義，不僅文成規矩，事具始末已也。」蓋單純的「事具始末」便是完全接受以往權威的陳述（所謂「史記舊聞」）；在「事具始末」之外另有所裁斷，這就合於柯氏「歷史建設」之說。在實齋心目中，中國最早的一部史學著作——《春秋》——顯然是包涵了所謂「歷史建設」的成分。

最後當說到「歷史批評」。柯靈烏解釋此詞時說：

> 歷史家把他所依據的權威著作安排在證人席上，反覆加以詢問，以便從其中追出它們本來不願說出或未嘗具備的消息。58

孔子在修《春秋》時有沒有經過這一層批評的程序呢？由於史料不足，我們已不能確說。但一般地說，孔子是頗富有批評精神的，《論語》上載他自己的話說：

> 夏禮吾能言之，杞不足徵也；殷禮吾能言之，宋不足徵也，文獻不足故也。足則吾能徵之矣！[59]

班固亦引此語以說明孔子修史之動機與態度[60]，似乎批評精神實亦存在於《春秋》之中，此所以孔子筆削「子夏之徒不能贊一辭」歟？尤有進者，杜預曾說：

> 仲尼因魯史策成文，考其眞僞。[61]

其說未知何據，然亦足爲《春秋》具批評精神之佐證。至少我們可以說，自班固、杜預以來，中國傳統歷史家大體都相信孔子修《春秋》時已運用了「歷史批評」的精神。但這並不是說，孔子已將「史學方法」發展至二十世紀柯靈烏所說的成熟階段。以上所論，其主旨不過在指出中國的傳統史學確已具備柯氏所列舉的三要素而已[62]！章實齋生當清代考據學鼎盛之際，對「歷史批評」自不會沒有深刻的認識，他所擔心的倒是史學不能爲史考所代替罷了，所以他說：

> 整輯排比，謂之史纂；參互搜討，謂之史考；皆非史學。

其中「參互搜討」一語尤和柯氏「反覆詢問」（cross-questioning）之說巧相關合，足見二人思路之近。他又說：

> ……記誦家精其考核，其於史學，似乎小有所補，而循流忘源，不知大體。

這些話並非輕視「歷史批評」的價值，而是糾正其末流之偏見。我們必須把章氏的見解配合到他所處的學術空氣中去求了解，才能明其眞義之所在。

我們在前面曾提到，章實齋認爲「筆削」與「別識心裁」頗有關聯。那麼這二者之間究竟存在著一種什麼關聯呢？章氏所謂「微茫杪忽之際有以獨斷於一心」又是什麼意思呢？我們在此首須說明者，即中國傳統學術中分析哲學與邏輯均未能獲得充分之發展，以致古人運字用詞之間頗多含混。但若以西方哲學爲對照，則此等含混之處亦未嘗不可轉爲明晰。故在未解答上述問題之前，我們最好仍先引柯靈烏之說爲比照。柯靈烏在討論史學三要素時，認爲我們必須先有一標準以爲史料取捨、歷史建設與批評之依據，此言甚是。此一標準，據柯氏自言，乃是「先驗的想像」（a priori imagination），他的結論說：

此一標準即是歷史觀念之自身：也就是將過去構成一幅想像的圖景之觀念。這一觀念，用笛卡兒的話說，是內在的innate，用康德的語句表達之，則爲先驗的。63

柯氏的話對於我們了解章實齋極有幫助！我們實可說，章氏的「別識心裁」與柯氏的「先驗的想像」其指爲一。明乎此，則章氏「微茫杪忽之際」一語亦無神祕性而爲可以理解的了。

章氏亦知「別識心裁」的運用不能如無韁之馬，所以他另一方面又強調批評精神之重要，這和柯靈烏認爲「先驗的想像」須時時受證據之限制以免流爲遊說無根，其用意實無差異。章氏本此而倡史學中須備闕文一格，復上推此意至孔子及其《春秋》。他說：

孔子曰：吾猶及見史之闕文也。又曰：多聞闕疑，愼言其餘。夫網羅散失，紬繹簡編，所見所聞，時得疑似，非貴闕然不講也。64

此種精神即近人所謂「有一分證據說一分話」是已。他又追溯「闕文」這一觀念在中國史學思想史上的演變，而深慨於馬班以下，此義久已不爲人所知，其言曰：

史家闕文之義備於春秋，兩漢以還，伏、鄭傳經，馬、班著史；經守師說，而史取心裁。於是六藝有闕簡之文，而三傳無互文之例矣！夫經尊而傳別其文，故入主出奴，體不妨於並載；史直而語統於一，則因削明筆，例不可以兼存，固其勢也。……馬班而下，存其信而不著所疑以待訪，是直所謂疑者削之而已矣。又復何闕之有哉？65

他更明白地指出何以「別識心裁」須有「闕疑」之類的批評精神爲之輔佐：

史無別識心裁便如文案孔目，苟具別識心裁，不以闕訪存其補救，則才非素王筆削必多失乎。66

由此可見，章氏對濫用「別識心裁」所可能產生的危險並非盲無所睹也。柯靈烏亦深明此義，所以他說：

最重要的，歷史家所描繪的圖景和證據有一種特別的關係；歷史家或任何人都能判斷——即使是初步地——這種圖景的眞實性，唯一的辨法便是考慮這重關係。67

其次，我們當接著討論中國史學中所謂「一家之言」。「一家之言」之說始於司馬遷，此後即爲中國歷史家所樂道。此一觀念，也同樣爲柯靈烏歷史哲學系統的重要構成分子。柯氏曾將史學分爲兩類，一是剪貼的史學（scissor-and-paste history），一是科學的史學（scientific history）。所謂剪貼的史學，意即把以往史學權威的著作當作權威來接受之，所以在剪貼的史學著作中祇有一些以往權威的現成的陳述（ready-made statements）；而科學的史學則恰恰與此相反，它不把以往的權威視之爲權威；在科學的歷史家看來，一切權威都祇是他立論的證據而已。科學的歷史家之最後目的是要建立起自己的權威（constitution of one's own authority），柯靈烏說：

在這一部分工作上（按：指歷史建設），歷史家永不依賴他的權威，所謂依賴權威意即重複權威所告訴他的一切；他祇仰賴自己的力量並建立他自己的權威；這時所謂他的權威則已不復爲權威，祇是證據而已。68

我們仔細分析柯氏所謂「建立自己的權威」，便不能不承認這祇是中國史學中所謂「成一家之言」的另一說法；我們甚至可以說，如果不是由於語言的差異，這兩個說法應該是可以互易的。尤其當我們把柯氏之說和章實齋對「一家之言」的解釋作一比較的時候，這二者之間的距離——如果有的話——更是縮短了。章實齋也將中國史籍分爲兩大類：一爲撰述，一爲記注，他說：

撰述欲其圓而神，記注欲其方以智也。夫智以藏往，神以知來；記注欲往事之不忘，撰述欲來者之興起。故記注藏往似智而撰述知來擬神也。藏往欲其賅備無遺，故體有一定，而其德爲方；知來欲其抉擇去取故例不拘常，而其德爲圓。69

撰述即所以成一家之言，與柯氏所說「科學的史學」正同，故云：

鄭樵生千載而後，慨然有見於古人著述之源，而知作者之旨不徒以詞采爲文，考據爲學也。於是遂欲匡正史遷，益以博雅；貶損班固，譏其因襲，而獨取三千年來遺文故冊，運以別識心裁，蓋承通史家風而自爲經緯，成一家言者也。70

又云：

既爲著作，自命專家，則列傳去取必有別識心裁，成其家言，而不能盡類以收，同於排纂，亦其勢也。71

這兩段文字很可幫助我們澄清「別識心裁」、「撰述」、「一家之言」等概念並進而了解其間的關係。我們從此等處細心體會章氏之意，就可以懂得他的「撰述」之史確與柯靈烏的「科學的史學」用心相近。但章氏所謂「記注」之史卻不能與「剪貼的史學」等量齊觀。推章氏之意，「記注」之史蓋指史料之保存與編纂而言，相當於劉知幾所謂「書事記言，出自當時之簡」和鄭漁仲所謂之「史」72。故「記注」亦即「比類」或「比次」或「纂輯」或「整齊故事」。實齋在〈報黃大俞先生書〉中說：

古人一事必具數家之學：著述與比類其大要也。……兩家本自相因而不相妨害。拙刻〈書教〉篇中所謂圓神方智，亦此意也。73

〈答客問〉上又云：

若夫君臣事蹟，官司典章，王者易姓受命，綜核前代，纂輯比類，以存一代之舊物，是所謂整齊故事之業也。……豈所語於專門著作之倫乎？

〈答客問〉中則曰：

天下有比次之書，有獨斷之學，有考索之功。……若夫比次之書，則掌故令史之孔目，簿書記注之成格。其原雖本柱下之所藏，其用止於備稽檢而供採擇，初無他奇也。然而獨斷之學非是不爲取裁，考索之功非是不爲按據，如旨酒之不離乎糟粕，嘉禾之不離乎糞土。74

由上可知章氏雖擬「比次」、「比類」之書於糟粕、糞土，但並無任何貶義，不過以之爲史籍之一類不可與著述之史相混耳！而柯靈烏之以「剪貼的史學」與「科學的史學」並舉則於前者頗存譏諷之意。此二者之異也。但是若從「成一家之言」或「建立自己的權威」的角度來看，「撰述」與「記注」之關係實同於「科學的史學」與「剪貼的史學」的關係。因「撰述」固是「建立自己的權威」而「記注」也正是接受以往的「現成陳述」。

我們知道，在中國史學史上，「一家之言」差不多是和「剽竊」或「抄襲」相對待的。著史而不能「成一家之言」往往受「剽竊」之譏。例如班固《漢書》即被鄭樵譏之爲「剽竊」，其言曰：

班固者浮華之士也。全無學術，專事剽竊。……自高祖至武帝凡六世之前，盡竊遷書，不以爲慚；自昭帝至平帝凡六世，資於賈逵、劉歆，復不以爲恥。75

而後人之輕鄭樵《通志》者亦多謂其抄襲前史，粗疏爲不可掩，獨章實齋起而爲之辯護。他說：

若鄭氏通志，卓識名理，獨見別裁，古人不能任其先聲，後代不能出其規範；雖事實無殊舊錄，而辨名正物，諸子之意寓於史裁，終爲不朽之業矣。76

又說鄭樵運以別識心裁，成一家之言，而後之

學者少見多怪，不究其發凡起例，絕識曠論，所以斟酌群言，爲史學要刪；而徒摘其援據之疏略，裁剪未定者，紛紛攻擊，勢若不共戴天，古人復起，奚足當吹劍之一吷乎？77

這個例子可以使我們了解「一家之言」在中國傳統史學思想中的重要性。

章實齋認為史學著作能否成一家之言須視其中有無「別識心裁」而定，此已可由上引文中推知者。但是史料既爲人之所共有，則不同觀點的史學著作仍不免要採用相同的史料。因之，根據兩本書中所用的史料相同或大致相同而斷定其間存在著抄襲的關係，顯然是一種很危險的方法論。章氏有鑑於此，所以告訴我們說：

> 夫古人著書，即彼陳編，就我創制，所以成專門之業也。後人併省凡目，取便檢閱，所以入記誦之陋也。夫經師但殊章句即自名家；史書因襲相沿，無妨並見。（自注云：如史遷本春秋、國策諸書，漢書本史遷所記及劉歆所著者。當時兩書並存，不以因襲爲嫌。）專門之業，別具心裁，不嫌貌似也。勦襲講義，沿習久而本旨已非；摘比典故，原書出舛訛莫掩。記誦之陋，漫無家法，易爲剽竊也。然而專門之精與剽竊之陋，其相判也蓋在幾希之間，則別擇之不可不愼者也。78

從上面的討論我們知道，在章氏的史學思想中，積極方面「撰述」必須自成一家之言；消極方面史家必不能接受以前權威之現成陳述，質言之亦即不能對權威著作有過分的尊崇。此中關鍵則繫於我們對「別識心裁」之運用如何。這樣的史學「撰述」與柯靈烏所倡導的「科學的史學」在精神上實多互通之處79。

我們試再進一步將柯靈烏與章實齋二人對「證據」的看法加以比較。柯氏認爲史家所描繪的歷史圖案不可無證據之支持，前已略及之！茲再引他的一段話於下：

> 歷史家所獲得的歷史知識，乃是他的證據對若干事件加以證明的知識。80

柯氏之重視「證據」觀此可知。對「證據」的重要性之了解在中國歷史思想史上也是源遠流長的。「無徵不信」之教即出於孔子。章實齋說：

夏禮能言，殷禮能言，皆曰無徵不信，則夫子所言，必取徵於事物，而非徒託空言以為明道也。81

章氏承受了中國史學中重證據的傳統，因而有下面一段精譬的論斷：

史家之文惟恐出之於己……史體述而不造。史文而出於己是謂言之無徵。無徵，且不信於後也。……是故文獻未集則搜羅咨訪不易為功。……及其紛然雜陳，則貴抉擇去取。……82

此段謂史家撰述處處得隨證據走，故在動手寫作之前必須盡量搜集史料，及至史料完備才談得到抉擇去取。這正合乎近代西方科學的史學家的觀點，所以也特別為近人之受西方史學影響者所稱道83。柯靈烏曾說過：

在科學的史學中任何可以用為證據的東西都是證據，同時沒有人能知道某種事物是否可為證據之用，除非它有機會被用作證據。84

章實齋也很了解這個道理，所以他特別提倡保存棄而不用的史料。

或曰：子修方志更於三書之外，別有叢談一書何為邪？曰：此徵材之所餘也。古人書欲成家非誇多而求盡也。然不博覽無以為約取地；既約取矣，博覽所餘攔入則不倫，棄之則可惜。故附稗野說部之流而作叢談。85

在論及史無闕訪的十弊之中，其中兩點即為保存未用之史料以待以後有被採用的機會：

一己之見折衷群說，稍有失中後人無由辨正。其弊一也。……載籍易散難聚，不為存證崖略，則一時之書遂與篇目俱亡，後人雖欲考求，淵源無自。其弊五也。……[86]

合此兩節觀之，則章柯二氏對證據的觀點也顯然是差不多的。

最後，在本節結束之前，還一點值得附帶說一說。柯靈烏頗贊同艾克頓（Lord Acton）的名言，以為科學的歷史家當「研究問題而不是時代」（study problems not periods）[87]這一點也恰恰與章氏的觀點若合符節。我們知道，章氏曾對袁樞的紀事本末體裁特致讚揚，他說：

袁樞紀事本末又病通鑑之合，而分之以事類。按本末之為體也，因事命篇，不為常格。非深知古今大體，天下經綸，不能網羅隱括，無遺無濫。文省於紀傳，事豁於編年，決斷去取，體圓用神，斯眞尚書之遺也。[88]

袁氏之體裁正合乎西方近代史學的著作形式，也是近人之治西史者所特別欣賞之一點[89]。「因事命篇，不為常格」正是「研究問題」這一觀念的實際表現。章氏與柯靈烏的歷史思想同其發展方向，在這一點小節上也得到了證明。

## 結語

以上三節是章實齋與柯靈烏兩人的歷史哲學的大體上的比較。我們雖不能說這裡面已包含了他們兩人關於歷史哲學的全部理論，但他們理論最重要之點則確可從以上的比較中窺見。這兩人的相似之處可以說是十分驚人的。當然，由於中西史學的發展各有其不同的具體問題，他們的討論在文字的層面上是有相當的距離的——這在部分上也是因爲中國傳統思想家沒有走上「離事而言理」的途徑的緣故。但是，如果我們承認透過思想的特定的表現形式和具體的內容去了解它的抽象道理是可能的話，那麼，我相信我所做的比較工作並沒有很牽強附會的地方。

章實齋和柯靈烏兩人在歷史觀念方面如此地不謀而合，自然不是全出於偶然。就某種意義說，這正象徵著中、西史學思想在發展過程上有其大體相近似之處。因此，章實齋處處上推中國史學的大原至孔子及馬、班，而柯靈烏也追溯西方歷史觀念的遠源至Herodotus與Thucydides。換句話說，他們兩人的歷史理論都各自有其全部史學發展史作爲後盾。中國史學發展至章實齋，西方史學發展到柯靈烏，已到了相當成熟之境；因之，在他們兩人的歷史思想之間，其最突出的共同之點便是對「史學自主」（autonomy of history）的強烈要求。這一點又必須從他們所處的特殊的學術和思想的境遇中去求得了解。

柯氏的歷史理論基本上是對於西方近代史學思想中兩個主要流派的反動與修正。這兩個流派便是「實證論」（positivism）和「歷史主義」（historicism）。由於近代自然科學的輝煌成就，人們對於研究自然現象的科學方法產生了無比的信心。不少學人因此深信，同樣的方法也必然可以成功地運用於人文及社會現象的研究。現代社會學的始祖孔德（Auguste Comte）便是「實證論」的最重要的倡導人。實證論者相信科學的普遍性：一切知識，除了數學和邏輯以外，如果要具有科學性的話，都必須經過完全相同的基本程序——觀察（observation）、概念思考（conceptual reflection），和實證（verification）。觀察是搜集大量的事實，概念思考即是用歸納的方法建立通則（general laws），而實證則是再根據事實來檢證所建立的法則的有效性。這其中，自然以觀察和概念思考爲最基本的兩個步驟；因爲實證這一步如果發生了問題，其結果仍不過是根據新的事實來修訂通則而已。因此孔德才要建立一門新的科學——社會學；而孔德心目中的社會學則不啻爲一種「超級史學」（super-history）。照他的說法，歷史事實只能是原料，更重要地，則是如何在許多史實之間找出因果關係，易言之即發現通則。這就屬於社會學家的工作範圍之內了。這種說法自然嚴重地影響到史學的自主性，因爲史學如果停留在個別史實的搜集和鑑定（即「觀察」）的階段，那麼它根本就夠不上稱爲一門「科學」；但如果史學也踏入建立通則（即「概念思考」）的層次，那麼它便與社會學無以分別了。從十九世紀到二十世紀，實證論本身自有長足的發展，它已脫離了早期的粗糙形式而進入了極精微的境界。但是在貶抑史學自主性這一點上，二十世紀的實證論者（或新實證論者 neo-positivists）和孔德則毫無二致。例如在Karl R. Popper的眼中，史學的職責在於研究個別的事實，而不須涉及高級領域內的通則問題。但是這樣的學問卻不具備「科學」的身分，它是次於科學的，或者說是社會科學的應用之學。

柯靈烏是二十世紀新理想主義（neo-idealism）的一個重鎮，他堅持史學的獨立自主性，而同時又肯定史學不折不扣地是一門科學，和其他科學立於同一層面。然而由於史學所處理的是人文現象，而非自然現象，因此其研究的程序並不能完全與自然科學等同起來。

在另一戰場上，柯氏則與「歷史主義」爭持。所謂「歷史主義」最早可溯源至蘭克（L. von Ranke, 1795-1886）。蘭克及其同派的史家如古朗士（Fustel de Coulanges, 1830-1889）、蒙森（Theodor Mommsen, 1817-1903）等人都是職業史家，並且都以訓詁考證（philology）為治史的基礎。他們專講歷史上一件一件的特殊事實，而不侈言任何通則。用蘭克的名言來說，即尋求「歷史上眞正發生過什麼事」。就這一點言，他們是在維護史學的自主和尊嚴，而與實證論的觀點相對抗。但歷史主義並未能完全擺脫實證論的影響。歷史主義者在拒絕尋求通則之後，轉以考訂史實眞相與辨別史料眞偽為史學之全部工作。這就是說，他們仍然接受了實證論者所提出的科學研究程序中的第一個步驟——觀察或搜集事實。而且，更要緊的是他們對於所謂「事實」（fact）的了解也不脫實證論的窠臼。第一、他們把每一個事實看作是可以孤立研究的對象，因此整個史學的知識領域被切成了無數片段的個別事實。第二、他們認為一件事實，不但與其他事實是彼此獨立的，而且事實也獨立於史家的主觀看法之外。因此史家只能完全客觀地報導事實，而不應對事實下任何判斷。這兩種對待事實的態度自然都有其積極的功效：前者使史家在鑑定史實及編輯史料時可以達到最高度的精確性，後者則訓練史家，盡量避免給他的研究題旨塗上一己的情緒色彩。

但是在柯靈烏看來，這兩種對待事實的態度也產生了極大的流弊；這種流弊到了十九世紀末期和二十世紀初年更顯得嚴重。第一種態度使得史家只能考據小問題和整理史料，而失去了處理重大的歷史問題的能力；第二種態度使史家把人文事實與自然事實混同了起來，因而完全不能接觸到價值問題。我們知道，柯氏認為歷史的事實是具有內外兩面的；內在是「思想」（thought），外在是「事」（event）。歷史主義者的觀點發展到極端，勢將只見「事」而不見「思想」。其結果便是歷史自然主義取代了歷史人文主義。在自然主義的籠罩之下，史家便必然把一切歷史上的事件解釋爲「社會規律」或「超越的力量」所決定，而人在歷史過程中將不復有任何選擇的自由[90]。

我們了解了柯靈烏的歷史觀的特殊思想背景，再轉而將章實齋的歷史觀和中國的史學傳統以及乾隆時代的學術空氣聯繫起來看，則章、柯兩人何以地懸萬里，時隔百年而運思竟能大端密合至此，其故便較易尋求了。

我們在前面已經指出，中國史學自始便孕育在儒家的人文傳統之中；孔子一方面是儒家的創始者，一方面又是中國史學的開山，其間的關係是值得我們尋味的。中國史學傳統中的人文精神特別表現在兩個顯著的特色上面：一是自《史記》以下歷史中人物傳記的豐富。一部二十四史基本上是無數歷史人物的活動史。儘管從現代的眼光看，歷史中列傳的選擇和編寫都有不少缺點[91]，但中國史家把人物活動看作歷史的中心部分是很明顯的。中國史學的第二個特色是《春秋》以來的重視褒貶。過分講求褒貶本是中國傳統史學的一個缺點，然而褒貶的觀念顯然假定人應該而且必須對他自己的行爲負責，易言之，即假定人有選擇的自由。如果歷史人物的所做所爲都是爲「社會規律」或「超越的力量」所決定，則史家將無所施其褒貶了。章實齋的史學經世論即承此人文傳統而來。不但如此，他在重釋儒家所謂「道」時，也特別賦予「道」以歷史的性格。而他在〈原道〉篇中則說：「三人居室而道形矣」，又說：「道無可見，即衆人之不知其然而然，聖人所藉以見道者也。」這種以人爲中心的歷史觀的出現也必須向中國史學的人文傳統中去求其淵源。

再就史學的獨立自主性而言，中國也有其久遠的傳統。中國的史官制度以及孔子、司馬遷承此傳統而修史，早已爲史學的尊嚴與獨立奠定了基礎。從觀念上說，魏、晉之際李充、荀勖把傳統學術分爲經、史、子、集四部即可以看作是史學獨立自主的正式建立。而「史學」一名之成立亦在南、北朝時代[92]。劉知幾於七一〇年完成《史通》一書；這是世界上討論史學體例的第一部系統著作[93]。下逮宋代，史學尤其有輝煌的成就，史學的自主性至此可說已完全建立起來了。中國史學一方面既有源遠流長的自主性，而另一方面又沒有遭遇到類似西方近代科學「代庖」的威脅，然則何以章實齋竟和柯靈烏一樣地爲史學自主性而大聲疾呼呢？要解答這一問題，我們首先必須了解清代經學考證對於史學的嚴重影響。陳寅恪曾指出清代經學發展過甚，因而轉致史學之不振[94]。陳先生的說法是有根據的。江藩便告訴我們乾隆之世錢大昕已極不滿時人之重經輕史，「嘗謂自惠（棟）、戴（震）之學盛行於世，天下學者但治古經，略涉三史，三史以下，茫然不知，得謂之通儒乎？」[95]錢大昕曾經很露骨地說：

> 經與史豈有二學哉！昔宣尼贊修六經，而尚書、春秋實爲史家之權輿。漢世劉向父子校理祕史，爲六略，而世本、楚漢春秋、太史公書，漢著記列於春秋家；高祖傳、孝文傳列於儒家，初無經史之別。厥後蘭台、東觀作者益繁，李充、荀勖等剏立四部，而經史始分，然不聞陋史而榮經也。自王安石以猖狂詭誕之學要君竊位，自造三經新義，驅海內而誦習之，甚至詆春秋爲斷爛朝報。章、蔡用事，祖述荊、舒，屏棄通鑑爲元祐學，而十七史皆束之高閣矣。嗣是道學諸儒講求心性，懼門弟子之泛濫無所歸也，則有訶讀史爲玩物喪志者，又有謂讀史令人心粗者。此特有爲言之，而空疏淺薄者託以藉

> 口。由是說經者日多，治史者日少。彼之言曰：經精而史粗也。經正而史雜也！[96]

這番話表面上是在責備宋儒，而事實上正是對清代經學考證表示一種極爲強烈的抗議，其爲史學爭自主的意態是十分明顯的。

這就是章實齋爲史學爭獨立自主的具體的思想背景。因此，他在〈浙東學術〉篇中才說：

> 三代學術，知有史而不知有經，切人事也。

而在〈原道〉篇又說：

> 事變之出於後者，六經不能言。

清代經學本建立在訓詁考證的基礎之上。就這一點言，它與西方十九世紀蘭克以來的「歷史主義」在精神上確有其契合之處。清人之考訂個別事實與辨別材料眞僞，與西方的「歷史主義」取徑尤爲近似，故其流弊亦相同，如「見樹不見林」，不能觸及價値問題（即柯靈烏所謂史事之內在的一面）等皆其著者。這就難怪章實齋要說：

> 整輯排比，謂之史纂；參互搜討，謂之史考；皆非史學。

又說：

> 至於辭章家舒其文辭，記誦家精其考核，其於史學似乎小有所補，而循流忘源，不知大體，用功愈勤，而識解所至亦去古愈遠，愈無所當。

章、柯雙方立說之背景既明，則兩人的思想議論雖爲異時、異地而竟若互爲唱和者，其故自不難明矣。不幸的是，至少就今天中國史學界的情況說，章、柯兩人的批評尚未完全失去時效。二十世紀上半葉的中國史學，是以乾、嘉考證學和西方蘭克以後歷史主義的匯流爲其最顯著的特色。在這個潮流之下，不少史家相信史學可以完全客觀化與科學化，最後將達到與物理學、化學、生物學等全無區別的境地。同時，這些史家對於歷史事實的認識也在基本上接受了西方實證論的觀點。但是由於最近二十餘年來西方歷史哲學方面若干突破性的發展，我們可以大膽地說，乾、嘉考證和歷史主義統治中國史學界的時代是過去了，至少也快要過去了。然而另一方面，實證論在史學界的影響卻依然未可忽視。在實證論的影響下，史學與社會科學的理論和方法之間究竟應該存在著一種怎樣的關係是目前最重要的問題。我必須強調，在技術層面上史學現在已離不開社會科學。但是史學家如何能一方面吸取社會科學的成果使之爲史學服務，而另一方面又能在史學與社會科學之間劃清界線，使前者不致爲後者所越俎代庖，則是一個極爲困難的課題[97]。換句話說，章、柯兩人所最爲關懷的史學自主性是仍舊需要我們繼續加以密切的注視。我個人相信，史學似乎還是應該以人爲中心。而所謂「人」，則並不指孤立的、個別的，以至片面的個人（如社會學上、經濟學上，或心理學上所研究的個人），而是生活在整個社會或文化中的人。從這一角度去著想，我們終將找到史學本身的獨特領域和功能。我們絕不應把史學降爲社會科學的應用之學[98]。

必須說明，我沒有意思在這篇文字裡表示我個人對歷史哲學的意見。就本文的性質言，我所做的工作僅是一種歷史性的工作。我祇是盡可能地將章實齋與柯靈烏的思想作客觀的陳述與比較，但這絕不意味著，我完全贊同他們的說法。中西史學發展到章實齋和柯靈烏雖已相當成熟，卻顯然不能說已達到了完美的境界。因此，他們兩人的歷史思想都是有毛病可尋的。舉例來說，章實齋的歷史觀中即存在著很濃厚的傳統政治倫理的味道。這是現代史家所不能接受的[99]。又如柯靈烏的歷史哲學，因爲太強調「思想」的因素，而成爲現代唯心史觀的極端代表。這也局限了他史觀的有效性。一般言之，他的史觀用之於研究思想史以至政治史是可以有很好的收穫的，但卻不甚能解釋經濟史的發展以及大規模的社會變動[100]。就我個人理解所及，我也覺得他一方面過分注重歷史的「內在面」與夫「將心比心」的領悟，另一方面又極力強調「證據」的重要性，也是一嚴重的矛盾。因爲當我們在設身處地「重演」（reenact）古人的意境時，我們很難找到任何證據來「證明」古人的思路正是如我頭腦中現在所「重演」的。這中間的分寸如何界定，也是歷史哲學中尚待探究的課題[101]。

1 關於湯因比的自敘及近人對其《歷史之研究》一書的批評可參看一九五六年出版的*Toynbee and History*。此書係由M.F. Ashley Montagu編集而成，其中收集了湯氏自敘及答辯文字三篇，各家批評論文三十篇，實爲研究歷史哲學及湯因比的人所不可不讀之書。評論湯氏學說之作汗牛充棟，尤以一九四六年以後爲然。自一九四六至一九六〇年評論書刊見John C. Rule and Barbara Stevens Crosby, "Bibliography of Works on Arnold J. Toynbee, 1946-1960," *History and Theory*, Vol. IV, No. 2（1965）, pp. 122-233.

2 我這種說法雖不免有些武斷，但也不全是無根之談。黑格爾之以哲學涵蓋歷史已爲世人所熟知，無待詳說。斯氏之作品具文學氣質可自其在一九二二年修正版的《西方之沒落》序言中得一證明，在該序言中他特別說明，歌德與尼采對他的影響；他說：「歌德給予我方法，尼采給予我提出問題的能力。」吾人若縱讀斯氏全書，當不難深感其具有一種文學性的啓發力量。至於湯因比之《歷史之研究》，西方學者都承認他在方法上是嚴格的經驗派的（strictly empirical）。讀者可參看W.H. Walsh, *An Introduction to*

*Philosophy of History*, 1951, pp. 164-168. 儘管美國Edward Fiess曾說過湯因比是以詩人的情懷來寫《歷史之研究》的，而湯氏自己也頗欣賞Fiess的說法，但一般而論，我倒覺得這項評語轉贈給斯賓格勒更爲適當。（見Fiess所寫"Toynbee as a Poet," 原載*Journal of the History of Ideas*, Vol. 16, 1955, pp. 275-280, 此文又收在*Toynbee and History*中pp. 378-384）。

3 參看柯靈烏的*The Idea of History*, pp. 238-239, 及W.H. Walsh同書pp. 106-107, 169.

4 關於歷史的解釋，可參看Patrick Gardiner, *The Nature of Historical Explanation*, Oxford 1952, Willian Dray, *Laws and Explandtion in History*, Oxford, 1957, and Patrick Gardiner, ed., *Theories of History*, The Free Press, 1959, pp. 344-475.

5 比較簡略地討論到最新歷史哲學的若干方面的著作除W.H. Walsh的《歷史哲學概論》外尚有William Dray, *Philosophy of History*, Prentice-Hall, 1964 and Morton White, *Foundations of Historical Knowledge*, New York, 1965.

6 說實在的，劉知幾絕非章實齋之比。吾人試將《文史通義》與《史通》加以對照，即可了解前者之博大精深處。前者貫通了全部中國學術史，而後者所觸及的問題始終未能邁出撰史體裁的範疇。章實齋自己也曾說：「吾於史學蓋有天授。自信發凡起例，多爲後世開山，而人乃擬吾於劉知幾。不知劉言史法，吾言史意；劉議館局纂修，吾議一家著述，截然兩途，不相入也。」（《章氏遺書》卷九，〈家書二〉。按：《遺書》係據一九三六年商務印書館排印本。）又說：「鄭樵有史識而未有史學，曾鞏具史學而不具史法，劉知幾得史法而不得史意，此予文史通義所爲作也。」（《章氏遺書》，外編卷十六，〈和州志一〉）章氏所謂「史意」細按之則正是西方批評派的歷史哲學。我之尊他爲中國二千年來唯一的歷史哲學家，正以此故。

7 Collingwood, op. cit., p. 10.

8 Ibid., p. 209.

9 關於占星學的起源問題，至今仍未能獲得確定性的解答。歷史家僅知其起源極古，係Chaldean或埃及人所發明，希臘人初不知此術，及至亞歷山大東征，始將之帶回西方，然後才逐漸流行於西方世界。中國占星學之起源尚未有人考出，吾人殊不能確定其究屬本土的抑是外來的。關於此問題可看李漢三，《先秦兩漢之陰陽五行學說》，台北，一九六七。

10 《孟子．滕文公下》。

11 《史記》卷一三〇。

12 章實齋也說：「至於史文有褒貶，《春秋》以來，未有易焉者也！」（《章氏遺書》，外編卷十一，〈永清縣志六〉）關於自由意志與決定論之討論，讀者可參看Isaiah Berlin, *Historical Inevitability*, Oxford, 1954, pp. 25-27.

13 《論語．述而》。

14 劉寶楠，《論語正義》卷八。

15 近代西洋史學界關於moral judgement之爭論，以Lord Acton與Mandell Creighton二人對宗教革命時代的教廷史（*History of the Papacy During the Reformation*此爲Creighton之著作，由Lord Acton寫書評，於是爭端以起）辯難最爲著名，也最具代表性，讀者可參看Acton-Creighton Correspondence載Lord Acton: *Essays On Freedom and Power*, Meridian Book ed., 1955, pp. 328-345. 至於最近歷史哲學家對此問題的討論則可讀Butterfield: *History and Human Relations*, London, 1951, pp. 101-130（Moral Jndgement in History）及其*The Whig Interpretation of History*, New York, 1951, pp. 107-132, 又Maurice Mandelbaum在*The Problem of Historical Knowledge*, New York, 1938, pp. 194-202中亦有所討論。

16 見J.W. Thompson: *History of Historical Writing*, New York, 1942, Vol. I, pp. 26, 32. Thompson曾稱此二人爲道德論者（moralist）。

17 《左傳》襄公二十五年條。

18《左傳》宣公二年條。

19 同上。

20《漢書・藝文志》春秋條下。

21 我們試想班固生在東漢的時代，尚且因被控「私改作國史」而繫獄。（《後漢書》卷七十，〈本傳〉上）孔子的「一則以喜，一則以懼」的心理就更不難理解了。我們說孔子之褒貶史法，上承古代史官成法而來，但並不意味古代史官皆能有極大之自由，盡如劉子玄所謂「昔董狐之書法也，以示於朝，南史之書弒也，執簡以往。」浦起龍釋曰：「謂古時良史秉直公朝。」（《史通通釋・忤時篇》）蓋史官雖有直筆之責，能忠於職守者畢竟不多，此孔子所以於董狐致其讚嘆也。劉氏身列史館，因感於修史之不自由，（唐代如太宗之豁達猶不能放心近臣所記之起居注，其他可推想。）故而想慕古代史官之「秉直公朝」，實則非古代史官人人皆是南史董狐也。

又孔子褒貶初意實在保存史事之眞，與史官直筆，用心一貫。至於後人一意模仿春秋以致形成濃厚的倫理史觀，則非孔子所能負責，且早已爲學者所批評矣！李宗侗《中國史學史》云：「宋人論史，常泥於春秋大義，歐陽修其代表也。所修《新唐書》及《新五代史記》，皆注重獎善懲惡，而忽於考證史實，沿至朱熹《通鑑綱目》，專以此爲目的，然亦有人反對此種觀念。」（台北，一九五三，頁八八）又本文寫好後我又檢閱：《胡適論學近者》中〈論春秋答錢玄同〉一文，胡先生有兩點意思應該寫在這裡作參考：一、他也認爲董狐、齊史都在孔子之前；史官的權威已經成立，孔子「竊取」了史官所已建立之義。二、《春秋》之使亂臣賊子懼，乃因它「敢說老實話，敢記眞實事。」（頁五六五—五六六）

22 章學誠，《文史通義》卷一，〈書教〉上。（按：此係萬有文庫本。）

23《文史通義》開宗明義就說：「六經皆史也，古人不著書，古人未嘗離事而言理，六經皆先王之政典也。」（〈易教〉上）

24 均見〈書教〉上。這一類的話甚多，如「班氏董賈二傳，則以春秋之學爲尚書也。」自注云：「即尚書折入春秋之證也。」（〈書教〉中）又云：「尚書，春秋皆聖人之典也。尚書無定法而春秋有成例，故書之支裔折入春秋。」（〈書教〉下）

25 《尚書》爲史官所記，古人言之者甚多。最著者如《漢書．藝文志》「左史記言，言爲尚書。」王充《論衡》則云：「尚書者以爲上古帝王之書，或以爲上所爲，下所書。」（卷二八，〈正統〉篇）劉知幾亦引王肅言，謂爲「上所言，下爲史所書。」（《史通通釋》卷一，〈六家〉篇）

26 「疏通知遠」之語源出《禮記．經訓篇》：「孔子曰：入其國、其教可知也。其爲人也……疏通知遠，書教也。故……書失之誣。疏通知遠而不誣，則深於書者也。」此雖似對人而言，實亦爲普遍性之原理，未可過於拘泥求解也。

27 《漢書》卷六十二，〈司馬遷列傳〉。

28 這一類歪曲史實的例子甚多，讀者或已知之甚詳，毋待一一舉例。讀者如有興趣則不妨參看柯靈烏 *The Idea of History*, pp.182-183對Spengler曲解史實的指摘。

29 《文史通義》卷五，〈答客問〉上。

30 此實章氏「六經皆史」一語之本意所在。近人或釋「六經皆史」之「史」爲「史料」之義，殊失之，故於「六經皆史」之旨不能暢曉，看胡適、姚名達，《章實齋年譜》，頁一三七—一三八，又金毓黻，《中國史學史》（頁二二—二三）批評章氏「六經皆史」之論亦出於誤解。蓋章氏此處所用之「史」字，既不得解爲史料，亦非我們所說的史學之義，讀者如能自章氏所謂「六經皆先王之政典」以及「三代學術知有史而不知有經，切人事也。」等處用心，則可以思過半矣！參看錢穆，《中國近三百年學術史》，上冊（頁三九〇—三九二）關於實齋「六經皆史」說的心理背景，看我的《論戴震與章學誠》（香港龍門書店，一九七六），〈內篇〉第五章。

31 《文史通義》卷五，〈浙東學術〉。

32 *The Idea of History*, p.19.

33 Ibid., p. 23.

34 關於左史右史之分的問題，古今學者討論者甚多，惟因與本文主旨關涉甚少，毋須詳加考辨。茲略述問題之源流於下：此說初見於《禮記》卷六，〈玉藻〉篇：「動則左史書之，言則右史書之」，稍後《漢書．藝文志》在「春秋」條後則有下面的記載：「古之王者世有史官，君舉必書，所以愼言行，昭法式也。左史記言，右史記事，事爲春秋，言爲尚書。」若細按之，此二記載實互相衝突，蓋依前者當爲「左史記事，右史記言」也。故〈玉藻〉疏謂《漢書》之言「於傳記不合，其義非也」。此後如荀悅《申鑒》（〈時事〉篇），劉氏《史通》（〈載言〉篇，〈史官建置〉篇）從後說，而劉勰《文心雕龍》〈史傳篇〉則從前說。近代學者則多不信史官職掌之劃分能如是之清晰。參看傅振倫，《中國史學概要》，頁一九及李宗侗，《中國史學史》，頁七。金毓黻《中國史學史》第一章則採黃以周之說，是《漢書．藝文志》而非〈玉藻〉，並謂左史右史即內史大史，此又一說也（頁七—九）。最近李宗侗在〈史官制度——附論對傳統的尊重〉一文中曾駁黃以周之說，可以參看。（見《臺灣大學文史哲學報》，第十四期，一九六五年十一月，頁一二六。）

35 《史通通釋》卷一，〈六家〉篇。

36 《文史通義》卷一，〈書教〉上。浦起龍亦不信古史有言事二分之說，以爲係漢儒所造，其言曰：「王者亦事而有言，有言必有事，理勢本自相連，珥筆如何分記，況左右配屬，班、荀之與鄭戴又各牴牾，此等皆出漢儒，難可偏據。」（《史通通釋》卷一）浦氏之說當即章實齋事言合一論之所本，故又曰：「古人無空言，安有記言之專書哉！漢儒誤信玉藻記文，而以尚書爲記言之專書焉！」（《文史通義》卷一，〈書教〉中）

37 《文史通義》卷一，〈書教〉上。

38 同上，〈書教〉中，按：此處所說華與實乃眞近乎近人所謂史學與史料之分。文選可補史籍之不足，故曰「與史相輔」。

39 Collingwood, op. cit., pp. 214-220.

40 《孟子．離婁章句下》。

41 焦循，《孟子正義》卷八。

42 《史記》卷四十七，〈孔子世家〉。

43 李宗侗，《中國史學史》，頁一六。

44 柯氏原文見*The Idea of History*, pp. 215-219. Walsh批評柯氏，謂彼所用「思想」一詞須狹義的，乃謂“intellectual operaxions”而言，似不免對柯氏的歷史人文主義有一間未達之處。儘管如此，他亦承認柯氏之「思想」非「抽象的玄思」（abstract speculation）而是「行動中之思想」（thought in action），見*An Introduction to Philosophy of History*, pp. 50-53。

45 《文史通義》卷三，〈史德〉篇。

46 何炳松氏即以爲章氏所說的「天」相當於西方史學中所謂客觀主義，而「人」則相當於「主觀主義」。見他爲胡適、姚名達的《章實齋年譜》所寫的序（頁一七—一九）。

47 均見《文史通義》，〈史德〉篇。

48 《文史通義》卷二，〈言公〉篇上。

49 《文史通義》卷五，〈申鄭〉篇。

50 姚永樸，《史學研究法》有〈史義〉篇，謂「義爲史家之所尚，其來遠矣！」惟其釋「義」有六義，頗嫌瑣碎耳！（頁八—一六）金毓黻《中國史學史》亦說「所謂義者，即史記所謂制義法，後人或談史法或明史義與史意，皆即今人所謂史學也。」（頁二五）

51 「別識心裁」一語章氏用之極多，毋須一一舉例。此處所謂「特殊的心靈能力」並非謂史學家有某種天賦才力，而爲其他學者所不具備。此種「特殊能力」實指史家經過史學之特殊訓練後而產生的一套特殊技能而言，就此種意義說，則每一學科的專家都有其「特殊的心靈能力」。恐滋誤會，特爲申明如此。

52 柯氏前引書，p. 215。

53《史記》卷四十七，〈孔子世家〉謂孔子「爲春秋，筆則筆，削則削。」

54《文史通義》卷五，〈答客問〉上。

55 *The Idea of History*, p. 236.

56《史記》，十二諸侯年表。

57 柯靈烏前引書，p. 237。

58 同上。

59《論語．八佾》。

60《漢書．藝文志》，春秋條下。

61《春秋左氏傳》序。

62 本文論《春秋》皆非眞討論《春秋》一書本身之性質，特不過因章氏屢引之以說明史學之要義，故順其思路，循其引證，以與柯氏之說相參證耳！章氏曰：「春秋不能舍傳而空存其事目，則左氏所記之言不啻千萬矣！」是合《春秋》原文與《左傳》爲一也。故本文論《春秋》悉從章氏之原意，非敢於《春秋》本身有何論列。至希讀者勿於此等處對作者之疏謬有所指責是幸！

63 關於此問題之詳細討論見柯氏前引書pp. 236-249. 最近研究柯氏哲學的人發現，他的「先驗的想像」是和他在*Essay on Metaphysics*一書中所說的「絕對前提」（"absolute presuppositions"）相通的。見David Rynin, "Donagan on Collingwood: Absolute Presuppositions, Truth and Metaphysics," *The Review of Metaphysics*, XVIII（1964）, pp. 301-333及Louis O. Mink, "Collingwood's Dialectic of History," *History and Theory*, Vol. VII, No. 1（1968）, esp. pp. 28-31.

64《章氏遺書》，外編卷十八，〈和州志三〉、「闕訪」。

65 同書，外編卷十二，〈永清縣志七〉、「闕訪」。

66 同上。

67 柯氏前引書，p. 246。

68 同書，p. 237，又關於剪貼史學與科學史學之分別，請參看同書，pp. 257-261。

69 《文史通義》，〈書教〉下。

70 同書，〈申鄭〉篇。

71 《章氏遺書》卷十五，〈方志略〉「亳州志人物表例議上」。

72 何炳松以爲章氏「撰述」與「記注」之分已由劉、鄭二氏發其端，其言甚是。參看《章實齋年譜》序。

73 《章氏遺書》卷九。

74 以上兩條均見《文史通義》卷五。關於近人對「撰述」與「記注」之兩分法的討論，讀者亦可參看金毓黻，《中國史學史》，頁二三八—二三九；傅振倫，《中國史學概要》，頁八一—八三；李宗侗，《中國史學史》，頁一六三—一六五。三書論此段大體皆相同，殆皆本於胡適《年譜》及何炳松序而立論者也。

75 鄭樵，《通志》序。唯章氏仍以《漢書》爲撰述，於近方近智之中仍有圓且神者，以爲之裁制，是以能成家。較之鄭氏之批評公允多矣！（《文史通義》，〈書教〉下）

76 《文史通義》卷四，〈釋通〉。

77 同上〈申鄭〉篇。鄭樵「成一家之言」在其生時已爲世人所承認，如宋高宗初見樵時即曰：「聞卿名久矣！數陳古義，自成一家。」（《宋史》卷四三六，〈鄭樵傳〉）

78 《文史通義》，〈釋通〉。章氏又論及僅收集史料不能成爲史學著作：「聚公私之記載，參百家之短長，不能自具心裁而斤斤焉，徒爲文案之孔目，何以使觀者興起而遽欲刊垂不朽耶！」（《章氏遺書》，外編卷十八，〈和州志三〉、「列傳一」）

79 自柯靈烏觀念看，中國史學的科學性早已始於孔子的《春秋》，其後史遷師法《春秋》而有《史記》，班固取史氏之意而有《漢書》之作。此數書者皆有史義，亦皆能自成一家之言者也。馬班以降迄於章氏，因良史之不世出以致記注，比次之作汗牛充棟而撰述家學百年不一見，遂使中國史學形成一雜而不純之局；但在中國史學思想中則「成一家之言」始終懸爲史家著述之鵠的。（參看金毓黻，《中國史學史》，頁四六—四七）西方史學直到十七世紀以後科學的史學始漸代剪貼史學而起。

80 柯氏前引書，p. 252。

81 《文史通義》卷二，〈原道〉下。

82 「與陳觀民工部論史學」，見《章氏遺書》卷十四，〈方志略〉。

83 胡適以倡「拿證據來」及「有一分證據説一分話」著稱，亦特稱此段文字爲「數千年史家未發之至論」。（《年譜》，頁一一三）何炳松治西史聞於時，亦極稱賞此書，並謂胡氏之讚美猶不足以盡其價值，他説：「這是一段對於我們現在所謂『歷史研究法』的極簡括而且極精闢的綱要。」（同書何序）

84 柯氏前引書，p. 280。

85 〈方志立三書議〉，見《章氏遺書》卷十四，〈方志略〉。

86 《章氏遺書》，外編卷十二，〈永清縣志七〉、「闕訪」。

87 柯氏前引書，p. 281。

88 《文史通義》，〈書教〉下。

89 胡適《年譜》何序。金毓黻也説：「故樞所創記事本末之法，實與近世新史之體例爲近。」（《中國史學史》，頁一九八）

90 關於Positivism對史學的功過問題，請看柯靈烏前引書pp. 126-133, W.H. Walsh, *An Introduction to Philosophy of History*, pp. 45-47.

91 見D.C. Twitchett, "Chinese Biographical Writing," in W.G. Beasley and E.G. Pulleyblank, eds., *Historians of*

*China and Japan*, Oxford, 1961, pp. 95-114.

92 《晉書》卷一〇五，載記五：「元帝太興二年，石勒自立爲趙王，以任播、崔濬爲史學祭酒。」又《宋書》卷九十三，〈隱逸雷次宗傳〉亦云：「文帝元嘉十五年徵次宗至京師。……會稽朱膺之潁川庾蔚之並以儒學監總諸生；時國子學未立，上留心藝術，使丹陽尹何尚之立玄學，太子率更令何承立史學，司徒參軍謝元立文學。凡四學。」是史學至此已正式與儒、玄、文並立爲四學之一矣！（參看傅振倫，《中國史學概要》，頁三）

93 E.G. Pulleyblank, "Chinese Historical Criticism: Liu Chih-chi and Ssu-ma Kuang," in *Historians of China and Japan*, p. 136.

94 《陳寅恪先生文史論集》（香港，一九七三），下冊，頁三二六。

95 江藩，《漢學師承記》卷三，〈錢大昕傳〉。

96 錢大昕，〈廿二史劄記序〉。

97 所謂科學包辦史學的思想，大致可分爲兩類：一是自然科學及其方法籠罩史學的研究，另一則是社會科學理論及其方法「決定」史學的發展。第一類說法流行於十九世紀初葉，當時人寫史學原理都喜用「歷史的科學」（The Science of History）之名，如一八六四年J.A. Froude的書和一八八六年T. Caird的著作都採用同一書名。持這一說者以J.B. Bury爲典型代表，他的思想是在實證論空氣極端濃厚的環境中成長的，因而有「歷史乃是一種科學，一點不多也一點不少。」的名言。本世紀歷史哲學發展的結果，已經沒有人再相信史學可以成爲物理或化學那樣的科學了。如F.T.C. Hearnshaw在一九三二年所寫的"The Science of History"一文（載*An Outline of Modern Knowledge*, edited by William Rose, London, 1932）就認爲歷史之爲科學當同於考古學和地質學，而不當與物理學或數學並論（pp. 774-779）。同時他復認爲Comte、Buckle、Mill等人把史學與物理學等量齊觀，是與史學性質不相稱的（pp. 800-802）。又如Maurice Mandelbaum在他的*The Problem of Historical Knowledge*裡亦謂史學旨在敘述個別的事件與物理科學之以尋求法則爲職志者不類（pp. 13-14）。即使是現代的科學方法論家，也不能不把史學、社會科學和自然科學在方法論上加以分別，如J.W.N. Watkins在其一九五二年所發表的“Ideal Types and Historical Explanation”一文中就承認這一點。（此文轉載於*Readings in the Philosophy of Science*, edited by Feigl and Brodbeck, New York, 1953，參看p.729）至於將史學擬之社會科學者，現在英美哲學界亦大有人在，例如Morton G. White在他一九四三年發表的“Historical Explanation”一文中就把「歷史的解釋」與「社會學的解釋」看作完全合一的。見*Mind* Vol. 52, 1943, pp. 212ff）這種思想另一極端的表現則是取消史學中的綜合的與理論的部分，認爲歷史家只須管一件一件的「事」，至於理論工作或貫通一切事的綜合工作都當由理論科學如社會學、經濟學等來管。持這種觀點者我們又可以舉Karl R. Popper爲代表。他在其名著*The Open Society and Its Enemies*中就把「歷史科學」與「理論科學」（Historical and Generalizing or Theoretical Sciences）截然分開。所謂「理論科學」，依他的解釋，包括物理、生物、社會學等等。他根本否定史學與任何種類的「一般性的法則」（General Laws）有關，否定史學家應做任何通論性的工作（generalizations）（Revised edition, 1950, pp. 443-454）。

至於反對的一方面，即堅決強調史學自成一類，不宜與其他科學混爲一談者，則可以柯靈烏爲代表。英人Patrick Gardiner著*The Nature of Historical Explanation*一書，則對此二派立論有比較客觀的分析與檢討。他一方面承認史學有其獨特範圍，另一方面則否定史學可以完全關閉門戶，不與其他科學交往；同時，他又以爲史學工作仍可有generalization並形成「一般性的法則」。此人可以說是中立派，但立說卻甚謹嚴精細，頗多持平之論，值得我們注意（請參看該書第二部“The Subject-matter of History,” pp. 28-64）。還有一點值得我們注意，即近來反對科學包辦史學的人，多爲從事過實際歷史研究的歷史家。柯靈烏雖以哲學聞於世，但同時在史學上也有成就。他所著*Roman Britain and the English Settlements*（與Myres合寫）乃一頗負盛名之作，列爲《牛津英國史》第一冊。同時，著名的《劍橋古代史》（*Cambridge Ancient History*）第十、十一兩冊中有關羅馬時代的英國史諸章即由柯氏執筆。荷蘭的著名歷史家Pieter Geyl於一九五四年來美國耶魯大學講他的歷史哲學，也攻擊「科學」可以包辦史學的觀念（見他的*Use and Abuse of History*, 1955, pp. 47-49），最近耶魯大學的歐洲早期近代史教授J.H. Hexter與分析哲學家（實證論者如Morton White）展開論戰，攻擊哲學家不懂史學，誤以自然科學知識看待史學。但Hexter立論過火致爲哲學家反唇相稽。M. White甚至要提名Hexter得「哲學外行」獎（"philosophical incompetence"）。詳見Hexter所著*The History Primer*, Basic Books, 1971及Bruce Kuklick所寫書評，載於*History and Theory*, Vol. XI, No. 3（1972）, pp. 352-359.如果撇開這種門户意氣，那麼這些史學家的經驗之論無論如何還是應該受到我們的嚴肅考慮。

98 余英時，〈史學、史家與時代〉，《幼獅月刊》第三十九卷，第五期（一九七四年五月）。

99 參看李宗侗，《中國史學史》，頁一六七。

100 看Walsh, *An Introductin to Philosophy of History*, pp. 52-59.

101 此點近來已漸有人批評。如H.A. Hodges在*The Philosophy of Wilhelm Dilthey*（London, 1952）中即認爲柯氏對「思想」在歷史上之作用，估價過高（p. 335）。Carl G. Hempel早在一九四二年所發表的"The Function of General Laws in History"一文中即認爲歷史家所常說的the method of empathetic understanding（按：即我們在本文所說的「設身處地重演古人的思境」）不僅爲不必要，而且也不可靠。（此文載於Feigl & Sellasr所編的*Readings in Philosophical Analysis*中，見pp. 467-468）此文發表在柯氏《歷史之觀念》全書出版之前，並非直接對柯氏而發，但Watkins在"Ideal Types and Historical Explanation"中則引用Hempel之說駁柯靈烏，故亦可視爲對柯氏之批評。（見*Readings in the Philosophy of Science*, p. 740）G.N. Renier對柯氏re-enactment of the past之說亦有嚴格的批評。（見*History-Its Purpose and Method*, Boston, 1950, pp. 45-50）對柯氏「重演」說作同情而深入的分析者，現有Louis O. Mink, "Collingwood's Dialectic of History," in *History and Theory*, Vol. VII, No. 1（1968）, pp. 3-37及同氏所撰專著*Mind, History, and Dialectic: The Philosophy of R.G.Collingwood*, Chap. VI, Indiana University Press, 1968.

# 一個人文主義的歷史觀

## ——介紹柯靈烏的歷史哲學

### 前言

柯靈烏（R.G. Collingwood）是近代英國一位極重要的哲學家；而他的《歷史之觀念》（*The Idea of History*）一書也是近十年來關於歷史哲學的最重要的著作之一。柯氏死在一九四三年，這本書是死後才出版的。不幸得很，此書竟未能完稿，柯氏死後才由他的朋友T.M. Knox編纂成篇。第一版印行於一九四六年，距今恰恰是十年整。全書共分五部：前四部是追溯西方歷史觀念發展之線索，從希臘羅馬的歷史學一直分析到近代科學的歷史學之興起；第五部則是柯氏自己的歷史哲學，占全書三分之一強（pp. 205-334）。本文對歷史發展的部分不擬涉及，而祇想把柯氏自己的歷史哲學作一扼要的介紹。必須指出，柯氏這一部分較之前四部更爲不完全；不過他的中心思想則已呈露得甚爲明顯。因之，對於一般讀者，我覺得這缺陷是不重要的。

## 一

柯氏的歷史哲學的根本特點在於他處處以人爲中心，處處要將人從一般自然事物中超拔出來，以顯示人在宇宙間特有之尊貴。我之所以要稱他的思想爲「人文主義的歷史觀」，其故便在此。因此，柯氏開宗明義便提出人性的問題。人性究竟是什麼？人又如何了解自己的本質？柯氏並不企圖解答這些問題，而是要循此線索引導出人與歷史的關聯。人是想知道萬事萬物的，當然也想知道他自己。人如對自己毫無所知，則他對於其他事物的知識也是不完全的。因此人必須有自知之明。人對於自我的了解可以分成兩方面來說：一是他的肉體，一是他的精神。關於前者，我們已有了解剖學與生理學，關於後者我們也有心理學。但是這些卻都不能眞正的幫助我們了解自己；解剖學與生理學中所處理的「人」事實上祇是自然物體，固毋須討論，而心理學的研究對象也不過是人的情感、感覺、情緒等等感性方面的問題。我們都知道人類最可尊貴的本質乃是理性而非感性；同時感性並非人所獨有的，在感性方面人與其他動物相同之處甚多。祇有理性才是人與禽獸的分野之所在。所以西方古代哲學中即已有了「人是理性的動物」之觀念；中國思想在先秦時亦已明白透露出人性有異於禽獸之處。其後的宋明理學強調天理與人欲之分；天理相當於我們所謂的理性，人欲則相當於我們所謂的感性。

對於人性的探求，十七、八世紀的哲學家自洛克、休謨、雷德（Thomas Reid, 1710-1796著*Inquiry into the Human Mind*, 1764）以降均特別著力。但他們因深受當時自然科學的原理與方法的影響，故產生了通過自然科學的研究可以了解人性之錯覺；雷德於此則持論尤爲極端。這一系統對於人性的探求最後是完全失敗了。由於此一失敗，遂使得有一部分人如格羅特（John Grote）認爲人類根本不可能了解自己的本性。另一方面，心理學家則以爲上述那些思想家的研究尚不夠科學，因爲那時的心理學仍在幼稚的階段，不能提供足夠的科學基礎。柯靈烏不同意心理學家的意見，因爲即使在今天，心理學仍無法解答「人性究竟是什麼」的問題。在柯氏看來，人性研究的破產，其唯一的解釋便是由於那些思想家犯了方法論上的錯誤：他們將自然科學的方法運用到它不能也不應運用的人類身上。

前面說過，柯氏並不想對人性問題提出任何直截了當的答案。他不過欲藉此以引出他自己的歷史哲學而已！他指出今日學術世界與十七世紀時有一極顯著的差別；十七世紀正是物理學剛剛興起的時代，而近代的歷史概念則仍未出現。誠然，正如E. Bréhier在其《哲學與歷史》（*Philosophy and History*, 1936）中所說的，十七世紀笛卡兒的哲學精神已同時孕育出近代的歷史批評（historical criticism）。然而一種具有批評性與建設性的近代歷史概念則遲到十九世紀才逐漸建立起來。這種新史學在範圍上包括了整個人類的過去，在方法上則是對一切文字與非文字的史料加以批評地分析與解釋，以重建人類的過去。就此種意義說，新史學的內涵至今仍未能全幅展開。我們於此所當注意的是：今天歷史所占據的地位實與洛克時代的物理學相似。十七、八世紀時物理學的輝煌成就曾使得一部分唯物論者相信一切實在（reality）都是物理的，同樣，今天也有許多人認爲歷史的方法可以適用於任何知識問題。柯氏當然不贊成如此過分誇張歷史學的功能，但也承認其中也有一點眞實性，那就是歷史學是人類自我了解的唯一正確途徑。過去研究人性之所以沒有效果係由於錯用了自然科學的方法，因爲那是一條注定了走不通的路。洛克在敘述他研究人性的方法時曾說他用的是「歷史的、普通的方法」。洛克說此話時，其意義甚爲含混；休謨繼承其衣缽，則表現出他們所用的方法實際上乃是物理科學的。可是若就我們今天對於「歷史的方法」的了解來說，則無論洛克的本意究竟何指，他這句話都是正確的。

## 二

但是若眞要確定歷史學是研究人性的不二法門，我們必先肯定歷史是人類所獨有。在一般人心目中，歷史似乎與變遷（change）有密切的關係；而自Heraclitus與Plato以來，思想家都已承認自然世界與人文世界是在不斷變遷之中的。既然如此，我們又如何能找出這二者之間的差別呢？根據舊的說法，變遷與歷史二者本不相同。因爲自然事物都有其根本不變之定型在，其變遷者僅爲一時的表徵而已。至於人事（human affairs）十八世紀歷史學已證明並沒有此類的定型。希臘的城邦，中古的封建制度，或近代資本主義的工業都祇是某一時代的特徵，而非永遠不變的理想。特定形式的變動不居遂被視爲人類生活的一個特性；黑格爾並因此而說自然界根本沒有歷史。可是自從進化論興起之後，生物學、地質學、天文學各方面都起了絕大的變化，科學家已證明自然界的一切也同樣沒有不變的特定形式。近代哲人如柏格森（M. Bergson）、亞歷山大（S. Alexander）、懷德海（A.N. Whitehead）等更進一步把這種自然的進化觀念發揮得淋漓盡致，而歷史過程與自然過程之間的界線遂亦泯沒若不可復辨。我們於此倘欲重申歷史爲人類所獨有之說，則必須再對歷史之涵義加以反省。

柯靈烏在這一點上便表現出他以明快手法解決疑難的智慧。他認爲歷史家在研討任何過去的事件時，對於該事件都採取外在性與內在性（the outside and the inside）的兩面看法。所謂「外在性」便是一事件的物質狀態，如陳勝吳廣與戍卒等起事於大澤鄉，李世民於玄武門翦除建成元吉之勢力等；「內在性」則是一事件中人之思想狀態，如王安石變法時代新舊兩黨對於新政看法之衝突，戊戌政變時代維新派與滿清舊臣在思想上的矛盾。歷史家絕不能衹注意一方面，而必須雙方兼顧。因此柯氏認爲歷史家所探討的不是單純的事件（即衹有外在性而無內在性），而是行動（actions），行動是一事件的外在性與內在性的統一。歷史家不妨先從發現外在事件入手，但他絕不能停留於此。他的思想必須深入該行動之中，以了解歷史人物的思想狀態。於此，我們便可看出自然科學與史學的根本差異之所在。因爲在自然過程之中，我們衹看到一件件的「事」（event）；換言之，它僅有外在性而無內在性。科學家於觀察現象時，是要找出此一「事」與彼一「事」之間的關係，並把它們納於一種自然法則或一般公式之下。凡此種種都是外在性的。歷史家則不然，他在研究歷史事件時必須深入當時人們的思想之中，否則他便無法了解該事件。舉例言之，如果我們祇知道陳勝吳廣於秦二世元年在大澤鄉起義這一表面現象，而對起義者對秦代政治的心理反應以及秦始皇的政策等毫無所知，那麼我們絕不能說已懂得這個事件。而陳勝吳廣、大澤鄉、秦二世元年、揭竿而起……這一連串的外在事象之間的關聯也就變成不可理解了。所以當歷史家眞正知道了某一事件的發生時，他同時便已知道它何以會發生了。歷史學雖亦常用「原因」（cause）一詞，而其意義則與自然科學中所用者迥然有別[1]。由於自然過程僅爲事件的過程，而歷史的過程則是行動的過程，換言之，即有其包括了思想過程的內在面，所以歷史家所眞正尋求的乃是這些思想的過程（process of thought）。據此，柯氏推衍出一項最著名的原則：「一切歷史都是思想的歷史。」[2]

必須說明，柯氏所謂「一切歷史都是思想的歷史」（All history is the history of thought）並不是否定歷史進程中的種種物質基礎。淺薄的唯物論者乍見此語必不免大驚失色，繼之則必將痛詆柯氏爲「盲目的唯心論者」。誠然，近來歷史哲學家們確把柯氏歸之唯心論者的陣營之中。但是這種所謂唯心論或唯心史觀並不含有絲毫抹殺客觀的物質世界之意。蓋柯氏所謂「歷史」係專指人的文化成就而言，而人之所以能有文化成就則在於其具備了物質基礎之外，同時復有其獨特的心靈與思想。在此種意義上，祇有思想才可對人類歷史有代表性。所以柯氏說，人雖不是動物中唯一能思想者，但卻顯然是所有動物中能思想得更多者。人與禽獸之區別既明，則何以人類獨有歷史（文化）之故亦顯。如果我們一定要說其他動物或自然世界也都有其「歷史」（變遷），我們也必須了解，這種「歷史」與柯氏心目中的歷史，在意義上完全不同。不僅此也，柯氏並進而指出即使是人類的活動也並不都是歷史學的主題。

依他的看法，凡是人的動物本性、衝動與物質欲望等所決定的人類行爲都是「非歷史的」（non-historical）；因此這些祇是一種自然的過程[3]。此所以歷史家關心的並不是飲食男女這類簡單的事實，而是人類思想所創造出來以安頓飲食男女等欲望的種種社會習慣的架構。

## 三

歷史家所研究的既爲歷史文化的過程，而歷史過程之根本意義則在於有人的思想貫穿其間，歸根結柢歷史家是最關心思想的。就此種意義說，歷史之事件也都是思想的外在表現[4]。這樣我們就可與本文一開頭所討論的人性問題聯繫起來了。我們已了解到用自然科學的方法研究人性是一條走不通的路，因而我們必須掉轉方向以訴諸歷史的方法，因爲我們已經證明歷史乃是以人的思想爲中心的學問。那麼我們究竟怎樣才能從歷史研究中發現人性呢？歷史家於此必須具備一項基本條件：即能夠重新設身處地去體會古人的思想。中國舊詞中有所謂「將你心，換我心，方知相憶深」之句，正是歷史家的基本特徵之一。這也就是西人常說的「同情地了解」。但是這裡有一矛盾之點須先加辯明：我們都知道，歷史是過去的事，每一事件都發生在一特定的時間之內，那麼我們生在千百年後的人是否可能重新體會古人的思境呢？如果可能的話，則歷史似乎不是過去的事，依然與現在密切相關的了。關於這一點，據柯靈烏的解答，是似矛盾而實屬完全可能的。蓋我們所謂之歷史，事實上乃是人類文化的日積月累之過程，其中每一項新的增添都有其永恆存在的一面。就其永恆的一面說，歷史事件或歷史的思想同時又是超時間的。歷史事件當然也有其受時間與空間限制的一面，但這一面對於人類文化的永恆性來說，並不是很重要的，甚至可以說是無關重要的。試舉例以解釋之：孔子在川上，喟然而嘆曰：「逝者如斯夫！不舍晝夜。」我們知道，孔子在這裡所表現的思想是對於人事流變的感慨。（按：後儒解注頗多穿鑿附會者，茲不論。）這種思想以及產生此思想的情境，顯然是千百年後的我們所能體驗出來的。至於此「川」究竟是那一個「川」，孔子的慨嘆究竟發生在什麼時候，雖亦不妨爲歷史家考證的對象，但這究竟是不關重要的。我們離開這種特定的時空仍然可以重新體驗孔子的思想並重構當時的情景。在這裡，歷史的過去與現在之間實有一條可以通達之路。否則我們將無從認識過去。尤有進者，這種「將你心，換我心」的方法同時也是人與人之間相互了解的一個鎖鑰。即使對於自己來說，一個人在追想他十年之前的某種思想時也必須以今日之我設身處地而體驗十年前之我的種種思路與意境。由此看來，洛克所謂「歷史的、普通的方法」確是人對於自己思想進行了解的唯一道路。由於這種方法在歷史學中發展得特別完整，所以柯靈烏遂認爲我們關於思想的一切知識都是歷史的知識（all knowledge of mind is historical）。但是我們於此必須先對精神科學（mental science）或心理學的挑戰有所解答。心理學是號稱研究人的頭腦（mind）的科學，如果歷史學可以包辦人的思想並因而解答人性的問題，那麼心理學的對象究竟何在呢？也許有人會把頭腦的研究分爲兩橛：一是它的結構，一是它的功能；因而以前者爲心理學的範圍，以後者歸諸史學。事實上這是根本不可能的。心理學家所常說的「精神機構」（mental mechanisms）並不是指著頭腦的結構而是指著它的功能說的。而且這種分類法之錯誤根本還在於以人的頭腦與機器等量齊觀；機器可以很明顯地分爲靜止與動作兩個階段，所以它的結構與功能也可以被分辨得出來，而後者則完全爲前者所決定。因之，對於機器來說，無論它在靜止或動作時，我們都能同樣地加以研究。但對於人的頭腦，問題卻不如此簡單了：首先我們就無法想像頭腦可以有什麼絕對靜止的狀態，故心理學家研究人的頭腦時絕無法以其靜止狀態爲起點。而另一方面，機器的結構與功能又是合一的：蓋任何機器都是爲某種特定的功能而製造的，當它在動作時我們固更易觀察到它的功能的性質，即使它在靜止時，我們也一樣可以由它的結構中認識它的特殊功能之所在。但頭腦卻不然，它並非根據某種特定需要而製造出來的，在某種意義上，我們根本不能肯定頭腦究竟有什麼功能。頭腦是自然如此的，也是自然有此種種活動的。休謨認爲世間並無任何「精神實質」（spiritual substance）的存在，正是此意。

企圖把「精神科學」變成與自然科學同類的人總是先要給人性找出某些一定的規律，然後再根據此種不變的規律去了解人性。這樣一來，他們便以爲可以跳出歷史學的範圍，而另有其「科學」的基礎了。其實這完全是無根之談。任何對於人性的研究都離不開人的行爲；而人的行爲則不能不在相當程度內受時間的限制，換言之，即多少具有歷史性。我們承認，人的行爲，在一定的限度內是會重複的。這是因爲人的思想在相同的情境之中常作相近似的活動。因此我們可以在封建社會的貴族階級中發現到某一類型的言行，在農民階層中又發現另一類型的言行。可是任何社會秩序都是歷史的事實，都不可避免地要隨著時代變遷，問題祇是遲與早而已。積極的「人性科學」既然以尋求此種行爲重複的劃一性爲志職，那麼，即使我們能在某一歷史時間內綜合出若干有效的規律，這類規律的有效性也顯然無法持久。由此我們可以了解到，「人性科學」不可能跳出歷史的範圍。

雖然人性的研究不能不訴諸歷史學，我們終得給精神科學或心理學安排一個適當的工作範圍。我們自然不能武斷地抹殺心理學在學術天地中的位置。過去心理學曾宣稱要研究人的理性，研究人的精神自我（moral self），我們認爲這是一種錯誤，錯在混歷史過程於自然過程之中。有人也許要問，心理學如果退出了理性與精神的園地之後，會不會祇成了生理學的一個分支，專以研究肌肉與神經的運動爲職責了呢？柯靈烏的答案是否定的。他指出心理學另有其特殊的研究對象在，那便是人的頭腦中非理性的部分。依照舊的分類法，人的頭腦中理性的部分是spirit，而非理性的部分則是psyche或soul。心理學的對象是後者而非前者。此種非理性的成分乃是存在於我們內部的盲目力量與活動；它亦是人的生命的一部分，但卻不在歷史過程之中。它是感覺而非思考，是情感而非冥想，是欲望而非意志，但這並不是說，此種非理性的成分毫不重要；相反地，它構成了一種精神的外衣，使理性可以存在於其中。它雖不是理性的一部分，但卻是我們理性生活的基礎。理性可以發現它，但是研究它並不即等於研究理性之自身。對於非理性成分的研究可以有助於健康的理性生活之培育，俾使理性得以發揮其應有的功能——自覺地創造它自己的歷史生命！

## 四

以上是柯靈烏從人性的觀點看歷史所得出的結論。柯氏雖然極力強調人的地位，但他並不是歷史的玄學論者。相反地，他倒積極地接受了近代科學的歷史學之傳統。爲了說明這一點，我願意更進一步介紹他關於「歷史的想像」（Historical imagination）與「歷史的證據」（Historical evidence）兩個題目的討論。

柯氏一方面力求歷史學從一般自然科學的束縛中解放出來，另一方面則仍承認在有一點上歷史學與自然科學是相同的：歷史學也是一種推理的知識（inferential or reasoned knowledge）。但也有不同之處，科學的推理是抽象的、普遍的，它無所不在而又無所在，存在於所有時間之內而又不存在於任何時間之內；歷史的推理則是具體的、個別的，有其一定的時間與空間的限制。由於歷史學的對象與自然科學不同，而運用推理則一，因此我們可以說，歷史學乃是對於種種具體而又變動不居的對象全幅地加以推理的知識。（It is wholly a reasoned knowledge of what is transient and concrete.）

在常識上，一般人常易以記憶與權威爲歷史學的主要內容。此所謂權威蓋即指以前史家的歷史著述而言，柯氏首先就要打破這種錯誤的觀念，堅謂我們研究歷史不可接受權威的現成論述（ready-made statements）。但這並不是說，一個初研究歷史的學生，一開始就否定一切史學權威，而一唯其私臆是逞。這祇是說，一個欲成專門之業的史家必須具有批評的精神，不爲權威所懾，而後始能根據他自己治史之心得重建歷史的面貌。因此，權威實是相對於治史者的能力而言：對於初學者權威確是權威，對於成一家之言者權威便不再是權威，而成爲他立論的證據了。然而我們若眞想在史學上有所建樹，除了批評精神之外，得具有建設的能力（constructive power），這就是柯氏所說的「歷史的想像」。

柯氏說，歷史的重構事實上也就是一種添改的行爲（act of interpolation）；不過這並不是隨意亂改歷史，而係完全建基於歷史的良知之上[5]。這種添改具有兩個特徵，須加解說。第一、它絕不是武斷的或任性的，而是必須的，或用康德的話來說，是先驗的（a priori）。當然，這種添改不能沒有一個限度。舉例來說，我們如要寫三國史，我們必須根據陳壽的《三國志》與裴松之的注，再佐以其他種種史料，用自己的話重新敘述這一段史事的始末。在敘述時我們勢必要加上自己的看法，因爲如果我們自己一點新意也沒有，祇是重複陳壽、裴松之的語句，我們就根本無需重寫三國史了。如果別有所見，則當然得根據自己認爲是心安理得的種種證據重構當時的國際關係以及局勢之演變。在這樣做時，我們就不可避免要加上一些自己的話，以使整個敘述可以構成一幅歷史的景象。所以這種添加乃是必須的，否則歷史的敘述便無法存在。但是這種添加卻是有限度的，限度的標準便在於證據充分與否。如果我們漫無止境的幻想，則這種敘述雖可以變得極其詳細，然而卻不是歷史的敘述，而流爲歷史小說了。此所以羅貫中的《三國演義》儘管在大的關鍵上不甚違背歷史事實，卻從來沒有人把它當作歷史著述也。第二、它乃是一種想像，這與上一點是密切相連的。所謂想像，也就是把許多孤立而相關的證據聯繫起來，想像其間究竟曾發生過什麼事。試舉例以明之：如果我們讀通鑑，發現吳起爲楚相而有變法之事，楚國因之而強；秦孝公用商鞅變法而秦亦強；韓昭侯相申不害，又「國治兵強」；我們便很有理由想像當時各國均須變法以自強，故變法運動不是偶然的，實具有相當的普遍性。這樣的想像其接近歷史的眞相是不容懷疑的，但這樣我們實已添加了自己的話。事實上我們的想像面比以上所說的還大得多，爲節省篇幅起見，此處祇好從略。於此可見，對於良史之才，歷史的證據祇構成了一些「點」，他必須更進一步地根據這些「點」而張開想像的網面。我們實可以說，在不違背證據的情形下，愈能將想像之網面張得大的人便愈表現出爲具有良史之才。

柯氏結合以上所說的兩點，而稱此一「添改的行爲」作「先驗的想像」（a priori imagination）。英國史家麥考萊（Macaulay）在他的〈論歷史〉（Essay on History）一文中曾說：「一個完美的歷史家必須具有足夠的想像力以裝飾他的敘事，並使之構成畫面。」麥氏之說雖是，卻仍嫌其低估了歷史想像的價值。蓋歷史的想像，其作用絕不止於裝潢門面，更重要的乃是樹立間架；祇有在歷史間架已經構成之後，我們才能開始裝潢門面的工作。我們如此強調想像的作用也許會引起有些人的反對，他們會說我們太著重了歷史的建設（historical construction）而忽略了歷史的批評（historical criticism，按：即廣義的歷史考據）。這樣寫出來的歷史將失去了科學性。對於這樣的質難，我們可以作如下的答覆：歷史的批評與建設並不能截然分開，我們在治史過程中一方面固須隨時隨地運用批評精神以解脫權威的束縛，而建立自己想像的歷史景象。另一方面亦須依賴此「先驗的想像」以重構完整的歷史間架，而後一切批評始得各有其安頓之所，不致流爲無的之矢。具有批評精神的歷史家當然是要發掘並訂正一切歷史記載中的譌誤。但他之所以能如此做，則正是因爲他的腦海中已有了由歷史證據引導出來的一幅有條理而又連續不斷的圖畫，否則他將無從定其是非。由此可見，先驗的想像不僅完成了歷史建設的工作，同時也提供了歷史批評的方法。柯氏爲了澄清歷史的想像與一般文學藝術上的想像之間的關係，特提出了三項限制如下：第一、歷史的想像必須有特定時間與地點；第二、所有的歷史都必須自相統貫，不能前後矛盾。第三、這是最重要的一點，即歷史家所構成的歷史景象必須獲得證據的支持。無證據可依之景象，無論其如何生動，都是虛構（fiction），也許有藝術上之價值，但絕無史學上之價值。有此三點限制，則歷史的想像不僅不會出什麼毛病，而且實爲歷史學所迫切需要的了[6]。

## 五

在最後這一節裡，我們要介紹一下柯氏對史學的科學性的解釋。柯氏在上面所觸及的種種問題中，其論點在表面看來似乎頗與一般頌揚「科學的歷史學」者有異，這可能使淺見者流誤認柯氏是反對近代史學科學化的傳統的人。事實上，如果我們的理解不太離譜的話，柯氏倒是科學的史學之積極維護者。

英國一位大史家貝利（Bury）嘗說過：「歷史乃是一種科學；一點不少，一點也不多。」在柯氏看來，歷史確是一種科學，一點也不少，但卻比較多一點。如果科學的涵義是指著「自然科學」而言的話，那麼我們可說歷史並不是「科學」。可是在歐洲語言的傳統裡，「科學」一種是從希臘文譯爲拉丁文的，拉丁文的scientia之本義則是「有組織的知識體系」（organized body of knowledge）。就此種意義說，歷史的確不折不扣地是一種科學。那麼所謂比科學還多一點又是什麼意思呢？道理也很簡單，因爲任何一門學問都不僅僅是「有組織的」而已，而皆有其特殊的組織方式。歷史自然也不能例外。歷史之爲一種有組織的知識實與自然科學無異：自然科學家在組織其特殊的知識時能夠採取直接觀察自然現象之發生的辦法，或者將自然現象控制在一定的試驗室的情況之下發生；而歷史事件之了解既非史家所能由直接觀察中得之，其發生之情況尤無從加以控制；故其組織與一般自然科學不同實屬顯而易見的事。誠然，歷史學與其他自然科學一樣，其正當的思想程序都是推想的。但是儘管它們的組織程序相同，它們在始點與終點上卻完全兩樣。自然科學通常總是從假設（assumption）開始的，有如：「假設ABC是一三角，而AB=AC。」歷史的始點則非假設而是事實，歷史家從史料中觀察得來的事實。終點亦不同，自然科學所獲得的結論是超越時空的限制的，歷史研究的結論則必有其一定的時間與空間。由於歷史學與自然科學在始點與終點都不相同，因此它們的組織就不能不各異。故歷史學雖是一種科學，卻是一特殊種類的科學。

歷史是一種有組織的學問，此點已無可疑；說歷史是有組織的學問也就等於說它是一種推理的學問，因爲二者的涵義相同，祇是說法互異而已。但各種不同的科學都有其特殊的組織方式，因此我們也就必須承認每一專門的科學便有一不同的推理[7]。就這一點說，歷史學當然也有它一套獨特的歷史推理（historical inference）。歷史學既爲一獨特的科學，則歷史家之必須具有獨立自主的精神亦遂無可置疑。所以歷史家絕不能被任何人牽著鼻子走，而當自作主張，換言之，即遵循其獨特的歷史推理，在歷史推理之中，根本的關鍵便在於證據之有無及對於證據之了解。一般人不明白這一點，故常對歷史有所誤解。有人以爲歷史便是記憶（memory），因而不能分別見聞錄的作品與歷史著作之間的差異；其實記憶是無組織的，並且也無任何證據，絕不能與歷史混爲一談。又有人以爲歷史即是一種見證（testimony），亦屬大謬不然。見證乃是別人對於問題的現成答案；歷史家如被動地接受別人現成的答案，則根本失去了獨立自主的精神，更何成其爲學問？不但普通的見證與歷史有別，即使是歷史學權威的見證亦非歷史家所能接受。爲什麼呢？因爲接受以前權威的見證實是接受權威的現成論述之另一說法，這種錯誤前文已略有解說，此不具論。接受見證也可以是一種知識，但絕不是歷史的知識或科學的知識，蓋其間沒有歷史家自己的推理與組織存在也。如果歷史家接受前人的見證而出之於自己重行組織與推理而又用證據以加強之的方式，則他已經不是接受見證了。在此情形下，見證既不復爲見證，而權威亦不再是權威，祇是他自己立論的證據之一而已！唯有建築在證據基礎之上而獲得的知識才是眞正的歷史知識！

基於這種認識，柯氏遂對「剪貼」派的史學大加攻擊。他以「剪貼」（scissors-and-paste）派之史學只是集合各種權威的見證而已，根本不符合科學的必須條件。但這種史學方法自希臘羅馬以迄中古，一直統治著西方的史學界，直到近代科學的歷史學興起，它的勢力才逐漸消退。十七世紀以後，由於自然科學的衝擊，史學批評開始抬頭，「剪貼」的史學遂起了根本變化。在這個發展中，有兩大關於史學方法的運動值得指出：一、史家已不盲目的信仰權威，而知對各種不同的權威著作加以有系統的檢討，俾決定它們之間的相對可靠性，尤其是如何建立決定此種可靠性的原則。二、歷史的基礎已從文獻擴大而非文字的史料之運用。其中特別是第一點的功績最著，它在史學方法上打倒了「權威」的觀念；從此權威便失去了以往的聲勢，而僅僅降低爲「史料」（sources）了。但「剪貼」派史學並沒有因此而立即垮台。此後的「剪貼」派史學家雖然不再盲目的接受一切權威的見證，但他們對現成的陳述的態度卻依然是接受性的（receptive）。所不同者，以前是接受所有的權威，現在是接受某一家權威罷了。「剪貼」派史家運用史學批評的結果遂對於一切史料都採取一種二分法的態度：這史料所說是眞的，還是假的呢？若是眞的他們就接受之，若是假的便拋之廢紙簍中。

到了十九世紀，歷史家已逐漸領悟到此種二分法的謬誤。這裡我們必須提到十八世紀義大利的歷史家魏柯（Vico）。根據魏柯的看法，我們不能僅僅判別一個文件所述者爲眞爲僞，更重要的是去了解它究竟代表些什麼意思，即使它的話是不可信的，我們也要更進一步地追問它何以不可信。這眞是歷史方法論中極重要的一個變化，由於這一變化，歷史學才跳出了舊的「剪貼」派的窠臼，而進入科學的史學之新階段。

科學的歷史家腦子裡充滿了問題，在他追詢問題的時候，由於他同時又有了通盤的了解，所以他差不多已有把握答覆他的問題。會不會問問題又是判斷一個歷史家優劣的重要標準。中國古人所謂善疑方是會學，其義正相通，但我們不能把「疑」字解爲漫無標準的懷疑。英哲培根嘗說：自然科學家必須設法使自然成爲問題。在這句話裡，培根有兩重涵義：一、科學家必須採取主動以決定他所要知道的對象究竟爲何，並在他自己的頭腦中形成問題；第二、他必須想出方法使自然答覆問題而自然亦無法再緘其口。科學家這種對付自然的態度與歷史家所當施之於史料者正復相同。「剪貼」派史家讀史籍時抱著一種尊重的態度，被動地聽取權威的意見。即使在歷史批評興起之後，權威業已變成了史料，而這一派史家的根本態度仍沒有改變。科學的歷史家雖與「剪貼」派史家所讀之書相同，但他們讀書的精神卻是「培根式」的。換言之，他們並不對舊籍中所記載之內容抱一尊敬的態度，相反地，他們將種種痛楚施諸其身，使它必須解答他們所需要的問題。（當然，這是指有成就的歷史家而言，並不是說初學者亦可如此，前文已言及之。爲恐引起誤會，特加說明於此。）前面說過，歷史的推理係以證據爲其最重要的關鍵所在。因此歷史家在問問題的時候，便處處離不開證據。他的問題有無獲得完滿的解答端視他解答時所運用的證據是否充分。故在歷史學中，問題與證據乃是互相關聯的（correlative）。那麼什麼才是歷史證據呢？當歷史家問問題的時候他如何去尋找與該問題有關的證據呢？對於「剪貼」派的史家，這些問題的確困擾之至，無從解答。因爲這一派史家已慣於接受現成的結論，即使在接受了歷史批評的洗禮之後，他們也不過是對史料採取了眞或僞的二分法，如果憑空提出一個問題讓他們解答，他們必然會手足無措。一切史料都可能是證據；除非我們翻遍所有的史料，我們將無法知道解答此問題的證據何在[8]。但是對於有訓練的科學的歷史家，這些問題根本不存在。科學的歷史家處處自動自發地追尋問題，他們讀史時自己心中早已有一條線索在；所以他們絕不會空發問題，他們每發一問必已大體上知道向何處去尋他們所需要的證據。因此儘管史料浩如煙海，科學的歷史家都不會迷失於其中。「先驗的想像力」和「培根式」的史學方法便是最有效的指南針，可以把他們引導出大霧瀰漫的歷史海洋，走向他們所要前往的目的地[9]！最後還有一些小問題應當附帶提一提，以爲本節之結束。第一、「剪貼」派歷史家由於接受了歷史批評而將「權威」改爲「史料」，此原爲歷史學中一大進步，無可置疑。但據柯氏的意見，「史料」一詞仍含有「現成」（ready-made）之義。蓋「剪貼」派史家所以從權威之現成論證爲自己治史之始點，故視舊籍爲「史料」；科學的歷史家既不從前人的現成結論出發，則於舊籍不應更以「史料」一詞稱之，而當改爲「證據」。第二、「剪貼」派史家比較注重「文字的史料」，而頗輕視「非文字的史料」；最後迫不得已則又認爲「非文字的史料」最多祇能輔助「文字的史料」，不足以取而代之。在科學的歷史家看來，一切史料無論是文字的或非文字的都可以是歷史的證據，其間並無軒輊可言。推其所以致異之由，則仍在於剪貼派史家係從現成結論出發，故祇能訴之於「文字的史料」；而科學派視一切史料爲證據，不須依附於任何現成的結論，故一切性質之史料都可以用爲其立論之證據。這一點也是新舊的史學交替之際之重要爭端，不可不知；至於兩派態度孰正孰誤，讀者當能自察得之，不待作者更下判斷也！

## 後語

本文爲介紹柯靈烏的歷史哲學之作。在這篇介紹文章中，我祇能鉤玄勒要地敘述柯氏若干主要的觀點，掛一漏萬，蓋所不免。必須說明的是，這篇文字雖爲介紹，卻非節譯或單純的摘要。爲了符合中國讀者的興趣，我除了於舉例時一概引用中國史實外，同時還處處針對著近代中國史學中的種種問題而加以注釋。就本文言，我也並沒有十分依照原書的次序；因爲我自己對書中觀念的取捨另有標準在，根本無法遷就原文，這是要請讀者原諒的。最初我的打算祇是節譯，所以預計一星期即可寫成。不料動手之後忽然改變初衷，覺得非徹底用我自己的話重新寫過不可。這樣一來，逼得只好再將原書反覆咀嚼了三四遍；其間屢作屢輟，時間差不多拖到一個月，眞非始料所及。就文字方面說，我的介紹可以說是最不忠實的，不過就思想本身說我確已盡了力求忠實的能事。但這絕不是說，我的重述一點錯誤都沒有，也許錯誤依然很多。若果如此，那完全是由於我對它的理解不夠成熟之所致；將來若有機會我很願意把全書逐字逐句地翻譯過來，以補本文之不足，如果任何有志之士肯擔任這一有意義的工作，那更是我所焚香祈禱的事！

1 此點牽涉到歷史學的語言問題。近數年來歷史哲學家頗有討論歷史學中所用之語言究竟應否自成一類者。而「原因」一詞所引起之爭辯尤多。英人Patrick Gardiner著*The Nature of Historical Explanation*（1952）一書對此類問題有詳細的檢討，然非本文所能及。又按：柯氏把史學與自然科學劃分得太斬截，完全拒絕歷史的解釋中可以吸收自然科學的成果。這一點已引起同情他的基本立場的人之不滿。見Alan Donagan, *The Later Philosophy of R.G. Collingwood*, Oxford: Clarendon Press, 1962, p. 203.

2 此原則亦非柯氏所自創，而實上承黑格爾之餘緒。柯氏於此書第三部論黑格爾時也承認黑氏《歷史哲學》一書中的方法係「基於一切歷史都是思想的歷史之原則。這原則不僅正當，而且由於他所處理的主題是最純粹的思想，即哲學思想，故獲得了輝煌的成功。」（pp. 120-121）黑氏以外，柯氏此說也直接從克羅齊（Benedetto Croce）轉手。克氏的名言是「歷史是現代史」（"History is contemporary history"），其涵義與柯氏之說亦近。早在一九二一年柯氏即曾爲文討論Croce的*History-Its Theory and Practice*一書題曰："Croce's Philosophy of History"現收入William Debbins所編的R.G. Collingwood, *Essays in the Philosophy of History*, University of Texas Press, Austin, 1965, pp. 3-22. 柯氏一方面雖有承襲黑格爾及克羅齊之處，但另一方面則賦予此一觀念以新的涵義，殊未可與黑、克兩氏等量齊觀。因此近來批評此一觀念的學者都把它歸之於柯氏，而不更上溯至黑格爾和克羅齊了。如W.H. Walsh在其*An Introduction to Philosophy of History*（1951）的第三章第一節中即認柯氏所用thought一字之涵義不清：H.A. Hodges在

*The Philosophy of Wilhelm Dilthey*（1952）中亦謂柯氏對「思想」的估價過高（p. 335）。關於對柯氏之種種批評，因超出介紹的範圍，不能涉及。幸讀者諒之。

3 柯氏此語係就一般常態的歷史發展而言的，頗能道破人與禽獸、文明與野蠻的眞正分際之所在。但亦有自然過程與歷史過程相混同者值得特別解說一下。中國舊史中常有關於種種自然災害與變徵之記載者，而班孟堅撰《漢書》首有〈五行志〉之作，其所記者則皆屬自然過程，本與人之思想無涉。西方亦然。西方中古時史學家因深受占星學（Astrology——以天象說人事者）之影響，故編年史家（Chroniclers）亦對流星與日月蝕之類的事詳加記載，且將天災與人禍聯繫起來。一般人甚至於相信水、旱、瘟疫、地震、饑荒等均爲上帝不樂之表現。甚且有根據天災預言朝代之興亡者。中西史學在這一點上眞可謂有不謀而合之處，而其吻合之程度尤屬驚人。此類自然過程就現代史學觀點言自與歷史完全無關，更不會有歷史家再加以記載了。然而中國的〈五行志〉與西洋的編年史關於這些自然現象的記載則仍不失爲近代史家研究的對象，其故究竟何在呢？若就柯氏的歷史哲學解釋之，乃因此類事件之本身儘管毫無史料價值，而此類記載卻涵有當時一般人對於災異的見解，換言之，即仍然有人的思想在其間，所以還可以是（也必須是）人類歷史的一部分。此爲自然過程與歷史過程相混同之一特例，因恐讀者對柯氏的自然與歷史之分別不甚明瞭或誤解其「一切歷史都是思想的歷史」一語之意義，故特舉此一例而略加注釋之。幸讀者察焉！

4 中國史學自始即重思想，孔子著《春秋》之有微言大義，亦當從此種觀點解釋之，王介甫嘗譏爲「斷爛朝報」，是其不識史耳！孔子自曰：「其事則齊桓晉文，其文則史，其義則丘竊取之矣！」此所謂「義」即柯氏所謂「思想」也。章實齋嘗曰：「夫事即後世考據家之所尚也，文即後世詞章家之所重也。然夫子所取不在彼而在此，則史家著述之道，豈可不求義意所歸乎？」（《文史通義》卷五）亦與柯氏之說相發明焉！

5 Historical conscience本當譯爲「史德」，惜章學誠史德之說參雜了許多傳統政治倫理的陳舊觀念，一唯

「不背於名教」之「心術」是尚，不宜與柯氏之言相比敷，故直譯爲「歷史的良知」。然吾人須知，史德確爲史家不可或缺之要件，在新史學中「史德」之內涵當如柯氏之說，不宜再以章氏之解爲依歸也。

6 歷史想像實爲歷史家不可或缺的要素。蓋歷史材料無論其爲器物或文字都是有限的，其本身不能單獨地顯現出歷史的全貌，而史家之所以能在有限的遺跡之中講出古史之大體情形者，端在其具有此種想像力。故西洋史學家可以根據Crete島上所發現的Palace of Cnossus以及其他器物之類說明希臘文化之起源及其與古代近東文化之關係。大抵史料僅爲骨骼，而史家之想像則其血肉也。中國史學自司馬遷以降便多有領悟及此者，此可自《史記》中所透露出的「想像」痕跡推而知之，如〈孔子世家〉太史公曰：「詩有之，高山仰止，景行行止，雖不能至，然心嚮往之。余讀孔氏書，想見其爲人。適魯，觀仲尼廟堂，車服禮器，諸生以時習禮其家；余祇回留之不能去云。」又〈屈原賈生列傳〉太史公曰：「余讀離騷、天問、招魂、哀郢，悲其志；適長沙，觀屈原所沉淵，未嘗不垂涕，想見其爲人。」這都是司馬遷曾自覺地運用其「歷史之想像」的明證。

7 關於推想的問題並非我個人的臆說，柯氏對此本有冗長的解釋。其言甚辯。但爲節省篇幅起見，只好略去，希望讀者諒之。

8 中國近代史學方法一方面承清代漢學之舊，一方面也接受了近代西方的「科學方法」。從後一方面，我們尚可看出西方「剪貼」派史學之遺跡，說來甚爲有趣。原來西方「剪貼派」史學之衰亡還是很近的事；最初介紹西方史學方法至中國的人們雖亦約略地領悟到「培根式」的科學精神的重要性，根本上卻未能擺脫「剪貼派」的殘留影響。所以他們於史料之眞僞辨之最嚴，於史料之搜集亦最爲用力，傅孟眞至有「上窮碧落下黃泉，動手動腳找東西」之口號。他們雖然擴大了史料的範圍，但在史料的運用上卻未能達完全科學化之境。他們僅了解舊籍眞僞之辨與夫新材料之搜羅爲無上的重要，而不甚能通過「先驗的想像」以變無用的死材料爲有用的活材料。不過一般地說，他們對中國史學之科學化是有功的，他們的疏略之處主要是受了時代的限制。我在此所說，其用意並不在苛責前賢，而是希望今後的史學家如何能夠在過去的基礎上跨進一步，以完成中國史學之科學化過程耳！

9 本節論西方剪貼派史學之源遠流長，很自然地使我們聯想到中國史學之發達遠較西方爲早。孔子春秋之筆削，太史公之成一家之言皆已超出「剪貼派」史學遠矣！章實齋《文史通義》一書之論史部分尤爲集中國史學理論精華之大成，其言頗有與西方近代之科學的歷史學相合處，茲略徵引數條，以備好學深思之士之參證焉！〈申鄭〉論通史云：

「鄭樵生千載而後，慨然有見於古人著述之源，而知作者之旨，不徒以詞采爲文、考據爲學也，於遂欲匡正史遷，益以博雅；貶損班固，譏其因襲，而獨取三千年來遺文故冊，運以別識心裁。蓋承通史家風，而自爲經緯，成一家言者也！」

其論通史之遠源則云：

「史之大原本乎春秋；春秋之義昭乎筆削；筆削之義不僅事具始末，文成規矩已也。以夫子義則竊取之旨觀之，固將綱紀夫人，推明大道，所以通古今之變，而成一家之言者，必有詳人之所略，異人之所同，重人之所輕，而忽人之所謹，繩墨之所不可得而拘，類例之所不可得而泥；而後微茫杪忽之際，有如獨斷於一心。」（內篇〈答客問〉上）

此段所言與柯氏之說尤多相契之處，至可玩味。其論通史與「剪貼」派史學之差別曰：

「史書因襲相沿，無妨並見。專門之業別具心裁，不嫌貌似也。勦襲講義，沿習久而本旨已非；摘比典故，原書出而舛訛莫掩；記誦之陋，漫無家法，易爲剽竊也。然而專門之精與剽竊之陋，其相判也，蓋在幾希之間。」（卷四〈釋通〉）

又說：

「整輯排比，謂之史纂；參互搜討，謂之史考。皆非史學。」（卷五〈浙東學術〉）

其專門批評「剪貼」派史學則云：

「子長、孟堅氏不作，而專門之史學衰。陳、范（按：指陳壽與范曄。——引者）而下或得或失，粗足名家。至唐人開局設監，整齊晉隋故事，亦名其書爲一史；而學者悞承流別，不復辨正其體，於是古人著書之旨，晦而不明。至於辭章家舒其文辭，記誦家精其考核，其於史學似乎小有所補；而循流忘源，不知大體，用功愈勤，而識解所至亦去古愈遠，而愈無所當。」（卷五〈申鄭〉）

以上僅隨意舉若干條，以說明中國史學早已跳出「剪貼」的窠臼，不似西方史學直到十七世紀以後才走上科學史學之路。不過我們亦不應過分誇張中國史學之科學性；中國史學雖一開始就注重「心裁」，但「剪貼」的成分並未完全消失，故成一雜而不純之局。我們今天所當取資於西方科學的歷史學之處尚多，固不能以祖宗之光榮爲滿足也。

# 史學、史家與時代

——新亞書院研究所、新亞書院文學院聯合舉辦
中國文化講座第二講紀錄（一九七三年十二月二日）

我在新亞農圃道圓亭演講，記得好像這是第二次了。一九七一年，我從美國第一次回香港（就是我離開香港到美國後的第一次回香港），也在這裡，做過一個簡短的講演，討論清代的學術問題。今天，我要講一個比較廣泛的題目（上次我討論的是一種比較具體的、專門性的）：史學、史家與時代。這個題目，非常廣泛，也非常抽象。我並不是說，我能夠講盡這裡邊所包括的許多問題。我想，用這樣一個大的題目，也許可以給我自己多一點自由，可以隨時的變動。這個題目，我是用一個普遍的形式來提出的，就是說，我不是講中國的歷

史、中國的史家，或是哪一個時代的史家，我是普遍地、抽象地講史學、史家以及時代的關係。這三方面，是交光互影的，在我這個簡短的討論中，會先後或者同時地出現。

我講史學，第一個問題，就是所謂史學與史學家之間有什麼樣的關係。這是從我的題目裡可以初步看出來的。

這個問題的提出，就表示了，我們的史學已經受到時代的衝擊。我們知道，在十九世紀的時候，西方的史學，剛剛開始從哲學中獨立出來，史學家對這個問題就不是這樣一種提法。比方說，最負盛名的Ranke，以Ranke為代表的史學，是要追求歷史上的客觀的事實，尋找歷史上什麼事情眞正地發生了，這是史學家的責任。Ranke有一句很有名的話：What really had happened? 這句話的另外一個含意，就表示說，史學家不應該有主觀的判斷。主觀的判斷，是史學家應該去掉的東西。後來按照Ranke的這個說法發展下去，並且緊緊地跟他走的人，在英國，在美國、法國都有。這些人慢慢地變成一種科學的歷史的宣傳者，即所謂scientific history，科學的歷史——歷史要變成一種科學。歷史變成一種科學的意思，就是說，歷史不能由人的主觀來運用。法國的Voltaire講過，歷史是人（史學家）對於死人玩的一種把戲，是跟死人開玩笑（play tricks on the dead）。跟死人開玩笑，就表示說我們對於歷史可以自由地改造，我們要怎麼說，就怎麼說。所以，這種主觀的因素，在十九世紀，由於科學的衝擊（科學的衝擊只是一個方面的力量，還有別的力量我一會兒再提），就引起了一個問題：我們怎麼樣才能夠把歷史中的主觀因素去掉，使史學變成和其他科學如物理、化學一樣。這是一個很高貴的理想，很高貴的夢。從這一方面講，Ranke的影響可以說是極大的。在十九世紀的時候，有許多史學家都認爲歷史可以客觀了。比如，法國的Fustel de Coulanges，他也是一個主張科學的歷史的人，他有一部書，是講Ancient City的，古代希臘羅馬社會研究（在中國，好像是李玄伯先生翻譯過的）。他是十九世紀的講科學歷史的一個重要人物。人家問他，你講歷史怎麼是這樣的一個說法呢？他說，我並沒有說話，是歷史通過我來說話（It is not I who speak, it is history which speaks through me.），就表示說歷史完全是客觀的，我不過是一個工具，像一個錄音機播放出來一樣。這是他們當時的理想，認爲絕對客觀的歷史是可以有的。如果照這樣說法（科學的史家），那麼就無所謂史學與史家的關係了。因爲史家像其他科學家一樣，不能夠有什麼自己的意見，在實驗室裡面，你的結果都是客觀的：你的材料、你的方法控制著你，你沒有什麼自由，你沒有什麼可以主觀地運用的地方。這一點是造成近代科學的歷史觀的一個很重要的中心觀念。我特別提到Ranke和他的學派，因爲這個學派，在近代中國的史學研究上，也起過很大的作用。我剛才講過，Ranke的這種思想，一方面是受著科學發展的衝擊（自然科學的興起使大家覺得，我們研究人的問題，研究社會問題，研究歷史問題，一樣要用科學的方法，即Ranke的所謂客觀的歷史的態度）。第二個方面的影響，可以說是十五、六世紀以來的philology的發展。

philology簡單地說，亦可以說是相當於中國的所謂訓詁、考據。就是研究一個個拉丁字的字源，從這些字源裡推斷出一些古代的制度來。最初是用之於研究羅馬史的，後來也應用到其他地域去。比如說，像Ranke以及像稍微遲一點的英國的Lord Acton、J.B. Bury等，這些人治史都是從古典羅馬開始的，都具有古典的訓詁學的，或者是考據學的訓練，所以

philology很像中國乾嘉以來的所謂考證，事實上中國在乾嘉以前已早有考證了。

西方的考證學傳統，加上近代的科學思想，變成了Ranke的學派。這個學派，在西方有一個名稱，叫它「歷史主義」（Historicism）。Historicism有很多講法，今天有很多歷史主義的不同的定義，不過最原始的是講Ranke這一派的思想的，指科學的史家的思想的。所以我們可以說Ranke史觀的來源有兩個，一個是訓詁的背景，一個是對科學的尊重。這兩個東西，在近代中國，在二十世紀的中國，剛好需要。第一，我們有乾嘉的底子。乾嘉的底子，是我們講二十世紀史學的一個很重要的基礎，在今天，我認爲還是很重要的。第二，是我們需要有客觀的歷史，要避免歷史上的主觀因素。換句話說，因爲在中國一向有褒貶式的歷史，在歷史上講褒貶，即西方的所謂praise and blame，這一套的思想在我們的史學傳統裡特別濃厚；所以歷史研究上，如果我們想進到客觀的境界，就更需要接受這樣一個客觀史學的挑戰。這個挑戰，在二十世紀的中國思想上剛好也合拍了。一方面中國有考據的傳統，另一方面中國二十世紀需要科學。所以，近代中國史學的一部分的潮流，並且可以說是相當重要的一部分潮流，就是語言、歷史打爲一片這個說法。最具體的例子，就是在座全漢昇先生、嚴耕望先生工作的中央研究院歷史語言研究所。這個研究所，英文叫做History and Philology便很明顯地表示德國的影響、Ranke的影響。這是因爲傅斯年先生在德國留學，受了當時風氣的感染。雖然二十世紀的初年，史學界的變化已經開始（一會兒我們就要講到），可是在當時還沒有感覺到，當時還覺得Ranke這個想法是對的。當時所謂漢學，就是剛才全先生講到的法國巴黎的漢學這一派，也都是走語言學考據學的路子，所以漢學是如此。當然，傅先生與法國漢學也有相當的接觸。傅先生在德國受到Ranke這一派史學思想的影響，因此覺得研究歷史必不能離開語言。傅先生自己很有名的一部著作，講性命古訓辯證，就很明確地表示這個方法。我希望大家有機會可以好好讀一讀那篇論文裡邊的序言部分，是講方法論的，講何以語言與歷史有這樣密切的關係。我想，基本上說，這個說法並不錯。今天有許多人批評它，就是因爲它走到極端，就以Ranke來說，Ranke自己也沒有跑到後來那樣極端。Ranke本人並非極端的歷史主義者，就像有人說柏拉圖不是柏拉圖主義者一樣。所以極端的歷史主義，是後期的發展。不過，傅先生把這路思想傳來以來，引起了幾個重要的後果（是指對中國史學有所影響方面而言的）：第一個方面，就是說，歷史與語言有密切的關係，這一點似乎已不成問題。第二，歷史研究最重要的，是講什麼呢？是講材料。材料完備，你就可以得到完善的歷史。所以，材料（或說史料）便在是歷史的說法，中國也一度相當地流行。這個觀念，也可以說是從歷史主義裡派生出來的，是副產品之一。第三方面，因爲要講材料越多越好，所以講史學，一定要淵博。這與考證學有關係。考證學一定要淵博，你要不淵博，你就沒辦法把無數有關一個小問題的材料集中起來，求得一種徹底的解決。在古代沒有index的時代，你怎樣找材料？完全是靠自己，靠記憶得越多越好，靠多看書。所以，淵博本身也成爲治學的一個理想。這幾個方面，都跟philology有密切關係。這在西方，已經可以得到證明是如此。比如，十五世紀義大利的Valla，十六世紀法國的Budé，都注重淵博，都是從訓詁講到歷史考證。在中國亦是如此，清初的閻若璩，大家都認爲他是最淵博的人。他自己也把「一物不知，以爲深恥；遭人而問，少有寧日」懸爲治學的理想。所以求廣博的知識，這是philology所帶來的。這在中國也有影響。在理論方面，傅先生講得比較清楚，有好幾篇重要的文章，包括史語所的工作旨趣。另外一個方面，就是講淵博，也就是材料的掌握。最明顯的例子，就是陳寅恪先生，陳先生的淵博，我們大家都佩服的，可是陳先生的淵博，也可能是他在德國受到的影響，就是受到考證學派Ranke這一派的影響，講歷史要越全越好，一生在準備材料，要準備寫一部所謂的最後的歷史。因此陳先生的重要著作都自謙爲「稿」，就表示未成最後的定論。要寫最後的歷史，照當時的想法來說是可以成立的，如果歷史眞跟科學一樣，達到絕對客觀的境地。（當時的觀念中的科學，跟現在又不同了。）當時的觀念，如果我們把材料完全搜集全了，對每一小問題作過極深極細密的研究，得到可靠的結論，沒有主觀的成見。到最後，所有問題都研究完了，我們可以綜合，可以寫出一部最後的歷史。有這個理想在那裡，因此，我們作史學研究的人，提倡史學的人，往往覺得應該先鼓勵人家做小題目，就是胡適之先生常說的所謂「小題大做」。我最近看到胡先生給吳晗的信裡面特別強調這一點。他說，我讓你研究明史，不是要你寫一部新的明史，你要作許多許多的小題目，吳晗也接受了他的建議。吳晗後來寫明太祖傳的時候就說，我的明太祖傳，是根據幾十篇研究明朝初年的論文來作一個基礎的。所以從這裡可以看出來：分析工作，歷史的分析工作，應該在歷史的綜合工作之前。這也是在歷史主義思潮之下所應有的一個發展——思想上的一個發展。從某些方面上講，他們都可以自圓其說，都可以說並不錯。我們剛才講到歷史主義從十九世紀的德國開始，就是肯定有客觀的歷史，主張用最淵博的學問和知識來治史。當時歐洲和英國的大師，包括Ranke、Coulanges、Acton、Bury等都具備這樣的條件，都可以說是史學界特出的人才。可是這一派的歷史思想，影響到外國去以後，慢慢地發生了反應了——發生相反的反應，也可以說。——我記得在一九三四年，在美國的歷史學會上，有一位叫做Smith的學者，檢討美國從十九世紀末到一九三四年這幾十年中間的美國史學，他把美國的史學家分成兩類，第一類的人是根據Ranke的理想的，要找歷史上眞正發生過什麼事情，歷史的眞相到底如何？要建立絕對客觀的歷史眞理。他說這一派的人在美國的史學界，無論寫大的書，還是寫小的論文，都有很好的成績。相反地，不根據這一套說法，不根據Ranke這套思想走的人，其成績都是很差的。當然後面這句話他沒有明說出來，可是含意是很清楚的。這篇文章，引起了一個很大的風波，就是Charles Beard的反駁。Charles Beard是近代美國最著名的史學家之一，關於這個問題，他有一篇很著名的文章，叫做〈那一個高貴的夢〉（That Noble Dream），因爲Charles的文章裡面提到，我們有一個高貴的理想，高貴的夢。這個夢就是說要搞客觀的歷史，不帶任何主觀的因素的歷史。Charles Beard可以說是職業史學家中，在二十世紀時，第一個正式向Ranke史學派「開火」的人。他認爲，歷史學家的主觀部分在史學上是永遠也去不掉的。爲什麼去不掉呢？這個問題我等一下再講。

先講講在這以前，即十九世紀的時候，是否每個人都接受Ranke的說法呢？也並不然。我們知道，至少，在德國，就有好幾位哲學家同時也是歷史學家，是反對Ranke的。第一位，是H. Rickert，第二位，是W. Dilthey。這兩個人，都是十九世紀的人，也都對哲學有興趣，當然同時對歷史也都有造詣。這這位先生的思想，在當時已受到注意，可是還沒有受到廣泛的注意。在這以前，攻擊科學史學的人也還有，比如說，稍前一點的，就有尼采。

尼采有一篇文章，叫做〈歷史的用處與其弊病〉（The Use and Abuse of History）。尼采這篇文章，也是說，如果照Ranke的說法，照這一派科學的歷史主義思想，那麼，歷史是沒有生命的，是完全爲一堆死的材料，死的東西，與人無涉的。因爲尼采是哲學家，而不是史學家，所以他的文章，可以說在當時是沒有受到注意，一直到後來，Rickert和Dilthey提出同樣的說法以後，才在史學家中引起了一些反應。Rickert的說法，他把所謂科學分成四類，一種是所謂不涉及價值的，同時，又是講通則的（non-valuing and generalizing）。一方面講通則，一方面不涉及價值問題，他說這種東西，是所謂純粹的科學，自然科學便是如此；另一種是不講價值，但是是講個別性的（non-valuing and individualizing），講特殊性的，比如地質學、生物學是屬於這一類的；再一種是涉及人的價值問題，又是講通則的（valuing and generalizing），講經濟的發展規律，社會的發展規律，比如經濟學、社會學；第四種是有價值問題，而講特殊的（valuing and individualizing），這便是歷史。歷史是講特殊的事情不講整個的通則（當然照今天的看法，通則也是需要，這涉及歷史知識的性質問題，我今天不能講那一方面了）。歷史的每一件事情，主要是個別的（我這樣說，並不表示我同意或不同意。就是說，這種說法可以接受挑戰，你可以說歷史並不是個別性的，這已經有人提出來，而且已經討論很多。我們今天不能旁涉太遠）。這是Rickert在當時對於科學的分類，我們同意不同意他的分類，是另外一個問題，可是，我們不能不注意到他特別強調的人的主觀性，在歷史學裡是不容易去掉的，因爲歷史本身就涉及價值（這個問題當然也涉及到價值與事實

value and fact的分別，及何謂史實的問題，等一會我們也許提一提）。Rickert的這一挑戰，受到當時學術界的注意。再進一步，就有Dilthey的理論出現，他可以說是一個注重心理學的人，是個心理學家。同時，他們又可以說是所謂大陸的理想主義哲學家。Dilthey有志仿康德寫一部「歷史理性批判」，但沒有成功。他講歷史特別注重心理學分析方面（不是現代佛洛伊德以後的所謂心理分析），強調治史者要注重內在體驗。這一派的思想，後來有很大的影響，比如在英國的R.G. Collingwood，他是近代的一個新理想主義（neo-idealism）的最重要代表，他當然受到Rickert、Dilthey等的影響，把歷史看成不僅不同於自然科學，並且也不同於社會科學。可見主張歷史研究上有主觀因素這一派的思想，在Ranke的勢力如日中天的時候，就已經有人提出來了，不過，要到Charles Beard的時代，才能眞正地在史學研究上發生很大的作用。Charles Beard的That Noble Dream提出來之後，可以說近三、四十年來的美國，基本上是接受他的說法的，基本上是認爲研究歷史，史家的主觀是去不掉的，就像Mazzini所說的：我讀任何歷史家的書，只要讀上二十頁，我馬上可以看出他個人的觀點。這種說法，是相當有道理的。儘管你嘴裡說要客觀，你盡量地希望沒有主觀，可是，你的教育，你的背景，你的價值觀念，無形上都影響到你對於史料的選擇，對於問題的提出，甚至於問題的提法。所以，歷史學上有一個主觀的因素，解釋性的因素，這個因素，是驅除不去的。只要有史家在，就沒有辦法完全去掉。

而且，後來人家索性研究Ranke本人，就是說，既然Ranke自己說有絕對客觀的歷史，那麼，我們來研究Ranke，看看他有沒有表現一種價值問題在裡面。事實上，大家研究的結果，發現Ranke本人也有主觀，他代表一種國家主義的偏向；在法國大革命以後，他又代表一種保守派的思想。國家的觀念，保守的立場，都影響他對問題的選擇。他爲什麼要注意日耳曼國家的起源問題？這表示他自己同樣有一套價値觀念。所以，最初開創的人，同樣不能排除歷史的主觀因素。如果這一點成立的話（我相信已經證明是可以成立了，大家稍微想想，也都可以接受的），我們就可以談所謂史家與史學問題。史學雖然說是客觀的，可是不能夠變成化學、物理，完全沒個人的因素。

那麼，是不是說，歷史是完全主觀的東西呢？可以隨心所欲呢？是不是我們對死人開的玩笑呢？我想，也不是的。一方面，我們現在固然要反省，甚至在某種程度上批評Ranke的歷史主義的影響，可是另一方面我們要很尊重考證學派與講客觀眞理的這個學派的對於史學之貢獻。他們的貢獻，最要緊的方面，就在於對個別史實的鑑定，個別史實的考察，能做到盡量客觀的地步。因爲長期地從事於文獻的研究，他們形成了一套很精密的研究方法。這在中國可以用乾嘉作代表，在西方，千千萬萬的歷史論文，都可以說是遵守著一些確定的客觀的標準。所以，在史學研究上，對於個別材料、個別問題的處理上，西方歷史主義學派在史學界上的貢獻、中國的乾嘉學派在史學界上的貢獻，都是不可磨滅的，都將永遠成爲史學上不可少的知識基礎。可是，他們的毛病，是建築在一個錯誤的假定上。這個假定，在當時來說是不易避免的。我們今天不能笑話他們，因爲我們今天對於知識，特別是歷史知識有了不同的了解。我們處在幾十年後，看法不一樣，不能因此說：這些人怎麼這樣糊塗。其實不是糊塗，要是我們在那個時代，我們還不一定能懂他們的說法。所以不能以後笑前。學歷史的人，最要緊的，我想就是要謙虛，越看前人的成績，越覺得自己渺小。這話雖是題外話，我想也是題中應有之義。

所以我們雖然批評Ranke和批評考證學派，這祇是從一個更高的綜合觀點上來批評。就是說，關於歷史學上主觀因素的問題，他們忽略了，看得太簡單了。在今天看來，我們可以在一個更高的層次上，一面接受考證學派、語言學派講的客觀眞理。我們得承認在實際工作上、文獻處理上、個別問題解決上，語言學派、考證學派的貢獻——這貢獻是不可抹殺的，而且是永遠需要的；可是另一方面，我們要主張歷史研究不能只講分析，也應有一個綜合觀念。歷史學與史家對時代的主觀感受有密切的關係。這就牽涉到所謂史學與時代的問題。

史學、史家與時代，都有密切的關係，沒有一個歷史學家可以完全脫離時代，這一點，我們剛才講到Ranke時已經證明了，他認爲他可以超出歷史，事實上他沒有超出歷史。他認爲他可以不講時代問題，可是事實上他選擇的問題表現了時代性，他已經不自覺地作了某種主觀的選擇。比如說，像Coulanges這種人，絕對相信科學的歷史，他說愛國與不愛國，與歷史沒有關係，愛國是一種道德，一種德性，可是另一方面，他說歷史是一種科學，所以這兩者不能混而爲一。這是當時的一種說法，但影響到我們今天，中國也受到影響。中國也有人認爲，我們講歷史就是講歷史，不管什麼民族的情緒，不管什麼Coulanges所講的愛國的問題。歷史是一個客觀的史實，一談到愛國就捲入情感了，也就可能不夠客觀了。所以我想，Ranke這一派的理論發展到極端，也有好幾個方面的流弊。一個方面是太重視小的考證，就是注意太多的小問題，而常常忽略了大問題。換言之，就是把分析看得很重要而把綜合看成輕易，或者看作不重要，或者覺得危險，或者覺得不值得做，其中必有一個。另一個方面，就是對於時代完全不管，爲史學而史學，爲考證而考證，爲學問而學問。這個理想的本身，我也不能說它錯，我覺得在我們的社會上，也應該有些學者，像這樣的把全部精神貫注在學問裡面，精神生命都在裡面。這是一種了不得的精神，這種精神絕不可以輕易地加以批評。可是另外一方面，我們也不希望史學全部跟現代人生沒有關係。史學是什麼？這個問題，可以說因人而異，可是照我個人的看法，照我涉獵到的十幾年來討論史學問題的書（我在這方面主要是看重職業史學家自己寫的書，我不太看重哲學家對於史學的分析。哲學家對史學的分析，近二十年來，因爲所謂分析哲學與英國的ordinary language這一派的影響，著作很多。大體上是對歷史的語言進行精確的分析。同時也討論到歷史的通則或歷史知識的性質等等問題。這些問題我覺得還是哲學家的問題），發覺有一個問題，大家都似乎很注意，就是說，歷史一定要以人爲中心的。所謂人，並不是個別的、孤立的個人，而是生活在社會裡面的人。這是歷史研究的一個最重要的問題。換言之，歷史與生活是分不開的。這一點，許多史學家都同意。比如E.H. Carr是研究俄國史的，他有一本很重要的書，一九六二年出版的，叫《什麼是歷史》。這本書是一九六一年在劍橋大學的講演，相信在座多數先生都讀過了，我這裡也不必詳細介紹它的內容。後來許多人（從美國到英國，從哲學家到史學家）對他的批評，有一個共同之點，便認爲他還是新實證主義的一個代表，相信歷史是進步的，社會是可以越來越好的，這本書的最基本的觀念就在這裡。但Carr也承認，歷史必須以生活爲中心，也承認，歷史事實與歷史價值不可分。爲什麼？他說，你要將歷史的事實與價值完全分開的話，那只有在一個靜態的世界裡才能做得到。在動態的社會裡面，你沒有辦法把這兩個東西分開。我們在討論問題時，不能說這是事實部分，那是價值部分，所以根本是分不開的。Carr很強調主觀與客觀是互相影響的，史學家影響到事實，事實當然也影響到史學家對問題的考慮，所以這是一個互相的關係，一個動態的關係。第二個方面，他特別強調，對於史學家，人生是最重要的。這又牽涉到古今的問題，我們下面要談到。學歷史的人不能完全忘懷現實生活。所謂歷史學家的主觀就與他的現實生活有密切的不可分割的關係。所以在史家的主觀問題上，他和Charles Beard見解一致。不過，他強調，如果我們明明知道，我們有一個觀點，有一個一偏之見，那就應把這個觀點、這個偏見提到自覺的程度。這是一個化主觀為客觀的必要過程。自覺的主觀便不致影響到歷史的客觀性。問題在於你肯不肯承認有一個看法，並說明這看法是根據某種假定。你要堅持說你沒有任何假定，你是騙人的。你一定有假定。有許多史學家，明明有假定而不肯想「我有什麼假定？」認為自己的觀點是天經地義。一般的人，頭腦裡有許多東西常常不受檢討，不受懷疑，因為這些東西好像是人人都接受的。在史學家來說，沒有一種觀點真正是天經地義的。除了你自己的看法以外，你還得看看別人有什麼不同的看法。你要認為你自己的想法是天經地義的話，那麼一切問題都無從談起了，整個門都關上了。即使是天經地義還可考慮，可討論，這才是史學家所應採取的態度。Carr在這方面，我是相當同情他的。每個人既然不能避免主觀，那麼最可能做的事情，就是把主觀的問題，把基本的假定提到一個明確的境地來，提到一種自覺的狀態來。假借客觀的外形，來隱藏著一種主觀，這對史學的發展來說是不利的。

更早一點，像法國的有名的史學家Marc Bloch，在一九四一年有一本未完成的書，後來譯成英文，叫做*The Historian's Craft*。我們知道，Bloch是一個了不起的史學家。他研究法國歷史，尤其是中古封建社會史，他在這一方面的著作在近代最受推重。另外一方面，Bloch又是最愛現實的，最愛人生的。他因反納粹而被捕，後來關在監牢裡，到一九四一年被納粹殺了，還不到六十歲。當時許多人勸他離開法國，但他不肯去，堅決抵抗德國，反對納粹，終於犧牲了生命，他就是這樣一個人。他對於人生，是極嚴肅的。他極愛他的國家，極愛他的理想。在史學方面，他還是受到Ranke這一派的歷史主義相當大的影響，也受到philology的影響，因此在他這本著作中，客觀主義的氣氛還是很濃。可是這本書是在監牢裡面寫的，寫的時候手上也沒有參考書，是憑記憶而寫的，所以這本書沒有什麼旁徵博引的地方，完全是一個史學家在生命快要結束的時候（他自己當然不知道）反省史學上的許多問題。這書中牽涉很廣。他是一個職業史學家，他對於人生所表現的熱情，和他對史學工作所採取的客觀態度，可以說是一個強烈的對比。他說，我們史學家所最關心的就是人。他引他的朋友Henri Pirenne，也是一位大史家，的一句話：我是歷史家，我愛人生。他把史學家比喻爲童話中的一種妖怪，只要聞到那裡有人肉香，就在那裡出現。歷史是以人爲中心的，史家應重視人生，在這方面，他與Carr是採取相同的看法。這兩個人在思想上沒有關係，也沒有淵源，但兩人都認爲人是史學家的中心問題。這裡面又牽涉到史學研究對今天有什麼用處這問題，當然這是很難答覆的問題。

我們可以這樣說，從歷史上看，史學一定是有用的，在政治上尤其有用，其實所謂「古爲今用」，在中國自來就這樣說。說得最清楚的，比如清朝初年的魏禧，就說「考古以證今」。在中國，在西方，傳統史學都是以政治爲主，以自己的國家爲主。中國是以古爲鑑，這當然是很早的話，後來變爲司馬光的《資治通鑑》，通鑑，就是在歷史上照照鏡子。這個照照鏡子的思想在西方也一樣有。中古時有所謂「國王的鏡子」（Mirror for the Prince），「國王的鏡子」就相當於中國的通鑑。講歷史應注意什麼問題，才對於我們國家有幫助，這是今天研究歷史的人必須思考的問題。歷史是鏡子，這並不是一句空話，中國歷史在以往確確實實發生過作用。比如做皇帝的人，往往要讀歷史，包括像乾隆這樣的人，也讀歷史。再早一點，歷史地位相同的人，總要回頭看看歷史，看看前人用什麼方法處理相同的難題。我舉一個例子來講，我記得好幾年前，我有一位朋友，研究宋史，有一次談天，他說宋高宗這個人在歷史上很是了不起。我問怎樣個了不起。他說，宋高宗有許多地方是有開創性的，比方以柔道治天下，以前的皇帝就好像沒有說過。我說我記得漢光武本紀上就有這句話。漢光武是一個中興之主，宋高宗也是一個中興之主，一個是東漢的開創者，一是南宋的開創者。一個南宋的中興之主，很自然地會注意到歷史上的中興前例，也很自然會讀點史書。不過我當時雖查出漢光武的確講過柔道治天下的話，但是我還不能找出證據，證明宋高宗眞正看過漢光武的本紀。後來，大概過了一年、二年的時間，我偶然看了王明清《揮麈錄》，裡面有一條，說宋高宗曾手抄漢光武本紀送給臣下。這是一絕對性的證據，可以證明宋高宗一定好好讀過漢光武本紀，不但讀過，還手抄了一遍，可見他確確實實把歷史當作一種有用的東西。我們講史學有用這一點，不僅在中國如此，在西方也如此，我剛才說過的「國王的鏡子」，這可算是外國的資治通鑑，雖然「國王的鏡子」不是純粹歷史。在近代，如十九世紀英國的Seeley，他認爲歷史知識是可以造就政治家的。他的名言是所謂「歷史是過去的政治，政治是今天的歷史」，從這方面看，至少歷史對於統治者，對於負責最高權力的人來說，它是發生過作用的。像二十世紀的邱吉爾，就是大史家。記得杜魯門女兒寫關於她父親的回憶錄，其中提到有一次英美最高統帥開軍事會議，商量諾曼地登陸，邱吉爾對於法國北岸的小村鎮的歷史如數家珍，什麼地方以前打過仗，勝負如何等等，大家驚服不已。甚至於眼前我們還可以看到統治者運用歷史的例子。毛澤東就是這樣。歷史對他還是有作用的。至少我個人的看法（這說法當然還需要證明，我不過是隨便的說說），至少他是有意無意地有些地方是在學明太祖的。一九五〇年左右他看過吳晗的《朱元璋傳》，並且有批評，這事似乎可靠。吳晗的那部傳記對他有極大的影響。比如紅衛兵，好像是新興的東西，其實明太祖就用過，明太祖用監生，用國子監的學生，就可以說相當於毛澤東在文化大革命時代對於紅衛兵的運用。明太祖誅戮功臣，一再整肅幹部，動以萬計，到後來的政治上無人可用，只有用學生爲他辦事，如編黃冊、如土地丈量等。這些記載可能對毛澤東發生過暗示作用。這個問題我們當然還可以再研究。我相信可以找出不少證據來證明歷史對統治者有作用，一直到今天爲止。或者也可說，歷史的影響，不一定直接來自史書本身，還可以從小說如《三國演義》來。《三國演義》可說它是小說，也是歷史，是用小說的形式寫歷史。《三國演義》對中國人也很有作用的。西方的史學家，也都承認Sir Walter Scott的歷史小說對於許多西方讀者發生過很大的影響。所以從這些方面看，歷史確是有用的。

今天我們講歷史的用處，當然不只是爲了少數人，更不應該是爲了統治者來看這個問題。我們寫歷史，是爲了大家看的。我們的時代是民主的時代，如果我們還承認，民主本身是個價值的話，那麼歷史本身也應該經過民主化，不能爲了少數的人服務的。司馬光的通鑑誠然是一部不朽的著作，可是今天我們沒有理由再寫新資治通鑑了。因此，史學和時代是有一種很明顯的動態的關係。而這個關係的建立，就要看史學家對於他的時代有沒有感受，有沒有深入進去，是不是時時注意現實人生上的問題。史學家關起門來不問世事，固然也有。不過我們不必擔心。這種人的比例只是千分之一，甚至萬分之一。社會上總要有少數的學者，他的生命，就是進行某一方面的研究工作，其他全不管。對於這樣的人，這種態度，完全不必擔心，不但不用擔心，並且還要尊重。應該擔心的問題，是我們怎樣才可把專門的史學知識，從學府裡面，傳播到社會上去。這倒是我們今天面臨著的一個很大的問題，這個問題，在西方，有很好的辦法來解決，比如他們的教育制度好，他們的教學方法也是認眞的，所以許多第一流的史學家，不僅是做研究工作，同時還肯花時間去寫教科書，或者相當於教科書的這一類的書，把最新的歷史知識隨時推拓到社會上去。這對於一般人的歷史教育是有很大的作用。今天的學院裡面檔案性的研究很多，如果沒有一些人將它綜合起來，這些千千萬萬的專題研究，都沒有了生命。這不是我說的話，是一個富有天才而不幸早夭的人類學家Philip Bagby的說法。他認爲今天散在無數種專門性刊物中的歷史論文，如果沒有人把它們的結論綜合起來，加以融會貫通，那麼這些論文便只能是歷史的研究，而不配叫做史學。這一點，中國十八世紀的章學誠，也有相同的說法的。章氏認爲，「整輯排比，謂之史纂；參互搜討，謂之史考。皆非史學。」在清代有這樣的看法，已經是很難得的了。他明白地分出史考（今天所謂的考證）或者史纂（今天的所謂編輯）與史學不同。所以今天大家說編史料，這是一種，如大陸上編了很多太平天國、鴉片戰爭等等，這都是史纂。另一方面，千千萬萬在各種學報中的論文，這都是史考，還不是史學。眞正的史學，必須是以人生爲中心的，裡面跳動著現實的生命。應該有人隨時做這類工作。我相信，中國過去講通史，如司馬遷，或西方如Ranke，也講universal history，都是認爲史學本身應該有一個基本的目的，除了分析以外還要有綜合工作，否則，歷史的知識是死的（並不是說沒有用），就只能擺在那圖書館裡。寫通史，問題就來了，很多人對很少的東西知道得很多，而對很多的東西知道得很少，這是不可避免的。那麼我們怎麼樣做綜合工作？並不說我們每個人都要寫一部通史，或全面的歷史，你可以寫一個時代，你也可以寫一個專門，或者政治制度史呀，或是思想史呀，或是經濟史呀，這樣也是一種綜合工作。所以綜合不限於一個全面的，當然全面的教科書不斷也會有人寫，社會上也有這樣的要求。我們這幾十年來在教科書、通史的編寫方面，可以說成績很有限。錢穆先生的《國史大綱》，我認爲至目前爲止，還是最有見解的一部書。錢先生的書，當然有人批評，這是任何著作都不能避免的。但你要從看問題的深度方面、廣度方面、從見解方面來了解這書的價值。如果你要我介紹一部通史給你讀，我只能介紹錢先生這一部。錢先生這部書，不是眞正的教科書，這裡包括了他的許多特殊的心得。不過，他是希望成爲教科書，而且實際上已經被大家用爲教科書好幾十年了。這書在大陸引起了許多批判，這就證明它有影響。比如研究王安石，大陸上有許多專門研究王安石的文章，可是他們也還是把《國史大綱》中講王安石的一段特別提出來，加以批判，可見錢先生的觀點，是有他的獨到的地方。所以我希望好的史學家，第一流的史學家，除了做分析的工作之外，還要注意綜合的工作。最後的歷史（ultimate history）是不可能的。今天我們認爲最合乎標準的歷史，過幾十年就要大事修改。舉兩個例子，Lord Acton十九世紀末葉爲了編《劍橋近代史》寫過一份報告書，他說，我們希望將來（他說目前還不可能，要過若干年，等歷史的研究達到了一定的程度），我們能夠寫出一部最後的歷史。這是十九世紀最後幾年的事。第二個例子是，到了一九五九年，過了差不多六十年，另一位英國歷史學家Sir George Clark，編了《新劍橋近代史》。好，你看他書上所說，歷史是不能絕對客觀的，歷史是要不斷改寫的。過了五、六十年，史學的氣候全變了，同樣的一部書，舊的編者的說法與新的編者的說法，可以說相差萬里。這就說明了，第一、史學裡面有主觀因素，有個人的因素，第二、歷史永遠沒有辦法寫出所謂最後定本。有人說可以寫一部歷史，使後來的人沒法再更改一個字。我想這是文人的誇大說法。歷史永遠是變動的，每個時代都有每個時代的需要，每個史家都有每個史家的個別的性情。換言之，歷史時時要修改，這是史學與時代的關係。很簡單，任何時代的思想或者是社會的運動，都影響史學，如法國大革命對史學的影響就很大，是不是？十八世紀的自然科學發展新的思想，進步的觀念，對史學也有很大的影響。所以大家一度相信，歷史是進步的。但是Fisher在*A History of Europe*的序言上有句名言，歷史有時是進步的，有時是退步的，沒有一定的方向。這又是史觀隨時代而變的一個例子。我到香港後，聽到「歷史潮流不可抗拒」這種說法，當然，我們不能把這句話看得太嚴肅。什麼是「歷史潮流」？你怎知道它是「不可抗拒」的？這問題要是問下去的話，我想沒有一個人能答覆。相信這句話的人，我希望他們能讀一讀Isaiah Berlin的*Historical Inevitability*那本小書。我們研究歷史的人，相信有客觀的事實；這些客觀的事實，通過考證學的整理和鑑定，大體上是可以確定的。這是史學的一個層次——科學層次。可是，這些事實有什麼意義，這又是因人而異。根據同樣的事實，不一定得出的結論是一樣的，因爲史義屬於另一個層次——即哲學的層次。現在有人說，乾嘉的史學，是一種科學，也不能說完全沒有根據。

研究歷史，是研究古代呢？抑是研究現代？什麼是今？什麼是古？這也很難說。我剛才講的一句話，已經成爲過去了，可是我的整個演講還未終結。歷史是要講連貫性（continuity），是根據「事」（event）來講的，比如我在這裡講演，你不能把我的演講詞切成許多片段，這樣，就失去其連續性。講歷史的連續性，一定要講事，事本身沒有完，歷史便還在延續之中；即使事本身完了，還有它的餘波。所以，講古講今的界限很難分，研究古代的歷史比研究現代的歷史爲重要，這種說法是一偏之見。其理由大體是，眼前的歷史，材料不易收得齊備。我想，這還是根據Ranke一派的說法推出來的。這種說法，認爲要研究歷史，必須將所有的材料搜集完全後再下判斷。又說要將某階段的歷史的每一部分都弄清楚之後，才能寫那個時代的歷史。這說法很成問題。如Ranke派的名家，英國Lord Acton，一生都在史料搜集和準備階段，因此終不能寫成一部歷史。從另一方面說，歷史對人的影響，不一定越近就越重要，這並不是與時代成正比例的。近代的歷史，如果沒有重大的事件，對我們來說，影響並不一定很大；反而，有些古代歷史上的大事，對我們的影響，對整個後代的影響，卻有時是很巨大的。所以治史不必存古今之見，要看個人性之所近。同時地，我們要寫什麼樣的歷史？怎麼寫？這個問題也同樣沒有一定的答案。我想，還是得根據個人的興趣，自己找題目，找自己有興趣的題目，比如你研究某一個人物，可是你自己不喜歡他，對研究的對象不能有同情的了解。這樣你研究也不會精采。所以這裡邊有個情感的因素在內（即所謂emotional tie）。我記得郭沫若以前寫《十批判書》研究韓非，說我越看韓非子的書就越不痛快。如果越看越不痛快，那你根本無法研究，是吧？你能把你的感情跟歷史結合，你便有了寫出比較好的作品的條件，不管是那一方面的，研究一個人物，研究一種制度，研究一次戰爭，或是研究一個朝代。所以這問題沒有一個清楚的答案，完全是視乎個人，跟他的個性有關係。

我們說歷史裡面有主觀的因素，史學家與時代、與他們的學識修養有很大的關係，這就引起關於史學家本身的一個很重要的問題：史學家本身就是史學上的一個很重要的因素。而且史學家寫史本身就是一個史實。這一點我們大家都知道的。我記得李濟之先生講過一個故事，他有一年到華盛頓去看蔣廷黻先生，蔣先生問他一個問題，說：你看司馬遷偉大呢，還是張騫偉大？我想也許蔣先生晚年有些懷疑他是否應該丟掉史學去改行爲外交家吧！這問題顯然沒有一個答案；不過，在我們中國人看來，司馬遷的影響恐怕要大於張騫。司馬遷寫《史記》，本身就是一個史實，通過寫史而創造歷史，所以史學家特別是有影響力的，本身已經是一個研究的對象。所以我講史家的責任，是因爲史學裡面特別有主觀的因素，個人的因素。在外國人講自然科學的來說，並不覺得科學家個人的道德、修養、品格的重要，或對學問有什麼重大關係。歷史上有許多這樣的例子，一個科學家本身修養壞得很，可是他可以得諾貝爾獎金。這事情並不稀奇。自然科學家也許可以如此，可是，在史學家來說，似乎並不一樣。史學家的主觀既存在於他的作品之中，則他個人對人類、對社會很有影響，如果本身修養壞，本身的缺點不加以克制，對自己不能加以紀律，那麼，他所產生的影響是很壞的。所以，西方的史學家現在也提倡這一點。像前面舉的例子，認爲史學家要重視人生，熱愛人生，其涵義即在此。學歷史的人，至少應該有嚴肅感、尊嚴感，對生命有嚴肅感的人，才能眞正懂得歷史；有嚴肅感的人，對他的時代，必須密切地注意，絕不能將自己關在書房裡，只管自己書桌上的事情，好像其他世上一切皆與我不相干一樣。這雖也是一種態度，不過這樣的史學家畢竟是少數。一般來講，大的史學家，他對於時代的感覺是緊密的。剛才我們講Ranke，事實上，他反映時代是很深刻的，如果他對當時的時代沒有感情，沒有對時代的密切關心，他便不可能創造出自己的歷史來。又像王國維，他研究甲骨文，與現實好像沒有多大相關，可是他的《殷周制度論》，大家要是看過的話，便可看出這是他在清末民初之際，在社會大變動之際，他所受的感覺的一種反應，絕不是與時代沒有關係的。他認爲殷周制度是中國歷史上最大的變化，是不是最大的變化，現在的考古學家提出疑問，可是，我們要從學術史的觀點來看，這卻反映了他對於時代的敏感。王國維的自殺，也是由於他對時代的敏感。他的敏感，使他看到他所處的社會的巨大變化，所以他又注意到歷史上有沒有最大的變化，變化在那裡，這就是他的《殷周制度論》的眞正背景。表面上，他是在研究甲骨文，好像和時代沒有聯繫，而事實上，他對時代卻有極大的敏感。就是其他近代的中國歷史學者的作品，比如錢穆先生、陳寅恪先生，他們選擇的題目，跟他們對時代的樂觀、悲觀、希望、失望，以至跟他們在歷史上所看到的光明面和黑暗面，都有極密切的關係。所以，Mazzinin說，看一部史書的頭二十頁，便可看出一個史學家的面目，我想這不是誇張的話除非他是抄來的，否則，只要經過史家自己思考過的、經過創造的眞正好的作品，這是可以看出來的。另一方面，正因爲史學上主觀因素的重要，史家也特別重要。因此他自己特別應該自律，不要隨便放筆亂寫。放筆亂寫的結果，影響可以是很壞的。所以章學誠特別提倡史德，今天的史德是什麼，我們可以因人而異，不過，至少做學問應該忠誠於他所研究的對象，忠誠於他的結論，不要爲現實、爲個人的私念而改變他研究歷史所得到的結論，因爲這是很容易的。有人說歷史是一個漂亮的女孩子，看你如何給她打扮，也就是剛才所說的，歷史是活人對死人開的玩笑。史料那麼多，你要建立任何理論都可以，這是一個大問題，今天因時間的關係，我想不多談了。

最後的結論，就是史學跟史學家是分不開的，而史學、史家同時又與時代有密切的關係，並且應該強調這種關係。

史家的責任是很重大的。在今天，我希望大家多做綜合的工作。我並非說具體的分析工作不重要，而是綜合工作現在尤爲迫切需要。我們不要以爲，對一個時代寫了二十篇、三十篇的考證論文，就可以綜合那個時代，這是錯誤的。因爲考證題目是做不完的，並且也永遠可以再做過。所以，這兩種工作並不屬於同一層次。如果說我在每個方面都作過研究，我的歷史綜合就一定比別人可靠，這也不見得是「天經地義」，還要看你綜合的才能如何。從前蔣廷黻先生在清華時說過，有位同事會背全部《漢書》，但是並不懂得漢代的歷史，這句話也許說得過火了，不過裡面卻包含著值得思考的問題。

甚至沒有在學院裡工作的人，一樣可以成為史學家。沒有經過學院式的、繁瑣考證訓練的人，如果自修得法一樣也可以寫出好的史書，這在歷史上的例子很多，並不是我在這裡亂說話。有時候，你不見廬山眞面目，只緣身在此山中，你太鑽到裡面去了，便只見樹木，不見森林，這是有可能的。如果在外面看，也許會更清楚。總而言之，我以爲史學工作是今天第一要務。我說第一要務，當然本身便是一種偏見，在哲學家如在座的唐君毅先生看來，也許哲學是第一要務，心理學家則認爲心理學才是第一要務。不過，我是從史學的立場上講，我覺得是非常重要的。希望學院裡面和社會上的史學家都能爲史學綜合工作而努力。因爲歷史對今天還是十分有用的，即所謂「古爲今用」。所以，我希望大家多注意歷史問題，不要認爲歷史是過去了的。過去與現在，這我剛才說過，是很難區分的，我這裡講完了，是不是過去了呢？還是沒有完全過去？當然我是希望還沒有過去，那麼，歷史還值得研究的。

# 關於中國歷史特質的一些看法

## 一九七三年十一月在新亞書院「中國文化學會」的講演

今天，同學們要我講：「中國歷史的特質」一題目。如果由我選擇題目，我想改爲另一題目的。因爲這題目假定了許多東西；假定了我們已很清楚中國歷史的特質，並且已有很深入的研究，同時跟世界其他地區的歷史（如西方）作過了大體的比較。倘若沒有做這些基礎工作，貿貿然說中國歷史的特質，是很困難的。因此，對這題目的處理，我希望透過近代學人的一些討論來檢討一下有關「中國歷史的特質」的一些看法。所以和原來題目的要求，多多少少是有一點兒距離的。

究竟從什麼地方來開始講一個文化的特質，尤其是一困難的問題。有人說哲學是代表一文化的最濃縮的特質。可是一提到哲學，我們又遭遇一個問題，就是中國哲學思想有很多派別，雖說儒家是正統，但除正統外還有很多其他學派，都是有作用的——就看它們在我們生活中的那一層面上發生作用。有人曾開玩笑地說：「中國的傳統讀書人，學優而仕，做官的時候是儒家，但告老後可以轉爲道家或佛家。」魏晉南北朝有「外儒內道」的說法。如《抱朴子》，分內篇、外篇；內篇講的是神仙，外篇講的是儒家治國平天下的道理。所以拿某一家的哲學來代表一個歷史或文化的特性和精神，無疑是有困難的。我的本行是歷史，所以我只打算根據歷史事實來談這個問題。

歷史雖然可以不斷地向前追溯，但我們總可以假定它是有一起點的。我想從新石器時代開始。據考古學的成就，我認爲可以從仰韶文化和龍山文化講起。本來仰韶在河南，龍山在山東。但現在不少考古學者認爲仰韶與龍山可用來作代表一時代文化的通名。從這個意義上說，仰韶文化最早的代表是陝西西鄉的李家村而不是河南的仰韶村。繩紋陶器的特色已有很明顯的表現。仰韶第二期可以半坡文化爲代表。考古學家認爲這文化的特色之一是有家族、氏族的意識存在，村中有一大墳場，可能是葬同族的人，甚至祖先崇拜也可能已於此期開始。這是中國傳統文化的一個顯著的特色。至於龍山文化，祖先崇拜已進一步制度化了，例如有祖宗的塑像（陶且）爲崇拜的象徵。占卜也已成風氣，用豬牛羊肩胛骨燒的。至於文字的發現，雖然遲至商代——甲骨文，但中國文字起源甚早，而且似乎是獨立發展的系統。西元前四千年的半坡遺址已發現了數字的符號，如一、二、五、六、七、八等。最近鄭德坤研究中國上古的數名，便肯定中國的數名不但自成系統，而且可能比埃及還早。

仰韶、龍山，從前考古學者、歷史學者認爲是代表東夷西夏的分界。但現在的考古學者，認爲這兩個文化的理論有些問題，認爲仰韶、龍山是同一個文化系統，龍山即承接了仰韶。龍山以下則接著是商代。至於這理論正確與否，還不能下定論。無論如何，從仰韶到龍山，中國新石器文化，很明顯的突出一點，就是家族制度已具雛形。

從經濟生活說，考古學家及史學家都注意中國農業的起源。其中最大的爭論是究竟農業起源於中國，還是起源於西南亞而傳到中國。現在有兩派說法：一認爲是由西南亞起源較早。根據中國的考古材料，另一說法是我國農業文化起源於中原本土。中文大學出版何炳棣著的《黃土與中國農業的起源》就是討論這個大問題的。黃土區是半旱區，必須要有某些條件才能耕種。他的論點與錢穆先生所說的大同小異。錢先生一九五六年發表的《中國古代北方農作物考》，是根據古文獻來推測中國古代土地環境和兩河流域不同之處。何書則根據黃土研究，植被資料作一綜合。從前有一長時期，不少學者相信所謂中國文化西來說。這論點在前幾十年頗爲流行。當初大家都相信兩河流域的文化東傳中國。例如郭沫若研究甲骨文，認爲中國商代的文化，與巴比倫有關係。甲骨文的「帝」字本是花蒂之義，是從巴比倫傳來的。當然，今日大家都不大願意接受「中國文化西來說」的論調，這是基於民族的自尊與感情。其實並不相干的。即使我們承認某些技術是從外面傳來，也並不妨害我們對中國文化的整體性的肯定。文化的個別組成因子和文化的全貌，其實是兩回事。個別的文化因子也可以是外來的。從今天各方面的研究成果來看，我們並不能說中國文化的每一部分都是土生土長的，沒有受任何的外來影響。不過，中國文化在新石器時代，某些特色如家族制度、祖先崇拜、文字系統、農業體系……已有明顯的開始了。所以我們不妨大膽地說，中國文化在開始時，便具有某些特色。我們若更進一步推斷，也可以說，中國文化的發源地——黃河流域及汾、渭流域比不上兩河流域的地理環境。從考古與文獻上觀察，中國古代文化的發展依賴於大河的支流者爲多。這與兩河流域或埃及的尼羅河的情形很不相同。黃河在古代的作用比不上兩河流域在農業上所起的作用。所以中國人的經濟生活在起始便帶有一種艱苦奮鬥的意義。以仰韶文化的村落爲例，便常有遷徙的情形；而且一地有經過多次居住的跡象。這一方面表示當時耕作技術需要如此做，另一方面也可能是由於土地不夠肥沃的緣故。半坡村就是極好的證據。不過這些論點是否站得住，現在還不敢十分斷定。我們承認地理對文化的作用，地理環境無疑能影響文化的起源及發展的原始形態（但我並不是主張地理決定論）。

另外一方面，我們當然也可以從橫的方面，剖解中國文化各部分的特徵。這裡我特別願意提出中國的政治傳統來談一談。中國文化的延續性是很高的。我們可從商周，下溯至明清，以至今日，在中國的土地上，一直存在著一個獨特的政治傳統。這個傳統在秦以後便表現爲一大統的政府。政治結構的延續性，是中國與其他文化，尤其是西方，所不同的。拿西方來說，從希臘、羅馬、中古而至近代民族國家的興起，階段劃分得清清楚楚的，雖然精神上也有一貫之處。史賓格勒（Spengler），認爲今日的西方文化，已不是西方的古典文化，因爲古典的已經死了，新興文化是一新生。這是一個哲學家的一家之言，我們不必完全同意。但西方的政治傳統至少在制度方面不像中國那樣有高度的延續性。歐洲自中古至近代雖有一個所謂「神聖羅馬帝國」，其實絕大部分只是一空名，絕不能和中國秦漢以後的大一統帝國相提並論。

眞正統一的帝國雖然要遲到秦漢時代才出現，但統治著中原地區的政權以「天下共主」自居，卻在商、周時代已經開始了。商人覺得自己是「天邑」或「大邦」，周人在滅商以前似乎也承認商是天下的共主。後來周取商而代之，更自認是受命於天。所以中國在中原的政權自視爲「天朝」，至少在觀念上是很古老的。

中原的政權既是「天朝」，則最高統治者，無論是商周的「王」或秦漢以後的「帝」，當然都是具有最特殊的身分的人。這種帝王的特殊性，在稱呼上也清楚地表現了出來。甲骨文中便有所謂「余一人」（胡厚宣有文章專研究這個名詞），這就是後來「孤」、「寡人」或秦始皇的「朕」的一種原始形態。「余一人」最初也許只是謙詞，非傲慢語。「萬方有罪，罪在一身」，就是謙德的表現。漢代皇帝常下罪己詔，也是從這個傳統來的。但帝王孤懸在上久了，謙只可轉爲傲。這就變成韓愈所謂「天王聖明，臣罪當誅」了。但無論居最高位者在主觀上是謙還是傲，他在客觀制度上超越世人，君臨天下，總是不可否認的事實。儘管漢儒抬出「天」來限制皇帝的權力，宋儒抬出「理」來壓制皇帝的氣燄，都未見有顯著的作用。所以討論中國歷史的特質，我們首先要注意這個相當特殊的政治傳統。這不是價值問題，而是事實問題。

就價值上說，這個傳統有好有壞：好處是使中國這塊廣大的土地，很早就形成一個統一的國家。壞處是在統一過程中必然要犧牲不少地方性的文化特色。人類學家講「大傳統」和「小傳統」之別，就中國情形說，「大傳統」似乎太強，使「小傳統」很早就被吸收或受到壓縮而無以自存。中國人一向歌頌「書同文」、「車同軌」，可是並沒有細想這種「同」所付的文化代價。總之，這個大一統的政治傳統對幾千年來中國歷史演進的影響是無比的巨大，它是否影響到其他傳統的自由活潑，是仍待探討的一個問題，例如經濟傳統、思想學術傳統等等。梁漱溟先生說中國文化是早熟的，就政治傳統而言，尤其如此。

商周的政治組織，絕沒有達到秦代的所謂大一統的境地。最近H.G. Creel寫《周代政治起源》（*The Origins of Statecraft in China*, Vol. I: The Western Chou Empire），以周代已開始發展了官僚組織，在各方面的完善甚至超過漢代。這評價我想是有些問題的，我不十分同意。Creel指出周代已有很複雜的政治制度，有高度的政治組織，這是無庸置疑的。Creel所用的大量金文材料，個別地說，都是有相當的根據。但整個的全面的判斷和文獻在制度史上的解釋又是另一回事。中國傳統政治制度上的某些特徵當然可以追溯到商周。秦、漢以後的政治制度雖說煥然一新，但個別因子也有不少是從周代傳下來的。這個政治傳統從秦到清沒有發生基本的變化。表面上看每朝都有皇帝，都有大同小異的官制；不過若認眞而仔細地分析，上一朝和下一朝之間當然還有變化的。但是由於中國歷史的變化，表面上好像不顯著，給人一種一朝一朝的循環下去的印象，這就是西方學者大講Dynastic Cycle的根據。J.K. Fairbank and E.R. Reischauer的*East Asia: the Great Tradition*中有一章專討論Dynastic Cycle，這種理論我們應該愼重考慮。所謂Cycle是不是眞的一個循環？我們知道歷史是絕不會重複的。所以沒有嚴格意義上的循環。從表面看，一朝亡另一朝興：如秦亡，漢繼；唐滅，宋興，一朝一朝，輪替出現。但是如果我們的歷史分期可以打破王朝體系，通過歷史的全程來看，我們仍可以找出極有意義的變化來。芝加哥大學的宋史專家Kracke首稱這個變化爲Change within tradition，即在傳統之內變。在中國社會經濟史上，確是沒有一種里程碑式的變化。我們在中國歷史上找不出宗教改革、法蘭西大革命、工業革命等等革命性的、代表性的，清清楚楚地劃分兩個時代的歷史事件。無疑，秦代可算是一劃時代的大變局，但秦後就不容易找出類似的大變局了。李鴻章說西方人入侵又造成歷史上一大變局。也許近百年來是中國史發展的另一個里程碑。缺乏里程碑式的變化也可說是中國歷史上的一種特色。

如果不從朝代分期，而從較長的時期去看中國史上經濟方面的發展，我們也可以看出不少重要的變化。有人稱唐中葉至南宋爲商業革命的時代。如宋代的煤業發展，也有外國經濟學者認爲是一種革命，甚至明清的農業技術，也有人認爲曾有過革命性的進步。總言之，各門的技術，分開來作長期觀察，是確實都在不斷地起著變化的，如紡織業、農業、冶金業各方面等。今年Mark Elvin出版了*The Pattern of Chinese Past*一書。他是一青年學者，研究重心在明清的經濟史。這本書也是要找中國歷史的特質——經濟史方面的特質。他的說法是很大膽的。他認爲1400 A.D.是中國史的轉捩點，中國的科技在十五世紀時便停頓下來，隋唐一段則有革命性的發展（當然，我們對這些所謂「革命」的理論，不能沒有保留）。Elvin根據一些日本人的論文來寫這本書的。他想解答中國歷史的一特別的地方，即何以明清以後中國的科技便停滯不前？他提出一很妙的理論，叫做「高度平衡的陷阱」。西方人治中國學，很喜歡選用那些動人聽聞的名詞。這「高度平衡的陷阱」是說中國技術的發展跟人口的關係很密切。如果一地的人口不斷地增長，土地不夠，資源耗盡，就必須遷到另一地方去。最後全國各地資源的使用都到了飽和點，以致無處可移民，這就成爲中國經濟發展的限制。中國的技術與西方的科技比，在工業革命前，兩者並不易見高低。今日中國科技之低是由於中國沒有近代的科學技術。這大致是根據李約瑟（Joseph Needham）的《中國科技史》的說法。高度的技術和人口資源之間達到一個平衡之後，經濟發展就掉進了陷阱之中，再也不能動了。但由於技術高，所以是「高度平衡」，和技術過低使經濟無法發展不同。整個地看，Elvin的理論祇是一空中樓閣。他的立論根據之一是中國歷史上的人口問題。事實上，「人口」是中國歷史上一個大謎。近年來經過學者們的深入研究，正確的人口數字仍是很模糊。普通所得的數字是1805-1850 A.D.時中國約有四億人口，明代有一億至二億等等，這都是估計。人口問題和土地制度、賦役制度是分不開的，由於過去的人民要瞞稅，要免力役，所以常有不報或少報丁口。官方的人口統計，是不盡不實的。康熙「盛世添丁，永不加賦」以後，各地方又有虛報人口的情形。因爲人口蕃衍對地方官而言是德政的表現，所以中國歷史上的人口資料是有缺陷的。Elvin根據這些人口數字，再講耕地增長。他是以Dwight H. Perkins, *Agricultural Development in China 1368-1968*所提供的畝數爲根據。D.H. Perkins根據大量地方志的材料得到統計數字，進行量化研究。Perkins並不是直接根據方志的資料作個別的應用，他是用另一基數標準來計算，得出最後的數字。所以我們很難把這些數字還原到本來的面目；所以這種統計的數字可靠性到什麼程度便很難說。Perkins估計明朝初期至末期，土地的生產力提高了一倍，這是不是可靠，已多少有些問題。Mark Elvin則根據這些估計而推論得更遠。他得出一結論，說中國的資源，到某一時期已用得差不多了。在這時期，再要想進一步發展，或希望發動工業革命，在物質上已沒有條件。因爲如果發生工業革命，機器的大量生產，便會造成大量工人失業。工業水準發展得已太高，資源與人口產生了互相限制的情形，這限制的均衡自身永遠不能突破，必須靠外來力量的幫助。故此西方人的侵入，正是打破這均衡的力量。這說法的成立與否，是另一問題；在中國人聽來，似乎在替西方人侵華提供理論的根據。我提出他的理論，是想說明一點：即今天許多史學家都認爲中國和西方相比，其特點在缺少近代資本主義發展這一歷史階段。Elvin的書，就是要追究中國史上爲什麼缺少近代這一段。

中國近代何以沒有工業革命？何以沒有資本主義？這些問題是人人注意的。馬克思的歷史觀也爲這個問題所困擾，因爲中國史上找不到資本主義的痕跡，就會使五階段論發生動搖；這樣就逼出了所謂資本主義萌芽的說法。在尙鉞的主持下，大陸在五〇年代後期出版了四大冊關於中國資本主義萌芽問題的討論。其中所引用的資料及結論有些是有問題的。而且這個萌芽開始於何時何地（因爲中國各地區發展不平衡）也無一致的結論。無疑，在經濟史的發展過程中，這地方有改進，那地方有改進。所有這些改進加起來可不可以構成資本主義，則很難說。其實資本主義是不是人類歷史所必經的階段，其本身便成問題。歐洲是典型的例子，而且幾乎是唯一的例子，近代的日本又當別論。我們不妨說沒有資本主義正是中國歷史的特色，跟西方來比，這一點很顯著的。

沒有資本主義的發生，沒有近代科學，沒有近代的技術，這原因何在？要解釋這些問題可以有很多不同的說法，最早像馮友蘭在二〇年代寫的一篇論文Why China has no science?就已提出一種看法，雖然他現在已推翻了它。最近我有機會和李約瑟談到馮友蘭這篇文章，他說：馮友蘭對這個問題的提法便錯了，因為中國不是沒有科學，祇是沒有近代科學而已。但科技停留在一高度水平後便不再發展，原因何在？答案並不簡單，李約瑟把傳統科學之功歸之道家，對儒家尤其是理學，則認為有礙於科學發展。Mark Elvin則更直接歸咎於理學的束縛。我個人對這一點是很懷疑的。我不承認理學有這樣大的副作用。這說法是很牽強的，而且是中國人自「五四」以來的老調。Elvin所舉的例子祇有一個，所徵引的資料也不無問題。從這些關鍵性的地方講中國歷史的特質如資本主義何不發生，我們必須結合社會條件、經濟狀況，以及政治形態與人口作全面性的考慮。我們還得進一步去找出中國傳統社會的價值系統，比如傳統社會對某些東西看得重，某些東西看得不重，這是很基本的問題。Robert Bellah對日本德川時代宗教的研究便是一個很好的例子。就中國資本主義的發展來說，我們作一假定，作一設想，就是沒有鴉片戰爭，沒有西方人到中國來，繼續的關閉下去，中國是不是可以發展資本主義呢？至少我個人看不出可以有這種發展的跡象；中國恐怕還是在傳統中繼續變下去。

這一層也牽涉到地理方面的因素，中國成為一獨立的歷史文化單位與地理環境也頗有關係。大體言，對外交通並不方便，西北是大漠和崇山，東南是大海，所以關閉的時候多。祇有在唐時比較開放。西邊的絲道（Silk Road）並不是一條安全、方便的道路。至於海運方面，從南宋至元是稍稍有點轉機，以下明清又成自我封閉的局面。對外貿易除了極短的時期外，一般是不占重要地位的。這關聯到政治問題。在大一統的政府影響下，漢以後主要產品——如鹽、鐵、茶、酒等各種容易賺錢的東西，都由政府專賣壟斷，商人的作品相對地減少。商人在中國歷史上從來沒有很高的地位，絕不可能想像有Hanseatic League的情形在中國出現。

關於商人沒有政治權力，我們也可以從科舉制度來說明：唐代商人不能參加科舉考試，兒子也不能參加；宋代稍稍放寬，兒子可以考試；至明清，商人可以納捐。這一方面足以說明中國在傳統中變化的情形，另一方面也可看出商人在政治上受相當的輕視。儘管很多官僚願意跟商人勾結，甚至願意經商，但商人不能成爲社會上的中堅勢力，皇帝祇與士大夫共治天下。這裡最能看出中國大一統的政治傳統的巨大影響。在中國歷史上，由貴而富是正常的途徑，由富而貴則是例外；而且既貴且富比較有保障，富而不貴並不安全。

封建之世，祇有貴族血統才能登上政壇，但大一統國家形成後，政府便需要大量有才能的人。要選拔人才，不能單靠血緣的關係。於是考試、選舉等制度便相應而產生。漢代有賢良方正，後來孝廉最重要，東漢的孝廉已經需要考試。由考試而登仕途是中國政治上唯一的正途出身。從古到今，無數第一流人才都流入政府，祇有失意科場的，才走上其他的路途。從這方面看，大一統的政治傳統所形成的價值觀念，影響中國人達二千年之久，即使今日也沒有完全打破。中國現在所遭遇的問題，政治仍是最緊要的；從價值觀念說而不從實際成就說，今天中國的第一流人物還是政治家而不是物理學家、化學家、文學家、企業家……政治家還是領導者。大陸最捧的錢學森，甚至出書誦讚（《我們的錢學森》），在政治上祇是一候補中委，最多不過勉強入流。中國的傳統價值系統，很大一部分是受了政治傳統的影響。這一傳統籠罩到經濟、文化、藝術各方面。所以要研究中國歷史的特質，首先必須研究這個政治的傳統。

我們若以戰國這種多國的社會來說，在文化上，戰國是處於「百花齊放」時期；在經濟上，商業的流動性也達到很高的水準。所以從文化及經濟的發展來說，戰國並不是一衰世，歷史家說戰國是一衰世是因爲在政治上戰國沒有一個大一統的國家制度。那時周室名存實亡，各國都不尊重它，中國沒有一個共主。因此思想界便有統一的要求，天下必須「定於一」才能安定，儒家在這一方面起了很大的作用；墨子講尙同，也是要建立一種最高的統一標準。秦始皇能完成「六王畢，四海一」的大業，並不是偶然的，不是單靠武力的，在秦未統一前，儒、墨、法各家都已爲統一提供了心理的條件。秦代建立了大一統的政府以後，對此下中國歷史各方面的發展都有影響。資本主義不出現，近代科學不發達都或多或少的和這個獨特的政治傳統有關。因此我希望大家多研究中國的政治史，不要存一種現代的偏見，以爲經濟史或思想史更爲重要。

此外中國歷史進程中還有兩個特點，特別值得提一提：第一是宗教所占的地位不如西方重要，第二法律的發展常常落在社會現實的後面，這是最明顯的。西方人初到中國，發覺中國人祇拜祖宗而不信上帝，他們必然會覺得很奇怪。原因是西方的道德依附於宗教，道德是上帝制定的，是上帝所給予的，所以不相信上帝便沒有道德。早期的中國留美學生，當美國人問他信什麼宗教時，他們總要說信佛教，或信孔教等等，因為他們若說是無神論，便會被美國人認為是不道德的。中國的道德精神則是獨立於宗教以外的。但古代中國的道德和宗教仍有一定的關係。中國道德精神的獨立可以說是儒家對宗教加以理智化的結果。有的西方社會學家曾提出中國祇有guilt的觀念而無sin的觀念。這個說法就原始宗教言，也不正確。孔子說「獲罪於天」，這個「罪」就是sin，不是guilt。但中國道德脫離宗教之早確不容否認。梁漱溟先生的《中國文化要義》，特別提出中國的道德、倫理，相對地獨立於宗教，這確是中國歷史的一個特色。

但是中國有很多道德觀念又是和政治分不開的。例如歷史上婦女講節烈，男子講氣節。「節」本身是一政治意義的東西。最早的節，是使臣出使外國用的，如蘇武使匈奴，就持著一個節，這節代表大漢，不容受任何屈辱的，這是政治的道德，後來很顯然地轉為社會上一般的道德觀念。儒家一向是想用道德來控制政治，馴服赤裸裸的權力，宋儒尤其如此，強調「理」尊於「勢」。但事實上儒家的努力並無顯著的效果。這是因為儒家無法用制度來限制君權。皇帝並沒變成聖人，卻獲了「聖人」的美號。中國道德的人間性一方面源於理智化，這是偉大的成就；而另一方面又來自政治化，這就不甚可喜了。不過一般地說，中國的道德代替了宗教作用，總是歷史上的一個特點。

至於法律，如果大家看過瞿同祖的《中國法律與中國社會》，便知道階級、身分、親屬的區別，在法律上多多少少都有反映。西方人便不大明瞭這些區別，因為他們的法治觀念是人人平等。另一個問題是中國無所謂立法，中國祇有皇帝才能立法；甚至皇帝也不能立法，祇有開國的皇帝能立法，後來的皇帝則要遵循祖宗的法度，不能任意改變。所以立法幾乎成爲不可能。因此，法律幾乎經常與現實脫節。中國的法律，常常不能反映現實。所以王安石變法要說「祖宗不足法」的話。如果研究美國的立法史或英國的立法史，是可以看出當時的社會問題的，因爲議員們所提出的要求反映了民眾的要求，所以看西方的憲法史，能夠看出西方社會的變化。但中國的法律，則明顯地不能表示這歷史現象。講中國法制史的人都特別重視唐律，因此唐律較能反映社會實際。宋律便不及唐律了，例如唐初有均田制，宋代已不行均田制，但宋刑統中仍列均田之法。故可見中國的法律祇有在剛剛大加修改的時候，例如唐律，才比較能和當時社會現狀符合。否則總是落在時代的後面。至於清季的法律改革，是代表當時的先進人士如沈家本，深知中國法律落伍，必須效法西方，這也表現了重大的時代意義。

此外，大明律與大清律，區別是非常少的，必須要靠例和案來補充，個例和個案的處理是不同的，要看當事人的個別情形及原告被告的關係等等而定。這些千千萬萬的例案有時候極具社會史料的價值。總之，中國法律的特殊性也是中國歷史特質的一個有機部分，並且也和中國的政治傳統密切相關。

以上關於「中國歷史的特質」的討論，祇限於這個大題目的一小部分。而且我的談話也不夠系統化。不過我所舉出的幾點，相信都是討論這個問題的人所不能不注意的。其他方面，如傳統的文學藝術也都反映出中國歷史的特質的某些部分，現在沒有時間作深入的解說。總之，這個大問題是研究歷史的人應該時時放在心中的，但並不必急於得到十分肯定的結論。我們的史學研究每進一步，對這個問題的答案也就會隨著接近一步，希望大家共同不斷的努力！

# 西方古典時代之人文思想

人文主義並非西方思想之主流，但重人之觀念在西方亦自有其古遠之起源。近若干年來，中國思想界頗有人注意及人文主義者，然而一般言之，我們對西方人文思想之發展尚嫌無充分的了解。本文主旨僅在介紹西方古典時代關於人之種種觀念，因之並不欲輕易得何結論，爲了避免歪曲這些觀念在其原來思想脈絡中的地位，本文的討論將以一般哲學思想爲背景。但作者非專治哲學之人，錯誤誠恐難免，讀者諒之。

西方思想從其開始處看不但不是人文的，而且是反人文的。其所以如此者，一部分原因蓋由於西方人的心智最初似乎是偏於向外在的世界放射。亞里斯多德說哲學始於好奇，殆即指此。最早的西方思想通常都追溯到西元前六世紀的愛奧尼亞（Ionia）諸哲人如Thales、Anaximander與Anaximenes等。因爲文獻不足，我們對此諸哲的思想所知甚少。但僅據現存的零碎材料，已足以推知他們所注重的問題既非超自然的事物，亦非人之本身，而純是自然界的現象。因此此派哲學事實上乃是一種粗樸的科學，西方的科學精神於此已有了充分的顯露。其特徵乃在於爲知識而知識，不求實用，亦不涉及價值問題。他們所追求的一個共同對象便是一切事物的物質基礎（arché）。儘管每一個人的答案不同，例如有人以爲是水，有人以爲是氣，但基本上都肯定宇宙萬物的根本要素是一種物質。在這種唯物思想的支配下，人自然不能有任何價值可言。Anaximander認爲動物也是由太陽蒸發潮濕空氣而成；而人亦復與其他動物不殊，是從魚變化來的。

但是這並不是說，西方人在西元前六世紀時尙沒有意識到精神世界的存在。靈魂（psyché）的觀念起源遠古，或亦爲任何原始民族所同具，希臘人自亦不能例外。與愛奧尼亞諸哲同時，在希臘世界的另一端——義大利南部與西西里島——卻孕育著西方文化中另一重要的精神。如果我們說愛奧尼亞學派代表著科學精神，那麼畢薩哥拉斯（Pythagoras of Samos, 582B.C.-510?B.C.）及其門徒則可視爲西方宗教精神的早期代表。畢氏不滿意愛奧尼亞學派的唯物論，而提出最後的眞實爲數的和諧之說。畢氏本人關於人的觀念雖已不得而知，但他既是一個重靈輕肉的哲學家，則與科學派之以人下儕於物質者自應有所不同。同時，畢氏及其學派與當時Orphism神祕宗教關係極深。自來學者多重視畢氏之數學而不甚注意其宗教性之一面。實則此二者之間當有密切之聯繫，徒以史料不足，爲說不易而已。

Orphism相信輪迴之說，以爲欲求解脫首先必當使靈魂脫離肉體之羈絆，免除輪迴之苦，而後可以永駐神境。畢氏實有聞於此說而起者，所以數學並不是他的目的，而是用以支撐其宗教信仰之手段。畢氏，尤其是他的門徒，從這樣的宗教立場出發，遂以人生的最高境界爲如何與神相通，而不再墮落塵世。這樣的人生觀，若取與愛奧尼亞的唯物論相較，誠不可不謂是對人的價值之提高。然而從另一方面看，過猶不及，視人如物與出世求菩提同樣無當於尊人之旨。在人文主義者看來，唯物論一系的思想顯然是反人文的，而畢氏一系之宗教思想雖曾提高了靈魂的地位，然其遊心象外遺落世事的態度最少也當稱之爲非人文的。其所以如此之故殊非此短文所能解答。我們最多祇能重述前面所已說過的話：西方人的心智最初似乎有向外在世界放射的趨向。但此處所當附辨者，心智之光之外並不足以說明西方人具有反人文的自覺。愛奧尼亞諸哲與畢氏一派對於人的觀念祇是他們的宇宙觀與宗教思想的引申，事實上他們並沒有認眞考慮過人的問題。如果他們曾自覺地反人文，則其後一二百年間，希臘人文主義的輝煌成就便成爲不可理解的現象了。

但是此二系統的思想對希臘此後的哲學發展具有深遠的影響。常與變爲希臘哲學中之兩大主題，而愛奧尼亞諸哲即最早理解到此兩主題的意義者。蓋希臘人極信宇宙間有一定之秩序，故喜於變幻無方之萬象中尋找一不變的常道。愛奧尼亞諸哲之以一種物質解釋宇宙萬物正表示他們在變中求常的意態。此後的哲人如赫拉克利塔斯（Heraclitus）即以倡變的哲學著稱，而同時巴門尼底斯（Parmenides）則力倡常道。亦可爲希臘人重視常與變之例證。巴氏與畢氏的宗教思想頗有淵源，而受巴氏影響的思想家亦重心而輕物，對愛奧尼亞之唯物論不斷有所修改。但另一方面承繼唯物論一系之哲人則發展爲原子論，以爲宇宙萬物皆由原子構成，雖靈魂也不能例外。由於蘇格拉底以前西方哲學的重心在自然而不在人生，故上述二系統之思想對人文觀念的影響尚不十分明確。蘇氏以後西方思想從自然的發現轉進爲人的發現，其影響遂亦日趨顯著。有人以爲蘇氏以後之希臘哲學仍徘徊於此二系統之間，殊爲有見。蘇氏以後人生論雖漸盛，但畢竟爲宇宙之一分支，故各家之人文觀念亦莫不有其宇宙觀之背景。此處略溯其源，或者可使讀者對西方人文思想之脈絡能有更清晰的了解。

由於蘇格拉底之攻擊，哲學史家頗輕忽辯者（Sophists）的地位。但事實上，辯者對希臘人文主義之發展甚具功績。普洛他各拉斯（Protagoras）以人爲萬物之權衡，近人論西方人文主義者猶多奉之爲不祧之祖。而普氏即是一辯者。大體言之，辯者思想乃是對於前此重自然之哲學的一種反動。辯者不僅不注重對自然世界的分析，同時對超自然的世界亦表示深切的懷疑。例如普氏即認爲神的存在與否，非人所得而知，因爲一則問題本身太隱晦，再則人生過於短促，縱畢生以求也無從獲致確切的知識。所以辯者的認知對象遂嚴格地限於人事界（包括有實用的應用科學）。但是辯者雖爲西方最早的人文主義者，若一察其持論之內容，便不難發現他們的人文主義實在對於人之所以爲人一點所涉尚淺。他們僅僅建立了一種重人的態度，而未能在人的自我了解方面有積極性的貢獻。「人爲萬物之權衡」一語雖提高了人在宇宙中的地位，但也有其流弊。因爲此所謂「人」乃指個別的人而言。個人與個人既不能盡同，而宇宙之事物又萬殊，那麼每個人勢必都是一獨特的權衡，並且將因事因物而異，這樣一來就非演成「此亦一是非，彼亦一是非」的局面不可。前面已約略提到，希臘思想的特色之一是在變中求常，在萬殊中求統一，自愛奧尼亞諸哲下迄柏拉圖與亞里斯多德莫不如此。而辯者獨不然。他們的盛世（西元前五世紀至西元前四世紀中葉）正值外患內亂迭相激盪之際；西元前五世紀初葉希臘雖兩次擊敗了波斯的入侵而造成了希臘文化的光輝時代，但好景不常，到西元前五世紀末葉著名的希臘內戰（Peloponnesian War, 431B.C.-404B.C.）興起，希臘社會日趨解體，舊有的一切標準幾皆不復爲人所遵循。例如政治方面索倫憲法（Solonic Constitution）已開始受到攻擊。而道德與思想方面，情形亦復不殊。辯者所代表的某些傾向便是最好的說明。就道德言，辯者否定了以前的絕對倫理觀。公道justice本是希臘人所重視的一項觀念，也是他們所肯定的常道之一，但在辯者的時代，公道事實上已空存其名，不再具有任何絕對的意義。根據柏拉圖的記述，辯者的末流（如Protagoras與Gorgias的門徒輩）甚至認爲世界根本沒有什麼客觀的道德軌範，所謂公道、所謂德性也祇是弱肉強食的另一說法而已。這類相對的倫理觀不僅爲少數辯者所持，同時也在一般社會上流行。西元前五世紀的文學作品，如優利比底斯（Euripides）與亞里斯多芬（Aristophanes）的劇作中，即常見有描述或攻訐當時道德標準之喪失的文字。辯者承此頹風而倡倫理相對主義，遂離棄了希臘文化求常道求秩序的大統，其不能爲人文主義奠定堅實之基礎是不難理解的。辯者的人文主義的另一缺點則是知識上的懷疑主義。這顯然也是喪失了共同標準的一種表徵。其中最極端的代表是哥治亞斯（Gorgias）。他在《自然或不存在》（*On Nature or The Non-Existent*，按：此書已佚）一書中曾把懷疑論發揮到虛無主義的境地。他認爲宇宙間沒有事物存在；即使有任何事物存在，亦非我們所能知；即使我們略有所知，我們也無法說與人知。在知識上採取了如此虛無的態度，則其不能於人文主義有任何理論上的建樹，也是不難理解的。所以通體而論，辯者雖於希臘人文主義具有清宮除道之功，但在文化史上他們的思想卻無法形成主流。明乎此，我們即可以了解何以哲學家常常忽視他們的重要性，更可以懂得他們在當時何以特別受到蘇格拉底的嚴厲攻擊了。

蘇格拉底其人其學在哲學史上是一個永遠無法解答的謎。這主要是由於他沒有什麼著作流傳下來。柏拉圖對話集中曾屢假蘇氏之名而立論，然而其中究有多少是蘇氏之教，後人已不能斷定。不過如果我們不涉及精確的考證問題，則大體上蘇氏的基本立場仍是可以認識的。蘇氏最不滿辯者的相對主義。他相信客觀眞實的存在，人世間的客觀標準即本此而立，而人的行爲則應當符合這些標準。我們實可以說，他在一個喪失了客觀標準的變動時代中重新肯定了倫理的絕對（ethical absolutes）。在他看來，這種絕對的眞實即是理性知識的唯一對象。他尤其反對辯者哲學中不爲靈魂留活動餘地一點。辯者大體上認爲人的知識皆從感官直接反應而來，故所得者僅爲流動的現象。其知識上的極端懷疑論實伏根於此。蘇氏則以爲靈魂爲開啓理性知識的鑰匙，使我們可以在感覺的流變中窺察永恆的眞實。蘇氏把人分爲身體的和靈魂的兩部分，靈魂之需要食糧與營養亦與身體不殊。而知識即是靈魂的食糧。但此所謂知識並非一般的經驗知識，其對象頗近似形上學的絕對（metaphysical absolutes）。因此，蘇氏所欲建立的人文主義乃是以神爲中心的，也就是要把人和聖多瑪（St. Thomas）所謂「永恆的眞實」連接起來。這和Protagoras的以人爲中心之人文主義迥然有別了。但蘇氏雖攻擊辯者甚力，卻也有其承繼辯者的地方。首先他在哲學思辨上所表現的懷疑精神，也正是辯者之一特徵。此所以他批判了許多當時流行的觀念，而終於招流俗之忌。所不同者蘇氏另有其積極的、肯定的一面，不像辯者之流入虛無之境而已。其次，重人事輕天道也是蘇氏與辯者相同之一點。前面已指出辯者在把希臘思想的興趣從自然轉變到人生方面，頗具功績。這一精神至蘇氏而又得到更進一步的發揮。亞里斯多芬在其名劇（*The Clouds*）中曾把蘇氏描繪成一個辯者，是不無理由的。蘇氏最注重的問題乃是決定美好人生的基礎。誠如西塞羅（Cicero）所云，他是第一個把哲學介紹到人間世的人，同時，對倫理思辨的熱烈追求也由他而開啓，並成爲此後希臘思想的一個主要特徵。蘇氏持理性主義甚堅，他所謂的眞實與原子論派的物質的眞實不同，而是關於形式、關係及一般通性之概念性的眞實（conceptual reality）。這種高度抽象的眞實是合乎理性的，也是通過理性（靈魂）而可以辨識的。唯有這種眞實才是知識之唯一有效的對象，和美好人生之唯一有效的基礎。

綜觀蘇氏之思想，一方面接受了辯者重人輕物的新風氣的洗禮，另一方面則又揚棄了辯者的相對主義。他指出理性爲最高的認知機能，通過理性我們始能獲得綜合性的知識，可以透過感官所接觸的表象而深入概念性的與客觀性的眞實。這樣，蘇氏又接上了希臘文化思想的正統——在萬象紛紜中求最後的眞實，在紊亂中求秩序，在變中求常。蘇氏的這種知識論極有助於人的尊嚴之提高。蓋人既能透過表象而進入絕對之世界（world of absolutes），則顯然已上通於永恆與超越之境，非復塵世之變幻與時間之流逝所能完全淹沒了。

蘇氏從一個更高的境界上重新肯定了常道，肯定了德性的客觀性，誠爲對希臘文化傳統之發揚。但是就哲學方面言蘇氏並未能構成任何系統。他僅強調我們必須追求本體的與絕對的知識，因爲這種知識對於德性言乃是不可少的。所謂知識即德性是也。至於如何而可以獲致此種知識，則他並沒有能夠說得清楚。在這一方面他的弟子柏拉圖又有更進一步的發揮。柏氏論知識亦斥辯者之相對主義，認爲知識不能從感覺或意見中求得。如果個人爲萬物的權衡，易言之，即以個人直接的感覺爲眞理，那麼每一人的感覺都非他人所能了然，其是非對錯亦非他人所能決定了。如此推衍下去，則人與人之間勢必無智愚之可言。故柏氏亦與其師一樣，相信感覺材料是相對性的，常常互相矛盾，並且也無從取證；至於意見，則常是基於不可恃的直覺，所以也是主觀而謬誤的。柏氏推其師之意，認爲眞正的知識乃是對於概念的知識。蓋概念爲綜合性的意象，超越而又包括了特殊的事物，因而是通向永恆與客觀眞理之關鍵。我們對這種概念有了理性的了悟，即可對一切龐雜而不定的個別事物加以分類與整頓，使之可以理解。個別事物起滅無定，唯概念始是完全而永恆的。而知識則必須有永遠有效的對象，否則將不成其爲知識。柏氏哲學中最著名的形式、理念或概念諸詞統指這種知識的永恆對象而言。感覺世界即賴此理念世界之存在而存在（至於其所以然則柏氏未能解釋）。人通過感官可以了解感覺世界，而理念世界則必須通過理性而認知。理念世界高於感覺世界，故理性知識也高於感覺知識。尤重要者，理性知識乃是倫理之泉源，理性知識最後必導致對善之觀念的領悟，因爲善是宇宙之理性的與創造的最高力量，是最根本的永恆眞理。若於此無所知，則其他一切知識皆於人無益。這樣，柏氏的形上學就和他的人文主義倫理觀銜接起來了。

柏氏的倫理思想與政治思想的中心觀念是公道justice，故其在《共和國》一書中即極力爲此名詞求取一圓滿的定義。就國家或社會言，公道必須於全體之和諧中求之。如果一個社會中的每一分子都能依其本性發展，而各盡其所能，則此社會即是一公道的社會。柏氏的政治思想曾引起後世極大的爭議，其是非得失至今猶未能決，可不深論。茲就其倫理思想中涉及人之觀念一點言之。柏氏論人之道德行爲亦如其論國家社會然，以公道或合理的均衡爲最根本的觀念。關於這一點，我們必從柏氏的靈魂觀著手，才容易說得明白。柏氏不以靈魂爲一整個單位，而視之爲若干相互衝突的力量之組合。柏氏曾在Phasdrus中借一比喻說明人之靈魂具有上升與下墮兩種力量：其一限制人之行動，另一個則鼓舞人之行動。前者是天理，故導人發揮其純粹冥想的至高功能，後者是人欲，故驅人追尋感官的享樂。（按：柏氏此種說法極近似宋明理學中之理欲二元論，不過發揮未盡耳。其後至十四、五世紀，新柏拉圖主義再興，因於心理之精微闡發益細，遂尤多可與理學精神互相發明者，稍暇當爲文暢論之，亦比較中西思想之一有趣題目也。故此處特借用天理人欲二詞說之。）但在《共和國》中，柏氏則將靈魂分爲三個部分，即天理reason、人欲desire與精神spirit。不過大體上亦與前一分法無甚違異。蓋此處所增添之精神一項，乃是天理的代理者，即代天理向人欲傳達其命令並強其執行者。此三分法與前述之理欲二元說就柏氏本身之思想言誠屬一貫，但若取與中古之靈肉二元論之相較，則分別甚大，殊不可混而同之。柏氏思想對中古基督教頗具影響，奧古斯汀之天上王國與地下王國之分劃尤深受柏氏之啓示。然柏氏理欲二元之對立卻絕不似中古靈肉對立之具有絕對性，其中尚爲人之主觀努力留有甚大的活動餘地，而柏氏倫理思想中人文主義之眞精神亦由此而顯。其中關鍵所在即在精神一要素之添入。前面已說過柏氏政治思想與倫理思想中，最重要的一個觀念便是公道或合理的均衡。而精神實即調和天理與人欲，使靈魂獲致均衡的唯一力量。蓋天理上通於永恆之神境，若完全依之而行，則流入中古之苦行，失其人之所以爲人之意；人欲下同於禽獸之性，若不加節制，尤將氾濫而無所歸止。故或純依天理或純依人欲所產生的人類行爲都必然是極端的，而一切極端的行爲都不能得到合理的均衡或公道。這在柏氏看來便違背了倫理的原則。由此言之，柏氏在天理與人欲之間所加入的精神一觀念正足表明他的人文主義的傾向。站在一個人文主義者的立場，柏氏並不把肉體及其欲望看成是完全壞的，也不以爲心靈及其理性的冥想便是完全的善。誠然，人應該讓天理通過精神以調節人欲，但調節並不即是全部取消。若干基本欲望（如飲食男女）必須得到滿足才能使人生存下去。故基本上柏氏所採取的是節欲論的而非禁欲論的態度。這是他與中古基督教思想家大不相同的一點。

柏氏倫理觀是最足以表現他的人文主義的所在。他不叫人忽略人的任何自然才能，但是卻鼓勵人發展其最高的本性。人的基本欲望當求其滿足，然而不能僅止於此。人的最後目的還是要向天理發展，以上通於永恆超越之神境。誠然，柏氏在知識論方面確有鄙棄感覺世界而歸向純粹理念世界之傾向，但在倫理觀方面卻並不如此嚴峻，而一唯人生各部分與全體之和諧是求。我們實可以說，柏氏對古典人文主義的主要貢獻乃在他用哲學觀念把希臘傳統的人文理想如和諧、公道等很成功地表達了出來。就這一意義言，他不僅承繼了蘇格拉底的道統，而且對它作了更進一步的發揮。

希臘的哲學至亞里斯多德而達到系統化的高峰，希臘人文思想的發展也至亞氏而告一段落。亞氏在形上學方面與柏氏儘管甚不相同，但在倫理思想上，頗多近似之處。我們不妨說亞氏的倫理思想是柏氏散見於各種對話中的許多倫理觀念之系統化。蓋亞氏也認爲人應當發揮其所具有之最高尚的才性，而不當爲現實生活所淹沒。此其鼓勵人向上之意，固與柏氏無異。柏氏之思想陳義極高，所嚮往者實在理念之世界，但於理念世界與感覺世界之如何交通則未加解釋。其形上學思想與倫理觀念之間也常有距離。在這些地方亞氏則恰能彌補其師之缺點。亞氏之學不尚玄遠，對感覺知識之對象頗加重視。故其思想大體甚見融貫，理想與現實之間有線索可通，迥不似柏氏之兩極化。他認爲知識之追求必當始於我們已知事物，又認爲共相不能與具體之事物無關，游離的理念既不能對可感覺的事物有所變動，則無甚意義可言。因此他總結道：沒有共相則不可能求得知識；但是共相與具體事物之分離卻是柏拉圖理念說所以招致種種反對的原因。亞氏的一切事物成於四因（material、efficient、formal、final）之說爲人所習知，可不詳論。此四因亦早已分別爲以前之哲人所提出，亞氏不過重加整理而已。但亞氏又將此四因約化爲二；即第一項之物質原因與後三項所合成之形式原因。這種物質原因與形式原因之劃分遽視之頗似柏氏之理念世界與感覺世界之兩極，然而他們兩人在思想性格上的一個極重要的區別也在這裡。如前所論，柏氏的兩個世界之間缺乏溝通的橋梁，而亞氏的形式原因與物質原因卻混爲一體，不容分別。物質爲事物之原料，形式則是事物之最後目的。但形式並非超越的，而係內在於事物之本身，並決定著事物發展之類型，因此形式同時也是一切運動的原動力。從這種觀點出發，整個宇宙即代表著無限等級的形式與物質：最低者爲粗糙之物質，最上者爲純粹之形式。形式之精粹則凝聚而成上帝；上帝乃是絕對的目的，是理念，也是最初的動力。但上帝本身則具有絕對之自由，不受任何變動的影響。故上帝可說是最高圓融之境界，宇宙間各層次事物之發展莫不以此爲最後的目標，至於究能達到何種境界則因受事物本身之性質與所屬之層次所決定而各有不同。

對亞氏之形上學略作檢討之後，我們乃可進而一述他的心理學，因爲後者係根據前者而立論。亞氏的宇宙是一個目的論的宇宙，自物質至形式構成一幅層層向上發展的景象。人在此宇宙中亦有其一定的位置。亞氏並不持宇宙爲人而存在之說，而以爲人不過是從粗糙物質到純粹形式的實現過程中之一環而已。物質在最下層，乃是無機的，被動的，和非理性的。其上始爲形式逐層展開所構成的複雜有機體——形式與物質相結合的創造。有機物表示著靈魂的出現，而在亞氏看來，靈魂則是物體之功能或形式。生物與無生物的差異乃由靈魂之有無而判。植物、動物與人既然都具有靈魂，其間便祇有程度上的不同。從這一點來說，亞氏是顯然把蘇格拉底所說的靈魂在範圍上大爲擴展了——從人推廣到整個生物世界。但也因此之故，亞氏對靈魂作了更精細的分解。他認爲靈魂共有三種：營養的靈魂、感覺的靈魂，與理性的靈魂。植物僅具第一種，一般動物則兼具第一及第二兩種，唯有人於一、二種之外又具有第三種。而人之所以特別尊貴者也即在此。由於人之具有理性，他在宇宙這一形式的組織中遂處於中位，把高層次與低層次的事物聯繫了起來。因此人性也居於物性與神性之間。人的一部分是物質，另一部則是形式；儘管他能作理性的思考，但卻不能如神一般作純粹的玄想。（按：亞氏以上帝或神爲最完美之境界，不須也不可能再向更高的境界攀求，故上帝或神之唯一活動即是對其自身之完美爲純粹的玄思，此種玄思乃是「對思想之思想」a thinking on thinking，絕非人所能企求。）又由於人之兼具感覺與理性之故，人遂能一方面獲得具體的知識而另一方面則獲致普遍的知識。人之異於禽獸，這又是一大關鍵。復次，亞氏對理性的靈魂更有進一步的區分，以爲有消極的理性與積極的理性二層次。消極的理性雖能作概念的思維，但潛隱而未彰，故衹能是被動的，不觸則不發。積極的理性其本身即是思想，它使得我們對於關係、本質、性質及形式等共相能夠有知識。我們知道亞氏並不輕忽感覺，反之，他認爲靈魂的一切功能最後都從感官材料轉來，理性亦然。理性之所以高於其他功能則因爲它是化潛能爲現實的心理歷程之最高發展階段。但這衹是亞氏對於人所具有的一般理性之解說。而亞氏所特別推尊者尤在於積極的理性。依亞氏形式與物質渾然一體之說，靈魂之一切功能皆與身體密切相連，一旦形體毀滅，則亦將隨以俱逝。積極的理性獨不然。它並非內在於身體，而來自上帝，最後亦歸於上帝，故不與人之身體共其存滅；當人不復爲人時，它便與人之軀殼分離了。由此觀之，此所謂積極的理性實是永恆的宇宙理性（純粹形式）之一部分，運行於天地之間，亙古亙今，常住不滅。僅就這一點言，亞氏尚未能完全擺脫其師之超越的理念世界之影響。

亞氏對人之精神構成的分析是和他的倫理觀分不開的，後者蓋從前者轉出。在他的倫理觀中，亞氏之人文思想得到了全幅展開，而古希臘的人文思想也至此而發展到圓融之境。從人文主義的觀點來衡量古代的倫理思想，蘇格拉底未免崖岸過峻且帶有神祕意味，柏拉圖則抽象而無系統。唯有亞氏才達到健全、清晰，而復實用之境界。亞氏思想之一基本特徵是避虛就實。因此他在形上學方面是從經驗世界出發，在心理學方面則從功能的觀點討論人之靈魂。在倫理方面他也取同一途徑，即在「把人當人而非神或魔」的基礎上進行討論。所以他說：「我們必須研究的德性乃是人的德性。」

亞氏認爲倫理與美好生活之目的都在求取一種快樂（eudaimonia）或福利。此快樂或福利乃是源自道德行爲的一種滿足，也就是「依據完美德性之一種靈魂的活動」。因此他並不把德性當作超越的理想，而視之爲理性功能之適當的運用；它本身便是目的，而非手段。道德行爲蓋不離乎人倫日用，是入世而非出世的。又由於人具有積極的理性，此理性即爲人之至境，所以理性的行爲同時也便是德性的行爲。另一方面亞氏卻也不肯把倫理提高到無法實踐的程度。人並不是純粹理性的動物，在理性的靈魂之外，他同時還具有營養的靈魂與感覺的靈魂。人與其他生物所同具的這些功能也絕不容加以否定。人如果過度地壓制這些自然的功能，那麼人已不復是完全的人了。人的功能，自滋養、生育以至概念性思維，都是有機的。人既爲一複雜的有機體，則當然應該對他性分中所具有一切複雜的功能予以合理的綜攝，使之成一協調而均衡的整體。

亞氏分德性爲兩類：一是推理的德性，一是實用的德性。由於他受了柏拉圖的影響，對純粹思維的生活特加重視，故以推理的德性比實用的德性要高出一個層次。所謂推理的德性蓋超越於實用道德之上，而翺翔於柏拉圖式的純思境界。它所追求的衹是概念性的形式知識，同時因爲它的玄思對象亙古不變，它所獲致的眞理也具有絕對性。另一方面實用的德性則以可變的事物爲對象，其所得者乃是相對的眞理，故可有商榷的餘地。推理的德性又可再分爲科學知識、直覺理性與哲學智慧三種；但這些主要是針對著哲學家而發的，和一般人的生活無大關係。實用的德性則施之於感覺世界（包括人事），而感覺世界變動無常。若處理無常之人事而隨時隨地都求得最適當辦法，那便是道德。在這一方面，亞氏提出了十二種美德，如勇敢、節制、慷慨之類，以爲人如依之而行即可得道德的行爲。就常人言，最好的人生當然就是將推理德性與實用德性加以融合；因爲人一方面是理性的動物，另一方面又是社會中的一分子。然而靈魂的功能甚多，且又有高下之分，若混而雜之，亦非所以求融合之道，故融合之中必不能不有所輕重。亞氏是一個希臘的理性主義者，很自然地，他雖反對壓制低級功能如飲食男女等等欲望，但卻主張用理性（最高功能）來調節之，使人的生活最後能達到一種合理的均衡。這樣我們就接觸到了亞氏著名的中庸說（doctrine of the mean）。所謂中庸並非任何先驗的規範，故必待智者在具體情況之下自作決定。所可確言者，即人如能把握住中庸之道便可將相互衝突的部分加以適當的配搭，使之成爲一調和的整體。至於如何始能靈活地運用中庸之道以處世接物，那便是由個人的智慧和不斷地修養來決定了。

從亞氏之整個倫理思想推斷，我們更可見希臘人文主義這時發展至成熟之境，眞有「千里來龍，至此結穴」的樣子。亞氏之中庸說乃是希臘人不趨極端的精神之更高形式，他之推尊理性尤可謂抓住了蘇格拉底、柏拉圖以來最重要的一條思想線索。亞氏在他所提出的十二項美德中，以公道（justice）爲全部美德之總綱，此益可見他之善於承繼希臘文化的大統。蓋公道爲希臘思想之一中心觀念，若以中國古代人文主義作比較，其地位殆近似「仁」字之於儒統。我們在前面曾提到，常與變是希臘哲人所最關切的主題之一，但是前此諸哲或重常或重變，要皆各有所偏。直到亞氏這一問題才算有了合理的安頓。大體言之，亞氏是肯定常道的，他相信宇宙萬物為一種理性的力量所統御。但是另一方面他對變道也有所交代。這可從他所持的形式與物質的說法得到證明。我們不妨說形式乃表現宇宙萬物之永恆的一面，也即是常道；物質乃表現其生滅的一面，也即是變道。這層意思柏拉圖在其理念世界與感覺世界之分劃中已先發之。徒以柏氏所嚮者唯在理念之永恆，遂使此二世界分而難合。而亞氏之形式與物質則渾然一體：共相不能離具體之事物而空存，具體事物之中也蘊有共相之因子。這種形而上學的觀念落實到人的身上便有理性與感覺之辨。通過理性人可以知常；通過感覺人可以知變。而理性與感覺在亞氏思想中也盡有脈絡相通，未嘗分為兩橛。因此他對感覺知識的對象極表重視；柏拉圖的形式是超越可感覺的事物之上的；亞氏的形式則不離乎可感覺的事物，人必當自其已知之事物漸推至其所未知之事物。再進一步推廣到倫理學方面，遂有推理的德性與實用的德性之分；前者以概念性的形式知識為活動對象，因對象不變，故所得之眞理是絕對性的；後者以人事為活動對象，因對象流變無常，故無從獲致確切不移的處世之方。這就為中庸說提供了存在的根據。從這一觀點來看，我們實可說中庸乃是在變幻萬殊的人事中所求得的常道。所以中庸之具體表現雖因時、因地、因事、因人而異，而其所以為中庸之理則是不變的、絕對的。在這一點上，推理的智慧與實用的智慧溝通了；人事之變與事理之常也仍然是統一的。

亞氏以後古典哲學已入衰微之境，從人文觀點看，其思想尤多可議。茲但取若干主要思想流派關於人的種種觀念略作闡發，至於其背後的思想系統則不擬涉及。

首先當提到的是斯多噶派（Stoics）。此派視宇宙為上帝之有計畫的建構，其運行亦依循一定的目的。因此他們極重秩序。萬物在此宇宙秩序中皆各有一定的位置，人亦不容例外。人如能在宇宙中找到他應有的位置以盡其才性，那麼他就已達到了人生的目的，也完成了人的德性。故簡言之，完全合乎自然的生活便是德性的生活。但是人怎樣才能找到他在宇宙中的位置而生活得合乎自然呢？問題的關鍵還是理性之有無。宇宙既爲上帝之有計畫的創造，則宇宙本身必然是完全合乎理性的。換句話說，宇宙爲一永恆的理性所貫注。人是有理性的動物，憑著理性的導引，他即可與自然以俱化。斯多噶派的最高倫理理想可以其著名的「聖人」Sage或「智者」爲代表。此「聖人」或「智者」乃徹底地爲理性所化之人；他深知宇宙間一切變動都循著一定的秩序而進行，因之也都是必然的。既然如此，「聖人」對於外在的一切變化遂毫不動心，「聖人」絕對地把自己交付與自然。Marcus Aurelius曾說過，對任何發生過的事情抱怨，便是對自然的背叛。所以「聖人」無情。中國老莊一派的聖人雖亦主無情，但尚不能到此境地。莊子說「雖有忮心，不怨飄瓦」，顯然還承認「忮心」的存在。而斯多噶的「聖人」則連「忮心」都不許有。

這種「聖人」理想的出現，至少從兩方面顯示出希臘人文主義的衰落：一、這樣冷峻無情的「聖人」殊非常人所能企及，即使有人能達此境界也於人世無所補益。二、斯多噶派既奉如此的「聖人」爲最高理想，則必然鄙視人群。在他們眼中，絕大多數人都是愚昧無知的，唯有極少數人才能成「聖人」或「聖者」，而此極少數「聖人」或「聖者」又終日爲愚昧的大眾所累。亞里斯多德雖亦暗示智者較易達到道德之極境，但他並未鄙視一般人群，更未斷絕他們的進德之望。所以他提出德性的完成須賴不斷的修養之說；中庸之道是要逐漸從磨練中才能把握得住的。兩者相較正可見斯多噶派的「聖人」乃是人文精神衰微時的產品。

下逮羅馬時代，相應於大帝國的形成，斯多噶主義也有若干新的發展，而對人之尊嚴有所提高：第一、他們強調個人爲一不可分割之整體，因而培養出一種獨立自主的氣概。Epictetus曾說過：你可以鎖住我的腳，但是我的意志雖Zeus亦不能奪。由於獨立精神的建立，他們又極重對一己負責，故主張自制自賴，完成當下的道德行爲。第二、尊重法律。他們相信法律爲不可侵犯的。宇宙既爲自然律所統治，人世亦當相應而有一套法律。此一套法律也是施於任何人而皆然的。這樣就逐漸導出法律之下人人平等的概念。Marcus Aurelius是羅馬大帝，Epictetus則是一奴隸，但他們都提倡平等之說。此誠不可謂不是斯多噶主義對西方人文精神的重要貢獻。

斯多噶派以外便該提到伊璧鳩魯派Epicurans。一般人頗誤會他們是物質的享樂主義者，其實不然。他們誠以去苦求樂爲人生的目的，但他們所謂樂卻不指感官的享受，而是指內心的寧靜。他們不取宇宙有一定的目的之說，亦不信靈魂不朽，不信他世之存在。在倫理思想方面，他們與斯多噶派有一相同之點：即要求智者對他的情感與欲望加以理性的控制，以求取更大的福利。伊璧鳩魯就曾說道：我們的物質欲望減少一點，快樂的機會也就增多一點。不過他們也非禁欲論者，在調節人的各種欲望以求取均衡一點上，他們大體上還是走著柏拉圖、亞里斯多德的路子。但是他們與斯多噶派有其根本不同之處。後者以宇宙有其定然之秩序，人在此大秩序中不過是一個環節而已。前者則爲強烈的個人主義者，認爲人的解脫祇有靠人自己。幸福的種子即內在於人之自身。

然而他們既喪失了希臘正統思想中的超越精神，又缺乏改進社會的淑世精神，更沒有嚮往他世的宗教精神，而一唯當下個人之智力是賴。在一個文化劇烈變動的時代，這樣空無依傍也追求小我之解脫，其可能的結果爲何是不難想像的。所以伊璧鳩魯主義一方面雖保留了希臘人文思想的餘影，另一方面卻正象徵著古代人文精神的沒落。

此外更可一及者尙有懷疑主義與新柏拉圖主義兩派。前者可說是對希臘重理性、重知識的精神之全盤否定。自蘇格拉底以迄伊璧鳩魯，無論立說如何不同，大體上皆以理性、知識爲通向人生終極目的之唯一大道。懷疑主義者則不然，他們認爲唯有不知不識，人才可以得到快樂；追求確切知識的欲望是一切苦惱的根源。他們之教人懷疑一切，教人勿信任何學理，也許在打破迷信教條一點上有些作用。但他們的展緩判斷卻是一無限展緩的過程，此則終不能使人的心靈得到安頓，而永遠徘徊於猶疑失望之間。新柏拉圖主義綜合折衷了大多數古代唯心論，因此它極力提高人之精神價值，而對感覺世界則貶抑之唯恐不及。人之重要性及其尊嚴不在他的物質方面，而在於他的精神方面。但此所謂精神已不復是指希臘哲學中所強調的理性，而指一種超理性的力量。這已帶有濃厚的神祕主義的色彩。此殆因Plotinus於三世紀創建其哲學體系時不僅盡量吸收了古代哲學的遺產，同時還深受當時各種新興的神祕宗教如基督教等之影響。其結果遂使其思想中同時滲入了哲學與宗教之成分。依Plotinus之說，太一One（又稱Being）爲唯一的眞實，也就是一切存在之終與始。故生命源於太一，而最後亦歸於太一。宇宙的構造是等級性的，最上者是Being，次爲Mind，再次爲Soul，最下者爲客觀世界，亦即是物質（matter）。Mind仍是純精神的形式，其所不同於Bieng或One

者乃在它可直接通於人的思想。至於Soul則爲形式與物質間之唯一橋梁。Soul本身是可分解的，故可以透入並消失於感覺世界之中。如果Soul凝聚不散，最後乃可與Mind合一；如果分散，久而久之即與其生命源頭（Mind）隔離，而歸於消滅。因此Soul若能時時向上攀附，承太一之光輝以透入物質世界，其結果便是創造。反之，若它下墮不已，則其自身終將爲物質所侵入以至物化。至於最下層之物質，在此一玄學系統中則最受鄙棄。因物質無形式，僅是粗糙之原料；又因它無Soul，不受太一之影響，故是惡。從此一形上學系統引申出來的倫理觀，勢必歸於極端提高精神的價值，而厭惡感覺世界。人既處於Mind與物質之間，則象徵著靈與肉之結合；因此人之主要的努力自然也就是如何在二者之間建立一適當的關係。而事實上，由於太一與物質之善惡兩極化，新柏拉圖主義者遂認爲人愈接近純精神便愈善，愈陷溺於感覺世界之中便愈墮落。於是人祇剩有一條進德之路：即完全依賴Mind以使靈魂脫離物質的羈絆，而逐步上升，終達與太一相合之境。在這條路上我們看不見靈與肉融合，這是絕對地棄肉歸靈。至其所以能達斯極境者則又非人之理性知識所可助力。人於此惟有仰賴於超理性的神祕直覺。尊人的思想發展到這一步，舉凡蘇格拉底以來重調和、重理性之精神已全被否定。古典時代人文思想之傳統至此而斬。而我們對古典人文主義之檢討遂亦不能不於此告終。

附記：此文雖經參考多種材料而寫成，然大體脈絡則本之Herschel Baker所著*The Dignity of Man*（Harvard, 1947）一書。特記於此，以示不敢掠美之意。

# 文藝復興與人文思潮

## 引言

近數十年來國人每好談「文藝復興」，而尤好以「五四」以來之文化運動比附於西方之「文藝復興」1。因此，「文藝復興」一觀念遂深入中國知識分子的思想之中。當白話文運動初興之際，倡導者常喜引西方文藝復興前後各國土語（vernacular）文學逐漸代拉丁文而起之事實為同調。我們沒有對近人的「文藝復興」的觀念作深一層分析，無法肯定在起源上，他們稱「五四」運動為「中國的文藝復興」是否主要地根據語言而立論的。但無論如何，他們將文言與白話的關係了解爲拉丁文學與各國土語文學的關係則是一顯然的錯誤。蓋歐洲各國土語文學之逐漸代替拉丁文學，根本上乃是中古歐洲的基督世界分裂之結果，故其事要到十六世紀宗教革命與隨之而來的宗教戰爭以後始顯。在此之前，土語文學雖已在各國有一定程度的存在與發展，但其地位遠不足與拉丁文學相較。試以義大利爲例。但丁（Dante）與彼特拉克（Petrarch）等雖早在十三與十四世紀即有土語文學之創作，但至十五世紀時所謂Volgare（俗語文學）仍在嘗試階段，一般人文主義者猶多鄙薄之[2]。另一方面，就土語文學之發展與拉丁文學之關係言，前者實深受後者之影響，文藝復興在根本意義上是一種寓開來於繼往之中的復古運動。當時人文主義者在語言方面特別強調希臘文與拉丁文的研究，稍後又加上希伯來文。而拉丁文與人文主義者之職業關係尤深。當時教廷與各國宮廷中執掌文書之人必須精通拉丁文，人文主義者之所以得任斯職主要即因他們能草典雅之拉丁書翰及文告。故拉丁文之在各國朝廷亦正猶駢文之於宋代，非精此道者遂不得膺館閣之選。文藝復興時代之拉丁文學，由於深受彼特拉克之影響，西塞羅派之文體（Ciceronianism）盛極一時，亦由於後人模擬西塞羅太過，致文體漸趨公式化，故十五世紀末葉之波立善（Politiam, 1454-1494）與十五、六世紀之伊拉斯瑪斯（Erasmus, 1466-1536）等乃起而反對之，別倡清新文體，以使個人風格得到充分的表現[3]。尤有進者，自彼特拉克以來之新拉丁文學對土語文學具絕大的影響，二者之關係不僅不是敵對的，而且是相輔相成的，使人根本不能截然加以劃分[4]。所以當時人的口號是，非精通拉丁文即不足與語發展土語文學[5]。而且各國土語文學之興起亦不能眞正代替拉丁文，因爲國際間仍需要一種共同的語言以爲溝通學術文化之工具。十五世紀以來歐洲各國之個別發展雖說已在突飛猛進中，但在文化意識上歐洲人仍自覺同屬於一文化整體，並具有共同的理想。因此，在文藝復興時代及其後數世紀中，拉丁文即一直被用爲一種國際性的文字[6]。明白了這一歷史背景，我們就可以懂得何以自文藝復興至十九世紀上半葉這四、五百年間，用各國土語寫成的無數文學性、學術性以及宗教性的重要著作會不斷地被譯成拉丁文[7]。

這樣看來，近代歐洲各國土語文學之興起絕不容被了解爲代替拉丁文；土語文學固然是活的文學，但拉丁則絕不是死的文學。近人引用拉丁文與土語文學之例證來推廣白話文運動的確收到了宣傳的效果。但就事論事，卻是出於對近代西方文學發展的曲解或誤解。近人之所以將拉丁與土語文學的關係作如此之曲解或誤解，以爲鼓吹文學革命的手段，則實因他們有一套特殊的歷史觀亙於胸中。這套歷史觀質言之便是以文藝復興爲近代歐洲史的開始：在此以前歐洲是處於黑暗的、靜止的中古狀態；文藝復興以後，西方文化進入了光明的、進步的與動態的階段。在這一看法之中，多少就涵蘊者康有爲所謂「全變、速變」的歷史觀念。儘管當時仍有所謂「漸變」與「突變」的爭論，而大體言之，那是「突變論」得勢的時代。而且，無論是「漸變論者」或「突變論者」，都同樣具有極強烈的中古與近代對照的歷史意識。若就四、五十年前西方人對西洋史研究的情形言，這樣的歷史觀也不能說有什麼錯誤，因爲多數西方史學家那時也正是抱著這種看法。但中國知識分子之接受這樣的歷史分期觀卻不是出於他們對西洋史研究的興趣，而是他們把中國史比附西洋史的結果。這種比附的是非得失非本文所欲深論。本文上半篇所討論的問題乃是近數十年來，西方學者對「文藝復興」

這一概念研究的變遷。而從此種變遷中，我們即可了解中古與近代之分並無一截然界線。歷史是連續性的：中古並不是黑夜，文藝復興亦未必即是黎明。如果我們眞能體會到這一點，那麼過去一種極流行的說法，認爲中國與西方相較，其差別在於我們缺乏一近代史階段，就應該受到嚴格的批判了。

## 上篇　近代文藝復興觀之變遷

近代的「文藝復興」觀之正式建立必須從瑞士歷史家布加特（Jacob Burckhardt）在一八六〇年發表的那部《義大利文藝復興之文化》（*The Civilization of the Renaissance in Italy*）說起。布氏爲十九世紀少數最偉大的文化史家之一，他在這部書中所表現的綜合能力，縱非絕後，亦已空前。他對文藝復興所做的全面解釋雖係凝結前人之許多零零碎碎的觀念而成，但就其書本身而論則它實爲一嶄新的創造，亦史學藝術中不可多見之傑構[8]。我們現在所熟知的有關文藝復興之特徵如「人之醒覺」、「個人主義」、「古典之復活」以及「解除權威之束縛」等其實都是從布氏書中輾轉流傳下來的。誠如Karl Brandi所云：「我們的文藝復興觀乃是布加特的創造。」近四、五十年來修正布氏之學說者不知凡幾，然而布氏之系統迄未被全面打破，換言之，尙沒有任何人可以建立一個新的綜合性解釋來取代布氏之說。這種情形之造成，一方面固可說是因爲布氏之史才卓越，爲後人所不易企及，但另一方面則亦由半世紀來西方學術之偏重分析而不尙綜合之風氣所促成。唯本文之目的亦並不在全面討論布氏系統之得失，而在就近人對布氏系統之批評來重新了解文藝復興之涵義，以期進而對所謂「中古」與「近代」之分際有一比較合理而平實之認識。

布氏建立的正統的文藝復興觀，其最大的毛病是太固定不移，以致與中古時代成爲毫不相涉之兩橛。依這一觀念，一切「近代精神」皆突然興起於文藝復興時代，而在文藝復興對照之下，中古則成了野蠻與黑暗的總集結[9]。近數十年來研究中古史及文藝復興史之學者已分別指出這種錯誤，並不斷地對正統的文藝復興觀有所修正。

大體言之，近人對正統的文藝復興觀之修正，皆著眼於中古與文藝復興之關係。其中最極端之說法甚至根本否定「文藝復興」這一概念可以成立。例如著名的中古史家桑戴克（Lynn Thorndike）每逢提及文藝復興必稱之爲"The so-called Renaissance"[10]。據桑氏之意見，「文藝復興」一詞在任何嚴格意義上均不能成立。布氏之書除論古典學之復活一節甚爲公允且取材豐富外，其餘諸端問題甚多。舉凡布氏所指爲文藝復興之特徵者，無論爲政治、社會、道德，或宗教方面均爲中古所已有。故桑氏之結論認爲「文藝復興」之概念當廢除，因它有害於我們對中古文化之了解與研究。法國大革命時之哲學家與革命派之抹殺中古政治與經濟制度的價值，並不遺餘力地破壞一切傳統，便是由於這種錯誤的歷史觀造成的[11]。

另一位極端派E. Gilson從文化內容上否定「文藝復興」之價值。依他看，文藝復興未創造任何新的價值，它所有的一切有價值的文化內容均爲中古之道。更進一步看，則它不但無增添，且頗有減少。他說：

> 文藝復興與中古之分別不在其有所增，而在其有所減。就我們所了解的文藝復興言之，它並不是中古時代加上人，而是中古時代減去上帝。可悲的是，由於上帝的失去，

文藝復興亦同時失去了人自身。[12]

顯然地，像這樣的極端論斷已多少流於主觀偏見。其所以至此者則由於推尊中古太過。依著這條路子發展，文藝復興遂被解釋爲中古之沒落，而非近代之開始[13]。

在目前西方史學界，文藝復興究當歸於中古之末葉抑或近代之開端尚是一未決的問題。不過大多數人的意見則仍以爲歸之近代爲得。我們在此亦無意參加西方人的門戶之爭。爲了使問題較爲清晰起見，我們亦不能專看西方史學家關於這一問題的爭辯的結論。在某種程度上我們實應進而略察他們的討論的內容。不過在通常觀念中文藝復興之特徵甚多，近人討論所及亦復不少。此處自不能一一涉及。故此下所論者不過若干較重要之例證而已。

中國學人近數十年來每論及文藝復興，常喜拈「由復古而得解放」一義爲它的重要特徵之一[14]。此一觀念即是從布加特書中輾轉傳下來的。布氏認爲文藝復興義大利之古典再生係以公民生活之發展爲前提，但此種城市中產者的文化，當其從中古之種種束縛中解放出來後，並不能立即找到它自己的出路，故必須有一嚮導。而古典文化之形式與實質均恰恰符合這種要求，遂成爲當時義大利人狂熱愛好的對象，卒至蔚爲其時義大利文化之主要部分[15]。是則依布氏原意，文藝復興乃是市民階級從中古文化中解放後而產生的復古運動，與我們所了解的「由復古而得解放」已大有距離。中國近代學者談西方文化源流往往不加深察，以致因果倒置，此亦是一例也。不過此層尚無大傷，因爲布氏原書中對「復古」（The revival of antiguity）與「個體之發展」（The development of the individual）二觀念同等重視，並分別列爲專章。值得注意的是，文藝復興時人們是否眞正獲得了「解放」，而可以在思想上無所依傍，暢所欲言？此層殊有商榷之餘地。據Huizinga之研究，文藝復興時人之盲目尊崇古代爲永恆的權威與典範，已足說明文藝復興爲一尚權威之文化。因此，若以尊權威與尙個性爲分別中古與近代之標準，則文藝復興不能列爲近代，其事至顯。文藝復興之整個精神正是極端規範性的（normative）：它所追求的是眞、善、美等之永恆有效的準則[16]。抑又有進者，文藝復興一方面尊古代爲權威，另一方面復未離棄中古之權威。布氏書中論「道德與宗教」的部分大體以文藝復興之義大利爲異教流行或不信教的時代。這一解釋亦助長一般人以文藝復興爲「思想解放」的不正確觀念。實則文藝復興並未遺棄基督教正統，此點當時人文主義者已有明白的答覆。例如關於彼特拉克之作品中是否有異教的成分問題，十五世紀的人文主義者Salutati即曾加以辯護，並謂彼氏最能吸取古典文化以爲基督教服務，而人文主義亦絕非反基督教的思想[17]。又如Salutati本人亦嘗因提倡讀古代非基督教作家之書而爲人所責難，他曾有許多信翰解釋古典研究不但無傷於基督教之信仰，並且可有助於人們對眞信仰之了解[18]。伐拉（Lorenzo Valla, 1405-1458）最稱當時人文主義者之新考證學大師。他之辨Donation of Constantine爲僞作從根本上動搖了教會的世俗權力。他又運用其訓詁與考據之方法於《聖經》及早期教會諸聖著作之研究方面，而時有創獲。例如他懷疑《俗本新約》（*New Testament Vulgate*）非Jerome所訂，因而從訓詁觀點撰成《新約注》（*Notes on the New Testament*，一四四四年寫成），其作意蓋與清儒所謂「訓詁明而後義理明」相似。當時以及後世，守舊派固頗有責伐拉爲離經叛道者，而一般人更喜持近代思想解放之說爲彼開脫，然近年來之進一步研究已證明伐拉實具有虔誠的基督教信仰。他之所以攻擊教會之世俗權力、經院哲學，以及《俗本聖經》等，乃是出於簡化與淨化基督教之動機。他既不是異教思想家，亦非科學的懷疑論者[19]。歐洲在十五、六世紀時盛行一種「基督教人文主義」（Christian Humanism），意即使人文主義學術爲基督教服務，而以伊拉斯瑪斯爲此派最顯著的代表人物。伐拉實即此派之最重要的先驅人物之一，伊氏受其影響至深[20]。

由上所論可知所謂文藝復興乃由復古而獲思想解放之說實遠非當時歷史之眞相。此一觀念即使不全是無稽之談，亦必須嚴加限制而後始有意義可言。就西方近代思想發展之歷程言，比較眞能徹底的擺脫權威的束縛，而以個人之理性評判一切之態度，要到十八世紀理性主義盛行後始出現。理性主義者極憎惡中古時代，因此對文藝復興特加讚美，視之爲近代進步之開始[21]。布加特對文藝復興之綜合性的解釋，多少亦接受了理性主義歷史觀的暗示。如此輾轉相傳，愈傳愈失眞相，「五四」前後之中國人遂至以「思想解放」爲文藝復興的最重要內涵。而五四前後中國人所以特別垂青文藝復興之「思想解放」者，其用心實在於藉此以證明他們鄙棄傳統、獨抒己意的思想態度爲正確的而已。這種態度的是非得失非所欲論，但他們誤解或曲解文藝復興的歷史則殊不容爲之隱諱。

另一關於文藝復興問題的爭端是它與近代科學發展的關係。科學爲近代文化的最主要特徵之一，如果文藝復興在科學方面沒有革命性的成就，則它顯然不能算作近代史的開始。布加特的文藝復興觀之遭受近人批評，此亦其一端。布氏「文化史」一方面強調文藝復興爲近代之肇端，另一方面卻對科學的發展語焉不詳。據近人之研究，文藝復興在科學及科學思想上的貢獻，承先實多於啓後。古典研究之復興對於宇宙學（Cosmology）、數學與物理學等則未見有何顯著的增益[22]。因此，有人以爲文藝復興在科學方面正處在大戰役前的整理與預備階段，其意義乃在於商量舊學以涵養新知[23]。在科學方面，亦如其他方面一樣，近人之研究著重在發掘文藝復興的中古根源。例如桑戴克的不朽巨著《巫術與實驗科學史》（L. Thorndike, *A History of Magic and Experimental Science*, 6 Vols.）一書即以強調中古科學傳統之持續不斷爲主題，而頗低估十五、六世紀的科學成就。又如著名的科學史家薩爾頓（George Sarton），則以爲從科學的觀點看，文藝復興殊無任何「復興」可言，而是處於十二、三世紀的科學興盛與十六、七世紀的科學革命兩大高潮之間。從科學方面著眼，他也看出文藝復興爲思想解放之說是錯誤的。他說：

> 人們常說人文主義者開啓了思想自由，這是不對的。他們曾摧毀了一些具有阻礙性的中古偏見，他們曾打破了一些舊的束縛，但是同時也開啓了新的偏見與束縛；他們疑難教條的權威，但是卻接受了古人的權威……。[24]

以上所論，皆偏重於對布加特的文藝復興觀之批評，這些批評雖不免亦有過火或偏頗之處，例如桑戴克之以科學技術爲衡量文化之唯一標準[25]，但一般而言之，在溝通中古與文藝復興之歷史連續性方面，殊爲有功，甚能矯正我們以往對中古與近代分期之武斷看法。然而二十世紀之史家亦並非都反對布氏的系統。其中仍有人在基本上對布氏之觀點抱肯定的態度。值得注意的是，布氏系統的維護者並非一成不變地固執舊說，而是接受了近代的批評之後，對布氏系統作建設性的修正。在這種修正中，中古與近代的強烈對照消失了，文藝復興的中古根源也顯現了出來。在這種地方我們最能見到西方學術進步的原因所在。

在維護布氏系統的學者中，我們願意提出柏倫（Hans Baron）爲例證。柏倫的立場之值得我們重視，還不僅在他對布氏系統作了有力的辯護，更重要的是他竟能在今天這種重分析而輕綜合的學術氣氛中，堅持要從文化史之全面探求文藝復興的意義。依柏氏的見解，近人從科學一端而懷疑布氏系統的有效性，是犯了以偏概全的錯誤，如果我們將十五世紀的科學發展與文藝復興的政治文化史配合而觀之，則可以避免在純科學範圍內所獲致之片面結論害及對整個文化史的評價之危險。就政治方面說，現代史學家固有強調近代制度之中古起源者[26]，然亦不乏以文藝復興時代之政治外交的格局爲近代制度之濫觴之論[27]。柏倫也批評布氏所謂「文藝復興時代義大利人爲最早的近代歐洲人」之說，認爲他對文藝復興之估價過高，以致貶抑了中古思想與政治方面的延續性。但是換一個角度看，布氏本意也並不是說一切近代思想與制度均源於十四、五世紀，而是以文藝復興爲「近代人」開始出現之時代。故他所注重的是文化的形態而不是它的起源。從這一觀點看，文藝復興既非可與中古截然分爲二橛，而同時亦仍可以是近代文化之開始，於是文藝復興在精神上遂填平了中古與近代之鴻溝。再就思想方面說，情形亦復不殊。柏氏反對一部分學人之以科學成就爲評判文藝復興文化之唯一標準，因爲文藝復興的學術興趣本不在科學方面，當時人文主義者所注重的是對於人與歷史的研究。既然如此，我們又如何解說布氏的論旨：人文主義的文化在精神上接近近代思想呢？比較合乎情理的說法應該是：早期人文主義者在推翻占星術（Astrology）的迷信方面所發生的作用對十六世紀後的科學發展具有清宮除道之功，因之間接地助長了近代科學與科學思想之興起。從整個思想與學風看，而不從科學成就作片面觀察，則中古科學之變爲近代科學，在精神意態上須經過文藝復興之過渡。這與前面論及政治體系之變遷問題所獲致的結論大致是相同的。最後柏氏承認，今天我們對中古思想與制度之了解遠較布氏爲深刻；這使我們知道中古與近代並非眞如黑夜白晝般截然不同，二者之間實有一脈相通之處。但另一方面，百年來對文藝復興之研究亦並不能因此而被完全否定。如何結合我們對這兩個時代的研究而達到新的綜合，才是我們今後努力的方向[28]。

從柏倫的例子我們可以看出，布氏系統之維護者亦同樣注重歷史的連續性，對中古與近代之分野亦不取絕對的看法。然而在與批評者持論相同的基礎上，他們仍然能對布氏之系統作有力的辯護。他們和布氏系統的反對者之根本不同處乃在於後者注重歷史連續性中繼往的一面，而前者所關注則是其中開來的一面；後者多從片面（如科學）看問題，而前者則從文化之全體來重估文藝復興的價値。顯然地，如果我們不爲門戶之見所囿，我們實可以說布氏的整齊系統與近人對它嚴厲攻擊都有所蔽——自然也都有所見。比較近眞的說法應該是：文藝復興兼具中古與近代——亦即繼往與開來——兩重性格。它是一個過渡的時代，而它在西方文化史上的眞正意義亦在於此[29]。

## 下篇　人文思潮及其影響

我們在上篇中對文藝復興在西方文化史上之意義有所檢討。但上篇的重心在追溯近百年來西方人的文藝復興觀之演進，故對文藝復興在文化史上的眞實貢獻未能暢所欲言。下篇則擬稍補上篇之闕略。唯文藝復興之文化內容極爲複雜，勢非此短文所能論述其萬一。故茲篇惟遵史家筆削之義，取當時最重要的史事，即人文思潮的發展及其影響，略加闡釋，庶幾可以使上篇之意旨益爲明暢。

自文藝復興以來，「人文主義者」（Humanist）一詞即盛行於西方[30]，至十九世紀初年復有「人文主義」（Humanism）一名之正式建立[31]。然而時至今日，人文主義的確切意義似仍爲一般人所不甚了了。就作者所知，我國學人之提倡人文思想者，對文藝復興之人文主義的認識有時亦仍不免沿布加特之誤而推衍益遠。

布加特在其「文化史」中對人文主義並未有很透徹的研究，他僅分別地介紹了十四、十五及十六世紀的人文主義者的一般特性，他們的社會地位與在文化教育上的貢獻。但基本上他是把人文主義者當作中古文化的代替者來處理的[32]。近代論義大利人文主義之學者大致可分二派：一派是研治古典學術史者；他們認爲人文主義運動，衹是產生於文藝復興時代的一種古典學術的研究運動。這派說法自然亦有其事實上的根據，因爲人文主義者本身也同時是古典學者，並於古典研究之復興極具推動的作用。他們一方面發現了新的材料（如希臘與拉丁文作品之原稿及久已絕傳之古籍），一方面復加深了對中古拉丁學術之研究，並通過新興之考證與訓詁學對這類古典作品加以整理。而希臘古典之研究尤稱文藝復興之重大成就。這些事實都足以說明義大利人文主義者確爲近代語言學與歷史學之先導。但是僅僅從古典研究之興起的角度來了解人文主義運動，則不免過於狹隘化了它的內涵。原因很簡單：人文主義者的活動並不限於古典研究一面。他們同時也追求「辯才」（eloquence）的理想因而產生了大批詩文作品。就數量言，這類作品的成就遠大過他們的古典研究。尤有進者，人文主義者在職業上乃修詞學家，遠承中古之傳統。（此點後文當再詳論）他們之從事古典作品之研究即由於深信仿古乃培養「辯才」之無上法門。

另一派關於人文主義的解釋出自哲學史家。他們視人文主義爲文藝復興之新哲學，乃代中古經院哲學而起者。如彼特拉克、伐拉、伊拉斯瑪斯諸人均曾對中古學術加以批判，而欲代之以古典學。復次，人文主義者關於教育、宗教、政治各種問題的著作亦確有不少是有意與中古立異的。但是這一解釋較之前說尤爲難通。茲僅舉兩點破之：一、文藝復興時代經院哲學極爲流行，絕無爲人文主義所代替之事；二、人文主義者的著作絕大部分都不是哲學性的，故不得視人文主義爲一種哲學。（此二點後文當續有發揮）大抵這種解釋殆由於近代人厭惡經院哲學之故，遂致過分強調了它與人文主義的對立性。按之史實，殊多未合[33]。

許多流行的關於人文主義的錯誤看法都起於不明瞭人文主義之淵源。因此我們有必要略加疏解。在上篇中我們曾指出近代正統的文藝復興觀的最大毛病乃在於過分誇大了中古與文藝復興的對立。這一錯誤也具體地表現在一般人對人文主義的認識上，即以人文主義爲反抗中古之精神[34]。對人文主義作如是觀者大抵均未深究人文主義者在當時社會上處於何種地位，以致誤認他們爲一群特殊的先知先覺者，在社會上無固定的分位，而一唯古典之復興是務。這一印象之造成，一大部分是源於布加特對人文主義所作的描寫[35]。但是，正如Kristeller所說的，布氏之說僅適用於少數傑出之士如彼特拉克、薄伽丘（Boccaccio）及伊拉斯瑪斯等，因此乃是一種例外[36]。事實上任何對人文主義的正確了解，離不開對人文主義者之社會地位及其歷史淵源的追溯。從起源上看，人文主義者並非空無依傍的自由人，而是中古傳衍下來的一種職業流品。中古時代有一種「書記」（dictatores）者，以修詞與文法爲其本業；他們的職業則可大別爲二種：一是王侯宮廷與城邦政府中之祕書，另一則爲修詞與文法教師。此二項職業亦正爲後來人文主義者所繼承。雖然人文主義者之社會地位已視中古之dictatores爲高，但若將前者在社會文化之處境與後者在行政與政治上之重要性作一比較，則二者仍頗有相似之處，其間一脈相承之跡顯然可見。不過我們亦不能因此而得出結論說，中古的dictatores與文藝復興的人文主義者在本質上毫無分別。人文主義者的最顯著的成就在復興了古典的研究，這是中古dictatores所缺乏的。而人文主義者之所以致力於古典研究，推其原始，則是爲了要改進文體與模仿古人之「辯才」，此中絕無任何反抗中古之精神，同時這種古典學也絕不能代替中古之學術[37]。不可否認地，文體的模仿必然會進而導向與古典思想之接觸。近人所謂人文主義主要是指這種與古典思想接觸後所衍發的新思潮而言的。這種新思潮也許對近代思想與態度之建立有過接引的作用，但是此接引作用也並不是在否定中古或反抗中古的方式下表現出來的。就學術範圍言，人文主義者之興趣限於修詞、文法、政治、倫理諸方面[38]，至於哲學與科學則本非他們所嘗措意，故仍爲亞里斯多德主義者與他們所鄙視的經院主義者的盤踞之所[39]。二者學術範圍既不一致，則自不可能互相代替。Kristeller在他的許多著作中，曾一再指摘近人把人文主義與經院主義之爭看作中古與近代、新與舊之爭的錯誤。依他看法，這二者在義大利之發源與流傳的時間相同，互相影響有之，但人文主義的意義絕不在它對經院主義的反抗。故二者之互相攻擊殆係不同行業間的鬥爭的結果，正如人文主義者彼此亦時有爭執一樣[40]。

人文主義不僅非中古思想的反命題，而且也與反抗北方蠻族無涉[41]。蓋人文主義之起源早在十三世紀，而義大利之陷入北方諸國的統治之下則始自一四九四年法王查理士八世之入侵。因之，至少在十五世紀以前義大利無所謂「國家民族解放」的問題。十六世紀之人文主義者則多少已有反抗北人之觀念，如馬基維利（Machiavelli）在一五一三年所寫《王侯論》（*The Prince*）一書之最後一章中，即呼籲義大利人團結一致，驅逐蠻族出境。自十九世紀德人蘭克（Ranke）以來，不少史學家都因此歌頌馬氏爲一愛國者。然而近來的研究已逐漸使人懷疑當時之義大利人是否有一種近代國家民族的共同意識，而《王侯論》之最後一章復與全書氣氛不調，極可能是一種表面文章，未必有何誠意存乎其間。總之，當時義大利諸城邦都把一己之私利遠看在義大利共同禍福之上，外患之來正是內亂的必然結果。在這種情形下，若謂人文主義與義大利民族解放之間有何關聯，則殊難使人首肯[42]。

布加特的文藝復興觀過度強調義大利與北方諸國的差異，亦爲近來最受批評之一端。人們之誤以人文主義與反抗北方蠻族有關，實循此一觀念而來。究之實際，人文主義並非義大利的特殊產物，在起源上它與北方，尤其是法國的中古學風頗有關聯。我們知道，中古的法國曾一再有古典研究的復興運動，如九世紀的文藝復興與十二世紀的文藝復興等。此類古典研究之復興雖時斷時續，但法人對古典之興趣遂得因而持續不墜。義大利的古典研究之復興一部分即導源於與法國之接觸。傳統的看法是以彼特拉克爲義大利人文主義的始祖。近若干年來的研究已推至彼氏之前。尤其是Padua的「前期人文主義者」（pre-humanists）如Albertino Mussato、Lovato Lovati、Rolando of Piazzola諸人在詩的藝術方面的成就，顯然是受了法國對古典詩文研究的刺激[42a]。十四世紀以後，法、義二地文化交流更爲密切；這是因爲一三〇五至一三七八年期間教廷遷駐於法國鄰近的Avignon。在此期間義大利人至法國者絡繹於道，而Avignon教廷亦在傳播古典文化至義大利這一方面起了重要的作用。此外保藏於法國各大圖書館之古典作品原稿亦曾予義大利早期人文主義者以精神上的啓發。例如彼特拉克即曾在法國獲得Sorbonne圖書館的古典原稿，又在Avignon得到荷馬史詩之希臘文原稿。僅此一例即可見彼氏與法國中古人文主義關係之深[43]。

我們對義大利人文主義者及人文研究之起源的若干方面既作了如上的澄清，人文主義的一部分性質已甚爲明顯。我們當已了解，人文主義必不能解釋爲中古文化之反命題或替代者。西方中古文化之中心在基督教，人文主義者雖不乏批評教會流弊之人，但這類批評並不影響到他們對基督教的根本信仰。十六世紀歐洲最傑出的人文主義者伊拉斯馬斯之堅決不肯參加馬丁路德所倡導的宗教革命，尤爲人文主義不反對傳統基督教之明證。我們在上篇中曾指出文藝復興在西方文化史上爲一繼往開來的過渡時代，而人文主義則正可爲此一看法作註腳。以上所論人文主義乃偏重在它之繼往的一面，旨在糾正一般人對於它的近代性的誇張。但這並不能否定人文主義亦有其開來的近代性之一面。以下我們當就人文主義的開新之一面略加疏解，使它對近代文化的正面貢獻及其歷史意義可得而明。唯以時間與篇幅所限，所論勢將極爲簡略。蓋作者之用意僅在對有關中古與近代之分際的若干關鍵性問題稍加解釋，而不是敘述文藝復興與人文主義之歷史發展也。

誠如一般學者所云，人文主義並非一套特定的思想系統，而早期情形尤其如此。依E.P.

Cheyney的看法，彼特拉克的人文主義連人生哲學都說不上[44]。但早期人文主義者，從古典文體之欣賞進而爲古典作品之內容所感染，確已逐漸建立起一種對人生的新態度[45]。這種新態度，質言之，即比較注重人之本身。所謂「比較注重人」又可分兩層來說：一是對人之尊嚴及其在宇宙中特殊地位加以強調，另一則是對於表現個人的情感、意見、經驗與環境之具體特色感到無上的興趣。這一傾向可以從當時的傳記與描述文學以至人像畫中得到證明。布加特稱這種趨向爲「個人主義」，是很切合的[46]。關於後一方面，本文不擬申論。茲僅就人之尊嚴及其在宇宙中之地位兩觀念及其對文藝復興時代各派思想之影響，加以討論。

我們已經說過，早期人文主義僅限於文法、修詞之學諸方面，而缺乏思想系統。但人文主義發展至十五世紀下葉已在哲學思想方面發生了重大的影響，於是促起新柏拉圖哲學的興起。本來西方古典時代末期的新柏拉圖主義已走上絕對的棄肉歸靈的地步，因而從尊人轉而爲貶人。但復活於文藝復興時代的新柏拉圖主義則因與人文主義的學術相結合，因此發生了截然不同的思想效果。我們可以說新柏拉圖主義爲人文主義提供了一套哲學系統，使許多人文主義之興趣與活動得到理論上的說明與支持[47]。文藝復興時代之新柏拉圖主義大師首推費其諾（Marsilio Ficino, 1433-1499）。費氏的活動範圍大體不出早期人文主義者的圈子，他的許多哲學問題也都和當時的人文主義思潮有很深的淵源。因此費氏之哲學一出，即能發生廣泛的影響。他的人之尊嚴的學說，及其強調人在宇宙中的地位，都是從人文主義來的[48]。依費氏之說，人在天地間有其特有之尊貴，而非其他動物所可比擬者，人之多才多藝固爲其尊貴與卓越之一端，然尚是表象。人之眞正可貴處乃在其靈魂之自由，不像其他動物之固定於某一種形式與行動之中。人的行動有各種可能：既可上升以攀附上帝，亦可下降以及於萬物[49]。此一人之尊嚴說和他對人之靈魂在宇宙中之地位的安排是分不開的。在他的宇宙系統中，人之靈魂恰居中位，亦即在靈界與物界之交接處，因此可以貫通上下，靈物二界因靈魂之故遂得合而爲一[50]。費氏思想雖頗有承繼前人之處，但此一說法則是他的新創。與人之中心地位密切相關者還有靈魂不朽之論。費氏既認爲一切事物之在宇宙間者都有其本然的目的，靈魂亦非例外。靈魂之目的是什麼呢？費氏以爲是通過內心之經驗逐步上升，最後達到與上帝合一之境。達到此最高之境後，靈魂就可以在上帝之懷抱中得到永恆的快樂與休息。此一最高之境也就是至眞至善之境。然而人生太短促，並非人人都可在生前修至此境。上智之士縱偶有能於生前修到者，亦不易長此保持。然而，聖凡之途不殊，若循一定之程序不斷提高自己的靈魂，則人人均能到此至眞至善的旅程終點。人生既苦短，費氏遂不得不強調靈魂之不朽，蓋唯有肯定靈魂在人死後仍能繼續其未完之旅程，然後此至眞至善之境始眞正能成爲芸芸眾生所蘄求的共同目標。人人均能達此最高之境，於是人之尊嚴，亦即其高於其他動物之處，也就顯露了出來[51]。

繼費氏而起，對人之尊嚴作更進一步的發揮的，是他的大弟子辟柯（Pico della Mirandola, 1463-1494）。辟柯雖亦爲一新柏拉圖主義者，但他的學問極爲博雜，思想亦不囿於一家，而有意對柏拉圖主義與亞里士多德主義進行一更高之綜合。但他不幸英年早逝，致未能竟其志。他的重人思想，亦如費其諾一樣，係上承早期的人文主義者[52]。他在發展重人思想方面的貢獻則是著名的〈關於人之尊嚴的演詞〉（Oration on the Dignity of Man）[53]。一般人頗有認爲近代「人之尊嚴」一觀念是由辟柯最先提出的，其實並不然。在基督教傳統思想中，重人之思想實源遠而流長。辟柯在其〈演詞〉中劈頭就提到前人的重人思想，足見其思想淵源有自。即在文藝復興時代，早期人文主義如Bartolommeo Fazio與Gianozzo Manetti即已用「人之尊嚴與卓越」（Dignity and Exellence of Man）爲題寫過同類的論文[54]。因此辟柯的〈演詞〉之重要性顯然不在其重人思想的一般傾向上，而在他提出了與前人截然不同的新說法，以肯定人在世界中的特殊地位。蓋前此之論人之尊貴者，大抵皆接受人在宇宙系統中居於一定不移的位置的說法。即費其諾於此亦未能別創勝解。我們已看到，費氏的貢獻乃在他將人之靈魂放在宇宙系統之中位，但其固定不移之性格卻並未有所改變。辟柯的最大貢獻則在於從自由的觀點論人之尊嚴。因此，他在其〈演詞〉中先造一有趣的故事：上帝於創造世界萬物之後，就想到祂的偉大的藝術性的創造應該受到欣賞與讚嘆，於是復有了人的創造。當人被創造時，世界上萬物均已各有定位，故上帝找不到餘隙可以對人在宇宙中作任何固定性的安排。根據這一故事，辟柯接著就指出：人在世界上既乏一定之居所，亦無一定的形式，復不具有任何特殊之功用。人無任何特殊的性能，但同時卻又以萬物之性爲性。萬物都須受上帝所制定的規則之限制，而人則有自由意志，不在萬物所受的限制之內。因之，人又必須善用其自由意志以確定他自己的限制。同時爲了使人能於俯仰之間盡察宇宙萬物，上帝復將人置於宇宙之中心。於是人遂上不在天，下不在地，而浮沉升降悉賴其選擇之自由爲之主宰[55]。辟柯這一意志自由之論，正表現了文藝復興時代在思想方面的創始性[56]。而他之論人之尊嚴及其在宇宙中之地位，則又顯然係上承中古與早期人文主義先驅者之餘緒；文藝復興時的繼往之一面亦於此可見一斑。辟柯的〈演詞〉之所以能成爲人文主義者之代表性的信條，乃是因爲人文主義者對人之能力具有無限的信心，故不滿於往昔以人與萬物同在宇宙中占有一定位置之說；而辟柯之新論既不違尊人之旨，復賦予人以意志之自由，承先啓後，獨造勝境，蓋非他人所能企及也[57]。

以上二人爲新柏拉圖主義受人文主義衝擊後所產生的新思想家。下面我們將討論人文主義對亞里斯多德主義的影響。亞里斯多德主義爲中古學術權威，但它在文藝復興時代之義大利思想界仍占據極重要的地位，與人文主義和新柏拉圖主義鼎足而三[58]。從這一點我們也可以了解人文主義並沒代替中古時代的學術思想。至於人文主義與亞里斯多德主義在此期中的鬥爭，與其視之爲新與舊或近代與中古之爭，則毋寧看作是不同學科間之爭[59]。亞里斯多德主義者受人文主義影響最顯著的代表是龐朋納粹（Pietro Pomponazzi, 1462-1525）。在促成當時亞里斯多德主義的革命性改變一方面，龐氏是一位關鍵人物。這一改變，質言之，就是人文主義的個人尊嚴與價值觀進入了亞里斯多德主義的學術傳統，而與非個人的與集體主義的舊觀點形成對立[60]。龐氏視人爲宇宙之中心，其持說與費其諾及辟柯並無不同。他的特殊貢獻則在從新的觀點解釋靈魂之不朽。費其諾之靈魂不朽論非龐氏所能同意；依後者的看法，靈魂不朽論不能用哲學論證證成；人的靈魂不能離身體而存在，故與身體同腐。然而就靈魂之能把握眞理與共相而言，它實超越了身體之限制而化爲不朽。這種不朽決定於當下人生，而非有待死後[61]。不朽可由精神之上升而求得於生前，人之尊嚴的觀念遂因而益爲明確；同時人生意義也從出世的、消極的與冥想的轉而爲入世的、積極的與行動的。一切人都具有思辨的、道德的與技術的三類才能。思辨的才能非人之特徵，而是屬於神的，人雖多少都有這種才但絕不能至完全之境。技術的才能亦不足以盡人之本性，因爲其他動物多少亦具備之，因此唯一使人成其所以爲人的特徵乃是實際的道德才能。人之好或壞若就其思辨與技術之才能言則都是有限的、相對的，因此祇有從道德觀點看才有絕對的意義可說。在思辨與技術的才能方面，人不必求完美，亦不可能求完美，但在道德方面人若能努力不懈，則可望漸臻於至善之境界[62]。至於龐氏之論人性是多而非一，游移而非確定，爲介乎朽與不朽之間的中道[63]，則頗與辟柯所謂人在宇宙中無定位之說深相契合。因爲祇有如此說法，才能顯出人的主觀努力的價値和道德行爲的意義。由於龐氏重視現實人生的價値，他的善惡觀遂亦是入世的而不與宗教上的死後賞罰說相牽連。因此對德性的酬報就是德性本身，對罪惡的懲罰也就是罪惡的本身。道德就人生言爲當下自足而毋須外求者。龐氏謂靈魂本然是可腐朽的，其意即在爲德性之價値安排一托身之所[64]。

由上所論可知，文藝復興之人的觀念，自早期人文主義者至龐朋納粹，實表現一愈轉愈深之發展歷程。早期人文主義者僅僅重新提出人在宇宙中之地位及其尊嚴等一般性的問題，費其諾則進一步肯定人在宇宙間居於中心地位，並對靈魂之自由爲其尊嚴之根據一點微引端緒。此一端緒至辟柯遂得暢發而演爲人在宇宙間無一定位分的理論。在這裡，一方面人之意志自由得到了肯定，而另一方面人對靈魂之沉淪或超拔所負的責任也更爲重大。在這種情形下，人們乃不得不更進一層注意人之自身之問題及其如何求超拔之道。這樣就引導出龐朋納粹的思想。龐氏在對人性的分析方面有兩點最大的貢獻：第一是強調道德的才能是人之所以異於神或其他動物之所在；人唯有在道德上努力不懈以求達到至善之境才算盡了人性。第二是靈魂之不朽須在人世中求取之說。此說尤爲轉出世的人生觀爲入世的人生觀之重要關鍵。

上面的討論同時也說明了人文主義本身雖不成其爲一套哲學系統，而影響所及實震撼了文藝復興時代各派學術思想，易言之，即使各派之思想重心逐漸轉移到對人之價值的肯定與對人之本質的分析方面。但人文主義在開新的方面並不僅僅在於對當時學術思想發生了影響。若人文主義之影響僅及於思想層面，而未能對當時人的生活有所改變，則人文主義仍祇能算作一種紙上空談，而不足與語爲新的文化力量。爲了說明這一點，我們在結束本文之前必須略察人文主義在近代人的實際生活上所發生的重大作用。

我們在上面已指出，早期人文主義者之從事於古典研究頗有重文體而不重哲學思想的傾向。其所以有此傾向者，一部分原因是他們繼承了中古修詞學與文法學的傳統：但若逕以此爲人文主義者不尙玄想之全部理由，則又不免失之太偏。早期人文主義者，自彼特拉克始，即比較注重道德實踐而對哲學玄想沒有興趣。彼氏本人極以玄想有爲害，故要人注重行爲。他認爲所謂「德性」蓋有兩重意義：一爲人對上帝須有正當之體察，一爲人與人之間須有正當的行爲[65]。關於人與上帝之關係我們不擬在此討論，茲但試就人與人之間如何始可有正當行爲一點言之。具體地說，這也就是人的教養問題。當時的人文主義者在教育方面以倡導「人文研究」（studia humanitatis）著稱。所謂「人文研究」則包括誦習古拉丁及希臘經典[66]。在此種人文研究過程中，人文主義者逐漸發展出重人的意識，因而欲通過人文研究以塑造理想的人物。這一人文教育的思想隨處流露於人文主義者的著作之中[67]。教學的材料既爲古典著作，理想人物的塑造自然也就與模仿古人分不開。從這一觀點看，文藝復興之歸向希臘羅馬顯然不是單純的復古[68]。當時的人文主義者馬基維利即說過：

> 對古代人之研究之所以有價值，乃因他們是人的模範。而仿效他們之努力之所以不致落空，則因爲人性是亙古不變的。[69]

可見人文主義者之仿效古人，其著眼乃在於創造新時代之人物，而不是泥於古；因此他們都深信古典研究具有實用性。例如Vegio即謂古典人文研究的目的不徒在於學術，而實欲造就有用的公民[70]。維多里諾（Vittorino）亦同樣以造就公民爲研古之目的；他並以爲基督教與古典倫理同是發展完美人格所不可或缺的[71]。

人文主義者爲塑造完美人格所創設的教育課程，在西方教育史上發生了長久而深遠的支配作用。直到十九世紀，西方學校中的人文主義教程才因科學之興起而逐漸受到修改。至於人文主義教育計畫的完全消失則是二十世紀初年的事。而且即使在今天，西方的教育在實踐方面雖已發生了革命性的改變，但在基本教育理論上較之文藝復興時代尚未見有甚大的進展[72]。自十八世紀以來，西方教育課程的重心已從人格教育逐漸轉移到知識與技能方面來了。時至今日西方教育的功能似乎僅在造就具有專門知識與技能的人才，而忘懷了文藝復興以來以發展完美人格爲目標的教育理想。這一改變的利害得失固非門外漢所能評論，故作者不擬於此表示任何意見。但作者願意將兩位研治文藝復興的學者對此轉變的看法介紹於本文之末，以供中國關心教育問題者之參考。

Kristeller氏在其《古典學與文藝復興思想》一書的結尾處，對今天古典學之淪爲少數專家的專門絕學一事曾深致其慨嘆。他指出許多職業教育家似乎已完全忘記了人文主義學術的存在，更不必說它的重要性了。他接著說：

> 然而我仍希望並期待我們對古典學及歷史學的興趣終會繼續以至復興起來，因爲我堅信它們的內在價值……我不願給人一個印象，以爲我要提高學問的理想而犧牲其他更基本與更具綜合性的理想，或者以爲我無視於歷史學的限制。我們並不祇是學者，我們同時還得是公民，工作的人，思維的人，和一般的人。誠如布加特所說的，歷史知識未必立即使我們變得更爲謹慎，但是長遠地看卻會使我們變得更明智些。[73]

Whitfield更深切地告訴我們：

> 繼彼特拉克之後，人文主義者所要教育的乃是完整的人，但是當教育不再關懷人的本身而提出爲自然知識而知識時，那就是人文教育遜位日子到了。……我相信自然科學的知識的正確性。但是接下去又該如何呢？……人文主義者一樣可以把彼特拉克關於教會占有財富一事所說的話應用於科學的成就上面：「如果它占有財富那倒是一件好事，不過如果它竟爲財富所占有，那就糟到無以復加了。」離開了人文主義的中心，一切外在的知識都是和我們不相干的。[74]

1 例如胡適之先生關於「五四」運動的一部英文著作即稱之爲*The Chinese Renaissance*。

2 關於其時人文主義者對土語文學之爭論，可看Hans Baron, *The Crisis of the Early Italian Renaissance*, Princeton, 1955, Vol. I, pp. 297-312 Vol. II, pp. 422-429.

3 關於ciceronianism問題可參看J.A. Symonds, *Renaissance in Italy*, Modern Library ed., 1935, Vol. I, pp. 519, 575，關於anti-ciceronianism看*The New Cambridge Modern History*, Vol. I（The Renaissance, 1493-1520）, 1957, pp. 98, 114.

4 *The New Cambridge Modern History*, Vol. I, p. 171.

5 Baron, op. cit., p. 312.

6 參看Paul van Tieghem, *La litierature latine de la Renaissance*, Paris, 1944, p. 7; Peter Herde, "Humanism in Italy," in Philip P. Wiener, Ed., *Dictionary of the History of Ideas*（New York, 1973）, Vol. II, pp. 517-518.

7 關於此問題的討論，請看W. Leonard Grant, "European Vernacular Works in Latin Translation," *Studies in the Renaissance*, Vol. I, 1954.

8 看Wallace K. Ferguson, *Renaissance in Historical Thought*, Houghton Mifflin Co., 1948, p. 179.

9 參看Federico Chabod, *Machiavelli and the Renaissance*, Cambridge, 1958, pp. 151-152.

10 Ferguson, op. cit., p. 384.

11 Lynn Thorndike, "Renaissance or Prenaissance?" 載*Journal of the History of Ideas*, Vol. IV, No. 1（Jan. 1943）.

12 Etienne Gilson, "Humanisme médiéval et Renaissance"一文載於他所著*Les idées et les lettres*, Paris, 1932, p. 192.

13 例如著名的荷蘭史學家J. Huizinga所著關於十四、五世紀之法國與尼德蘭之社會史即名之曰：《中古時代之衰落》（*The Waning of the Middle Ages*）。著者在英譯本自序中認爲中古史其實也就是文藝復興之前奏。（Anchor Book ed., Preface.）

14 例如蔣方震爲梁啓超之《清代學術概論》作序即作是語。

15 J. Burckhardt, *The Civilization of the Renaissance in Italy*, tr. by S.G.C. Middle more, Phaidon Press edition, 1951, pp. 106-107.

16 Johan Huizinga, *Men & Ideas*, tr. by James S. Holmes and Hans van Marle, Meridian Books ed., 1959, p. 271.

17 見J.H. Whitfield, *Petrarch and the Renascence*, Oxford, 1943, p. 96.

18 見Ephraim Emerton, *Humanism and Tyranny: Studies in the Italian Trecento*, Cambridge, 1925, VII "Salutati: Letters in Defense of Liberal Studies".

19 關於近人對伐拉的信仰問題的討論可看下列諸書：Cassirer, Kristeller & Randall Jr.（ed.）, *The Renaissance Philosophy of Man*, Chicago, 1948, pp. 147-154; H.J. Grimm, "Lorenzo Valla's Christianity," *Church History*, XVIII（June 1949）, pp. 75-88; and E. Harris Harbison, *The Christian Scholar in the Age of the Reformation*, New York, 1956, pp. 43-49.

20 見J. Huizinga, *Erasmus and the Age of Reformation*, Harper Torchbooks ed., 1957, pp. 57-58.

21 參看Ferguson, *The Renaissance in Historical Thought*, ch. IV.

22 參看Dana B. Durand, "Tradtion & Innovation in the 15th Century Italy," *Journal of the History of Ideas*, Vol. IV, No. 1（Jan. 1943）.

23 Francis R. Johnson, "Preparation in the Progress of Science," Ibid.

24 見Sarton, "Science in the Renaissance," in J.W. Thompson, G. Rowley, F. Schevill & G. Sarton, *The Civilization of the Renaissance*, Chicago, 1929.

25 對桑氏之批評可看Ferguson前引書，頁三八五。

26 例如C.H. Mcllwain, "Medieval Institutions in the Modern World"一文（載*Speculum*, 16. 1941）即著眼於此。

27 最著名的如E.W. Nelson, "The Origins of Modern Balance-of-Power Diplomacy," *Medievalia et Humanistica*, I（1942）, pp. 124-142以近代之「均勢」源於義大利之五強（即Venice, Milan, Florence, Naples & Papacy。按此意德人蘭克Ranke已先發之，而文藝復興時代之史家歸西亞底尼Guicciardini亦已意識到「均勢」的存在，見彼所著《義大利史》，英譯文見J.B. Ross & M.M. McLaughlin所編*The Portable Renaissance*

Reader, New York, 1953, pp. 279-284.）又據最近人研究在歸氏以前已先提出「均勢」之觀念者爲人文主義者Bernardo Rucellai。（見Felix Gilbert, "Bernardo Rucellai and the Origins of Modern Politics," *Journal of the Warburg and Courtauld Institutes*, Vol. 12（1949）, 101-131.）又關於文藝復興時代之外交爲近代外交之開端可看Garrett Mattingly, *Renaissance Diplomacy*, Boston, 1955。此書對近代外交之起源作了一番極通徹的研究，旨在說明近代外交之藝術與國際關係之形態奠定於文藝復興時代。

28 此段柏氏之論旨採自彼所著之文"Towards a More Positive Evaluation of the 15th Century Renaissance," *Journal of the History of Ideas*, Vol. IV, No. 1（Jan. 1943）.專從思想史觀點討論文藝復興觀之變遷者可看P. O. Kristeller, "Changing Views of the Intellectual History of the Renaissance Since Jacob Burckardt," in Tinsley Helton, ed., *The Renaissance*, The University of Wisconsin Press, 1961, pp. 27-52.

29 參看Ferguson, *The Renaissance in Historical Thought*, p. 391及同氏所撰"The Reinterpretation of the Renaissance," in *Facets of the Renaissance*, Harper Torchbooks, 1959, pp. 1-18.

30 參看A. Campana, "The Origin of the Word 'Humanist,'" *Journal of the Warburg and Courtuad Institutes*, IX（1946）, pp. 60-73.

31 「人文主義」（Humanismus）爲德國教育家F.J. Niethammer於一八〇八年所創。

32 見Burckhardt，前引書pp. 120-121.

33 以上兩段關於人文主義之解釋及對此種解釋之批評係採自P.O. Kristeller, "Humanism and Scholasticism in the Italian Renaissance," *Byzantion*, XVII（1944-1945）.

34 東方人亦多有沿用此一錯誤者，如日人三木清之〈人間主義〉（此文已由徐復觀先生譯成中文，題爲〈西洋人文主義的發展〉載《理想與文化》第九期，民國三十九年，頁五八—七〇）文中即以文藝復興之人文主義爲從中古桎梏中求解放並含有反抗精神的運動。（中譯本，頁五九—六〇。又中譯本現已收入香港友聯出版社所編《人文思想論叢》中。）三木清之說近年來復輾轉爲中國學者之論人文主義者所襲用。

35 讀者如有興趣可看布氏《文化史》，頁一六三—一六七。此處不擬詳及。

36 見前引"Humanism and Scholasticism in the Italian Renaissance"文中。

37 關於本節所論可看Kristeller, "Humanism and Scholasticism," Kristeller, *The Classics and Renaissance Thought*, Harvard University Press, 1955, pp. 11-13 及Ernst Cassirer, et al, *The Renaissance Philosophy of Man*, p. 3。關於人文主義者與「辯才」的關係，參看Hanna H. Gray, "Renaissance Humanism: The Pursuit of Eloquence," *Journal of the History of Ideas*, 24（1963）, pp. 497-514 and Jerrold E. Seigel, *Rhetoric and Philosophy in Renaissance Humanism, The Union of Eloquence and Wisdom, Petrarch to Valla*, Princeton University Press, 1968.

38 見Kristeller, "Humanism and Scholasticism".

39 參看Myron P. Gilmore, *The World of Humanism*, New Yrok, 1952, p. 193.

40 除上引文外，又可看他的"The Philosophy of Man in Italian Renaissance"一文，收在他的*Studies in Renaissance Thought and Letters*（Roma, 1956）論文集中。（此書手頭無有，所有徵引皆根據讀書筆記，故不能註明頁數，理合聲明於此。）

41 如三木清文中即有此說（前引文頁六二），其誤亦為近日中國學者所沿襲。

42 關於此問題之較簡要的討論，可看F. Gilbert, "The Concept of Nationalism in Machiavelli's Prince," *Studies in the Renaissance*, Vol. I, 1954, pp. 38-48.

42a 見P.O. Kristeller, *Eight Philosophers of the Italian Renaissance*, Stanford University Press, 1964 and Roberto Weiss, *The Renaissance Discovery of Classical Antiquity*, Oxford University Press, 1969.

43 請參看B.L. Ullman, "Some Aspects of the Origin of Italian Humanism"一文，收在他的*Studies in the Renaissance*（Roma, 1955）論文集中，又據Kristeller之研究義大利人文主義有三源：一、義大利中古修

詞學之傳統：二、十二世紀特盛於法國的中古人文主義，即古典拉丁詩文之研究，自十三世紀後漸傳入義大利，而與義大利之修詞學傳統相結合：三、希臘古典文學之研究，此爲西歐中古時代所沒有，而係從拜占庭帝國（Byzantine Empire）傳到義大利的。（見所著"The Philosophy of Man in Italian Renaissance"一文。）中古人文主義亦有一甚爲強固的傳統，尤以一○五○年以後的兩三個世紀爲然。此點已爲中古史名家R.W. Southern指出，見他的*Medieval Humanism and Other Studies*, Harper Torchbooks, 1970, pp. 29-60.

44 *The Dawn of a New Era*, p. 268.

45 Ferdinand Scheville, *The first Century of Italian Humanism*, New York, 1928, p. 1.

46 Kristeller, *The Classics and Renaissance Thought*, pp. 20-21.近人有謂文藝復興並無個人主義者（關於此問題可參看N. Nelson, "Individualism as a Criterion of the Renaissance," *The Journal of English and Germanic Philology*, XXXII 1933.）實由於誤解布加特用此名詞之本意。

47 Gilmore, *The World of Humanism*, p. 193. 關於人文主義與新柏拉圖主義之關係，可看Nesca A. Robb, *Neoplatonism of the Renaissance*, London, 1935, Chaps. I and II; P.O. Kristeller, "Renaissance Platonism," in *Facets of the Renaissance*, pp. 103-123; John Charles Nelson, "Platonism in the Renaissance," in *Dictionary of the History of Ideas*, Vol. III（1973）, pp. 508-515.

48 P.O. Kristeller, *The Philosophy of Marsilio Ficino*, New York, 1943, p. 13.必須指出，新柏拉圖主義雖受人文主義的影響極深，但作爲哲學或學術運動言，它實具有獨立之意義，不得視之爲人文主義運動的一部分或分支也。（參看Kristeller, *The Classics and Renaissance Thought*, p. 58.）

49 見Kristeller, *The Philosophy of Marsilio Ficino*, p. 192及"The Philosophy of Man in the Renaissance".

50 見Kristeller, *The Philosophy of Marsilio Ficino*, pp. 196-197. "The Philosophy of Man in the Renaissance"; and Cassirer, et al, *Renaissance Philosophy of Man*, pp. 190-191.

51 Kristeller, *The Philosophy of Marsilio Ficino*, pp. 226-230. "The Philosophy of Man in Italian Renaissance," and "Ficino and Pomponszzi on the Place of Man in The Universe," in *Studies in Renaissance Thought and Letters*.

52 見Cassirer, et al, *Renaissance Philosophy of Man*, pp. 221-222.

53 英譯本見同上書pp. 223-254.

54 參看C.E. Trinkaus, Jr., *Adversity's Noblemen, The Italian Humanists on Happiness*, New York, 1940, pp. 63-66. 又參看Cassirer, et al, 前引書p. 219.

55 見Cassirer, et al, *Renaissance Philosophy of Man*, pp. 224-225.

56 見E. Cassirer, "Some Remarks on the Originality of the Renaissance," *Journal of the History of Ideas*, Vol. IV, No. 1（Jan. 1943）.

57 參看Cassirer, et al, *Renaissance Philosophy of Man*, pp. 221-222; Trinkaus, op. cit., p. 56; and Kristeller, *The Classics and Renaissance Thought*, p. 60.

58 參看Kristeller, "Philosophical Movements of the Renaissance," in *Studies in Renaissance Thought and Letters*, pp. 17-31.

59 見Kristeller, "Humanism and Aristotelianism in the Italian Renaissance"; and *The Classics and Renaissance Thought*, p. 43.按：Kristeller大體以亞里斯多德主義亦當包括在經院哲學之中，因據他的研究，經院哲學自十三世紀以來主要是以亞里斯多德爲基礎的。

60 見*Renaissance Philosophy of Man*, p. 257.

61 見Kristeller, "Ficino and Pomponazzi on the Place of Man in the Universe," and *Renaissance Philosophy of Man*, p. 237.

62 見Kristeller, "The Philosophy of Man in Italian Renaissance".

63 見龐氏所著"On the Immortality of the Soul"第一章。英譯本見*Renaissance Philosophy of Man*, pp. 280-381.

64 *Renaissance Philosophy of Man*, p. 274.

65 見Whitfield, *Petrarch and the Renascence*, p. 105.

66 見Kristeller, *The Classics and Renaissance Thought*, pp. 9-10; and H.O. Taylor, *Thought and Expression in the Sixteenth Century*, 2nd ed., 1930, Vol. I, p. 4.

67 見Kristeller, "The Philosophy of Man in Italian Renaissance".

68 參看Crane Brinton, *A History of Western Morals*, New York, 1959, p. 243.

69 轉引自Kristeller, "The Philosophy of Man in Italian Renaissance".

70 W.H. Woodward, *Vittorino da Feltre and Other Humanist Educators*, 1897, p. 182.

71 同上書p. 67.按：人文主義者之特別重視教育的力量是和他們要改善當時的道德狀況分不開的。因此幾乎所有人文主義者都有關於道德問題的著作。其中不少人，包括伊拉斯瑪斯與薩多勒托（Jacopo Sadoleto）在內，是把教育看作道德生活的先決條件的。（參看Richard M. Douglas, *Jacopo Sadoleto, 1477-1547: Humanist and Reformer*, Harvard Univesity Press, 1959, p. 75.）

72 見Scheville, *The First Century of Italian Humanism*, p. 64.

73 *The Classics and Renaissance Thought*, pp. 88-90.

74 *Petrarch and the Renascence*, pp. 114-115. 按：本節原文用典甚多，不宜於直譯，故僅譯其大意如此。

# 工業文明之精神基礎

## 前言

這篇文字是介紹John U. Nef教授，於本年（一九五八）出版的一部新著——*Cultural Foundations of Industrial Civilization*。這本書之所以特別值得介紹給中國讀者是有相當的理由的。我願從兩方面來說明之。第一、就本書的內容說，它是對近代西方文化的精神本源的全面檢討。著者的文化觀不但新穎而且深刻。在近數十年中尚沒有一部同類的著作可與之相提並論。著者之撰寫本書，其用心很像韋伯（Max Weber）寫《新教倫理與資本主義之精神》（*The Protestant Ethic and the Spirit of Capitalism*），但範圍大不相同，韋氏之作爲專題分析，本書則是綜合論斷。

欣賞工業文明的人常歌頌近代史爲人類進步的高峰；厭惡者則引人類日益陷於物質欲望之中而莫能自拔爲深憂。這兩極端的看法自然是從相反的方向觀察同一個盾的結果，因之，也各有其相當的根據，我們於此可不深論，但這兩種看法顯然是過分著重了近代文化的物質方面。近代文化絕不能完全是物質的累積，它自有其精神的一面，更當有其精神的根源。Nef教授這部書就是要發掘出這種精神的根源，然而相似的工作也並不是絕對沒有人做過。若干理想主義的哲人即曾從不同的觀點討論過近代文化的精神。但哲學家論文化，其獨到之見與其偏見是成比例的，故未必能使一般人都信服其論斷。而本書著者則爲一史學家，史學家論文化其取徑與哲學家不同。他注重客觀的分析，從客觀史實中推出結論。也許是因爲我自己的興趣偏重歷史方面，我總覺得唯有處處以無可爭辯的客觀史實爲根據，才能建立起我們對文化的正確認識。本書的特殊價值尚不僅在於它所採取的史學途徑；史重要的是著者的眼光並不爲史學所囿，故書中論斷到處均透露出哲學的智慧。現代職業史學家由於長期地受到謹守「言必有據，語不旁涉」的桀矱之訓練，所以長於分析個別的歷史事件而無綜論整個文化的氣魄。本書著者則頗具通識，能著眼文化社會之全體。尤可貴者，著者本爲世界知名之經濟史家，是芝加哥大學經濟史教授；他在十六世紀的歐洲工業史的研究方面，成就甚大。從他畢生的純經濟史的研究中，他最後覺悟到經濟僅爲文化之一方面，遠不足以解釋近代文明的成就之全。工業文明絕非技術之改造或生產工具之革新所能單獨造成的，它實具有深厚的精神的基礎。此所以著者在序言及正文中曾一再指責馬克思以來的經濟史家純從經濟觀點解釋近代工業文明爲偏失也。以一個專門治經濟史的人最後竟能衝決「俗學的網羅」，進而探索工業文明的精神基礎，這在目前史學界的風氣下確是極具膽識。此是本書值得我們注意的理由之一。

其次，就本書所採用的方法說，它象徵著一種新學術風氣的可能到來。半世紀以來西方的學風是一直向分析的途程邁進的。因此在哲學上我們的時代已被稱作「分析的時代」（Age of Analysis）。但分析太過則使人祇見樹木不見森林；這一弊病現在已愈來愈明顯，以致西方學人亦漸感到學術有趨向整合的必要。因此不僅在社會科學的領域內我們看到整合的嘗試，在哲學上也有人提出分而復合的主張，如Morton White在一九五六年出版的*Toward Reunion in Philosophy*一書即是一例（雖然在哲學行家看來此書不算成功）。可是在史學的園地內，此種「窄而深」的研究途轍一時似尚不易有所改變。湯因比之引起不少史學家的攻擊，一部分原因也在於此。史學的綜合誠有其特殊的困難，但我們有認識文化之全體的迫切需要也是不可否認的事實。如何使我們對於個別問題的深入知識可以有助於我們對文化全體之了解，顯然是目前史學界的一個亟待解決的問題。Nef教授此書在這一方面也具有開創性。他以往的論著可以說是極盡「窄而深」之能事；但在他悟及單線直上的研究法不足以認識近代工業文明的本源之後，卻更進一步指出，僅就經濟史本身來了解以往的經濟活動也還是不夠的。於是他乃廣讀著名的通史如Herodotus、Tacitus及Gibbon等人的著作，並旁及哲學、神學與藝術、文學，最後終於得到「在歷史研究上非通不足以言專」的結論。依著者的意見，在史學上嚴格的「窄而深」的專門研究是無法存在的。因為無論一個經濟史家如何力求局限他自己於他的專門範圍內，而事實上他在運思的過程中仍不能完全忘懷他以往所學之一切以及生活經驗所曾給予他的啓示。因之他的研究的結果便不能不多少受到專門範圍以外的因素的影響。同時，若我們純粹從統計數字與分門別類的眼光來探求人類的經濟生活，則所得者祇能是一些乾枯而無生命的結論；這絕不是我們研究經濟史的眞正目的。既然如此，經濟史家便應該放開眼界，從整個文化背景著眼以求眞正能了解經濟史。今按Nef氏此一方法論上的新觀點實為診治史學界過分專門化的最好藥方，尤值得中國之治史者注意，因為我們最近數十年來之「新史學」亦已陷溺於「窄而深」的泥淖之中，幾無以自拔也。

此外還有一點個人的意見，附寫在正文之後，希望讀者加以參考。

## 一

過去五、六十年以來，論工業制度之起源的人咸為馬克思式的進步觀念所支配，他們所注重的是各種技術上的變遷如何構成了我們目前處身其間的機器化的世界。在這種觀念支配下，他們顯然祇注意經濟條件的變動，人的主觀作用遂未能得到應有的估價。他們在涉及思想以及知識的發現與經濟進步的關係時，則僅僅著眼於前者的「效用」（utility）。而所謂「效用」則不過是指著科學知識與發明應用於物質方面的效果而言，尤以機器勞動代替人力勞動一點最受重視。但是精神的「效用」如信仰、倫理，以及藝術對現代生活的推動力量，卻已完全被遺忘或否定了。因此近代世界的特徵之一便是科學與信仰、倫理，以及藝術的分離。近代思想特重求眞，而一切「眞」則又須是可以用實物、數量加以證明或用數學演證者。正如巴斯喀（Pascal）所指出，信仰、倫理，以及藝術之事根本不可能這樣地予以證實，因之，它們便被看作一些私人的意見，而不是公認的知識。在這樣情形下，它們對近代世界的貢獻遂被看成間接的，雖然其貢獻並不必然低於科學。

思想的革命與經濟生活的革進在表現的方式上完全不同。經濟的變動如果是革命性的，則必然影響到絕大多數人的生活，如工業革命即是一例。思想革命不然，它乃是少數傑出的思想家的事。少數人強調一些以往所忽略的價值與方法，並把這些價值與方法導向人類實際生活的新路上去，這就開始了思想的革命。可是少數思想家之所以能如此者，亦並非完全靠他們的智慧；換言之，思想的革新不是完全由孤立的思考產生的，它同時也是思想家吸收並提鍊了他人的生活經驗的結果。

由於思想革命隱而難察，人們常不能了解它對經濟變遷究竟有多大影響。事實上早在近代工業文明形成之前，我們已經歷了一個新思想的運動。這一思想運動大約是發生在一五七○至一六六○年之間，爲工業文明之一遠源。

這一思想運動的表象之一是人們逐漸趨向求數量的精確。歐洲人在十六世紀中葉以前對數字的概念並不深刻。有人指出在Francois Rabelais（1495?-1553?）時代的人們往往不清楚自己的年齡；Rabelais對他自己的年齡也許知道得還不及近代傳記家那樣精確。那時的人也不覺得有求精確（precision）的必要。但在此後一百年中人們對時間、數量和距離的確切性的要求則日漸提高。舉例言之，一五八二年教皇頒布Gregorian新曆以代替Julian舊曆，即是求時間精確的表示，曆法之改作不過一端而已。此外在其他各種領域內如稅收之統計、人口調查、商業上之簿記等，都同樣有求數量上精確的趨向。而且這一趨向是全歐性的；英國、法國、西班牙、義大利諸國均在同一時期內發展著數量的觀念。數量觀念（quantitative mindedness）爲近代工業社會的特徵之一；但它並不是工業革命以後的產物，而起源於十六世紀的末葉。這豈不是很可注意的現象嗎？

另一個足以說明這新思想運動的方向的歷史現象則是近代科學的興起。從十六世紀末葉始，數量的觀念發展極爲迅速，量的計算很快地就進入了國家政策的園地和稅收與人口的統計之類。在歐洲大陸上阿拉伯數字的使用至十六世紀末而普遍化；一五九〇至一六一七年之間John Napier之數學發明及稍後更著名之對數的發現迅即廣泛傳播於全歐，結果使算術的計算大爲加速。

這種求精確與用數字表現價值的嗜好是和當時人們的科學思考密切相關的。有關自然科學的玄想自希臘羅馬以至中古一直未嘗中斷，但那些科學思想卻與近代的科學觀在精神上大異其趣。歷史家已一致承認新科學觀之產生是由於近代人對它的思考在態度上起了根本的改變所致，我們現試一考察這一變遷的歷史。

所謂「科學革命」甚不易確定它究竟開始於何時。傳統的分期大約以一五〇〇年爲斷，而以哥白尼（Copernicus, 1473-1543）、Fernel（C. 1490-1558）與Vesalius（1514-1564）爲近代科學之先驅。但最近科學史家的研究則認爲一五〇〇至一五七〇年與一五七〇至一六六〇年是兩個截然不同的時期，而後者則尤爲重要。後一期中的代表人物是伽利略（Galileo,

1564-1642）、哈威（Harvey, 1578-1657）與巴斯喀（Pascal, 1623-1662）。這兩個時期的最主要的區別之一是由於信仰與藝術在科學研究中所占據的地位不同而造成的。蓋在前一時期中，信仰與藝術尙是科學推理的基礎，至後一階段，它們已開始失去其重要性。當然，這種區別亦不可過分強調，因爲即使在今天，大科學家的工作在某些精微之處，仍與藝術家的作品有其創造過程上的相似性。但一般地說，在後一階段中，就決定科學研究的結果言，想像性的洞察力（imaginative insight）所占據的地位已大爲減低。此可就天文學的發展見之。哥白尼之否定地球是一平面而固定不動的宇宙中心，並建立起地球爲繞著太陽運行的旋轉體之新理論，自然是天文學史上劃時代的進步。但哥氏之眞正貢獻卻並不在發現此一新理論，因舊宇宙論實未能得人人之首肯。哥氏之成就毋寧在他以絕大的權威與力量提出了根本上已在流行的天體運行的觀念。尤其値得注意的是，他所建立的新天文系統並不是從他對天體運行作了「合理的動態的解說」而來；它的理論根據乃在藝術與神學。依照古典美學概念，最完美的曲線是圓，依照宗教概念，在上帝的宇宙中，天體必然循著最完美的方式運行；因此，哥氏相信：「天體祇能循著完美的圓而運行。」很顯然的，哥氏的結論雖然接近眞實，但其所以達到此結論之推理過程則是錯誤的。在後一階段中——即十六、七世紀之際——天文學的發展在方法上便已走上現代科學的路，這是不難從Tycho Brahe（1546-1601）和Kepler（1571-1630）的作品中看出來的。

從根源上說，文藝復興時代的藝術家的努力確曾大大地促進了近代科學的興起。但在進一步的發展過程中，科學與藝術遂不能不分道揚鑣。這是由於藝術家對科學知識的態度完全與科學家不同的緣故。前者用人的概念與情感來處理科學知識，故在運用時不能完全精確；後者則純用理性來探求自然的眞相，其間不參雜絲毫人的因素，故能精益求精。故就上述兩個時期而言，後一期始眞正可當「科學革命」之稱；其間若干方法上之革進則尤其值得注意。第一是強調數量的衡量（quantitative measurements）爲達到結論的基礎。Tycho Brahe或Kepler之證實哥白尼學說的大體正確並修正其嚴重錯誤——如天體運行的方式是橢圓的非圓的——就完全根據這種新的方法。第二個新的方法則是觀察與實驗。實驗本非新事，古已有之，然而強調實驗爲任何科學命題的唯一有效的證明則爲十六世紀末與十七世紀初之新發現。從此「徵而後信」遂成爲近代科學精神中不可分割的一部分。William Gilbert of Colchester在他一六〇〇年出版的一本科學著作中已說明其中每一敘述和解說無不曾經過親眼證實了好多次的。至牛頓生時（一六四二）建立科學事實與科學法則於堅實的證據之上已成爲科學界的普遍習慣了。第三個有關科學研究的重要革新則是近代數學之興起。十七世紀初以來之數學發展爲科學家提供了新的工具，使科學家的直覺與想像有印證的可能。例如近代天文學上對天體的運行作有系統的預言便非數學莫辦。此所以Whitehead謂「離開了數學的進步，十七世紀的科學發展實無可能」也。

從上面的分析可知，在十六、七世紀的科學革命的後面隱藏著一種求數量的精確的精神。但這種精神並不僅僅表現在科學方面，同時在政治與經濟方面，我們也一樣地可以察見有一種重數量和重精確的傾向。政治家如英國的Buckhurst（十六世紀末十七世紀初的Lord Treasurer），政治思想家如法國的Bodin，對當時量的經濟（quantitative economics）的增加率都感到極大的興趣。人們已開始在政治與經濟生活中要求數量上的精確了。（如人口調查與稅收率的統計即是著例。）這說明科學革命不過是當時整個思想運動的一個方面而已。更重要的，此一全面性的思想運動所帶來的革新絕不僅限於科學和經濟範圍之內，它在人的內心生活上亦同樣產生了不可磨滅的影響。關於這些，我們將在後文涉及思想運動及其後果和工業文明的關係時隨時加以討論。

## 二

自馬克思以來歷史家日益相信經濟生活決定人的思想與精神之說。這種決定論的流傳使人們在近數十年來幾乎完全放棄了提高自己精神境界的努力。但人之所以為人，所以有其尊嚴，乃在於他除了物質生活之外尚有精神生活。他固然不斷地在謀取物質生活的改善，但他同時也在無所為而為地求眞、求善和求美。這種精神上的自我超拔也同樣是決定歷史的因素。

過去四百年中歐洲最重要的問題之一乃是思想運動與經濟——尤其是工業狀況——的變遷之間的關係究竟如何。科學史家目前已一致承認十六、七世紀為近代科學的誕生時代；而同時，根據經濟史家的研究，這一期間也有著一連串的商業革命、價格革命與工業革命。雖然歐洲與美洲的商業交通在這一時期內有長足的進展，但我們卻不能把歐洲經濟發展的主要動力歸之於美洲的發現。往深一層觀察我們即可看出，根本的動力是來自歐洲文化的本身。其中之一便是對製造新式事物以取悅感官的新興趣。這種興趣起源於文藝復興的義大利。由於Ghiberti（1378-1455）與Brunelleschi（1337-1446）等藝術家的倡導，文藝復興的優美建築發展頗速。自此以後一股建築的狂潮就傳布了開來；隨建築而來的爲新式的裝修，新舊教堂、市政廳房舍以及豪商的住宅都裝潢得富麗堂皇。這類裝飾又自然刺激了各種藝術品的大量製造。

新式建築與裝飾需要大量的原料，而新的技術之發明（其中大部分係由於藝術上的需要）如印刷、玻璃器物之製造，以及用鉛將含銀的銅礦中之銀與銅分開等，使生產量增至數倍。就中歐的銀與銅的產量言，一四六〇至一五三〇年之間較前增加五倍。而紙的生產增加尤多。紙業的發達配合著印刷廠的增加，於是書籍得以普遍流傳。這對路德新教之宣傳亦大有幫助，據說當時宣傳品的散發數以萬計。所以這一時期中我們看到商品數量的普遍激增。但這並不完全，甚至可說並不主要是出於牟利的動機。在中古早期，藝術與宗教就已支配著歐洲工業發展的方向，到伊拉斯瑪斯（Erasmus）與哥白尼時，情形依然未變，不過藝術的力量遠較宗教爲大而已。我們實可以說愛好藝術的完美乃是促使當時工業發展的主要力量。由於原料甚富，故在不妨害美觀的情形下，商品產量與種類均有顯著的增加。例如木刻與印書即是很好的明證。文藝復興時的大商人絕不肯爲了牟利之故而大量翻印木刻與善版書，蓋恐無限的翻印損害其藝術價值也。在建築方面，情況亦復不殊。新的房屋、橋梁以及蓄水池等之建造總是盡量避免損害舊城之美觀。因此，在建築設計上頗能達到和而不同之境界。文藝復興並無任何城市計畫（city planning），故城市與鄉村之建築乃由於人們具有共同的美的意識所致。他們的美感一部分來自古典的模式，一部分則來自對自然的愛好和使自然成爲藝術題材的興趣。不過文藝復興的藝術發展其目的並不在供多數人的欣賞，而在為少數人服務；如新建的商人住宅便不像中古末期的教堂那樣，是人人可得而享用的。故就建築言，文藝復興並未走上近代的大量消費之路。但是從整個工商業發展的趨向來看，它確是近代工業化世界之前導。

十六、七世紀之前，歐洲的經濟中心有顯著的自南向北轉移的跡象，也就是說，英國與斯堪的那維亞半島等地區的經濟遠較南部諸國為繁榮。中歐與西班牙的工商業業已日趨衰落；三十年之戰（一六一八—一六四八）尤加速了此一衰落的過程。在文藝復興時代，英國並未能在工業方面與大陸多數國家爭衡。宗教革命既興，各國都有君主沒收教會財產的運動；但衹有在與羅馬教廷正式破裂的國度中（如英國、瑞典、荷蘭等北歐國家）這種沒收教產的運動始眞正能成功。這對於國家經濟的影響是極為巨大的；歐洲經濟中心於宗教革命後之自南移北，其主要原因之一即當於此求之。中古的教會與僧侶對歐洲的工業與藝術發展原有相當的作用。宗教革命後，教會的經濟權力瓦解，有些地區教會甚至不足以自存。因之，宗教性的藝術亦隨之而消歇。這在英國是很顯然的。教會土地之大量轉移為私人（貴族與富商）所有，亦對此後之工業發展有甚大的影響。新的地主一方面用儲蓄的方式積累資本，一方面又不怕冒險而投資於新興的工業。

不但宗教運動對經濟發展有深遠的影響，當時的政治體制亦在相當的程度上支配著經濟史的進程。大體言之，承文藝復興以來之君主專制潮流而起之國家如法國，由於政府對國家經濟政策控制較嚴，其工業乃向少數人享用的奢侈品、藝術品製造的方向發展。但在憲政發達的國度中如英國，君主對經濟的控制力則遠爲鬆弛，因之，它的工業發展亦有頗大的自由。我們不妨略加討論。英國在寺院解散之後，經濟上的新趨向是大量發展廉價貨品。這一發展尤和煤鐵的使用有密切的關聯。北歐，尤其是英國的冶鐵技術之進步，使工業的生產走上效用的方向，而漸和過去工業之講求貨品的美觀與持久之路線分離。於是而有日用鐵器如鍋、盤、欄杆、鎖鑰等和武器如槍炮之類的大量製造。由於鐵工業的發達，煤的需要亦大增，故伊麗莎白一世時代是英國煤礦開發之始。而煤的普遍使用反過來又加速了工業化之進程。英國的經濟遂日益趨向廉價貨品的生產。至十七世紀中葉，英國在一般商品的生產上已居於領導的地位，而生產者與消費者雙方亦唯數量與效用是求，再不注意品質與美觀了。這一趨勢當時頗引起一部分貴族階級的反對，但潮流所趨，卒無可如之何。北歐工業的新發展使商人的頭腦很自然地轉向更廣大的市場的尋求，以謀取利潤。這樣，經濟的努力已走上近代工業體制的道路。

然而，廉價貨品之倍增並非此一時期中導使工業主義之興起及其最後勝利的主要力量。這一時期中最大的革新乃在技術及科學思想的領域內。更進一步分析則可看出，眞正對此後之工業文化有決定性的影響者還不是如何節省人力的新生產技術的發展；在早期工業革命中所產生的減少人力的迫切需要並不足以促成技術的革命。蓋技術革命實爲一五七〇至一六六〇年間與自然科學有關的新知識方法造成的。所以我們在探討近代經濟制度之形成時，必不可忽略它的思想的根源。

在技術上，由於英國的量的經濟之進展，人們的思考集中在若干實際問題方面，也因而才有若干重要的技術上的改良，並爲十八世紀的工業革命奠定基礎。沒有這一早期工業革命，則後來的工業革命是不可想像的。北歐的早期工業革命之意義也並不在於它出產量之多及其企業規模之大，而在於它的生產乃集中在製造大量廉價的商品這一點上。

歷史究竟是以人爲中心的，它的變遷自不能離開人的因素。十六、七世紀之交的經濟變遷實爲一種精神的力量所推動而來。這便是說，當時人們日常生活的價值與目的之改變使經濟活動轉換了新的方向。而一五八〇至一六四〇年則是一轉捩點。因爲在此期間，北歐人，尤其是英國人已開始強調效用爲工業生活的目標。這一強調可從當時最著名的哲人的著作中窺見消息。培根（Francis Bacon）在其*The New Atlantis*中即想像如何用科學來增加商品生產與減少疾病：他並預見到人類征服自然的可能性。笛卡兒（Descartes）在他一六七三年出版的《方法論》中則已談及如何延長人的壽命和大量減少人的勞動。這類思想與北歐工業技術之發展相結合，遂開創出新的局面。在十六、七世紀之交工業上節省勞力的發明雖尚不甚驚人，但亦已頗有可觀。那是一個具有多方面創造性的時代。就北歐與英國言，其創造力主要表現在減低廉價商品的生產與運輸的成本上面。也就在此時，人們開始發展了以減少勞力增加生產目的之新價值觀念。我們當然要追問，究竟是經濟變動在前呢？還是思想在前呢？但事實上物質的資源並非突然而來的，何以人們偏偏在這一思想大變動的時代中才忽然想出利用它們的新方法呢？這實在是值得我們深省的。僅就英國史言，我們固然可以從它的制度變遷中找到不少有利於鼓勵私人投資的因素，但是若非量的觀念與量的價值已在人們心中根深柢固，則量的經濟殊少存在的可能。尤有進者，我們知道，此種數量觀念並不限於英國一地；它實爲全歐性的：在義大利與法國都可以找到。因此，無論經濟決定論或地理決定論都不足以解釋這種思想上的劇變。換言之，量的思想絕非單純地是北歐的煤與鐵的使用或宗教變遷的結果。我們實可以說，一五七〇年以來重要性日增的量的價值，其本身乃是構成英國早期工業革命的一支重要的獨立力量。

我們在前面已提到近代科學之興一方面係導源於方法的革新，一方面則思想方向的改變亦頗有與力。從源流處看，近代早期的新思想運動是後來科學發明的所不可少的準備工作。自馬克思以來，頗有人相信技術的進步爲工業革命的原因，純粹科學則其附庸。實則這完全是一種倒因爲果的謬論。但最近的科學研究（例如一九五二年出版的Charles Singer的*Technology and History*一書）已指出技術發展乃是純科學的應用的結果。近代早期的知識革命是構成工業社會的重要因素；稍一按史實即可知近代科學源於宗教革命及英國內戰期間的北歐科學發展之說甚少堅實的根據。在此期間，促成科學革命的力量既非經濟制度亦非經濟發展，而是思想的運動。同時Gilbert、Harvey、Galileo、Kepler等人的科學發明，也和Descartes、Fermat及Pascal等人的新數學一樣，並無任何當下的實際用途可言，故亦不得用後來流行的實用觀念解釋它們的起源。我們應該肯定：藏在科學革命背後的主要力量乃是自由，而非需要。

總之，早期工業革命與知識革命相結合才使十六、七世紀之交成爲近代工業發生的時代，而十七世紀中葉的歐洲人之所以遠較一百年前更爲接近工業化世界者，則主要並不是由於物質的發展。相反地，這是因爲人們的思想已發展了新的傾向，如追求量的價值與量的推理方法、徵而後信的科學知識，以及綜合性的數學等。而這些發展則都有其精神的根源。人類唯賴有精神的力量始能超拔於時間、空間與環境之上而影響長期的歷史進程。

## 三

近代工業社會之興起亦頗賴自然科學的力量。但近代文明則與工業主義沒有必然的關係。所謂近代文明（注：作者用「文明」一辭實有特殊涵義，至希讀者察之。）乃是與中古比較而產生的概念。從人與人的關係看，近代人較之中古確是文明得多，無可否認。但近代文明與近代工業的結合而形成的所謂「工業文明」則是歷史的偶然，而非必然。經濟決定論者視文明爲工業的上層建築，在我們看來，這完全是無稽之談。因此在本節中我們不妨一察近代文明的起源。

首先我們當了解的是自然科學的限制。近代思想史上曾一度有過科學萬能的想法，而所謂科學則祇是自然科學的同義語。可是近年來一部分最偉大的科學家及科學史家已一再最有效地指出：近代科學作爲人了解他自己的工具來說，是有其限制的。伽利略等以來的科學進展差不多已使我們知道了物理與生物界中所有可以證明的眞理。但它對我們神祕的人自身的問題之解決卻少幫助。對這一點，至少五位現代大科學家是完全同意的；這五位是：Whitehead、Sherrington、Whittaker、Hubble和Schrödinger。現在我們姑舉一人之說以概其餘。在一九五四年出版的*Nature & the Greeks*一書中Schrödinger說道：

對於我們已經確定爲可靠而又無可爭議的知識層面說，科學乃是最好的代表……但是

> 我很奇怪，對於環繞著我們的眞實世界，科學所描繪的面貌竟又是非常不夠。……對於眞正接近我們的心靈的一切，對於眞正和我們密切相關的一切，它（科學）幾乎全無所知……。它不知上帝與永恆，善與惡，美與醜。有時科學也嘗試著解答這些領域內的問題，但它的答案常常可笑之至，使我們無法信服。
>
> 因此，簡言之，我們並不屬於科學爲我們建構的物質世界。我們不在它之中……。我們相信我們在它之中……乃是因爲我們的身體屬於它之故。
>
> 此一不諧和的局面之造因何在呢？……那是因爲我們爲著建構外在世界的圖畫已用極端簡化的手段把我們自己人格從其中剔出並除去了；所以這幅圖畫中沒有人格，它（指人格）已如輕煙般消散無蹤，而且在表面上它也是不需要的。（頁九三—九六）

人的內心生活是近代科學所無能爲力的；而除去了人的因素則關於物理與生物世界的種種思維均不會產生。沒有這些思維，自然更不可能有因這些思維的應用而創造出來的近代工業化世界了。然而僅僅有科學進步與技術發明就足夠產生工業化世界了嗎？難道工業主義的勝利不也有賴於減少了人與人之間的戾氣的那種人心的蘄嚮嗎？

法國與荷蘭等地的宗教戰爭之後繼之有三十年之戰。那是一個全體性的殘酷鬥爭，正與十一、二世紀之戰爭無殊。初看，它似乎對工業主義之發生有刺激作用，至少戰爭並未妨害經濟的進程。但事實上戰爭對工業發展絕無裨益可言。舉例言之，英國在內戰前之一段繁榮實由一五六〇至一六四〇年間境內和平及與歐洲大陸無長期性戰爭所導致。同時英國又是自由貿易的地區。和平與自由的結合遂使英人獲得在經濟上發展的機緣。另一方面，歐洲大陸上的戰爭對有關自然科學的創造性思想並未有何激勵。伽利略諸人之能改變科學研究的方法而使人得以重新探求自然的奧祕，也並非受戰爭之賜。十六世紀以來人們控制自然的力量之增長，有利於生產的成本的減低與出產的倍增；而同時，限制戰爭的需要也增強了。但戰爭具有人的因素，此則非科學的力量所能控制。戰爭的外在因素是無窮的，它們的作用也因每一不同的戰爭而異。但無論我們分析戰爭的外因至如何詳盡無遺的地步，其中卻有一個因素是所有戰爭所共同具備的：那便是人性的錯誤。人類未能達到完美的境界，於是人與人之間和社會之間的衝突才不斷產生。

以近代與中古比，則近代人是文明多了，這可以從人對戰爭與暴力的態度上觀察得之。要了解近代文明之逐漸形成，我們不能不略知近代以前暴力所受到的種種限制。首先我們當提及的便是基督教。在十一世紀末以前，基督教在歐洲所造成的統一並不建築在武力的基礎之上；從十一世紀中葉至十三世紀教廷在政治上的力量日益增長，這使教會得以伸張它的權威以限制武裝的衝突。教會的法律限制戰爭的方法是：規定從事戰爭須有正義爲根據，禁用某些武器，以及規定某幾天、某些地區和某些人（如牧師）之戰爭爲非法。這些辦法並不是完全無效，十九世紀初聖西門（Saint-Simon）即認爲中古教會對限制戰爭確有很大的影響。在十八世紀末葉，一部分人已漸覺得中古後期的歐洲人在個人的與政治的關係上有著顯著的改進，故人們已遠不似前此之粗暴。在宗教戰爭的前夕，自一五一九至一五五五年歐洲大部分係在查理士五世（Emperor Charles V）的統治之下。羅伯遜（William Robertson）在其一七九二年出版的《查理士五世統治史》一書中便十分頌揚歐洲人此時在政策與態度上的改善。羅氏並指出歐洲從十一世紀至十六世紀的歷史乃是從野蠻到文雅的過程。但是近百餘年來史學的進步證明羅氏的論斷是錯誤的。就一般社會經濟的狀況說，十六世紀較之十一世紀的歐洲誠遠爲成熟，然而若對當時戰爭之殘暴性加以省察，則可見當時人對待敵人以至非戰鬥人員之殘酷殊不足以言文雅或仁慈。即使是教會亦未對歐人與非基督教人民的戰爭所表現的殘忍，有所禁止。從十字軍東征的戰爭情形看，則用最殘暴的手段爲耶穌而殺人（to kill for Jesus）固爲教會政策之一部分。聖西門所羨嘆的歐洲和平時期是在十三世紀；其時教廷權威正如日中天，故教會能限制歐洲本身之戰爭而轉移歐人精力於近東方面。這種和平狀態並不是由於歐人自動接受了基於民法與習慣的有限戰爭（limited war）的原則；也不是由於人們的文雅態度或仁愛精神在世俗生活中已獲體現。所以我們不能誤認它爲文明精神的出現。稍後的戰爭記載更說明當時人之所以不能大規模地殺人並非心有不願，而是力有未逮。在中古教會尚能維持精神的統一時，戰爭的殘暴當可略受限制，及至十六世紀宗教既已分裂，又益之以新武器之發明，戰爭之殘酷簡直不可想像。長期宗教戰爭的結果歐洲人口差不多減少三分之一。僅此一端已可見其酷烈爲何如了！

十五、六世紀的人文主義者伊拉斯瑪斯、摩爾（Thomas More）、蒙田（Montaigne）均不齒當時的殘暴行爲，而思有以改善之。但他們卻依然認爲這種罪惡是社會所固有的，是塵世所不可避免的，祇有等待最後審判之日才能完全消滅之。歐洲人對暴力觀念之根本改變乃在十八世紀。十八世紀的人開始發揮人道觀念，否定殘暴爲必要的罪惡，主張對異教徒或不信基督教之人亦一視同仁。人的生命也獲得了重視。在摩爾時代，英國法律對輕微的犯罪亦處以極刑，十八世紀以後，法律的嚴苛性始逐漸消失。這種反暴力思想確是歐洲近代史的一個重要部分。它與工業主義的到來有何關係呢？在未解答此問題前我們須先追溯變遷的根源。我們須對十六、七世紀之交在此一變遷中之作用予以決定。

反暴力的人道思想雖在近代始得發揚光大，但它仍具有數千年的悠久背景。這一點絕不容忽略。如果我們不知道中古基督教社會所發展的親愛精誠的精神，不知道古代希臘羅馬世界以及近東與遠東的文化與學術，甚至如果不了解中國宋代所流行的那種舉止中節的人生態度，我們就無法理解近代人道思想的精神基礎。同樣地，近代科學亦具有源遠流長的思想背景；若沒有古希臘、阿拉伯與中古的科學思想的發展，文藝復興的新科學之興起也是無法理解的。如果我們從歷史之全景來看十八世紀的人道思想，我們所得的重要印象是人心與思想的改變對十八世紀歐洲人的人生與政治行為的影響力比新技術與科學對工業生活的影響更為重大。歐洲人在煤與鐵結合之前，在蒸力與工業結合之前，已先獲得一種新的良知。

「文明」一詞的起源不能早於十八世紀中葉。最早使用它的也許是彌拉波（Mirabeau）在一七五七年出版的一部著作。依彌拉波的解釋，「文明」不僅含蘊著高度的教養，同時也指著通過優雅的方式將人欲用之於達到人道目的之一切美德而言。最初使用此一名詞的人主要是把它當作精神的與道德的品質之結合，而這些品質至少已部分地體現於世人生活之中。十八世紀的歐洲人就因為有了這樣的觀念，才能進一步產生超越國家、種族以至宗教界限的普泛的人道思想。

## 四

對十六世紀歐洲人的生活影響最深的一方面是宗教信仰的問題，另一方面則是追求樂趣（pursuit of delight）的思想。後一種思想的形成係源於藝術的感召；而文藝復興的經濟之以製造優美物品爲主亦頗有助於新風氣之培養。因此，我們如欲了解宗教戰爭時人的因素對歷史之影響，那麼宗教與藝術的新發展便較經濟與科學方面的發明更爲重要了。

最近一位法國作家E.G. Lèonard指出，宗教革命，至少就法國來說，並不主要是某些社會階級基於經濟原因而掀起的反抗運動。它根本上還是一宗教性的運動。十六世紀上葉倡新基督教精神者推伊拉斯瑪斯。伊氏提出基督徒對現實世界之責任問題；他與基督教人文主義的關係足可與哥白尼等之於近代科學相比論。我們推考伊氏之宗教改革的思想蓋含有兩大目標：一是清除教會在世俗世界中所沾染的罪惡，一是使基督教的道德原理在人們日常生活中體現。耶穌的道理是應當被實踐的，而不祇是空論。

要了解伊氏倡導此一新基督教精神的背景，我們必須一察中古與近代在思想上的另一轉變。我們都習知中古之人咸重靈界而輕物界。凡我們現在視爲虛靈玄祕之事在中古皆是「眞實」（reality），而今日被視之爲「眞實」的事物如身體與物質世界，在那時卻被看作「表象」（appearance）。因此，祇有前者才最重要，亦爲永不消滅的，後者則如蟪蛄朝露，殊無足輕重。在這種思想空氣的籠罩之下，人們對現實人生所受的苦痛災難均不加重視。基督教中的聖哲自亦不能例外：他們對當前世界中的一切殘暴與錯誤均視若無睹，不以厝懷。他們但致力於超凡入聖之道以解救人類痛苦；而這類努力在近代人看來卻爲無用。不僅宗教上如此，藝術上亦然。中古Ramanesque與Gothic藝術對於塵世題材，如動物植物以至人物就不給以重要地位，祇視之爲靈界的附庸。

可是從十三世紀起，卻有了新的發展；中古的「眞實」漸爲近代的「眞實」所取代。這一轉變首先見之於藝術方面；中古的抽象的神祕的與縹緲的世界乃讓位於近代的科學「眞實」。這一運動至十四、十五、十六世紀而益爲顯著。與義大利的Brunelleschi與Ghiberti而俱來的新建築與藝術已遠不若中古藝術之注重精神與神祕性。新的藝術所反映的是現實世界的眞相；其靈感係取之於自然界，山水、樹木、花鳥、人物遂成爲藝術的主要題材。這一思想上從靈界向現實世界的轉變才使伊拉斯瑪斯及其同時代人力主改革教會，使宗教精神不祇是存在於寺院之內，而且能走向現實人生中去。在早期新教領袖之中受伊氏影響最深者爲瑞士的Zwingli。因此在Zwingli的領導下我們最早看到新教的強烈宗教情緒與人類實際生活中的基督愛、柔情和仁慈可以結合起來。在他的宗教理論中，人的自然本能的滿足獲得了相當的肯定。當時歐洲大陸上的多數地區均以快樂的追求爲增加物質繁榮的一部分；這在Zwingli看來並非什麼罪惡。不但如此，他更以爲當時人對自然美與優美物品的愛好乃是上帝解救人之靈魂的計畫的一部分。

所可惜者，Zwingli的教義在早期新教運動中未取得主導地位。而當時比較成功的幾個宗派如路德教、加爾文教與英國國教都過分注重德性的消極的一面，故對屬於人的身體部分的問題之處理採取極嚴厲的清教徒式的態度。路德以人爲完全墮落不堪，唯有上帝的恩惠可使人上升。加爾文尤爲嚴格，照他的理論則大多數人都要永遠沉淪不復。因此早期新教教義未能將仁愛融入信仰者的日常生活之中，對於人的文化修養遂少所增益。至十六、七世紀宗教發展重新走上嚴格的寺院靜修的道路。這也是由於早期新教與改革後的舊教都太強調人之罪孽所致。這在舊教改革運動中表現得尤爲明顯。舊教中許多新產生的教派都以極嚴苛的苦行相號召，對一切人身的欲望採取完全的否定與壓制。據近人研究，其中有一派（Trappists）僧侶，由於過度苦修，死亡率乃大增，而死於肺病者尤多。無論這種中古最嚴厲的教規之復活在宗教上之價值如何，它對現實世界中之殘暴與殘暴的態度並無所改善。這是因爲嚴厲苦修之本身亦是殘暴的一種形式——對罪惡的殘暴反抗。用這樣的方式來贖罪，其結果是殘害了人的身體。

但另一方面，基督教自始即含有深厚的仁愛（charity）觀念，這可以從耶穌的一生行爲及其教義中見之。其後的經院哲學亦以仁愛在一切塵世的德性中爲獨能使世人歸向上帝者。因此遂有「信仰由仁愛而構成」（fides charitate formata）的著名公式。不幸至十六世紀下葉此一公式在路德與加爾文教義中竟被推翻。加爾文且指斥爲「辯士之謊言」。就此點言，則天主教教理較之初期的新教教義實具有更深厚的人文主義精神。但仁愛思想在基督教中亦非完全是個人與個人間之事。就後來反宗教革命（Counter-Reformation）所發展的精神言，它同時也是對於人類大群體之愛。例如在西班牙的神祕宗派領導下的寺院靜修生活便不是爲了個人之解脫，那些苦行僧之奉獻其全部生命於修道主要實爲了求全人類的解脫。渡人爲先，渡己爲末，這正是一種至崇高的仁愛精神之表現。

十六世紀末與十七世紀上葉基督教的創造性的成就表現在宗教道德精神與當時俗世社會上所已流行的文雅態度結合了起來。這中間的每一個因素都是舊有的；但這種結合的本身則是新穎的。伊拉斯瑪斯在某種意義上是此一運動的領袖。自此之後，這一運動便逐漸在歐洲展開。因此，當宗教戰爭時代，若干舊教徒主以武力殺伐異端之際，亦有一部分開明之士力持在宗教信仰問題上不得使用任何暴力。他們努力將仁愛、慈悲及文雅諸德性移用於現實世界中，以重新發現耶穌精神。我們可以舉出兩個人代表這一潮流。

這兩人便是Francois de Sales與Vincent de Paul。他們來自完全不同的社會階級；前者出身貴族，後者本為農民。但他們在精神上之一致，卻充分說明人的意識並不必然為存在所決定，而可以超越階級的利害。尤值得注意的是他們都是法國人，而法國在當時階級的鴻溝最深，貴族與農民在經濟上處於對立的地位。故他們二人的例子更足以使我們了解理想與心靈的力量有時確可以大過制度力量。

Francois de Sales的著作包括*Introduction to the Devout Life*與*Treatise on the Love of God*。前書是寫給一般人讀的；其主旨乃在示人如何在日常生活中體現耶穌的精神。中古的寺院生活與近代科學一樣，都是將人的精神封閉在一個小圈子之中，而忽略了人之所以為人的一面。Francois乘宗教思想的新潮流而起，要人能入世而又不染罪惡，在日常生活中實踐基督徒的生活方式。（就此點言，則西方宗教革命以後之基督教精神實頗有與中國佛教自唐代禪宗以來的新宗教精神相同之處。讀者若能如此用心，則對此節所論各點可有較深之體會，而近代所謂基督教人文主義在西方思想上的眞價値與意義亦可因之而益明。）我們如何在人世間生活得美好的問題不是教會組織之原則或自然科學的原理所能解決的。人如果想生活得善、生活得美，一方面固須克制過分的人欲，另一方面則亦不能完全否定塵世的快樂。加爾文視一切快樂均爲魔鬼的誘惑，Francois殊不然，在他看來適當的樂趣——甚至感官方面的——乃是我們的入聖之階。人類當如何以贖其罪愆呢？一部分固在抵抗耽於過度的快樂的尋求；但更重要的則是積極地將仁愛之念灌注於一切思想與行動之中。

Vincent de Paul的成就主要在於將基督教的仁愛之念具體化爲社會慈善事業。早在一六一〇年Francois de Sales已與友人等共創設Visitation（一種訪問並濟救貧病之人的婦女組織）於Annecy。Vincent所主持之機構則爲著名的Filles de la Charitè（婦女慈善社），亦純以救濟病、貧、老爲其宗旨。其活動的範圍從法國逐漸推廣至歐洲各地。在Vincent領導下的Filles de la Charité後來又發展了救護傷兵的工作，尤於近代人道精神之發揚極有幫助。

綜觀這兩位聖者的成就，可知他們一方面係承受了宗教革命以來新教之強調宗教須與人世生活打成一片之潮流，另一方面他們努力的結果又對新教之嚴酷的一面加以人道化，使近代宗教精神益近於人情。十七世紀的新教派如Quakers與Unitarians都在此種精神下產生，故態度尤屬文雅，心理也更爲仁愛悲憫。

更有一事是討論近代文明時所不容忽略者，即十七世紀婦女對於去殘勝暴之貢獻。Francois與Vincent二聖便特別鼓勵婦女從事慈善工作。她們憑其溫柔與德性在人世間傳布宗教的仁義與悲憫，使之實現於日常生活之中，實爲近代文明之一重要主源。我們不談婦女解放則已，要談便不能不說到十七世紀的婦女在社會事業上的成就。在這種成就的後面已隱然有了婦女之尊嚴的意識，她們的服務能力已足與男人分庭抗禮，不再是男人的附庸了。近人之論婦女解放者但知著眼於十九世紀以來的女權運動，殊不知十七世紀的婦女運動卻具有更重要的歷史意義。

十六、七世紀之交，在自然科學與技術的領域之外，西方尚有更重要的奇蹟產生；那便是人的生活方式的革命。我們在本節所敘論者即是這一革命在宗教上的起源。由於寺院中的虔敬生活一變而爲入世，又由於婦女運動的興起，基督的愛乃得逐漸融入日常生活經驗之中而爲前此所未有者。中古時代的歐洲代表了出世的宗教虔誠；但十七世紀的偉大精神運動卻顯出聖與凡是可以合而爲一的。中古的最高倫理理想與文藝復興的世俗藝術之美的結合乃是達到高度的文化教養的一個必要條件，也是獲致彌拉波所謂「文明」的一個不可或少的環節。

## 五

近代西方的藝術有與道德分離的顯著趨勢。此一風氣始於文藝復興時代。十五、六世紀義大利藝術盛極一時；Vasari在其名著《藝術家列傳》中謂後世最多能追蹤此期的成就，不可能超過之。我們若稍稍涉獵馬基維利（Machiavelli）的著作即可知道，甚至政治與戰爭也已被看作是藝術性的事物了。當時的藝術固極輝煌，但道德則敗壞不堪。這可以從馬氏那部著名的戲劇*Mandragola*中見之。這部戲以描寫一個美麗而有德性的少婦如何被她的丈夫的朋友百般引誘終於失節的故事。這個劇本在當時受到觀眾的普遍歡迎。馬氏寫作的動機如何我們不得而知，觀眾如何接受這一主題大概也是因人而異，未可一概而論。但從此劇之流行卻可以確定一個事實，即當時的人祇求感覺上的愉快歡樂，對於藝術作品的內容不用道德的眼光加以衡量。這一重美不重德的風氣十五世紀以後才盛行，以前並不然。歐洲十二、三世紀的宗教藝術的傳統極重善惡之分；那時的藝術與道德統一於宗教。及至十四、五世紀，隨著高潔的寺院生活之衰落，宗教藝術中的善惡之分遂亦趨於模糊。

宗教革命的一部分意義就在於恢復了基督教道德的活力。新教運動的領袖及其信徒們自覺有責任克服中古末期以來僧侶不重倫理的風氣。宗教革命同時也強調在現實世界上人們須有良好的道德行為。早期的新教徒如加爾文派、英國清教徒及蘇格蘭的長老會派，都由於過分著重道德以致認為很多宗教藝術的形式已流於偶像化，而很多世俗藝術的形式則又流於不道德，因之均加以反對。返璞歸眞在精神上固有可取之處，但強調太過則不免窒息藝術的發展。所以在其後一世紀中宗教革命對藝術及生活情調頗有不良的影響。文藝復興時代的人，尤其是義大利人，特重感官的美與樂趣，對道德則抱中立的態度。世俗的嗜美風氣與寺院生活的鬆弛交互發展的結果造成梅毒與新教的迅速而普遍的傳布。及至宗教革命時代，遂產生強烈的反動；嗜美與世俗的享樂本身即被看作是罪惡。稍後至舊教改革時，天主教在道德紀律上要求之苛猶勝過新教徒。

在一五八〇至一六六〇年期間，亦即在前述Francois de Sales與Vincent de Paul等宗教領袖將宗教上的仁愛融入世俗生活之際，世俗藝術（secular art）亦起了重大的變化，漸使藝術與道德走上融合之路。人世的樂趣乃得不違背德性，同時亦與生活態度的文雅謙沖打成一片。這實是歐洲的文學和美術上最偉大的成就之一。此一轉變首可徵之於文學方面，尤以十七世紀初的法國田園文學爲然，我們在此姑舉Urfé的著名小說*L'Astrèe*爲例。在該書第三部中作者借主角之一，牧人Silvandre之口歌頌女人爲靈感之源，是人類與天國之間的自然媒介。他說：「男人的最精美的思想都是女人所賜予。誰能否認上帝創造女人於塵世乃是爲了接引我們走向永恆的幸福呢？」這種女人觀顯然強調男女之愛的精神，使人超脫單純的情欲之戀，克服本能的支配，以進於最高尚的情感生活。所以主角Astrèe也說：祇有主動地與我們不馴服的衝動作鬥爭才顯得我們是理性的而不祇是感性的。男人對女人的愛情祇有通過兩種方式以克制本能的欲望，才有精神價值。第一是用情要專；誠如作者所說：「一個男人如果能想像在某些時候可以不愛他的妻子，那麼他已經不是她的愛人了。」第二是精神愛爲本，身體愛是末。愛情有兩種境界：身體的愛雖不可少，但祇能是精神愛的結果；男女之愛若僅停留在身體方面，那就與禽獸無異了。女人之所以比男人爲高就在於她們天性之中深藏著一種全部奉獻（total giving）的精神。在這種新文學中我們逐漸看到求精神完美與求樂趣可以融合爲一而不致有傷道德。這種新文學之興與中古武士文學之衰亦成有趣之對照。當Urfè寫*L'Astrèe*之時也正是西萬提斯（Cervantes）寫《唐吉訶德傳》之日；前者透露出近代新人性的誕生，後者則說明中古人物之沒落。德與美的結合表現於十七世紀法國文學中者實極爲普遍。在Madame de Lafayetts的小說中很多都是以寫人的優雅與自制爲主題的。她的*La Princesse de Montpensier*便寫出一個美麗的公主如何死於偶然的道德缺陷。作者沉痛地指出：「她是世界上最美的公主之一，如果她的一切行爲都曾爲德性與謹慎所指導，她也許還是最幸福的人。」這樣的筆調與馬基維利的*Mandragola*已截然不同。此等處最可以覘世風之變。不僅小說的風貌與前迥異，在詩的領域中同樣的轉變也顯而易見。例如莫里哀（Molière）的詩中便處處呼喚人須控制一己情欲與暴戾的本能以逐漸提高人的精神。

新的文化趨勢同時又可徵之於十七世紀藝術的發展。對於新人性的發揚，藝術家的貢獻或更在文學家之上。從一六〇〇至一六六〇年，最出色的藝術家卻不是法人，而產生於西班牙與北歐諸國。由此可見，這一文化趨勢是全歐性的，不限於某一國中。在這些藝術家的作品中我們發現歐洲人的精神和文化生活是朝著博愛仁慈的方向進展，人與人之間的互相款待也更爲溫雅有禮。就著名的Flemish畫家Rubens言，他的一生（1577-1640）正是工業文明奠定其精神與美學的基礎之時。他的藝術對於近代文明的貢獻實比同時最偉大的政治家Richelieu更爲深遠。一六三七至一六三八年他完成了不朽的名作〈戰爭的恐怖〉（The Horrors of War）。藝術家之以戰爭爲題材，其事本非新起。但以往的藝術家之寫戰爭都是描述性的；如達文西在其Notebooks中即曾教人如何白描戰役。Rubens此畫則不同，它不是單純的白描，而具有一種道德的目的。它諷喻歐洲從事總體戰爭的愚昧；要人注意戰爭對於人所欲努力保存在人世生活中的諸德性的損害。

另一西班牙大畫家Velasquez在其名作The Surrender of Breda中也用另一方式對總體戰爭的危害性表達出一種新的倫理觀；指示它如何違反了十七世紀時人正在努力促其實現的仁愛精神。它強調人即使在戰鬥與勝利的狂熱中亦當有責任要控馭自己的暴力衝動。Breda之戰乃是走向有限戰爭（limited war）的新運動之始，在此次戰爭中戰鬥已漸爲一種責任感所限制，即打仗亦須依照有禮貌的規則，同時戰役一經結束就要把敵人當作朋友一樣看待。這一運動實是仁愛意識融入人世生活之一好例。

以上兩大畫家雖具有不可企及的人道精神，但還祇是「歐洲的」藝人。若就畫家人道精神的深度與廣度言，則荷蘭的Rembrandt眞可說是全人類的藝術家。欣賞他的作品的人不期而然地會感到其中蘊藏著的一片慈悲仁愛之心。藝術雖說是超越時間的，藝術家卻不能脫離時間存在。所以Rembrandt的作品所表達的仁愛思想顯然是十七世紀的宗教家要以最深的悲憫之情來化民成俗的運動之一部分。

正當文學與繪畫中取材於《聖經》的作品已比例地減少之際，歐洲的文藝反而獲得與實際人生相結合的宗教道德內容。仁愛精神已從天國降臨於塵世。這說明近代「文明」的產生實所有賴於宗教、藝術、文學各種新因素的結合。

但「文明」的降臨還不僅僅依靠文學藝術等精神內容的轉變，它同時也與傳達文藝內容的工具日趨清晰與犀利密切相關。在宗教戰爭的前夕，文學的發展，尤其是在法國，已與文法及文體等的精確化連在一起。接著便是科學方法的驚人進展的時代；但也就在這一時代中我們看到語言的使用與寫作的方式發生了極其迅速的改變，至少在法國、荷蘭與英國是如此。十六世紀時作家如Rabelais和Montaigne等人所用詞句頗爲晦澀，致與近代法文文法殊多扞格難通之處。但至十七世紀，如巴斯喀的作品，其行文用字已清楚明暢，而與現代文字無大異了。同樣的發展亦可徵之於英國與荷蘭的文學史，今以篇幅所限，不再縷述。總之從一五八〇至一六六〇年歐洲語文有著很顯明的從不清楚到清楚的巨大發展。

不僅文體有如此的變化，字體也有類似的進步。治史者每感中古文件中之書法難於辨認；直至十六世紀情況猶未有改善。但至十七世紀初，書法遂開始轉爲清楚易識。通常對這一轉變的解釋，認爲是由於紙張的產量大增，寫字不必簡縮之故。事實上稍一檢討，即知此說不能成立。蓋歐洲紙張生產大盛於一四七〇至一五五〇年之間，與印刷業之發明與傳布相互輝映。但事實上由於紙張不感匱乏，書寫反多不經意，以致此期間文稿較前反更爲不清，辨認尤難。至於書法清楚化的運動則發生於一六〇〇至一六四〇年數十年間。不過十七世紀時近代書法的發展尚未遍及全歐，日耳曼即爲一例外，不能與英、法、荷蘭諸國相提並論。由此看來，書法之改變其根本原因實別有在。依我們的推斷，這是和當時歐洲最進步的諸國在思想方式和語言運用方面所發生的變化分不開的。

就法國言，其語言文字之趨向清楚與優雅乃是藝術上發展秩序與風格的整個運動之一部分，而後者又復爲生活藝術上求秩序與風格的運動之一部分。在此期間，Francois de Sales與Vincent de Paul正在努力從戰亂與缺乏宗教情感的狀態中導引人類走向虔敬的生活。他們賦予道德完善的探求以人世的涵義，這是前此所未有的。在同一期間，在繪畫與建築上，在家具與地毯的製造上，在音樂的製作上，以及在詩與散文的創作上，人們都發明了種種講求秩序的原理和規則。

十七世紀的歐洲大陸在法國領導下，逐漸朝著追求一切藝術題材與形式而努力；這一發展較之十五、六世紀在義大利領導下專以求樂趣爲宗旨的文藝，實更合乎求善的目標。

# 六

在上一節中，我們探溯了十六、七世紀的文學藝術如何從純美之追求發展至德與美的重新融合。我們同時也隱約地點出這一發展對近代文明的貢獻。在最後這一節裡，我們要進而涉及藝術發展與工業文明之間的一般關係。

歐洲藝術史上的「古典主義」的起源必須了解爲大陸上工業發展的不可分割的一部分。較早時在義大利文藝復興的求美運動支配下的工業發展，至法國宗教戰爭開始時已告衰歇。十六世紀早期在西班牙、中歐以及義大利等地區，環繞著文藝復興的藝術觀而興起的經濟繁榮普遍地崩潰了。同時在此期間，正如蘭克（Ranke）所指出的，歐洲貴族階級亦再度興起。與貴族權勢成長以俱來者則爲一切藝術品均融入了道德的內容，而藝術形式方面也出現新的規則。

結果這種求藝術完美的新探索對於工業發展的刺激亦與以往不同。貴族、官吏和商人爲了建築並裝飾他們的宮殿、別墅以及城市房屋，就必須製造新的家具與各種新的裝飾品。而城市中的雅致房舍尤有大量的發展。房屋的面積，除了君主貴族的宮殿外，較之文藝復興時則已縮小，但精緻過之，故每次易主之後均易於重新修飾與改進。私人住宅的裝點在情調上更使人有親切之感，室內所陳列的藝術品如樂器之類，也更爲精美。

在這種風氣之下，經濟發展的方向首先是更普泛地供應生活情趣上的需求。所以此時法國，Flanders以至荷蘭的工業都以求美觀爲其特色，其重點則在於製造爲貴族階級的典雅人生所需要的各種藝術品。十七世紀初葉歐洲工業的主要目標乃在賦予建築、家具、樂器、服飾、舟車以及各種裝飾以新的藝術形式。當時的工業家善用美學的發明而使這些事物更舒適合用，更能適應新的藝術生活的需要；他們一方面增加這類商品的製造，而另一方面復能維持並不斷改善商品的藝術品質。這一注重經濟上質的進步的趨勢一直持續至十八世紀。

在奢侈性與藝術性的工業方面法國（還有荷蘭）成爲歐洲的領導國家。這種工業發展的趨勢乃是法國推行其既定的經濟政策的結果。法王嘗一再鼓勵藝術性工業而遏止重工業如煤礦之發展。就五金業言，法國在一五四〇至一六四〇年期間祇有對一類金屬商品的需求較英國爲大，那便是精美的藝術性的器具，如欄杆、窗格子之類。這類器具乃相應於新的生活方式的需要而起；而這一新生活方式則正是藝術與倫理精神相結合的一種結果。金屬裝飾品的製造需要耐心與技巧，需要對美學價值有高度的敏感，同時還需要勤奮而變化多端的勞動。這對於新的生活方式也頗具推進的作用。但這種精巧的藝術性工業所消費的原料則甚爲有限，故自現代唯量主義的經濟觀點看來，似乎不足輕重。但我們通察十七世紀早葉的工業史，卻不能不承認藝術性工業是占據著主要的部分。而英國與瑞典之工業，專門生產大量廉價貨品者，在當時反是一種例外。英國的消費者亦同樣有精巧器具的需要，但這種需要的供應主要是靠從大陸輸入。因此我們可以斷言在十七世紀中葉，歐洲工業經濟實分成兩個不同的系統；由於現代經濟史家祇著眼於量的價值，遂誤以英國一系的量的工業爲時代之前驅，而視法國一系的質的工業爲進步的障礙，並進而謂其時法國比英國在工業上遠爲落後。當然，如果我們以機器發明與大量生產爲衡量經濟進步的唯一標準，則英國自視法國爲勝。蓋法國重品質與美觀的藝術性工業，其進程自不如機器的大量生產之速。藝術品之製造沒有什麼捷徑可循。

機器的發明，大量資本的積累，以及工業、商業、運輸、交通與財政等較大企業的組織與經營對於近代經濟的貢獻是顯而易見的。現代經濟史家所關心的主要便是這些問題。他們因此得出結論，說十七世紀是工業尤其工業技術進步遲緩的時代。這在我們看來卻不十分正確。我們若能放眼於歐洲史的全景，即可發現其時歐洲史進程的精采處並不在機械的發明，而在信仰、藝術及藝術工藝諸領域之中。

十七世紀中葉歐洲經濟的主流不是北歐或英國所發展的量的經濟，而是大陸國家所擅長的質的經濟。在此後百年間，人們對於量的成長及技術改善的興趣日益增長；科學革命在歐洲學術生活上也越來越重要。但是儘管如此，精緻物品之製造仍在工業上占中心的地位。整個十七世紀，以至十八世紀初年，科學主義是被用之於求藝術的完美而不是發展工業技術的。

更有趣的是那時在法國人與義大利人的眼中，英國人與蘇格蘭人是粗野無教養的蠻人。Benvenuto Cellini曾把他們擬於野獸。當時歐洲文化分布的狀況實可於此見之。英國人亦已意識到這一點。十七世紀及十八世紀初年英人極羨豔自大陸輸入的精美貨品。英國復辟以後遂致力於改善本國生產品的品質，對建造蒸汽機、推廣煤的使用以及發展運輸等問題反較少用心。此即所以英國於十六、七世紀之交既已發展量的經濟之後，中間又停滯了百餘年至十八世紀末葉始掀起近代的工業革命。經過此一質的改善的階段，英國在某些物品方面確能後來居上，超過大陸。這一工業生產藝術化的運動又復與英國的藝術發展相攜並進，如繪畫的藝術及園林的藝術等皆是。藝術與工業之間的密切聯繫更可想見了。

討論至此，現代經濟史家以質的經濟有礙於工業發展之說已顯然可見爲一種片面的見解。歐洲人之加強其精美的工藝技巧，使之爲國王、貴族及高等布爾喬亞服務，以從事於美的歐洲的建設，實爲工業主義得以勝利的根本原因。由此可見，質的經濟乃是工業文明之文化基礎中不可或缺的一部分。

就「近代文明」一詞中的「文明」來說，它實爲工業主義的傳布提供了基本的架構；在這一意義上，「文明」在十六世紀中葉還沒有全面出現。如果它在十六世紀中已有某種程度的存在，那麼至少部分地是因爲歐洲人已開始把發展重質的新經濟放在最優先的地位。這一新經濟的正式誕生是在十六、七世紀之交。它至少在兩種方式上有助於歐洲人之文明化並爲工業主義開了路。

第一、當時許多歐洲人之以製造美觀物品爲經濟活動的中心原則，使得近代機器與大量生產的最後勝利成爲可能。蓋這一勝利乃基於人在精神方面的進步要求，即如何提高人格的尊嚴與完整。這種進步的具體表現則是對人生價值的珍視，對那些可以幫助人精神修養的物品的愛好，以及對如何減除暴力衝動的問題的注重。尤當辨明的是，此一精神的進步並非近代技術進步的結果，蓋後者至十九及二十世紀始彰顯。相反地，倒是精神進步創造了激勵技術進步的條件。就人對自由與人格完整的追求在藝術性物品的製造方面的表現來說，它亦構成對商品大量生產的新刺激。同時又因爲精美物品的製造曾多方面地助長了「有限戰爭」之概念與習慣的發展，人的能力遂大獲解放而得用之於和平的大量生產方面。

第二、精美物品之經久舒適激起一般平民的物質欲望，使他們也希望能分潤這種生活的享受。因此，質的經濟無形中便刺激了量的經濟的發展。因爲唯有大量模仿貴族與布爾喬亞所使用的物品，才可以供應一般人的廣大需求。據十七世紀中葉人的記載，當時歐洲小康之家亦多效法上層階級，致力於室內布置的美化，不過其裝飾品不及貴族之精緻耳！稍後由於機器及大規模企業組織的生產，藝術家及工藝家所製作的物品遂成爲大量仿造的標本。

十七、八世紀時，藝術性的工藝對當時人之發展高度道德性的典雅生活方式也有相當的影響。此種新的生活方式一經蔚成風氣之後，便爲歐洲各地所爭效。這樣看來，如果十六世紀末歐洲人但知一味利用煤與鐵以發展廉價商品的大量生產，則其結果必不能如精美物品的製造那樣刺激人們對增加生產的興趣與意識。更有進者，當時人的生活態度多粗鄙不堪，若使粗俗的商品與粗俗的生活態度相激相盪，而又無藝術性的事物可以變化其氣質，則頹波所趨將不知伊于胡底；近代文明之進程必大受阻遏，是可以斷言的！

關於質的經濟促成人與人之間、國與國之間的關係的堅固化和人道化一層，我們須記住一項重要的事實：即在宗教戰爭期間，由於宗教精神入世的結果，人們已開始相信宗教目標的達成可以更有效地採取說服的方式而不必訴諸武力。這一說服的嘗試始於十六世紀末葉，而以Francois de Sales在今瑞士境內之Chablais所作的努力最具代表性。

另一件事足以顯示藝術對社會關係的改善之貢獻者，則是十七世紀上葉歐洲社會上有「沙龍」（Salon）的興起。這一制度乃是仁、愛、美、雅與秩序種種理想的具體化。在

「沙龍」中人們對於自制、自愛、理性討論等所作的新努力表現得最爲明顯。它的創設使人與人之間有了最有效的思想交流的場所；而儒雅的態度亦開始在日常生活中生根了。溫文有禮乃漸成爲一切自重的人的責任，這一風氣是中古武士社會所未曾有的。

第一個著名沙龍是一六一五年Madame de Rambouillet在巴黎建立的。她出生在她父親出任法國駐羅馬使節的期間，自幼即深爲文藝復興的氣氛所感染。她是把義大利文藝復興的光彩帶回法國的一個重要人物。她的沙龍此後遂成爲模範，聞風而起者有若雨後春筍。婦女們希望通過沙龍把許多高貴的理想實現於實際生活之中。

現代人厭惡禮貌社會中的虛僞面，因而連沙龍制度中一個極有價值的因素也一併忽略了：創設此制的人們，其用心是在建立一種極崇高的德性標準。據說Madame de Rambouillet曾說過，即使是黑人，祇要他是善良的，她都願做一切對他有利的事；甚至她根本不認識他，也不要緊。這一種高貴的大同觀念就曾在當時的沙龍中廣泛地散播著。在沙龍中，人的生活必須守禮，而不得縱情任性，放誕不拘；前一種生活是精神的，後者則是物質的。很多人都以爲後者爲眞實的生活，但在我們看來，毋寧前者倒更合乎人性，因之也更爲重要。今日歐美人的整個生活仍保存了「沙龍」制度所遺留下來的色彩。不幸的是人們已忘了它的源流所自。十七世紀的文化史告訴我們，當時歐洲人在積極方面推廣種種崇高的精神價值，以求取人與人之間及國與國之間的相互了解，在消極方面則努力克制人性中獸性與暴戾的一面，這才使得近代文明的產生成爲可能。

十七世紀人在精神上求超越的努力對於近代物質文化有著深遠的影響。人們在沙龍中的儀態禮節對於戰場上的態度也有所改變。蓋人們既習於自制其暴力的衝動，在戰場上對待敵人就可以減少不必要的野蠻與殘暴。十七世紀以後近代戰爭之逐漸人道化即伏根於此。

十六、七世紀之際所發展的質的經濟與量的經濟對個人行爲與國際關係都有良好的影響。對量的價值之強調及隨之而來的度量衡精確化與統一化，使不同的人民之間可以在經濟關係上互相信賴。在自然科學範疇內的求眞精神則逐漸造成人們對人生問題抱探索與持疑的態度，並因而對其他個人、社會以及民族都能加以容忍。這種清明的理性更使人的情感不致有過度的氾濫，以至失去自制的力量。

但是文化的精微處並不止此。人若僅止於經濟行爲上的誠實不欺而沒有任何更高的境界則仍是人性的墮落。人的情感固須有適度的控制，但近代科學的勝利使很多人否定了情感的一切價值；這又剝奪了人類持以深入精神世界的工具，而使人不復能超越物質世界的限制。批評與懷疑的精神在人生問題上之無限發展最後亦必流入虛無之一途，這絕非人生之正道。這說明了何以現代學者與專家們日益退居於他們狹隘的研究園地之內而不斷與其同行爲無聊的小問題爭辯不已也。

最高級的人的屬性如仁愛、榮譽、正義等之證實與培養實有賴於人自己的努力，在這裡科學家與統計學家均無所施其技。文明的文化基礎既不能求之於近代科學的興起也不能求之於近代經濟的興起。它們的主要根源乃來自人們在現實世界中實踐基督教生活的努力，來自人們在一個重人生樂趣的社會中謀取美與德的合一。我們可以說，求取生活藝術的完美乃是十七、八世紀時歐洲的最大成就。

現代用數量來衡量的豐裕經濟（economy of abundance），並不如一般學者所假定的，是近代精神與道德進步之主因。相反地，始於宗教戰爭時代的精神與道德進步倒是現代豐裕的主要來源之一。科學方法在宗教、藝術與道德的領域內是施展不開的；這些問題的解決有賴於人類的自由意志。十六、七世紀之交，也就是在科學革命的時代，人們所努力以赴者乃在使整個人（the whole man）趨向完美，而不是祇求改進人對於物理與生物世界的知識。如果那時的人，也和今天一樣，祇注重自然科學與經濟發展，我們敢斷言，近代豐裕經濟之建立必然會更為困難。從這些地方細加體察，就可以知道近代工業經濟的精神背景是如何的重要了。

十八、九世紀的社會有精神的、美學與道德的，以及經濟與科學的基礎；而這些基礎卻導源於一個和我們今天情形相似的充滿著戰爭與憂慮的時代之中。在我們今天所面臨的許多危機之中，工業文明的精神基礎之被忽視乃是很重要的一項。忽視了這一點我們文化便無前途可言了。歷史研究又昭示我們：從思想與精神自由中所孕育出的許多偉人業績，其開花結果常常是在若干世代之後。因之眞理的追求者在今天的努力也許不會立即發生功效。然而工業文明的前途卻有賴於我們長程的奮鬥，正如我們今天的存在是我們的祖先在三百年前在精神上一番振奮的結果一樣。

在未來若干世代中，工業文明的前途似乎並不操縱在科學家、工程師與經濟學家之手，它毋寧倒仰賴於我們如何在此機械化與庸俗化的世界中重新探求人格的完美。此種探求首先需要建立一種以人生情趣為中心的新經濟，而不必顧及大量生產、自動化與原子能種種的價值。這種新經濟應該導引目前尚統治著世界的量的經濟——工業主義，向更高的境界發展。

## 附　言

我在本文寫作的過程中，心中常懷著一深切的感想，即作者在此書中所討論的問題與中國近代思想史上所曾一再爭辯的中西文化問題實有密切的關聯。若根據本文的中心思想以衡論中西文化之異同與中國文化的價值及其對世界新文化所可能有的貢獻，則勢必會演成一篇冗長的獨立論文，此非我的時間所能容許。我在此所能附言者祇是我感切最深的幾點體會而已。

本書作者論近代西方文化注重其人倫日用的一面，此正是中國文化特顯精采之所在。作者在本書中曾一度提到中國，其言頗足發人深省。他指出中國宋代所流行的那種舉止中節的人生態度對於近代人道的精神基礎有其影響。作者對中國文化並無研究，故其言甚爲簡略而模糊。但無論其如何簡略與模糊，作者的意思在說明宋明理學所倡導的人文思想與人生態度對人類精神生活有提升作用，則亦至爲明顯。自清代考據學興，宋明儒者的思想即開始受到嚴厲的攻擊，降及「五四」更有所謂「禮教吃人」之說。誠然，宋明理學之末流確有弊端；從歷史觀點看，自有其招致批評的原因。但若因此而一筆抹殺理學在中國文化史上的價值，如若干清儒及近人之所爲，則亦殊非持平之論。近人之傾慕西化者僅注重在近代西方文化之量的一面，如所謂民主與科學者皆是。民主若離開它的文化背景而祇當作一種政治形式言，則無疑祇是一種量的政治。同樣地，國人所嚮慕於科學者也不全在西方人「爲眞理而眞理」

的精神，而在科學的實用，即技術的發展。這就是數十年來中國略染西風的知識分子都喜歡高談「科學方法」之根本原因的所在。他們對於本書作者所發掘的西方近代文化中之宗教、藝術、道德等精神基礎則甚少措意。現在西方人由於了解了他自己文化的精神基礎，反而能轉過來欣賞中國文化精神中的優點——而這些優點卻已爲中國人所鄙棄不顧——這豈不足以使我們慚愧、更值得我們深切反省嗎？尤其值得注意的是說這話的人既非宗教家也非玄學家，而是一位徹底受過所謂「科學方法」訓練的經濟史家。那麼，他的覺悟是不是能夠幫助我們從一味浮慕西方文化的表象與空談「科學方法」的淺薄風氣中超拔出來呢？文化的進步絕不止於量的增加，而必得觸及質的提高之一層。我們如不能在肯定量的價值之後進而認識質的價值，則不僅無法了解中國文化，抑且不足以眞正欣賞西方文化，更不必說什麼中西文化的融合了。

其次，近百年來中西文化異同的問題最爲知識分子所喜論。其中比較持之有故的說法之一便是中國文化較重道德而西方文化則較重知識。這一觀念最早可以溯至馮桂芬（一八〇九—一八七四）的《校邠廬抗議》。但是我們必須知道，文化的內容是無所不包的；中國之尙德與西方之重智，祇不過兩大文化中異同之一端而已。我們如能善用此一區別至恰如其分的地步，則誠可以在某種程度上幫助我們對中西文化中的某些分際的理解。但是我們如過分求系統、過分強調此一區別，其結果恐怕適足以成爲疏通文化源流的阻礙。從本文的討論中我們知道，西方近代文明中也同樣具有深厚的道德根源。宗教革命後有些新教教派如早期加爾文派，如英國的清教徒，因爲過分強調道德因素以致戕害了文化的正常發展，尤值得我們深思。

最後應當一提的是中國對未來世界新文化可不可以有貢獻？這問題太大了，我自然不能在這裡作正面的檢討。但我們仍不妨武斷地對此問題作肯定的答案。答案的根據便是十七世紀歐洲的文化史。從本文的討論中我們獲知：十七世紀的歐洲文化發展比較上有著內在的協調與均衡。換言之，藝術、科學與道德諸方面頗能互相配合、相攜並進。十五、六世紀以來藝術的偏向發展及其與道德的分離，至宗教革命而改觀。據作者的意見，美與德的結合，輔之以科學知識的日新月異，造成了十八、九世紀以來輝煌的工業文明。目前我們所見的西方文化中科學與技術之過度發展以致與宗教、道德、藝術等脫節乃是十九世紀以後的事。十七、八世紀的歐洲文化面貌則並非如此。這也是十九、二十世紀的中國人所以特別感到中西文化在性格大相逕庭之一根本原因。在這以前，中西文化雖仍有其不可掩蓋之差異；但差異的程度絕不如此之甚。這一點可以從十七、八世紀歐洲人對中國文化的嚮往與欣賞得到證實。我們大概都知道，中國的政治、道德與藝術在十七、八世紀的歐洲（包括英國）發生過重大的影響。通過那時耶穌會傳教士的介紹，很多歐洲人對中國文化都發生狂熱。我們祇要一讀德人Adolf Reichwein所寫的*China and Europe*一書即可知道其時一部分歐人的華化狂殊不在今日中國人之西化狂之下（較近的著作可看一九四六年出版的Louis S. Maverick, *China: a Model for Europe*）中國的思想，特別是儒家思想（包括宋儒如朱熹的）極爲歐洲哲學家所愛慕。在前的萊布尼茲（Leibniz, 1647-1716），稍後的伏爾泰（Voltaire, 1694-1778）均曾對中國的道德特致讚揚。這一段史實，「五四」以來曾不斷有人敘述並評論過，不待詳說。值得我們深思的是，何以恰恰在這一期間歐洲人能欣賞中國的政治與倫理？這一問題，就我所知，中外學者均未嘗有滿意的解答。我讀了Nef教授這本書才恍然若有所悟：原來十七、八世紀歐人對中國文化之所以能有同情的了解，主要是由於當時歐洲的文化與中國頗有相似之處。歐洲人在此期間之特別強調德與美之融合尤爲他們愛好的中國儒家思想的契機。問題分析至此就和我們在前面所說的中國傳統文化對未來世界新文化所可能有的貢獻這一點銜接了起來。本書作者在其結論中嘗深以當前西方工業文明過分看重量的價值爲憂。他並推斷，工業文明如要有更大前途，則必須轉求質的提高；未來的文化不當操於自然科學家與經濟學家之手，而有待於宗教家、道德家以及藝術家之努力。換言之，他嚮往著西方文化能重回十七、八世紀的協調與均衡之正軌。如果他對眼前西方文化弊病的診斷爲不誤，更假定具有自由意志的人之奮鬥最後能夠改變歷史的自然進程，那麼十七、八世紀時中國文化影響西方文化的歷史也極有重演之可能。中國文化在目前世界上之所以不能發揮它的潛力，並不是由於它已死亡，而是由於機緣未至。即使是西方傳統的宗教、道德與藝術的力量在工業主義（量的經濟）氣燄高漲的今天也是一籌莫展，更何論乎中國文化！然而除非文化不再有前途，人類不再有新生，否則數千年來人類所創造與遺傳下來的精神的價值終必有重新被發現與被尊重之一日，而中國文化傳統中可以在這一面貢獻於未來的世界新文化者，正自不少。這是每一個中國人所必須具有的信念！

# 近代紅學的發展與紅學革命

## ——一個學術史的分析

在二十世紀的中國，《紅樓夢》可以說是最受重視的一部文學作品。近五、六十年來，研究和評論《紅樓夢》的文字，如果全部收集在一起，恐怕會使「汗牛充棟」這個古老的成語失去它的誇張意味。我們知道，遠在清代晚期，北京的文士便已嗜好《紅樓夢》到了一種「開口必談」的地步[1]。大約就是在這個時期，「紅學」一詞也開始流行起來了[2]。如果說清末的「紅學」還祇是一種開玩笑式的渾號，一九二一年以後「紅學」（亦稱「新紅學」）

則確實已成爲一種嚴肅的專門之學。由於胡適的提倡，《紅樓夢》的考證工作已和近代中國學術的主流——從乾、嘉考據學到「五四」以後的國故整理——匯合了。因此，從學術史的觀點來看，紅學無疑地可以和其他當代的顯學如「甲骨學」或「敦煌學」等並駕齊驅，而毫無愧色。

但考證的紅學發展到今天已顯然面臨到重大的危機。如所周知，近代新紅學的最中心的理論是以《紅樓夢》爲作者曹雪芹的自敘傳。自傳說雖遠在十八世紀即已由袁枚（一七一六—一七九八）道破[3]，但事實上直到胡適的考證文字問世以後，才逐漸地得到文獻上的證實[4]。所以魯迅認爲《紅樓夢》乃作者自敘，「其說之出實最先，而確定反最後。」[5]可是就今天海外——尤其是香港——所能見到的紅學討論而言，魯迅在一九二三年所謂「確定」者，似乎又變成不甚確定了。近二十年來，我們很清楚地看到，自傳說至少已受到三種不同的挑戰：第一種是出乎索隱派的復活；第二種起於「封建社會的階級鬥爭論」；第三種則來自對於《紅樓夢》本身所包涵的「理想性」的新認識。關於這三種挑戰，我們在下文將會分別地有所說明。而目前最使我們困惑的問題則是紅學考證何以發生如此嚴重的危機？難道說五十年來許多第一流學者的考證功夫都白費了嗎？難道乾、嘉以來號稱實事求是的考據完全沒有任何客觀的基礎嗎？

爲了解答這些問題，我們有必要從學術史的觀點來檢討一下近代紅學發展的歷程。依我個人的看法，目前紅學的危機主要是來自它的內部，祇有先弄清楚這個危機的性質，我們才能爲紅學研究尋找出一條可能的新路向。

我必須先解釋一下所謂「學術史觀照」究竟是什麼意義。我在上面用了「危機」（crisis）一詞。這個名詞並不是泛指的：它來自孔恩（Thomas S. Kuhn）的《科學革命的結構》[6]那部名著。孔恩在該書中還提出了一個更重要的中心觀念，即所謂「典範」（paradigm）。（按："paradigm"的觀念是孔恩從維根什坦Wittgenstein那裡借來的。）由於「典範」和「危機」這兩個觀念可以幫助我們分析近代紅學的發展，我願意簡略地講一講孔恩的方法論。

以前我們一般的看法是把科學當作和文學、藝術等性質截然不同的東西：文學、藝術等興衰無常，不是直線進步的；科學則如積薪，總是後來者居上。這個看法當然並不是沒有受到懷疑，如人類學家克羅伯（A.L. Kroeber）就曾提出異議[7]。但直到孔恩的研究發表之後，我們才眞正對科學發展的歷程獲得一番嶄新的認識。根據孔恩的提示，我們知道科學的成長並不必然是直線積累的，相反地，它大體上是循著傳統與突破的方式在進行著。喜歡講辯證法的人也許不妨稱之爲「從量變到質變」。所謂「傳統」是指一門科學的研究工作，在常態情形下，具有共同遵守的基本假定、價值系統，以及解決問題的程序。而所謂「突破」，則指著一種科學傳統積之既久，內部發生困難，尤其是對於新的事實無法作適當的處理。當這種困難達到了一定的程度時，這一門科學的傳統便不可避免地要發生基本性的變化，換言之，即「科學革命」。科學革命一方面突破了舊傳統，另一方面又導向新傳統的建立，使研究工作進入一個全新的階段。

根據孔恩的理論，一切科學革命都必然要基本上牽涉到所謂「典範」的改變。那麼，

「典範」（paradigm）究竟是什麼意思？孔恩在《科學革命的結構》中對「典範」這個中心觀念有極詳細而複雜的討論。但簡單地說，「典範」可以有廣狹二義：廣義的「典範」指一門科學研究中的全套信仰、價值和技術（entire constellation of beliefs, values, and techniques），因此又可稱爲「學科的型範」（disciplinary matrix）。狹義的「典範」則指一門科學在常態情形下所共同遵奉的楷模（examplars or shared examples）。這個狹義的「典範」也是「學科的型範」中的一個組成部分，但卻是最重要、最中心的部分。

孔恩的研究充分顯示一切「常態科學」（normal science）都是在一定的「典範」的指引之下發展的。科學家學習他的本門學科的過程，通常並不是從研究抽象的理論和規則入手。相反地，他總是以當時最高的具體的科學成就爲楷模而逐漸學習得來的。這種具體的科學成就在今天是以教科書的方式出現的；在以往則見之於科學史上所謂經典的作品，如亞里斯多德的《物理學》（Aristotle's *Physica*）、牛頓的《原理》（Newton's *Principia*）等等。這正是狹義的「典範」一詞之所指。「典範」不但指示科學家以解決疑難的具體方式，並且在很大的程度上提供科學家以選擇問題的標準。從科學史上看，可以說一切科學研究的傳統都是由於「典範」的出現而形成的。科學研究的傳統既經形成之後，大多數科學家都在一特定的「典範」的籠罩之下從事「解決難題」（puzzle-solving）的常態工作。他們的志趣絕不在基本性的新發現，並且對於叛離「典範」的異端往往採取一種抗拒的態度。換句話說，孔恩的「典範」頗近乎懷德海（A.N. Whitehead）所說的「基本假定」（fundamental assumptions）[8]或柯靈烏（R.G. Collingwood）所說的「絕對前提」（absolute presuppositions）[9]。它們都是在某一個時代中被視爲天經地義，而無從置疑的。而且離開了這些「假定」或「前提」，當時的人甚至不知道如何去進行思考或研究。

從上面的討論可以知道，科學史上樹立「典範」的巨人一般地說必須具備兩種特徵：第一、他不但在具體研究方面具有空前的成就，並且這種成就還起著示範的作用，使同行的人都得踏著他的足跡前進。第二、他在本門學術中的成就雖大，但並沒有解決其中的一切問題。恰恰相反，他一方面開啓了無窮的法門；而另一方面又留下了無數的新問題，讓後來的人可以繼續研究下去（即所謂「掃蕩工作」mop-up work），因而形成一個新的科學研究的傳統。在科學史上我們說「哥白尼的天文學」（Copernican astronomy）或「佛洛伊德心理學」（Freudian psychology），就是因爲哥白尼或佛洛伊德是建立「典範」的開山宗師。他們在天文學或心理學方面所創樹的楷模使得他們的後學不得不在長時期內埋首於「解決難題」的掃蕩工作。

但是科學史上的「典範」並不能永遠維持其「典範」的地位。新的科學事實之不斷出現必有一天會使一個特定「典範」下解決難題的方法失靈，而終致發生「技術上的崩潰」（technical breakdown）。這就是前面所提到的「危機」一詞的確切涵義。科學史上「危機」的成因很複雜，有外在的，也有內在的。就外在因素言，如以哥白尼的天文學革命爲例，則十六世紀要求曆法改革的社會壓力便曾加深了舊天文學傳統的危機。但就內在因素言，「技術上的崩潰」是一切科學危機的核心。危機導向革命；新的「典範」這時就要應運而生，代替舊的「典範」而成爲下一階段科學研究的楷模了。當然，新舊「典範」的交替，其間並沒有一道清楚的界限。有時候，早在舊「典範」如日中天之際，新「典範」即已萌芽，不過當時不受注意罷了。另一方面，新「典範」當令之後，舊「典範」也並不必然完全失去其效用。舉例來說，哥白尼天文學並沒有完全取代托勒密的系統（Ptolemaic system）。一直到今天，在推定星位的變化方面，托氏天文學仍在被廣泛的應用著。

必須說明，上面這一大段關於孔恩的科學史方法論的陳述絕不夠全面。孔恩《結構》一書中的理論系統極盡精嚴與複雜之能事，而我的選擇則是有重點的，即以其中可說明近代紅學發展的部分爲斷限。我特別覺得孔恩的「典範」說和「危機」說最和我們的論旨相關[10]。

從晚清算起，紅學研究史上先後出現過兩個占主導地位而又互相競爭的「典範」。第一個「典範」可以蔡元培的《石頭記索隱》爲代表。《索隱》寫於一九一五年，但晚清時已有不少人持相似的看法[11]。這個「典範」的中心理論是以《紅樓夢》爲清初政治小說，旨在宣揚民族主義（按：確切地說，即反滿主義），弔明之亡，揭清之失。作爲一種常態學術，索隱派紅學是有其「解決難題」（puzzle-solving）的具體方法的，即胡適所謂之「猜謎」。但「猜謎」一詞顯然有貶義，對索隱派並不公允。據蔡元培自己的說法，他推求書中人物和清初歷史上的人物的關係，共用三法：一、品性相類者；二、軼事有徵者；三、姓名相關者[12]。廣義地說，這也是歷史考證，簡單地稱之爲「猜謎」，似有未妥。但是，蔡元培實際上乃是索隱派「典範」的總結者，而不是開創者，因此在《索隱》一書出版的時候，這個「典範」下的紅學研究已是危機重重。索隱的方法雖然可以解決《紅樓夢》中的一小部分難題，而絕大部分的難題並不能依照蔡先生的三法來求得解決。蔡先生說：

右所證明，雖不及百之一二，然石頭記之爲政治小說，絕非牽強傅會，已可概見。觸類旁通，以意逆志，一切怡紅快綠之文，春恨秋悲之跡，皆作二百年前因話錄、舊聞記讀可也。13

這話未免說得太樂觀了些。事實上，《紅樓夢》全書此後並未能在索隱派的「典範」下觸類旁通。正如胡適所指出的，蔡先生以鳳姐給劉姥姥二十兩和八兩銀子的事是影射湯斌的生平，可是另外王夫人贈給劉姥姥一百兩銀子的事卻在湯斌一生的事跡中找不到影子。因此這一次分量最重的餽贈反而在《石頭記索隱》中沒有交代14。像這一類的困難最足以顯示索隱派紅學的內在危機。

另一方面，新材料的不斷出現也動搖了索隱派紅學的基本假定。這些新材料都好像指向一個共同的結論，即《紅樓夢》是作者曹雪芹爲他自己所親見親聞的曹家的繁華舊夢。這個說法早在乾、嘉時代即已出現，但直到胡適的《紅樓夢考證》（一九二一）問世以後才成爲一種有系統、有方法的理論。所以胡適可以說是紅學史上一個新「典範」的建立者。這個新「典範」，簡單地說，便是以《紅樓夢》爲曹雪芹的自敘傳。而其具體解決難題的途徑則是從考證曹雪芹的身世來說明《紅樓夢》的主題和情節。胡適的自傳說的新「典範」支配了《紅樓夢》研究達半個世紀之久，而且餘波至今未息。這個新紅學的傳統至周汝昌的《紅樓夢新證》（一九五三）的出版而登峰造極。在《新證》裡，我們很清楚地看到周汝昌是把歷史上的曹家和《紅樓夢》小說中的賈家完全地等同起來了。其中〈人物考〉和〈雪芹生卒與紅樓年表〉兩章尤其具體地說明了新紅學的最後歸趨。換句話說，考證派紅學實質上已蛻變爲曹學了。《新證》以後雖然仍有大量的考證文字出版，並且在個別難題的解決上也多少有所推進，但從紅學的全面發展來看，自傳說的「典範」已經陷入僵局，這個「典範」所能解決的問題遠比它所不能解決的問題爲少。這就表示自傳說的效用已發揮得極邊盡限，可以說到了功成身退的時候了[15]。

一九五三年周汝昌《新證》的出版，一方面固然是總結了考證派新紅學的發展，而另一方面則也暴露了紅學的內在危機。五〇年代中大陸上對自傳說的開始懷疑和海外索隱派紅學的復活，從學術發展史的觀點來看，其實都不是偶然的。它們祇是紅學危機的一些可靠的信號而已，這些信號表示紅學發展需要有另一個新「典範」的出現。我在前面曾指出自傳說近來受到三種不同的挑戰，現在讓我略說一說這三種挑戰在現階段《紅樓夢》研究上的意義。

先說索隱派的復活。索隱派之所以能重振旗鼓，主要原因之一是由於考證派紅學對於幾個基本問題尙沒有確切的答案。舉例言之，《紅樓夢》的作者究竟是不是曹雪芹？前八十回和後四十回之間的關係到底如何？脂硯齋又是誰？他（或她）和原作者有什麼特殊淵源？這類基本性的問題在考證派紅學中雖有種種的解答，但由於材料不足始終不能定於一是。僅就作者問題來說。俞平伯直要到讀過了影印的胡藏甲戌本以後才敢肯定地說《紅樓夢》的作者是曹雪芹[16]。作者問題尙且如此遲遲不能斷案，其餘的問題就更可想而知了。但是從「解決難題」的觀點來評判，復活了的索隱派較之蔡元培、鄧狂言、壽鵬飛、景梅九諸人所論尙未見有重大的突破[17]。錢靜方〈紅樓夢考〉中對於索隱派的批評，甚爲持平。他說：

> 此說旁徵曲引，似亦可通，不可謂非讀書得間。所病者舉一漏百。寥寥敘、黛數人

> 外，若者爲某，無從確指。雖較明珠（按：此指俞曲園謂《紅樓夢》係爲納蘭明珠之子容若而作。）之說，似爲新穎。而欲求其顯豁呈露，則不及也。要之紅樓一書，空中樓閣。作者第由其興會所至，隨手拈來，初無成意。即或有心影射，亦不過若即若離，輕描淡寫。如畫師所繪之百像圖，類似者固多，苟細按之，終覺貌是而神非也。[18]

不過公平一點說，復活後的索隱派也自有其進步之處。最顯著的一點即不再堅持書中某人影射歷史上某人，而強調全書旨在反清復明或仇清悼明[19]。然而由於索隱派的解釋仍限於書中極少數的主角或故事，因此其說服力終嫌微弱。我們祇要更改一個字，就可以照舊援引錢靜方的批評：「所病者舉一漏百。寥寥釵、黛數人外，若者爲何，無從確指。」

照我個人的推測，索隱派諸人，自清末以迄今日，都是先有了明、清之際一段遺民的血淚史亙於胸中，然後才在《紅樓夢》中看出種種反滿的跡象。自乾隆以來，《紅樓夢》的讀者不計其數，而必待清季反滿風氣既興之後而「民族主義」之論始大行其道，這其間的因果關係是值得追究的。而且，如果《紅樓夢》作者的用意眞是在保存漢人的亡國之恨的話，那麼我們必須說，《紅樓夢》是一部相當失敗的小說。因爲根據我們現有的材料來判斷，在這部書流傳之初，它似乎並不曾激起過任何一個漢人讀者的民族情感。更費解的是早期欣賞《紅樓夢》的讀者中反而以滿人或漢軍旗人爲多，如永忠、明義、裕瑞、高鶚等皆是顯例。所以，清代末葉以前，譽之者或稱《紅樓夢》爲「豔情」之作，毀之者則或斥其爲「淫書」。滿人中之最深文周內者，亦不過謂其「誣蔑滿人」或「糟蹋旗人」而已。但卻未見有人說它是「反清復明」的政治小說[20]。所以從社會效果來說，「民族主義」的說法恐不能不打一個很大的折扣。再就考證派和索隱派雙方的研究成績來看，我們也得承認，《紅樓夢》作者斷歸曹雪芹是一個到目前爲止最能使人心安理得（即矛盾最少）的結論。換句話說，索隱派儘管復活了，但是卻不足以構成對考證派的直接威脅，更不足以解救考證派的內在危機。

對考證派紅學的第二種挑戰是來自「封建社會階級鬥爭論」（以下簡稱「鬥爭論」）。「鬥爭論」的大張旗鼓始於一九五四年圍剿俞平伯之役，而目前已取得了大陸上紅學研究的正統地位。一九七三年十月出版的李希凡《曹雪芹和他的紅樓夢》一書是這一派的代表作品[21]。「鬥爭論」和考證派紅學的關係是十分微妙的。從一方面說，它是以胡適、俞平伯諸人的考證成果爲全部理論的起點。因此它對索隱派採取了全部拒斥的不妥協態度，但卻肯定《紅樓夢》是曹雪芹據曹家衰敗的歷史背景所撰寫的小說。甚至考證派尚有爭論的斷案（如後四十回是否高鶚所續），在鬥爭論中也迫不及待地被接受了下來。然而從另一方面說，鬥爭論又是乘考證派自傳說之隙而起的。李希凡說得很明白：

> 依照胡適的這種對紅樓夢的反動觀點，就只能把這部小說僅僅看成是作家曹雪芹個人和家庭生活的實錄，完全抹殺了它所反映的巨大的社會內容，取消了這部小說暴露和批判封建制度的歷史價值，因而，也徹底否定了它的藝術典型的概括意義。……俞平伯把胡適所考證的那些結論加以擴充和吹脹，本末倒置地把小說紅樓夢的內容變成事實考證的對象，又把史實上的曹家和小說中的賈家互相比附，把分析和研究藝術形象的工作變成了剔骨拔刺，以瑣細的考證淩遲了人物和情節，使紅樓夢的完整藝術形象從社會現象

中孤立出來，成爲偶然的事實碎片。22

這一段對於自傳說的批評可以說相當能擊中要害。但鬥爭論對於《紅樓夢》研究而言畢竟是外加的，是根據政治的需要而產生的。它不是被紅學發展的內在邏輯（inner logic）所逼出來的結論。而且嚴格地說，鬥爭論屬於歷史學——社會史——的範疇，而不在文學研究的領域之內。在這一點上它不但沒有矯正胡適的歷史考證的偏向，並且還把胡適的偏向推進了一步。李希凡說：

紅樓夢之所以具有深廣的社會歷史意義，是因爲這部小說用典型的藝術形象，很深刻地反映了封建社會的階級鬥爭，揭露了貴族統治階級和封建制度的黑暗、腐朽，以及它必然滅亡的趨勢。幾千年來的封建社會，在這部小說裡，留下了眞實而完整的形象，給我們以豐富的社會歷史的感性知識。因而可以說，讀一讀紅樓夢，我們就能更清楚地了解中國的封建社會。23

這個看法的本身並沒有什麼特別不合理的地方。因爲一切小說都是在一定的空間和時間中產生的，因此也都不可避免地打上了作者所處的社會背景的烙印。把《紅樓夢》當作反映中國傳統社會的一個歷史文件來看待，從史學的觀點說，更是十分重要的。遠在清末、民初之際，不少《紅樓夢》的讀者就已經用這種眼光來對待這部巨著。季新的《紅樓夢新評》便是最顯著的一個先例24。但是《紅樓夢》在客觀效用上反映了舊社會的病態是一回事，而曹雪芹在主觀願望上是否主要爲了暴露這些病態才撰寫一部《紅樓夢》則是另外一回事。這是兩個完全不同層次上的問題。即使作者在一定的程度上表現了對他的時代和社會的憤恨和控訴，這種憤恨和控訴究竟是不是《紅樓夢》中的最中心的主題，也仍然是一個需要研究的問題。其實鬥爭論者對這一點也並非毫無所知，否則他們就不必花那麼大的氣力去批評作者的「世界觀的歷史的、階級的局限」了。

我們必須承認，在摧破自傳說方面，鬥爭論是有其積極意義的。但鬥爭論雖可稱之爲革命的紅學，卻不能構成紅學的革命。（第二個「革命」取孔恩之義。）其所以不能構成紅學的革命，是因爲它在「解決難題」的常態學術工作方面無法起示範的作用。（按：這是指鬥爭論所示之「範」乃唯物史觀應用於文學作品的一般「典範」，而不是爲了解決紅學本身特有的難題而建立起來的。）更確切地說，它只是馬克思主義的一般歷史理論在《紅樓夢》研究上的引申。換言之，這是一種借題發揮的紅學。既是借題發揮，則它的結論是否有效便不能單獨取決於所借之題——即紅學的內在標準，而必須取決於歷史唯物論在清初社會史研究方面的整個成績。這一層自然越出了我們的討論範圍之外。正由於鬥爭論者是在借題發揮，因此他們對於《紅樓夢》的興趣並不在於了解曹雪芹在作品裡企求些什麼？又創造了些什麼？以及這些企求和創造爲什麼要通過那樣特殊的藝術形式表現出來？所以鬥爭論者對曹雪芹最苦心建構出來的「太虛幻境」和「大觀園」也就最缺乏同情的了解。二十世紀下葉的讀者自不難在大觀園中發現種種階級鬥爭的痕跡。但若說曹雪芹創造大觀園的主旨便是在描繪十八世紀中國的階級鬥爭，恐怕作者地下有知是難以首肯的。我們今天誠然有權利用批判的態度來接受《紅樓夢》的思想內容和藝術形式，可是這種批判仍必須建築在客觀認知的堅固基礎之上。早期的考證派紅學在客觀認知方面曾有過突破性的貢獻。它使我們在很大的程度上「回到曹雪芹的意思」25。到了五〇年代，由於自傳說「典範」本身的局限性，考證派實已成強弩之末。大陸上鬥爭論之適於此時崛起，正如海外索隱派的復活一樣，是紅學發展將要進入新的突破階段的一種明確表示。但是不幸得很，也像海外的索隱派一樣，鬥爭論在認知層次上並不能指引紅學走出危機，並導向《紅樓夢》研究的「科學革命」。必須指出，鬥爭論之不能承擔起紅學革命的任務，在性質上卻和索隱派無法解除紅學的困境頗不相同。索隱派是要用亞里斯多德物理學來解決牛頓物理學所遭遇到的困難；而鬥爭論則顯然是想憑藉著李森柯（Trofim Denisovitch Lysenko）的遺傳學來推翻整個生物學的研究傳統。眞正的紅學革命還得要另覓新徑。

最後我們要討論對「自傳說」的第三種挑戰。第三種挑戰到現在爲止還沒有受到普遍的注意，並且挑戰者本身也沒有把他們革命性的新見解在理論和方法上提升到自覺的階段。但是依我個人的看法，這一派的作品裡確包含了不少新典範的種子。這些種子如果加以系統化的整理，似乎可以引出紅學史上一個嶄新的「典範」。在這種新「典範」的指導下，我們有理由相信，紅學研究可以從「山窮水盡疑無路」的困途，轉到「柳暗花明又一村」的豁然開朗的境界。

這個可能建立的新典範是把紅學研究的重心放在《紅樓夢》這部小說的創造意圖和內在結構的有機關係上。這個說法驟聽起來，似乎了無新意。因爲無論是自傳說、索隱派，或鬥爭論都宣稱是要發掘《紅樓夢》的本旨，並且也都或多或少地要涉及《紅樓夢》的情節和人物。但進一步的分析可以使我們看出新典範的兩個特點：第一、它強調《紅樓夢》是一部小說，因此特別重視其中所包涵的理想性與虛構性。這句話的涵義也需要加以分疏。不然大家會問：難道有誰否認過《紅樓夢》是一部小說麼？但是這裡確有一個奇異的矛盾現象：即《紅樓夢》在普通讀者的心目中誠然不折不扣地是一部小說，然而在百餘年來紅學研究的主流裡卻從來沒有眞正取得小說的地位。相反地，它一直是被當作一個歷史文件來處理的。這一通則可以一般地適用於索隱派、自傳說和鬥爭論。在新典範之下，《紅樓夢》將要從嚴肅的紅學研究者的筆下爭回它原有的小說的身分。第二、新典範假定作者的本意基本上隱藏在小說的內在結構之中，而尤其強調二者之間的有機性。所謂有機性者，是說作者的意思必須貫穿全書而求之。古人論文曾有「常山之蛇，擊其首則尾應，擊其尾則首應，擊其中則首尾俱應」之說。這當是文學誇張的比喻，但卻可以借來表示我們所謂有機性的意思。以前研究紅學的人當然也多少都看到了這一點。清末評點《紅樓夢》的傳統文人，由於受了金聖歎的影響，尤其喜歡說這一類的話[26]。但他們的話往往是針對著書中個別的情節而發的，他們並不更進一步根據這些線索去試求把握全書的中心構想。在後來的紅學家手裡，《紅樓夢》的有機性反而更少發揮的餘地。原因很簡單：無論是把《紅樓夢》當作那一種歷史文件來處理（索隱派的政治史、自傳說的家族史，或鬥爭論的社會史），以往的紅學家都在很大的程度上仰賴於「外援」——即《紅樓夢》以外的歷史材料。不過這種向外面找材料的傾向在考證派紅學中尤爲突出。但新材料的發現是具有高度偶然性的，而且不可避免地有其極限。一旦新材料不復出現，則整個研究工作勢必陷於停頓。考證派紅學的危機——技術的崩潰，其一部分原因即在於是。我必須加一句，這個流弊並不限於紅學，而應該說是近代中國考證學的通病。本來材料是任何學問的必要條件，無人能加以忽視。但相對於研究題旨而言，材料的價值並不是平等的。其間有主客、輕重之別。就考證派紅學而論，對材料的處理就常常有反客爲主或輕重倒置的情況。試看《紅樓夢新證》中〈史料編年〉一章，功力不可謂不深，搜羅也不可謂不富。可是到底有幾條資料直接涉及了《紅樓夢》旨趣的本身呢？這正是我所謂曹學代替了紅學的顯例[27]。其更爲極端者則橫逸斜出，考證敦敏、敦誠，乃至松齋、高鶚。我並不是說這一類的考證與《紅樓夢》毫無關係。我只是想指出：考證派這樣過分地追求外證，必然要流於不能驅遣材料而反爲材料所驅遣的地步，結果是讓邊緣問題占據了中心問題的位置[26]。極其所至，我們甚至可以不必通讀一部《紅樓夢》而成爲紅學考證專家。這正是乾、嘉末流經學考證的舊陷阱[29]。紅學的材料狂還帶來另外一種危險：有時在眞材料缺席的情況下，僞材料竟會塡補它所留下的空隙。十年前盛傳一時的香山健銳營張永海老人關於曹雪芹的傳說便是永遠值得紅學家警惕的一個例子[30]。新典範所強調的有機說在材料問題上則恰可以解救考證派的危機。八十回的《紅樓夢》和無數條脂評至少可以使紅學家在相當長的時期內不必爲材料的匱乏而擔憂。隨著對待材料的態度之由外馳轉爲內斂，紅學研究的重點也必然將逐漸從邊緣問題回向中心問題。這正是新典範的一個基本立足點。

從各方面的條件來看，俞平伯應該是最有資格發展紅學史上新典範的人。而且事實上他早期的若干作品如〈論秦可卿之死〉和〈壽怡紅群芳開夜宴圖說〉便已具有孔恩所謂「示範」的意義。但俞平伯畢竟是自傳說的主將。儘管他的看法中含有新典範的種子，這些種子不幸都淹沒在考證的洪流裡。其意義因此始終未能彰顯。幾乎就在俞平伯建立自傳說的同時，他已經清楚地感覺到自傳說在紅學研究上所發生的窒礙。在討論大觀園的地點問題時，他發現其中有南北混雜的嚴重矛盾現象。他痛苦地說：

這應當有一個解釋。若然沒有，則矛盾的情景永遠不能消滅，而結論永遠不能求得。我勉強地爲他下一個解釋，只是總覺得理由不十分充足；但除此以外，更沒有別的解釋可以想像，除非推翻一切的立論點，承認紅樓夢是架空之談。果然能夠推翻，也未始不好，無奈現在又推翻不了這個根本觀念。我的解釋是：

「這些自相矛盾之處如何解法，眞是我們一個難題。……我想，有許多困難現在不能解決的原故，或者是因爲我們歷史眼光太濃厚了，不免拘儒之見。要知雪芹此書雖記實事，卻也不全是信史。他明明說『眞事隱去』，『假語村言』，『荒唐言』，可見添飾點綴處是有的。從前人都是凌空猜謎，我們卻反其道而行之，或者竟矯枉有些過正也未可知。」31

這些話大致是在一九二一至一九二二年間說的。過了三十年，俞平伯對同一問題的解答卻表現了顯著的改變。在〈讀紅樓夢隨筆〉裡他肯定地認爲《紅樓夢》中的大觀園有三種構成因素，即回憶、理想與現實。這三種因素其實可以約化爲理想與現實兩種，因爲回憶不過是作者早年的現實而已。關於大觀園的理想成分，他這樣寫道：

以理想而論，空中樓閣，亦即無所謂南北。當然不完全是空的，我不過說包含相當的理想成分罷了。如十八回賈元春詩云，「天上人間諸景備，對園應錫大觀名。」顯然表示想像的境界；否則園子縱好，何能備天上人間的諸景呢。32

三十年前百般地不願意承認《紅樓夢》中有什麼「架空之談」，三十年後則確定地指出其中有相當大的「理想成分」。這個轉變是值得注意的。但是俞平伯在大觀園地點問題上的轉變不是孤立的和個別的轉變。這是他對以前持之甚堅的自傳說發生了根本的懷疑並加以深切的反省後所獲得的一個邏輯的結論。因此他又說：

近年考證紅樓夢的改從作者的生平家世等等客觀方面來研究，自比以前所謂紅學（按：指索隱派）著實得多，無奈又犯了一點過於拘滯的毛病，我從前也犯過的。他們把假的賈府跟眞的曹氏併了家，把書中主角和作者合爲一人；這樣，賈氏的世系等於曹氏的家譜，而石頭記便等於雪芹的自傳了。這很明顯有三種的不妥當。第一、失卻小說所以爲小說的意義。第二、像這樣處處粘合眞人眞事，小說恐怕不好寫，更不能寫得這樣好。第三、作者明說眞事隱去，若處處都是眞的，即無所謂「眞事隱」，不過把眞事搬了個家而把眞人給換上姓名罷了。[33]

我非常重視俞平伯這一對自傳說的自我批判和反省。有兩層理由特別應該提出來說一說。第一、他的修正論不是外鑠的，而是從紅學研究的內部逼出來的。這很符合學術發展本身的規律，也就是說，它是紅學因技術崩潰而產生危機以後的一個必然歸趨。我們說它是一種內在的發展，因爲我們可以從他三十年前的話裡邏輯地引申出三十年後的結論。他在《紅樓夢辨》中處處提到自傳說的「困難」或「難題」便是〈讀紅樓夢隨筆〉中若干新論點的伏線。第二、〈讀紅樓夢隨筆〉的寫作年代最遲也應該在一九五三年年底以前[34]。換句話說，俞平伯對自傳說的自我批判是自發的，絕非因爲受了李希凡和藍翎的攻擊才改變了觀點。我在前面所說的對自傳的第三種挑戰便是由俞平伯首先發難的。相反地，從時間上推斷，李、藍兩人對自傳說的尖銳批評倒反而可能是受了俞平伯文字的暗示。

在學術發展的正常狀態下，俞平伯〈隨筆〉中所蘊藏的基本理論成分應該會受到較爲廣泛的注意，並得到更進一步的發展。但不幸的是，就在〈隨筆〉剛剛問世之後，俞平伯自己的研究就被批判的風暴打亂了步驟，以致他無法或不敢再在原有的思路上繼續走下去。換言之，俞平伯的新「典範」尚在萌芽階段便已被批判的風暴逼得改變了方向，終於和「鬥爭論」中的反封建說匯流了。請看俞平伯在一九五八年對於同一問題的說法：

> 這裡我們應該揭破「自傳」之說。所謂「自傳說」，是把曹雪芹和賈寶玉看作一人，而把曹家跟賈家處處比附起來，此說始作俑者爲胡適。筆者過去也曾在此錯誤影響下寫了一些論紅樓夢的文章。這種說法的實質便是否定本書的高度的概括性和典型性，從而抹殺它所包涵的巨大社會內容。我們知道，作者從自己的生活經驗取材，加以虛構，創作出作品來，這跟自傳說是兩回事，不能混爲一談。……紅樓夢繼承古代文學中的現實主義和人民性的傳統，並且大大的發揚這個優良的傳統。這書不先不後出現於十八世紀的初期，在封建統治最嚴厲的時候，絕不是偶然的。偉大的作品每跟它的時代密切地聯繫著。紅樓夢正多方面地來反映了那個時代的社會。[35]

這一大段話有三點值得分析：一、在否定自傳說方面，俞平伯比寫〈隨筆〉時顯然來得斬截。這是因爲「鬥爭論」也正是以否定自傳說爲其全部理論的起點。俞平伯得此強有力的支援，當有「吾道不孤」之感，所以語氣也就隨之變爲十分肯定。二、但在放棄了自傳說之後，俞平伯不再談什麼「理想性」問題，而立刻把重點放在所謂「巨大的社會內容」上面。這就表示他已被牽引到「鬥爭論」所堅持的路向上去了。因為他如果繼續發揮所謂「理想性」的說法，在當時的文藝空氣裡，便無可避免地要被打為極端的唯心論者。三、後一部分討論到《紅樓夢》的思想和藝術的來源問題，在今天看來，很明顯地反映出俞平伯在當時兩條不同文藝路線夾攻下的左右為難。當時俞平伯所屬的古典文學研究所的所長何其芳主張《紅樓夢》中的人民性或民主性是「古已有之」的，曹雪芹主要是繼承了這一傳統。這個說法和俞平伯自己的看法正若合符節。因此他在〈隨筆〉中一開始就強調《紅樓夢》的「傳統性」。但是李希凡和藍翎則主張《紅樓夢》主要是反映了十八世紀的社會現實：即封建制度的崩潰和所謂新的「市民」階級的興起[36]。俞平伯處在兩大之間，只好左右敷衍。因此他先說《紅樓夢》繼承了古代傳統優良部分，緊接著就加一句，說《紅樓夢》不先不後出現在十八世紀絕非偶然，乃是當時社會的反映。所以，仔細分析起來，這段話的上半截透露了他自己和何其芳的共同意見，而下半截則是敷衍李希凡和藍翎的。其實這裡面有輕重、主客之分，俞平伯的兼收並蓄並不能掩飾其內在的矛盾。就是在這種情形之一，俞平伯在〈隨筆〉中所燃起的一點紅學革命的火苗完全熄滅了。

紅學革命在大陸上雖然一時無法順利進行，但在海外則仍有發展的餘地。凡是從小說的觀點，根據《紅樓夢》本文及脂批來發掘作者的創作企圖的論述都可以歸之於紅學革命的旗幟之下。我的〈紅樓夢的兩個世界〉也是在這個基本理論的指引之下所作的一種嘗試。這個紅學革命的成敗主要便繫於它的具體研究成績能否眞正幫助考證派的紅學脫離「技術崩潰」

的危機，並建立起自己的新研究傳統。所以目前要想預測它的前途，實嫌言之過早。但在新的研究工作大規模的進行之前，我們必須把我們所要提倡的革命性的新「典範」在理論上加以系統化。本文的主要目的便是要從近代紅學的發展史上找出新「典範」的內在根據。

現在我們應該檢討一下新「典範」和其他幾派紅學研究的關係了。

讓我們先從索隱派開始。索隱派和自傳說是處在直接對立的地位，因爲索隱派必須否定《紅樓夢》的作者是曹雪芹。所以這兩種理論可以說是「互相競爭的典範」（competing paradigms）。但索隱派是否和新「典範」直接衝突則要看索隱派是否堅持《紅樓夢》除了「仇清悼明」之外，更無其他涵義。如果索隱派認爲《紅樓夢》是愛情小說加上「民族主義」，則索隱派必須做到下列兩點之一：一、對新「典範」派從內在結構中發掘出來的種種線索加以「民族主義」的解釋，而融會於「仇清悼明」的整個理論之中。或二、否證新「典範」派所獲得的研究結論。但是如果索隱派認定《紅樓夢》僅是一部宣揚「民族主義」的政治作品，而其中所寫的種種愛情故事不過是掩飾主題的煙幕而已，則索隱派的立場便和新「典範」發生了正面的牴觸。在這種情形下，雙方的是非曲直便祇好靠彼此具體的研究業績來決定了。

其次當說到「鬥爭論」。在反對《紅樓夢》爲曹雪芹自傳這一點上，「鬥爭論」可以說是新「典範」的友軍。我們在上面已經指出，「鬥爭論」之反自傳說，其最初的靈感極可能來自俞平伯的〈讀紅樓夢隨筆〉。所以雙方在消極方面的出發點是一致的。然而在正面對待《紅樓夢》時，雙方的態度則頗有距離。新「典範」注重《紅樓夢》作者在藝術創作上的企圖，並且要通過全書的內在結構來發掘這種企圖。而「鬥爭論」則偏重於作者在政治、社會方面的意圖，特別是在暴露「封建社會的階級鬥爭」方面。至於作者用全力虛構出來的精神世界——「太虛幻境」和「大觀園」，「鬥爭論者」則不願意去認眞地、全面地加以了解。因爲在他們的眼中，這些正是《紅樓夢》的「封建性糟粕」。從新「典範」的觀點看來，這種根據自己目前的特殊需要而對《紅樓夢》所作的主觀取捨，至少對原作者是十分不公道的。後世的讀者有權利不接受、甚至批判前代作家的世界觀，但是並沒有權利去歪曲以至閹割前代作家的創作企圖。而批判也必須建築在客觀的認知的基礎之上，不能跳過認知的階段而逕下判決書的。認眞地說，「鬥爭論」祇看見《紅樓夢》的現實世界，而無視於它的理想世界；新「典範」則同時注目於《紅樓夢》的兩個世界，尤其是兩個世界之間的交涉。所以，分析到最後，新「典範」和「鬥爭論」之間並非必然是全面競爭的關係。因爲「鬥爭論」和新「典範」如有分歧，也僅限於在對《紅樓夢》中骯髒的現實世界的解釋方面。但由於「鬥爭論」主要是借《紅樓夢》爲題來說明清代中葉的社會狀況，它又與新「典範」之力求根據原文而回到作者原意的做法，在取徑上確有內外之別。

我們屢次提到作者「原意」或「本意」的問題，這裡也必須順便加以說明。本來在文學作品中追尋作者本意（intentions）是一個極爲困難的問題。有時甚至作者自己的供證也未必能使讀者滿意。詩人事後追述寫詩的原意往往也不免有失。因爲創作時的經驗早已一去不返，詩人本人與一般讀者之間的區別也不過百步與五十步而已。傳說十九世紀英國大詩人布朗寧（Robert Browning）就承認不懂自己所寫的詩，這不是沒有道理的。那麼，文學作品的本意是不是永遠無法推求了呢？是又不然。作者的本意大體仍可從作品本身中去尋找，這是最可靠的根據。因此所謂對於「本意」的研究，即在研究整個的作品（integral work of art）以通向作品的「全部意義」（total meaning）[37]。新「典範」所謂發掘《紅樓夢》作者的本意，其確切的涵義便是如此。

最後，同時也是最重要的，是新「典範」和自傳說的關係。新「典範」直接承「自傳說」之弊而起，是對「自傳說」的一種紅學革命，但卻並不需要完全否定「自傳說」。相反地，在「自傳說」支配下所獲得的考證成績，對於新「典範」而言，仍是很有助於理解的。在這裡，新「典範」無可諱言地是偏袒「自傳說」而遠於「索隱派」。本來，「自傳說」和「索隱派」各有其立足點：前者認爲《紅樓夢》的背後隱藏著「家恨」，而後者則以爲它的眞實背景是「國仇」。新「典範」既就小說而論小說，則原不必在「國仇」與「家恨」之間有所軒輊。但問題在於《紅樓夢》的作者究竟是誰，最早的評者脂硯齋是誰，作者和評者之間的關係又如何。研究小說的人總希望對作者及其時代背景有所認識。這對於確定書中的主題（不必限於一個主題）至少具有重大的參考價值。關於這些問題的解答，近幾十年來的新材料和研究成績都傾向於支持「自傳說」。最要緊的，「自傳派」考出《紅樓夢》的前八十回和後四十回不出一手，對於這部小說的內在結構的分析是極爲重要的。至少就新「典範」到現在爲止的研究結果來看，這前後兩部分之間是有著嚴重的內在矛盾的。表面上，前八十回中的人物和故事在後四十回中都有交代。但深一層分析，前八十回的「全部意義」在後四十回中卻無法貫通，或遭到扭曲。在這一方面，「自傳派」的工作還不夠深入，新「典範」仍大有發揮之餘地。

「自傳說」當然沒有解決所有的問題。例如脂硯齋的問題到現在還是一個謎。我們最多衹能說脂硯齋是和曹雪芹十分熟識的人，並且深知曹家上代的舊事。那麼，曹雪芹是不是《紅樓夢》的眞正作者呢？從最嚴格的考證觀點說，這問題當然也不能說已百分之百的解決了。但甲戌本第一回在「東魯孔梅溪則題曰風月寶鑑」句上眉批曰：

雪芹舊有風月寶鑑之書，乃其弟棠村序也。今棠村已逝，余睹新懷舊，故仍因之。

同回又有一眉批曰：

若云雪芹披閱增刪，然則開卷至此這一篇楔子又係誰撰？足見作者之筆狡猾之甚。後文如此者不少，這正是作者用畫家煙雲模糊處，觀者萬不可被作者瞞弊（蔽）了去，方是巨眼。[38]

則至少脂硯齋已點明作者確是曹雪芹。何況原書第一回又明說「後因曹雪芹於悼紅軒中披閱十載，增刪五次，纂成目錄，分出章回」呢[39]？而「自傳派」的考證大體上也都能從側面支持作者爲曹雪芹這個說法。所以作者的問題，除非有驚人的新材料發現，是很難再翻案的。相反地，如果我們採用「索隱派」的說法，認爲《紅樓夢》的原作者是明清之際一位不知姓名的遺民，那麼《紅樓夢》的作者問題可以說至今仍沒有一絲線索。有之，則僅是一種推測，而這種推測又沒有正面的、積極的證據作後盾，這是難以令人置信的[40]。今天仍不免有人懷疑莎士比亞其人之有無，但這種懷疑終不足以動搖莎翁在英國文學史上的地位。東海、西海，有此遙遙相對，足成佳話。

最近《廢藝齋集稿》及其他材料的發現使我們對曹雪芹的生活情形又得到進一步的認識。最重要的是下面這一首詩：

愛此一拳石，玲瓏出自然。溯源應太古，墮世又何年。有志歸完璞，無才去補天。不求邀衆賞，瀟灑做頑仙。41

這塊「無才去補天」的「墮世」的「拳石」和《紅樓夢》開卷第一段那個「無材可去補蒼天」的「頑石」恐怕都來自「大荒山」、「無稽崖」罷！在我個人看來，如果此詩眞出自曹雪芹之手，那麼它的確有力地證明了前引甲戌本的眉批，即所謂「若云雪芹披閱增刪，然則開卷至此這一篇楔子又係誰撰？足見作者之筆狡猾之至。」這篇楔子是「索隱派」和「自傳派」雙方所必爭的重要陣地，它的撰者是誰，和曹雪芹的關係如何，將會嚴重地影響到我們對於《紅樓夢》主題的認識。而這一次新材料的發現無疑是加強了、而不是削弱了曹雪芹和《紅樓夢》的關係。

新「典範」之所以在某種程度傾向於支持「自傳說」，是因爲一般地說文學作品，特別是小說和戲劇，確包涵著不少作者的「自傳」成分。這是文學史上的常識。但新「典範」同時又必須強調，《紅樓夢》作者的生活經驗在創作過程中祇不過是原料而已。曹雪芹的創作企圖——即他的理想或「夢」——才是決定《紅樓夢》的整個格局和內在結構的眞正動力。「自傳說」之陷於困境而無由自拔者，即由於完全用原料來代替創作，想把《紅樓夢》中的人物、故事，以至一言一語都還原到曹雪芹的實際生活經驗中去。周汝昌《紅樓夢新證》中〈人物考〉、〈地點問題〉和〈雪芹生卒和紅樓年表〉三章，尤其是「自傳說」發展的最高峰。在英國文學批評史上Virginia Moore（著*The Life and Eager Detah of Emily Brontë*, 1936）和Edith E. Kinsley（著*Pattern for Genius*, 1939）諸人研究Brontë姊妹和她們的家世，簡直就把她們所寫的小說*Jane Eyre*、*Villette*或*Wuthering Heights*看作傳記材料，逕將小說中的假名字改成眞名字，使小說和傳記完全合而爲一。這和「自傳說」的紅學研究眞可謂如出一轍。這種單純從傳記觀點研究小說的辦法，在西方已引起嚴厲的批評[42]。而「自傳說」的紅學，如我們在上文的分析所顯示的，也早到了途窮將變的時候了。

但紅學研究的轉變不能是回到「索隱派」，到目前爲止「索隱派」所能解決的問題遠比它所不能解決的問題爲少，而它在研究上所遭遇到的困難也遠比「自傳派」爲多。紅學的轉變也不應該歧入「鬥爭論」，因爲「鬥爭論」是用外在的政治標準來代替內在的藝術標準。從學術史發展的觀點看，新「典範」是從「自傳派」紅學內部孕育出來的一個最合理的革命性的出路。一方面，新「典範」認爲我們對《紅樓夢》作者及其家世背景、撰述情況所知愈多，則愈能把握作品的「全部意義」；因此它十分尊重「自傳派」的考證成績。另一方面，新「典範」復力求突破「自傳說」的牢籠而進入作者的精神天地或理想世界；因此它又超越了歷史考證的紅學傳統。由此可見，不但《紅樓夢》中有現實世界和理想世界之分（見另文），紅學研究中也同樣有兩個不同的世界。「自傳說」所處理的祇是作者生活過、經歷過的現實世界或歷史世界，而新「典範」則要踏著這個世界而攀躋到作者所虛構的理想世界或藝術世界。所以，新「典範」比「自傳說」整整地多出了一個世界。這恰好說明，爲什麼在「自傳說」已經是到了「山窮水盡」的困途，而新「典範」竟可以把《紅樓夢》研究引到

「柳暗花明」的新境界中去。這樣一種轉變才合乎近代紅學發展的內在理路；用孔恩的說法，這就是所謂紅學革命。

新的紅學革命不但在繼往的一方面使研究的方向由外馳轉爲內斂，而且在開來的一方面更可以使考證工作和文學評論合流。前面已說過，新「典範」與其他幾派紅學最大的分歧之一便在於它把《紅樓夢》看作一部小說，而不是一種歷史文件。所以在新「典範」引導之下的《紅樓夢》研究是屬於廣義的文學批評的範圍，而不復爲史學的界限所囿。其中縱有近似考證式的工作，但這類工作仍是文學的考證，而非歷史的考證。這個分別是很重要的。

從文學的觀點研究《紅樓夢》的，王國維是最早而又最深刻的一個人。但《紅樓夢評論》是二十世紀初年的作品，並沒有經過「自傳派」紅學的洗禮，故立論頗多雜採八十回以後者。此後考證派紅學既興，王國維的《評論》遂成絕響，此尤爲紅學史上極值得惋惜的事。近幾年來，從文學批評或比較文學的觀點治紅學的人在海外逐漸多了起來[43]。這自是研究《紅樓夢》的正途。但是，這種文學性的研究，無論其所採取的觀點爲何，必然要以近代紅學的歷史考證爲始點。否則將不免於捕風捉影之譏。而新「典範」適足以在紅學從歷史轉變到文學的過程中起著最重要的橋梁作用，這是斷然不容懷疑的！

1 楊懋建，《京塵雜錄》卷四〈㝱華瑣簿〉引《京師竹枝詞》曰：「開談不說紅樓夢，縱讀詩書也枉然。」（見一粟，《紅樓夢卷》，第二冊，頁三六四）周汝昌，《紅樓夢新證》說是同、光年代流行過的話。（頁四）但據嘉慶二十二年刊本得輿《京都竹枝詞》「時尚門」，全詩如下：「做闊全憑鴉片煙，何妨作鬼且神仙。開談不說紅樓夢〔原注：此書膾炙人口〕，讀盡詩書是枉然。」又同書「飲食門」竹枝詞有「西韻悲秋書可聽」〔原注曰：「悲秋即紅樓中黛玉故事。」〕（見《紅樓夢卷》，第二冊，頁三五四）按得輿當即得碩亭，著有《草珠一串》，內載此「竹枝詞」。（見吳恩裕，〈考稗小記〉，《有關曹雪芹十種》，中華書局，一九六三，頁一二二—一二三）郝懿行（一七五七—一八二五）《曬書堂筆錄》卷三，「談諧」云：「余以乾隆、嘉慶間入都，見人家案頭內有一本紅樓夢。」（引自《紅樓夢卷》，第二冊，頁三五五）可見這首「竹枝詞」的流行，遠比周汝昌所說的爲早。又同治年間夢癡學人的《夢癡說夢》亦引《京師竹枝詞》云：「開口不談紅樓夢，此公缺典正糊塗。」（《紅樓夢卷》，第一冊，頁二一九）所引竹枝詞之韻腳不同。頗疑當時有關《紅樓夢》之竹枝詞不止一首，而第三句皆作「開談不說紅樓夢」或「開口不談紅樓夢」也。

2 蔣瑞藻，《小說考證拾遺》，頁五六引《清稗類鈔》云：「紅樓夢一書，風行久矣。士大夫有習之者，稱爲紅學，而嘉、道兩朝則以講求經學爲風尚，朱子美嘗訕笑之，謂其穿鑿附會，曲學阿世也；獨嗜說部書，曾寓目者幾九百種，而以精熟紅樓夢，與朋輩閒話，輒及之。一日，有友過訪，語之曰：君何不治經？朱曰：予亦考經學；第與世人所治之經不同耳？友大詫。曰：予之經學；所少於人者，一畫三曲也。友瞠目。朱曰：紅學耳！蓋經字少巛，即爲紅也。朱名昌鼎，華亭人。」（轉引自周汝昌，《紅樓夢新證》，頁五二三—五二四）按：據此文則紅學一名之成立應在嘉、道時代。朱子美並不必然是「紅學」這個名詞的創始者。但他至少是最早把「紅學」和「經學」相提並論的一個人。

3 乾隆五十七年刊本《隨園詩話》卷二，謂雪芹撰紅樓夢，備記風月繁華之盛。（《紅樓夢卷》，第一冊，頁一二—一三）此當是以《紅樓夢》爲曹雪芹「自敘傳」的最早說法。

4 胡適，〈紅樓夢考證〉（改定稿）見《胡適文存》，第一集，台北，遠東圖書公司，一九七一年五月三版，頁五七五—六二〇；〈考證紅樓夢的新材料〉，《文存》，第三集，頁三七三—四〇三；〈跋乾隆庚辰本脂硯齋重評石頭記鈔本〉，《文存》，第四集，頁三九六—四〇七。胡適考證《紅樓夢》最重要者即此三篇文字，在「自傳說」典範（paradigm）下，實可稱之爲開山之作。在我看來，若沒有〈紅樓夢考證〉這篇發難文字，不但近代紅學的發展會是另外一個樣子，甚至有沒有所謂考證派的「新紅學」興起也還大有疑問。所以，無論胡適的考證中存在著什麼缺點，它們的「示範」價值在紅學史上是無法抹殺的。周汝昌在《紅樓夢新證》裡對胡適略有微詞，謂胡適考證不過「拾前人之牙慧而已。」（見《新證》，頁三九）以周君當時寫作和出版的環境言，這話是可以了解的。而且就考證曹雪芹家世而言，周君確是後來居上，在「自傳說」典範之下，《新證》足可以當集大成的稱譽而無愧。但是從學術發展的觀點看，《新證》則顯然祇是胡適考證的擴大與加深，沒有任何基本理論上的突破可言。這也是讀者所有目共睹的。

吳世昌在英文《紅樓夢探源》中把胡適和周汝昌劃爲紅學史上同一階段中的人物，是十分正確的。（見 Wu Shih-ch'ang, *On the Red Chamber Dream*, Oxford, 1961, p. 5）但吳世昌對胡適的考證好像懷有很大的偏見。他不但在書中處處和胡適爲難，並且認爲關於作者問題和版本問題的考證既乏新見，復多謬誤。胡適最大的貢獻不過是宣傳前人已知的事實而已。（同上，pp. 5-8）這種評論似欠公允。吳世昌似乎完全看不出胡適考證在紅學史上作爲「典範」的意義。事實上，以王國維的博雅，在寫《紅樓夢評論》時，尚說「遍考各書，未見曹雪芹何名。」（《紅樓夢卷》，第一冊，頁二六三）則胡適的考證在當時自有震動一世視聽的作用。而後來許多有關曹雪芹的舊材料之所以不斷的被發現，正是由於「自傳說」的號召所致。治考證學者多謂有材料然後有理論，這固然不錯。但理論亦可以引出材料，此義則知者尚少，故特表而出之，以質之世之治紅學考證者。

5 魯迅，《中國小說史略》（北京：人民文學出版社，一九七三），頁二〇六。

6 Thomas S. Kuhn, *The Structure of Scientific Revolutions*, 2nd ed. enlarged, Chicago, 1970.

7 A.L. Kroeber, *Configurations of Culture Growth*, 2nd printing, California, 1963, p. 97.

8 Alfred North Whitehead, *Science and the Modern World*, The Free Press, 1967, p. 48.

9 R.G. Collingwood, *An Essay on Metaphysics*, A Gateway Edition, 1972, esp. pp. 21-57.

10 也許有人會問，孔恩的理論是解釋科學革命的過程的，它怎麼可以應用到紅學研究上來呢？其實這個問題孔恩自己有明確的答案。一九六九年孔恩爲該書的日譯本寫了一篇長跋（postscript）。他在「跋」中指出，他的理論本來就是從其他學科中輾轉借來的，不過他把這個理論應用到科學史上的時候，更加以系統化和精確化而已。他特別指出，在文學史、音樂史、藝術史以及政治制度史上，我們都可以看到從傳統——經過革命性的突破——再回到新傳統這樣的發展歷程。因此，文學史、藝術史的分期也常常是以風格上的革命性的突破爲其里程碑。孔恩不但不反對其他學科的人把他的理論作多方面的推廣應用，並且認爲這種推廣根本是順理成章的事。由此可知，我們運用孔恩的理論來分析近代紅學發展，絕不是什麼牽強附會。（見*The Stucture of Scientific Revolutions*, pp. 208-209，並可參看孔恩的“Comment,” *Comparative Studies in Philosophy and History*, XI（1969）, pp. 403-412.）復當指出者，孔恩的理論發表以來，已引起各學科的廣泛注意。人文學與行爲科學各方面都在試著推廣孔恩的理論，特別是他所提出的「典範」（paradigm）的觀念。請參看David Hackett Fischer, *Historians' Fallacies, Toward a Logic of Historical Thought*, New York and Evanston, 1970, pp. 161-162及Robert F. Berkhofer, Jr., *A Behavioral Approach to Historical Analysis*, The Free Press, 1971, p. 6.

11 據茅盾說，蔡元培的《索隱》實成於一九一一年以前，（見陳炳良，〈近年的紅學述評〉，《中華月刊》，一九七四年元月號，頁五）但清末類似的說法已不少，故蔡孑民先生《索隱》開始就提到陳康祺筆記中所引徐柳泉之說及乘光舍筆記之論。（見《索隱》，頁二。按：這兩條清代筆記現在都已收入《紅樓夢卷》，第二冊，見頁三八六及四一二）此外，據我所知，光緒十三年刊本《夢癡說夢》謂「紅樓夢演南北一家、滿漢一理之義。」這已是把《紅樓夢》當作一部政治小說來看了。（《紅樓夢卷》，第一冊，頁二二六）而孫渠甫的《石頭記微言》尤開索隱派之先河。他認爲書中「寶天王」、「寶皇帝」之稱涵有深意，又注意到「眞眞國女子」及「小騷達子」的稱呼。更有趣的是他說寶玉有二義：一爲天子，一爲傳國璽；而釵、黛之爭即是爭天下。（均見同上，頁二六五—二六八）孫氏的說法，有些在今天還有人襲用。

12 見〈對於胡適之先生之紅樓夢考證之商榷〉，《石頭記索隱》，香港太平書局重印本，一九六三，頁一。

13 同上，頁六三。

14 胡適，〈紅樓夢考證〉，《胡適文存》，第一集，頁五八二。

15「自傳說」的危機曾引出一種新的修正論。這就是吳世昌的脂硯齋爲曹雪芹之叔曹竹磵（吳氏假定其名爲「碩」）之說。（見*On the Red Chamber Dream*, Chapter VIII, "The Identity of Chih-Yen Chai," pp. 86-102）吳世昌並進一步指出，《紅樓夢》中的「寶玉」並不是雪芹自己，而是以其叔竹磵爲模特兒所創造出來的人物。這個說法也曾得到大陸上一部分紅學家的支持。（見吳恩裕，〈考稗小說〉，《有關曹雪芹十種》，頁一六五—一六六）

吳世昌的說法是從裕瑞（一七七一—一八三八）的《棗窗閒筆》中推衍出來的。裕瑞說：「曾見抄本卷額，本本有其叔脂硯齋之批語，引其當年事甚確，易其名曰紅樓夢。」（見《紅樓夢卷》，第一冊，頁一一三）又云：「聞其所謂『寶玉』者，尚係指其叔輩某人，非自己寫照也。」（同上，頁一一四）合此兩條即可得到「寶玉」是脂硯齋的結論。姑無論吳世昌的理論是否可以成立，從紅學發展的觀點來看，這個修正論的出現正表示「自傳說」遭遇到了技術崩潰的危機，所以才需要用「他傳說」來修補原有理論的漏洞。但是「他傳說」的困難也不比「自傳說」爲少，而且還帶來一個無法克服的先天毛病，即必然要重視「脂評」過於《紅樓夢》本文。理由很簡單，修正論的中心論點——脂硯齋是曹竹磵，曹竹磵即寶玉——是完全建築在「脂評」的基礎之上的。這樣一來，不但紅學仍舊是曹學，而且它的基本材料又縮小到「脂評」的範圍之內了。

16 見俞平伯，〈影印脂硯齋重評石頭記十六回後記〉，《中華文史論叢》，第一輯，一九六二年八月，頁三〇八—三一〇。

17 陳炳良先生在〈近年的紅學述評〉（頁六—八）中曾舉潘重規和杜世傑（著有《紅樓夢悲金悼玉實考》，台中，自印本，一九七一）兩位先生爲當今的「索隱派」的代表人物。杜書我尚未寓目。潘先生曾贈我兩部著作，即《紅樓夢新解》（台北：文史哲出版社再版，一九七三）和《紅學五十年》（香港，一九六六）。潘先生關於《紅樓夢》作者的理論，我略有一些異同之見，已別草短文討論，此不詳及。就《紅樓夢新解》而言，潘先生的確屬於蔡孑民先生的「索隱」一派。但是，正如潘先生自己所指出的，他的研紅工作涉及索隱、考證和評論三方面。他「既不曾想歸屬任何宗派，也不想發明任何學說。」（見潘重規，〈「近年的紅學述評」商榷〉，《中華月報》，一九七四年三月號，頁一四）因此，我在本文中所說的「索隱派」祇是就研究的作品而言，不特指某些個人。

18 見〈紅樓夢考〉，收入《紅樓夢卷》，第一冊，頁三二六。

19 例如潘重規《紅樓夢新解》以寶玉代表傳國璽，林黛玉代表明朝，薛寶釵代表清朝。（見頁九、一七二、一九九）杜世傑的《實考》則以書中人物有眞有假或陰陽兩面。陳炳良先生說：「由於書中人物可代表男或女，漢人或滿人，又可代表一組人，所以減少了不少的比附上的困難。」（見〈近年的紅學述評〉，頁六）這些都可見索隱派立說上的改變。

20 張問陶，《船山詩草》卷十六，〈贈高蘭墅同年〉有「豔情人自說紅樓」之句，近人皆知之。（見《紅樓夢卷》，第一冊，頁二一）其實更早的永忠〈弔雪芹〉三首及明義的〈題紅樓夢〉二十首也是以《紅樓夢》爲愛情小說的。（見同上，頁一〇—一二）斥《紅樓夢》爲淫書者，清代亦甚多。梁恭辰《北東園筆錄》四編（同治五年刊本）卷四云：「紅樓夢一書，誨淫之甚者也。……滿洲玉研農先生（麟），家大人座主也，嘗語家大人曰：紅樓夢一書，我滿洲無識者流每以爲奇寶，往往向人誇耀，以爲助我鋪張。……其稍有識者無不以此書爲誣蔑我滿人，可恥可恨。……那繹堂先生亦極言，紅樓夢一書爲邪說詖行之尤，無非蹧蹋旗人，實堪痛恨。」（見《紅樓夢卷》，第二冊，頁三六六—三六七）可見早期滿人中痛恨《紅樓夢》者，其著眼點實在此書暴露滿人或旗人生活之荒淫腐敗的方面。他們並不覺得此書有什麼政治上的危害性。按：梁恭辰乃梁章鉅（一七七五—一八四九）之第三子，故文中之「家大人」即章鉅也。這條筆記反映了十九世紀上半葉滿人對《紅樓夢》的兩種極端相異的態度。

21 李希凡這篇文字最初是作爲一九七三年八月人民文學出版社的《紅樓夢》的「前言」而出現的。十月間又由香港中華書局發行單行本。但單行本與「前言」略有出入，是經過修改的。本文所引李文，悉從單行本。在大陸上，誰給人民文學出版社出版的《紅樓夢》寫「前言」或「代序」，誰就是紅學研究方面的「當權派」。所以一九五九年版的《紅樓夢》是用何其芳的〈論紅樓夢〉一文，加以節要壓縮，作爲「代序」的。（關於這一點，李希凡在今天回顧起來，似猶有餘恨。見他和藍翎合著的《紅樓夢評論集》，北京：人民文學出版社，一九七三，三版後記，頁三〇六—三〇八）現在李希凡既取得寫「前言」的地位，他當然就是大陸上紅學研究的正統了。例如徐緝熙的〈評紅樓夢〉，發表在一九七三年十月十六日上海人民出版社出版的《學習與批判》上面（頁二四—三六），就是完全根據李希凡的觀點而寫的。

22 《曹雪芹和他的紅樓夢》，頁七二—七三。

23 《曹雪芹和他的紅樓夢》，頁一〇。

24 見《紅樓夢卷》，第一冊，頁三〇一—三一九。按：季新是汪精衛的筆名。李希凡也未嘗不感到他的論點和季新有相似之處，因此在《紅樓夢評論集》的新版「代序」中特別提出「紅樓夢新評」來加以指摘。（見頁五）李希凡認爲季新沒有看到《紅樓夢》的主題是「暴露了貴族統治階級和封建制度的即將崩潰的歷史命運」。其實這個批評並不太公允。季新明明說曹雪芹寫家庭專制之流毒，（《紅樓夢卷》，第一冊，頁三〇二）又謂書中諸人無不「相傾相軋，相攘相竊。」（頁三〇九）雖名詞不同，激烈的程度有別，但其意亦在指出禮教之流入極端虛僞之後，其勢不得不變也。

25 俞平伯，《紅樓夢辨》，香港文心書店重版，一九七二，〈引論〉，頁三。

26 《紅樓夢》六十三回引范成大詩：縱有千年鐵門檻，終須一個土饅頭。光緒間《金玉緣》本改「檻」字爲「限」字，復注云：「此范石湖自答壽藏詩也，實爲本書財色二字下大勘語，故爲十五回對待題目，特用秦、寶、熙鳳演之，遂爲眾妙集大成也。一寺一庵名義到此方出，可見當日謀篇不是枝枝節節爲之。」（見俞平伯〈讀紅樓夢隨筆〉所引，新亞書院紅樓夢研究小組，《紅樓夢研究專刊》，第二輯，一九六七年十月，頁一二八）改字之是非，此可不論，但注者確是很細心地看到了全書結構方面的有機性。

27 Jonathan D. Spence的*Ts'ao Yin and the K'ang-hsi Emperor, Bondservant and Master*（Yale University Press, 1966）是寫得相當生動的一部史學作品。這部書便正是以近代紅學研究爲基礎而撰成的。其中尤以周汝昌的《紅樓夢新證》所提供的有關曹寅的史料最爲豐富。這是紅學轉化爲曹學的一個最顯著而成功的例子。

28 所謂「邊緣問題」即友人傅漢思先生所謂"marginal problems"。見Hans H. Frankel, "The Chinese Novel: A Confrontation of Critical Approaches to Chinese and Western Novels," *Literature East and West*, 8:1（1964）, pp. 2-5.（我手頭現無傳文，此乃從陳炳良先生前引文轉錄，見陳文注卅七。）

29 陳澧嘗云：「近人治經，每有浮躁之病，隨手翻閱，零碎解說。有號爲經生而未讀一部注疏者。」（見《東塾讀書記》卷九，萬有文庫本，下冊，頁一四二）

30 這一個訪問曹雪芹故居及其生平傳說的趣事發生在一九六三年三月。全部經過可看吳恩裕〈記關於曹雪芹的傳說〉。（見《有關曹雪芹十種》，中華書局，一九六三年十月，頁一〇六—一一六）這位張永海老人其實是一個業餘紅學家，把近代的考證結果幾乎已融會貫通。而同時又編造了一些當時尚無從證實、也無法否證的小故事，居然把吳恩裕等人騙得個不亦樂乎。最妙的是連兩百年前曹雪芹的心思也都在這個傳說中保留了下來。例如「他心想：你們瞧不起我，我還瞧不起你們呢！」「又想：紅樓夢已經寫出了一些，還不如不教這書，到鄉下一心寫紅樓夢去哩。」（均見頁一〇八）稍有方法論訓練的人應該立刻可以察覺到這完全是迎合訪問者的心理而硬編出來的。據吳恩裕的紀錄，有關曹雪芹的生平，張永海有以下幾項具體報導：一、雪芹的父親早死了。二、當過內廷侍衛。三、在右翼宗學當過教師。四、前妻尚在，很漂亮，聽說和林黛玉有關。五、死在乾隆二十八年癸未除夕。六、雪芹有一張畫像，上面有竹林。這幾點「消息」都是大有來頭的。第一點是以雪芹爲曹顒之子。此說起於李玄伯，又經王利器於一九五五年加以論列。最重要的是一九五八年俞平伯在《紅樓夢八十回校本》序言中復予以支持。第二點內廷侍衛之說，吳恩裕以爲文獻無徵。其實這是周汝昌在《新證》再版的增補條中，根據「虎門」一詞推測出來的（見《十種》，頁一四）。第三點則是吳恩裕自己在一九五七年考證「虎門」所獲得的新結論。二、三兩點本是互相矛盾的。但張永海畢竟是業餘紅學家，不能分辨得那麼細微。第四點的附會是盡人皆知的，更不必去說了，不過張永海在這裡表現得很聰明，他故意不說薛寶釵或史湘雲，免得太著痕跡。第五點正是周汝昌、吳恩裕諸人和俞平伯爭論得最激烈的一點，即雪芹是死在壬午除夕（據甲戌「脂批」）抑次年癸未除夕（據《懋齋詩鈔》並參用甲戌本除夕之說）。張永海則採取了癸未說。第六點所指畫像即王岡所繪者，背景有小溪叢竹。吳恩裕最初即在《有關曹雪芹八種》中斷定是雪芹之像。

如果我們對張永海所說的六點略加分析，就可以發現一個極爲有趣的情形，即其中一半都恰好符合吳恩裕的主張。（右翼宗學、癸未除夕，和雪芹畫像。）我不敢說張永海一定事先做過研究，但這情形實在頗耐人尋味。其實這個「傳說」之來完全不能怪張永海多事。這是吳恩裕自從一九五四年聽趙常恂說雪芹居處在北京西郊健鋭營以後，一步步地逼出這位張永海來的。吳恩裕自己先後已查訪過兩三次，後來又在一九六一年秋，由北京文化部門專門從事調查。（見《十種》，頁一三三、一三七、一六二）在這種情況下，縱使沒有張永海，也遲早會有其他健鋭營老人出現的。

現在由於敦敏的〈瓶湖懋齋記盛〉殘文的發現，我們知道乾隆二十三年（一七五八）曹雪芹還至白家疃新居。無論在這以前雪芹是否住在香山健鋭營，至少張永海的彌天大謊總應該算是戳穿了。張永海所說雪芹及其子之死與葬，都必須假定他沒有離開健銳營才能成立。張永海又斬釘截鐵地說：「他（指雪芹）是旗人，必得住在旗裡頭。……出了健銳營的範圍，他就不能住。」（《十種》，頁一〇八）這些話都已被新材料否定了。吳恩裕是整理〈記盛〉這篇文字的人，我們且看他對雪芹居處的問題怎樣說。他道：「雪芹大約於乾隆十五年左右，從北京城裡遷至西郊香山健銳營。……根據傳說，他初住香山四王府和峒峪村中間一帶地方，後來不知那年又遷到香山腳下鑲黃旗營的北上坡。」（見〈曹雪芹的佚著和傳記材料的發現〉，《文物》，一九七三年第二期，頁一一）這個「傳說」仍然是張永海的那一套。我眞奇怪吳恩裕何以絲毫不覺得這個「傳說」和新材料之間有矛盾。考證固然是「實事求是」的事，但一旦有了先入之見，這四個字恐怕就不免要大打折扣了。更妙的是吳恩裕從前認爲敦敏、張宜泉所題關於雪芹「日望西山餐暮霞」，「廬結西郊別樣幽」，「門外山川供繪畫」等等詩句頗符合香山健銳營一帶的景致，而現在則都一古腦兒地搬到白家疃來了。（《十種》，頁一三三、一六二及〈佚著〉文，頁一二）其實這一類的詩句擺在任何有山有水的地方都是可以得到「印證」的。我寫這一條長注的用意並不是要責備任何人。我只是提醒搞紅學考證的人要隨時隨地有方法論的自覺。

31 《紅樓夢辨》卷中，頁六九—七〇。

32 〈讀紅樓夢隨筆〉，《紅樓夢研究專刊》，第一輯，頁一一一。

33 同上，頁一〇五。

34 〈讀紅樓夢隨筆〉初載於香港《大公報》一九五四年一月份至四月份。國內《新建設》一九五四年三月號所載俞平伯的〈紅樓夢簡論〉是〈隨筆〉的一部分。李希凡和藍翎的發難文章——〈關於紅樓夢簡論及其他〉——所攻擊的主要是俞平伯對於《紅樓夢》的傳統性和獨創性的一些理解。由於俞平伯在〈簡論〉中已首先對「自傳說」表示懷疑，李、藍兩人在文章中並未涉及這個問題。直到第二篇文章批判《紅樓夢》研究時，他們才正面向俞平伯以前的「自傳說」開火。（李、藍的〈評紅樓夢研究〉最初發表在一九五四年十月十日《光明日報》的《文學遺產》第二十四期上。兩文均收入《紅樓夢評論集》，見一九七三年新版，頁一——三六）所以從時間推斷，俞平伯對「自傳說」的自我否定絕非受李、藍的評論而被動改變的。

35 《紅樓夢八十回校本》，〈序言〉，頁三——四。

36 關於李希凡和何其芳之間在這個問題上面的尖銳對立，請看《紅樓夢評論集》的三版後記，特別是頁三一二——三三八。值得注意的是何其芳一直到今天爲止還不肯放棄他自己的看法（見頁三三七）。

37 參看René Wellek and Austin Warren, *Theory of Literature*, pp. 135-137.

38 見俞平伯輯，《脂硯齋紅樓夢輯評》，頁四〇。

39 見《紅樓夢八十回校本》，第一冊，頁五。

40 《紅樓夢》第一回的楔子上明說是「親自經歷的一段陳跡故事」（同上，頁三）及「不過實錄其事」（頁五）。如果「索隱派」堅持書中所記是明清之際的民族血淚史，那麼他們必須證明書中一大部分的人物和事件的歷史眞實性。所以從這一點說，復活後的「索隱派」儘管內在困難較少，卻反而不及舊「索隱派」如蔡孑民先生之所爲者具有說服力。最近收到杜世傑先生寄贈《紅樓夢原理》一書（台北，一九七二）。其中第六篇〈吳梅村與紅樓夢〉，謂《紅樓夢》作者即吳梅村，因爲就吳玉峰、孔梅溪、賈雨村三人之名字，論序各就本數取一字便是「吳梅村」三字（頁七一）。此說雖有趣，但距離證實之境尚遠。不過可以看到「索隱派」現在也在積極地要想解決作者問題了。

41 見吳恩裕，〈曹雪芹的佚著和傳記材料的發現〉，頁五。關於此詩的來源及其對於曹雪芹思想的說明，可看吳恩裕的分析，頁一三——一四。但是就我們目前的知識來說，這首詩的史料價值尚不能毫無保留地予以肯定。

42 參看Wellek and Warren, *Theory of Literature*, pp. 66-68 & note 9 on p. 273.

43 陳炳良先生有擇要介紹，見前引文，頁九——一一。

# 紅樓夢的兩個世界

## ——香港中文大學十週年校慶講座

曹雪芹在《紅樓夢》裡創造了兩個鮮明而對比的世界。這兩個世界，我想分別叫它們作烏托邦的世界和現實的世界。這兩個世界，落實到《紅樓夢》這部書中，便是大觀園的世界和大觀園以外的世界。作者曾用各種不同的象徵，告訴我們這兩個世界的分別何在。譬如說，「清」與「濁」，「情」與「淫」，「假」與「眞」，以及風月寶鑑的反面與正面。我們可以說，這兩個世界是貫穿全書的一條最主要的線索。把握到這條線索，我們就等於抓住了作者在創作企圖方面的中心意義。

當然，由於曹雪芹所創造的兩個世界是如此的鮮明，而它們的對比又是如此的強烈，從來的讀者也都或多或少、或深或淺地意識到它們的存在。但在最近五十年中，《紅樓夢》研究基本上乃是一種史學的研究。而所謂紅學家也多數是史學家；或雖非史學家，但所作的仍是史學的工作。史學家的興趣自然地集中在《紅樓夢》的現象世界上。他們根本不大理會作者「十年辛苦」所建造起來的空中樓閣──《紅樓夢》中的理想世界。相反地，他們的主要工作正是要拆除這個空中樓閣，把它還原為現實世界的一磚一石。在「自傳說」的支配之下，這種還原的工作更進一步地從小說中的現實世界轉到了作者所生活過的眞實世界。因此半個世紀以來的所謂「紅學」其實祇是「曹學」，是研究曹雪芹和他的家世的學問。用曹學來代替紅學，是要付出代價的。最大的代價之一，在我看來便是模糊了《紅樓夢》中兩個世界的界線。一九六一至一九六三年之間，大陸上的紅學家曾熱烈地尋找「京華何處大觀園」。這可以說是歷史還原工作的最高峰。這就給人一種明確的印象，曹雪芹的大觀園本在人間，是現實世界的一部分。《紅樓夢》裡的理想世界被取消了，正像作者說的，「落了片白茫茫大地眞乾淨！」

但是在過去幾十年中，也並不是沒有人特別注意到《紅樓夢》中的理想世界。早在一九五三或一九五四年，俞平伯就強調了大觀園的理想成分。以想像的境界而論，大觀園可以是空中樓閣。他並且根據第十八回賈元春「天上人間諸景備」的詩句，說明大觀園只是作者用筆墨渲染而幻出的一個蜃樓樂園。俞平伯的說法在紅學史上具有Thomas S. Kuhn所謂

「典範」（paradigm）的意義。可惜他所處的環境使他不能對他這個革命性的新觀點加以充分的發揮。一九七二年宋淇發表了〈論大觀園〉。這可以說是第一篇鄭重討論《紅樓夢》的理想世界的文字。他強調大觀園絕不存在於現實世界之中，而是作者爲了遷就他的創造企圖虛構出來的空中樓閣。宋淇更進一步說：

> 大觀園是一個把女兒們和外面世界隔絕的一所園子，希望女兒們在裡面，過無憂無慮的逍遙日子，以免染上男子的齷齪氣味。最好女兒們永遠保持她們的青春，不要嫁出去。大觀園在這一意義上說來，可以說是保護女兒們的堡壘，只存在於理想中，並沒有現實的依據。[1]

這番話說得既平實又中肯，我願意把這一段話作爲我討論《紅樓夢》的兩個世界的起點。關於五十多年來紅學發展的內在邏輯及其可能發生的革命性的變化，我已在〈近代紅學的發展與紅學革命——一個學術史的分析〉一文中作了初步的檢討。所以詳細的論證和根據，這裡一概從略。

說大觀園是曹雪芹虛構的一個理想世界，會無可避免地引起讀者一個重要的疑問：如果大觀園是一個「未許凡人到此來」的「仙境」，那麼作者在全書總綱的第五回裡所創造的「太虛幻境」在《紅樓夢》全書中究竟應該占據一個什麼位置呢？我們當然可以說「太虛幻境」是夢中之夢、幻中之幻。但這樣一來，我們豈不應該說《紅樓夢》裡一共有三個世界了嗎？庚辰本脂批有這樣一條：

> 大觀園係玉兄與十二釵之太虛玄境，豈可草率？[2]

這裡「玄境」的「玄」字其實就是「幻」字，一定是抄者的筆誤，因爲這一條裡還有好幾字寫錯了。所以根據脂硯齋的看法，大觀園便是太虛幻境的人間投影。這兩個世界本來是疊合的。我們現在還不知道脂硯齋到底是誰。但他和作者有密切的關係，並且相當了解作者的創作意向，大概是不成什麼問題的。我們雖然不能過於相信脂批，可是在內證充分的情況下，脂批卻是最有力的旁證。讓我們現在看看《紅樓夢》本文裡面的直接證據。第五回寶玉隨秦可卿「至一所在。但見朱欄白石，綠樹清溪，眞是人跡希逢，飛塵不到。寶玉在夢中歡喜，想道：『這個去處有趣。我就在這裡過一生，縱然失了家，也願意。』」[3]這個所在其實就是後來的大觀園。怎樣證明呢？就風景而言，第十七回寶玉隨賈政入大觀園，行至沁芳亭一帶，書中所描寫的恰恰就是「朱欄白石，綠樹清溪」這八個字的加詳和放大[4]。就心情而言，我們應該記得第二十三回寶玉初住進大觀園時，作者寫道：「且說寶玉自進園來，心滿意足，再無別項可生貪求之心。」[5]細心的讀者祇要把前後的文字加以比較，就不難看出太虛幻境和大觀園是一種什麼關係了。

如果說這條證據還嫌曲折了一點，那麼讓我再舉一條更直接、更顯豁的證據，以堅讀者之信。故事還是出在第十七回，寶玉和賈政一行人離了蘅蕪苑，來到了一座玉石牌坊之前。「賈政道：『此處書以何文？』眾人道：『必是「蓬萊仙境」方妙。』賈政搖頭不語。寶玉見了這個所在，心中忽有所動，尋思起來倒像那裡曾見過的一般，卻一時想不起那年月日的事了。賈政又命他作題。寶玉只顧細思前景，全無心於此了。」賈政還特別補上一句：「這是要緊一處，更要好生作來。」[6]寶玉以前在什麼地方見過石牌坊的呢？寶玉自己也許忘了。可是讀者一定還記得，第五回寶玉夢遊太虛幻境「隨了仙姑至一所在。有石牌坊橫建，上書『太虛幻境』四個大字。」[7]寶玉在記憶中追尋的豈不明明就是這個地方嗎？所以脂硯齋特別在此點醒讀者曰：「仍歸於葫蘆一夢之太虛玄境。」[8]賈政說：「這是要緊一處。」是的，《紅樓夢》中還有比太虛幻境更要緊的所在嗎？這個石牌坊，寶玉事後是補題了；題的是「天仙寶鏡」四字[9]。也就是這座牌坊，後來劉姥姥又誤認作是「玉皇寶殿」，而大磕其頭[10]。總而言之，「蓬萊仙境」也好，「天仙寶鏡」也好，「玉皇寶殿」也好，作者是一而再，再而三地在點醒我們，大觀園不在人間，而在天上；不是現實，而是理想。更準確地說，大觀園就是太虛幻境[11]。

大觀園既是寶玉和一群女孩子的太虛幻境，所以在現實世界上，它的建造必須要用元春省親這樣一個鄭重的大題目。庚辰本第十六回有一段畸笏的眉批說：

> 大觀園用省親事出題，是大關鍵事，方見大手筆行文之立意。[12]

作者安排的苦心尚不止此。第十七回開頭一段敘事便很值得玩味。園內工程告竣後，賈珍請賈政進去瞧瞧，有什麼要更改的地方，並說賈赦已先瞧過了。這好像是說，賈赦是第一個入園子的人。其實這段話是故意誤引讀者入歧途的。因爲後文又說，「可巧近日寶玉因思念秦鐘，憂戚不盡，賈母常命人帶他到園中來戲耍。」緊接下去，便是寶玉避之不及，和賈政劈面相逢，終於被逼著一齊再進園子去題聯額[13]。這段敘事的後半截至少暗含著兩層深意：一、寶玉是最早進大觀園去賞玩景致的人。賈赦、賈政等都是在園子完工後才進去勘察的，而寶玉早在這以前已去過不止一次了。二、大觀園既是寶玉和諸姊妹的烏托邦、乾淨土，則園中亭臺樓閣之類，自然非要他們自己命名不可。大觀園這個「未許凡人到此來」的仙境是絕不能容許外人來污染的。所以庚辰本十七回的總批說：

寶玉係諸豔之冠，故大觀園對額必得玉兄題跋。14

同本又有一條批語說：

如此偶然方妙，若特特喚來題額，眞不成文矣。15

這些地方，脂評都可以幫助讀者了解作者的原意。《紅樓夢》之絕少閒筆，我們有時也要通過脂評，才能體會得更深刻。

我們知道，寶玉當日並沒有題遍大觀園中所有的聯額。事實上園中建築物太多，命名之事也不是寶玉一個人能夠包辦得了的。那麼，還有誰題過聯額呢？這個謎直到第七十六回才解開。在這一回裡黛玉和湘雲中秋夜賞月聯句。湘雲稱讚凸碧堂和凹晶館兩個名字用得新鮮。黛玉對湘雲說：

實和你說罷，這兩個字還是我擬的呢。因那年試寶玉，因他擬了幾處，也有存的，也有刪改的，也有尚未擬的。這是後來我們大家把這沒有名色的，也都擬出來了，註了出處，寫了這房屋的坐落，一併帶進去與大姐姐瞧了。他又帶出來命給舅舅瞧過。誰知舅舅倒喜歡起來，又說：「早知這樣，那日就該叫他姊妹一併擬了，豈不有趣。」所以凡我擬的一字不改，都用了。16

這段話才把當日大觀園初題聯額的情節完全補出。可見園內各處的命名，除寶玉外，其餘也都出自諸姊妹，尤其是黛玉之手。第七十六回和第十七回，相去六十回之遙，且就曹雪芹已完成的原稿來說，則已幾幾乎埜尾餘香，而前後呼應，如常山之蛇。《紅樓夢》的創作，作者時時有全局在胸，是非常明顯的。

大觀園是《紅樓夢》中的理想世界，自然也是作者苦心經營的虛構世界。在書中主角賈寶玉的心中，它更可以說是唯一有意義的世界。對寶玉和他周圍的一群女孩子來說，大觀園外面的世界是等於不存在的，或即使偶然存在，也衹有負面的意義。因爲大觀園以外的世界衹代表骯髒和墮落。甚至一般《紅樓夢》讀者的眼光也往往過分爲大觀園這個突出的烏托邦所吸引，而不免忽略了大觀園以外的現實世界。但是曹雪芹自己卻同樣地非常重視這個骯髒和墮落的現實世界。他對現實世界的刻畫也一樣的費盡了心機的。這裡可以清楚地看出作者、主角和讀者之間，是存在著不同的觀點的。「自傳說」之混曹雪芹和賈寶玉爲一人，其最根本的困難便在於無法解決這個重要的觀點的問題。

曹雪芹雖然創造了一片理想的淨土，但他深刻地意識到這片淨土其實並不能眞正和骯髒的現實世界脫離關係。不但不能脫離關係，這兩個世界並且是永遠密切地糾纏在一起的。任何企圖把這兩個世界截然分開並對它們作個別的、孤立的了解，都無法把握到《紅樓夢》的內在完整性。爲了具體地說明這一點，讓我們檢討一下大觀園的現實基礎。

第十六回對於大觀園的建造有很清楚的敘述。園子的基址是「從東邊一帶借著東府花園起，轉至北邊，一共丈量準了，三里半大。」[17]下面還有一段更詳細的報導：「先令匠人拆寧府會芳園牆垣樓閣，直接入榮府東大院中。……會芳園本是從北拐角牆下引來一段活水，今亦無煩再引。其山石樹木雖不敷用，賈赦住的乃是榮府舊園，其中竹樹山石以及亭榭欄杆等物，皆可挪就前來。」[18]這些話裡大有文章，可惜自來紅學家在「自傳說」支配之下，根本未作進一步的分析[19]。上面我們已看到，大觀園的出現是《紅樓夢》中第一大事，作者和批者都一再鄭重其事地加以點明。那麼，作者在這裡細說大觀園的現實來歷，絕不會是沒有用意的。如果「自傳說」可以解答問題，確切地考出大觀園是由曹家舊宅改建而成的，那當然再好沒有。而事實上此路確是不通，我們衹好另闢途徑。

照上面的敘述，大觀園的現實基址主要是由兩處舊園子合成的：即寧府的會芳園和賈赦住的榮府舊園。庚辰本第十七回在「上面苔蘚成斑，藤蘿掩映」句下有一條批語說：

曾用兩處舊有之園所改，故如此寫方可。細極。[20]

可見作者和批者，一暗一明，都特別提醒我們，這兩所舊園子裡面是藏著重要消息的。什麼消息呢？讓我們先從賈赦說起。賈赦這個人在《紅樓夢》裡可算得是最骯髒的人物之一。《紅樓夢》裡有一條無形的章法，即凡是比寶玉長一輩的人，對他的不堪之處，描寫時多少都有相當的保留，這也可以說是「爲尊者諱」吧！所以書中極力渲染的髒事情，大都集中在賈珍、賈璉、薛蟠等幾個寶玉的平輩身上。這些地方，也確露出「自傳」的痕跡[21]。但是儘管如此，作者對賈赦還是不肯輕易放過。所以第四十六回特立專章聲討，詳寫他要強納鴛鴦爲妾的醜事。作者曾借襲人之口寫出他的史家定論：「眞眞——這話理論不該我們說——這個大老爺太好色了。略平頭正臉的他就不放手了。」[22]《紅樓夢》中對賈璉的淫行最多特寫鏡頭，恐怕就是要曲達「有其父必有其子」這句古諺吧。所以，賈赦住過的園子和接觸過的竹樹山石以及亭榭欄杆等物，自然也都是天下極髒的東西了。

再說東府園子，那就更是齷齪不堪之至了。正如柳湘蓮的名言所說的，「你們東府裡，除了那兩個石頭獅子乾淨，只怕連貓兒、狗兒都不乾淨。」[23]這還是一般性的說法。我們得更深一層分析一下會芳園這個地方。在第十六回以前，大觀園尚未出現，《紅樓夢》裡的許多重大事故都是在會芳園這個舞臺上上演的。會芳園中的樓閣，現尚可考的有天香樓、凝曦軒、登仙閣等處。天香樓自然是最有名的髒地方，因爲原本第十三回回目就叫做「秦可卿淫喪天香樓」。其他兩處也一樣地不乾淨。凝曦軒是爺兒們吃酒取樂之處。鳳姐所謂「背地裡又不知幹什麼去了」的一個所在[24]。這只要看看後來第七十五回賈珍諸人在天香樓聚賭，說髒話，和玩孌童的情形，就可以知道了[25]。至於登仙閣，則是秦可卿自縊和瑞珠觸柱後停靈的地方[26]。會芳園還發生過一件穢事，便是第十一回「見熙鳳賈瑞起淫心」。鳳姐遇到賈瑞便恰恰是在這個園子裡面[27]。

所以，總而言之，賈赦住的舊園和東府的會芳園都是現實世界上最骯髒的所在，而卻爲後來大觀園這個最清淨的理想世界提供了建造原料和基址。這樣的安排難道會是偶然的嗎？甚至大觀園中最乾淨的東西——水，也是從會芳園裡流出來的。甲戌、庚辰兩本在這裡都有同一條脂評，說：

> 園中諸景最要緊是水，亦必寫明爲妙。[28]

可見作者處處要告訴我們，《紅樓夢》中乾淨的理想世界是建築在最骯髒的現實世界的基礎之上。他讓我們不要忘記，最乾淨的其實也是在骯髒的裡面出來的。而且，如果全書完成了或完整地保全了下來，我們一定還會知道，最乾淨的最後仍舊要回到最骯髒的地方去的。「欲潔何曾潔，云空未必空」[29]這兩句詩不但是妙玉的歸宿，同時也是整個大觀園的歸宿。妙玉不是大觀園中最有潔癖的人嗎？曹雪芹一方面全力創造了一個理想世界，在主觀企求上，他是想要這個世界長駐人間。而另一方面，他又無情地寫出了一個與此對比的現實世界。而現實世界的一切力量則不斷地在摧殘這個理想的世界，直到它完全毀滅爲止。《紅樓夢》的兩個世界不但是有密不可分的關係，並且這種關係是動態的，即採取一種確定的方向的。當這種動態關係發展到它的盡頭，《紅樓夢》的悲劇意識也就升進到最高點了。

前面我們曾指出，《紅樓夢》的兩個世界是乾淨與骯髒的強烈對比。現在我們應該進一步探討一下，大觀園裡面的人物對這兩個世界的看法是否可以證實我們的觀察。在這個關聯上，我們要檢討「黛玉葬花」的意義。黛玉葬花發生在第二十三回；寶玉和諸釵剛剛在大觀園中開始他們的理想生活。所以作者對這個故事的安排，不用說，是涵有深意的。由於這個故事太重要了，我們不得不把最有關係的一段文字全引在這裡：

> 那一日正當三月中浣，早飯後，寶玉攜了一套會眞記，走到沁芳閘橋邊桃花底下一塊石上坐著。展開會眞記，從頭細玩。正看到落紅成陣，只見一陣風過，把樹上桃花吹下一大半來，落的滿書滿地皆是。寶玉要抖將下來，恐怕腳步踐踏了，只得兜了那花瓣，來至池邊，抖在池內。那花瓣浮在水面，飄飄蕩蕩，竟流出沁芳閘去了。回來只見地下還有許多。寶玉正躊躇間，只聽背後有人說道：「你在這裡作什麼？」寶玉一回頭，卻是林黛玉來了，肩上擔著花鋤，上掛著紗囊，手內拿著花帚。寶玉笑道：「好，好，來把這個花掃起來，撂在那水裡。我才撂了好些在那裡呢。」林黛玉道：「撂在水裡不

好。你看這裡的水乾淨，只一流出去，有人家的地方髒的臭的混倒，仍舊把花遭蹋了。那畸角上我有一個花塚。如今把他掃了，裝在這絹袋裡，拿土埋上，日久不過隨土化了，豈不乾淨。」[30]

「黛玉葬花」早在清末便上過京劇的舞臺。民國初年經過梅蘭芳和歐陽予倩這兩位名演員重新編演之後，這個故事在中國已幾乎是家喻戶曉了。但大家的注意力都集中在寶、黛兩人的愛情發展方面，尤其是第二十七回「埋香塚飛燕泣殘紅」那一段哀感動人的情節[31]。而紅學家所注意的又往往在「葬花」一詞的出處[33]。至於黛玉爲什麼要葬花這個問題，似乎還沒有認眞地被提出來過。

我願意鄭重地指出，黛玉葬花一節正是作者開宗明義地點明《紅樓夢》中兩個世界的分野。我說「開宗明義」，因爲「葬花」是寶玉等入住以後，大觀園中發生的第一件事故。黛玉的意思很明顯，大觀園裡面很乾淨的，但是出了園子就是髒的臭的了。把落花葬在園子裡，讓它們日久隨土而化，這才能永遠保持清潔。「花」在這裡自然就是園中女孩子們的象徵。怎見得？有詩爲證。黛玉〈葬花詞〉說：

未若錦囊收豔骨，一堆淨土掩風流。質本潔來還潔去，強於污淖陷渠溝。[33]

所以第六十三回群芳夜宴，每個女孩子都分配一種花。而第四十二回鳳姐更明明告訴讀者：「園子裡頭可不是花神！」[34]第七十八回晴雯死後成花神的故事也得在這個意義上去求了解[35]。花既象徵園中的人物，那麼人物若想保持乾淨、純潔，唯一的途徑便是永駐理想之域而不到外面的現實世界去。我在前面曾說，對於寶玉和大觀園中的女孩子們來說，外面的世界是等於不存在的。但這話祇是要指出，在主觀願望上，他們所企求的是理想世界的永恆，是精神生命的清澈；而不是說，他們在客觀認識上，對外在世界茫無所知。園中女孩子們，誠如作者所說，是「天眞爛漫」的[36]，可是她們並非幼稚胡塗。事實上，她們一方面把兩個世界區別得涇渭分明，而另一方面又深刻地意識到現實世界對理想世界的高度危害性。「黛玉葬花」正是通過形象化的方式把這兩層意思巧妙地表達了出來。

曹雪芹有時也用明確而尖銳的語言點出外面世界的險惡。第四十九回是大觀園的盛世的始點。許多重要的人物如薛寶琴、邢岫煙、李紋、李綺等都住進了園子。也就是在這一回，史湘雲警告寶琴道：「你除在老太太眼前，就在園子裡，來這兩處，只管頑笑吃喝。到了太太屋裡，若太太在屋裡，只管和太太說笑，多坐一會無妨；若太太不在屋裡，你別進去，那屋裡人多心壞，都是要害咱們的。」接著寶釵笑道：「說你沒心，卻又有心；雖然有心，到底嘴太直了。」[37]湘雲這番話眞是說得直率，明眼讀者自會看出，她事實上對王夫人也頗有貶詞。所以除了大觀園這個烏托邦以外，便祇有史太君跟前尙屬安全。其餘外面的人都是要害園子裡面的人的。爲什麼史太君會是個例外呢？因爲她是從前枕霞閣十二釵中的人物，在大觀園中人的眼裡，尙不失爲「我輩中人」也[38]。這種強烈的「咱們」、「他們」的分別正是相應於兩個世界而起的[39]。

但是大觀園中的「咱們」也不都是一律平等的，理想世界依然有它自己的秩序。「桃花源」是中國文學史上最早的一個烏托邦。照王安石說，它是「但有父子無君臣」。換言之，桃花源中雖無政治秩序，卻仍有倫理秩序。大觀園的秩序則可以說是以「情」爲主，所以全書以情榜結尾。但由於情榜已不可見，今天要想完全了解作者心目中的秩序，可以說已無可能。大體上說，作者決定情榜名次的標準是多重的；故除了「情」字外，我們還得考慮到其他標準如容貌、才學、品行，以至身分等等[40]。這裡我祇想提出一個比較被忽略了的重要線索，即群芳與寶玉的關係。庚辰本第四十六回有一條批語說：

通部情案，皆必從「石兄」掛號，然各有各稿，穿插神妙。[41]

這一條評語我覺得特別重要。「情案」之「情」即是「情榜」之「情」。這樣看來，書中諸人與寶玉之間關係的深淺、密疏，必然會在很大的程度上決定著他們在情榜上的地位[42]。而了解大觀園世界的內在結構，也就必須個別地察看書中諸人如何在「石兄」處掛號了。

談到大觀園世界的內在結構，我們便不能不稍稍注意一下園中房屋的配置。這種配置，在我看來，也正是內在結構的一個清晰的反映。宋淇曾指出，大觀園中的庭園布置和室內裝設都是爲了配合幾位主角的性格而創造出來的[43]。這一點很正確。而且這也符合西方文學批評的原理。主角住處的布景往往是他的性格的表現。「一個人的房子即是他自己的一種伸延。」[44]但是曹雪芹對於布景的運用更有進於此者。他利用園中院落的大小、精粗，以及遠近來表現理想世界的秩序。這裡祇舉幾個最緊要的例子作爲初步的說明。我們記得，第十七回寶玉題大觀園聯額，作者主要祇寫了四所院宇。這四所院宇依次爲瀟湘館、稻香村、蘅蕪苑和怡紅院。這裡面的評論都是有寓意的。先說瀟湘館。眾人一見，都道：「好個所在。」而寶玉更認爲這是「第一處行幸之處，必須頌聖方可。」所以題作「有鳳來儀」[45]。這已可以看出作者對瀟湘館的特致鄭重之意了。庚辰本在「好個所在」之下則批道：「此方可爲顰兒之居。」[46]這還不算。下文第二十三回寶玉和黛玉商量住處時，黛玉說：「我心裡想著瀟湘館好。」寶玉拍手笑道。「正和我的主意一樣。我也要叫你住這裡呢。我就住怡紅院。咱們兩個又近，又都清幽。」[47]後文第六十三回群芳夜宴，寶玉說：「林妹妹怕冷，過這邊靠板壁坐。」正可與此同觀[48]。這正是用距離和環境來表現寶、黛之間的特殊關係的最好例證。

再看稻香村。賈政問寶玉「此處如何？」寶玉應聲說：「不及『有鳳來儀』多矣。」接著便發了一大篇議論，說此處是人力強爲，沒有「天然」意味。結果惹得賈政大爲氣惱[49]。不但如此，後文寶玉奉元春之命寫四首詩，而單單稻香村一首寫不出來，終由黛玉代筆，才算交卷[50]。這都表現寶玉對李紈的微詞。李紈在大觀園中是唯一嫁過人的女子；而我們當然都知道寶玉對已婚女子的評價。但李紈畢竟是寶玉的嫂嫂，並且人品又極好，因此這種微詞便祇好如此曲曲折折地顯露出來。其中「天然」、「人力」的分別尤堪玩味。李紈在正冊中居倒數第二位，僅在秦可卿之上，是不爲無因的。

那麼蘅蕪苑又如何？賈政道：「此處這所房子無味的很。」[51]豈非又是作者之微詞乎？可是妙在從賈政口中說出來，仍給寶玉留了地步。這就避開了俞平伯所謂「分高下」的問題[52]。這裡有一條脂批，頗得作者之心：「先故頓此一筆，使後文愈覺生色，未揚先抑之法。蓋釵顰對峙，有甚難寫者。」[53]更妙的是後來在五十六回探春又補上一句：「可惜蘅蕪苑和怡紅院這兩處大地方竟沒有出利息之物。」[54]閒閒一語透露了蘅蕪苑和怡紅院並爲大觀園中最大的兩所住處。木石雖近而金玉齊大，正是脂硯齋所謂「釵顰對峙」也。

最後說到怡紅院。這一段的描寫最爲詳細，要分析起來，可說的話太多。現在姑舉三點：寶玉要題「紅香綠玉」，兩全其妙，是章法之一。這在後來元春命寶玉賦詩一節中尚有照應。怡紅院中特設大鏡子，別處皆無，是章法之二，即所謂「風月寶鑑」也。園中的水「共總流到這裡，仍舊合在一處，從那牆下出去。」是章法之三[55]。而尤以最後一點最值得注意。脂評說：

> 於怡紅總一園之看（？），是書中大立意。[56]

這正證實我們上面所說的，作者是藉著院宇的布置來表示諸釵和寶玉之間的關係，因而間接地說明理想世界的內在結構。脂評所謂「通部情案皆必從石兄掛號」，便要在這些地方去認識。而園中之水流於怡紅院之後，仍從牆下出去，又正關合葬花時黛玉所說的，這裡的水乾淨，只一流出去，就是髒的臭的了。

我們一直強調，《紅樓夢》的兩個世界是乾淨和骯髒的強烈對照。上面無數例證都可以在概念上支持我們關於這個基本分別的看法。但是最後我還必須要解答一個具體的經驗性的問題：即大觀園中的生活是不是眞的乾淨？如果大觀園跟外面的現實世界同樣的骯髒，那麼我們所強調的兩個世界的對照，依然難免捕風捉影之譏。

關於這個問題的解答，我們當然不能採用上面舉例證明的方式。因爲不存在的東西——骯髒——是不會有證據的。我們可以這樣說，原則上曹雪芹在大觀園中是祇寫情而不寫淫的，而且他把外面世界的淫穢渲染得特別淋漓盡致，便正是爲了和園內淨化的情感生活作一個鮮明的對照。

我們知道，大觀園基本上是一個女孩子的世界。除了寶玉一個人之外，更無其他男人住在裡面[57]。因此，祇要我們能證實寶玉園中生活是乾淨的，《紅樓夢》的理想世界的純潔性也就有了起碼的保障。關於這一層，作者曾有意地給我們留下了一個重要的線索。第三十一回，寶玉要晴雯和他一起洗澡。晴雯笑說：「還記得碧痕打發你洗澡，足有兩、三個時辰，也不知道作什麼呢，我們也不好進去的。後來洗完了，進去瞧瞧，地下的水淹著床腿，連席子上都汪著水，也不知是怎麼洗了。」[58]這番話初看起來好像頗有文章。其實，這只是作者的狡猾，故用險筆來引人入歧路的。原來寶玉進大觀園後，襲人因爲得到王夫人賞識，所以特別自尊自重，和寶玉反而疏遠了。夜間同房照應寶玉的乃是晴雯[59]，如果寶玉有什麼越軌行爲，那麼晴雯的嫌疑可以說是最大。晴雯之終被放逐，也正坐此。可是事實上我們知道寶玉和晴雯一直是乾乾淨淨的。所以晴雯臨死才有「擔了虛名」之說。作者爲了證明二人的清白，特別找一個書中最淫蕩不堪的燈姑娘出來作見證。燈姑娘說：「我進來一會在窗外細聽，屋裡只你二人，若有偷雞盜狗的事，豈有不談及的，誰知道兩個竟還是各不相擾。可知天下委屈事也不少。」[60]正像解盦居士所說的：

> 窗外潛聽，正所以表晴雯之貞潔也。不然，虛名二字，誰其信之？[61]

其實燈姑娘的話豈止洗刷了寶玉和晴雯的罪名，而且也根本澄清了園內生活的眞相。寶玉和最親密而又涉嫌最深的晴雯之間，尚且是「各不相擾」，則其他更不難推想了[62]。

最後還有一個棘手的問題需要交代，即七十三回傻大姐誤拾繡春囊的故事。這個故事表面上和我們所謂大觀園是清淨的烏托邦說最爲矛盾，但細加分析，則正合乎我們的兩個世界的理論。這個繡春囊當然是第七十一回司棋和她表弟潘又安在園中偷情時失落的[63]。可是在七十二回開始時，作者明說二人被鴛鴦驚散，並未成雙[64]。可見大觀園這個清淨世界雖已到了墮落的邊緣，尚未完全幻滅。更值得注意的是在第七十四回查明有犯姦嫌疑的人是司棋之後，司棋只是低頭不語，卻毫無畏懼慚愧之意[65]。那麼司棋的勇氣是從什麼地方來的呢？這就要歸結到我們在注62中所分析的「情」與「淫」的分別上去了。司棋顯然是深深地愛戀著她的表弟的[66]。根據作者「知情更淫」和「情既相逢必主淫」的說法，這種世俗所不諒的「姦情」未必一定是什麼罪惡。而且和外面世界的「髒唐臭漢」[67]比起來，更談不上什麼骯髒。

再換一個角度來看，如果作者是要把這件公案作爲一個骯髒事件來處理，那麼我們必須說，這正是《紅樓夢》的悲劇所必有的一個內在發展。我們在前面已指出，《紅樓夢》的理想世界最後是要在現實世界的各種力量的不斷衝擊下歸於幻滅的。繡春囊之出現在大觀園正是外面力量入侵的結果。但外面力量之所以能夠打進園子，又顯然有內在的因素，即由理想世界中的「情」招惹出來的。理想世界的「情」誠然是乾淨的，但它也像大觀園中的水一樣的，而且無可避免地要流到外面世界去的。從這個意義上說，《紅樓夢》的悲劇性格是一開始就被決定了的。我們曾說，曹雪芹所創造的兩個世界之間存在著一種動態的關係。我們現在可以加上一句，這個動態的關係正是建築在「情既相逢必主淫」的基礎之上。

許多跡象顯示，曹雪芹從《紅樓夢》的七十一回到八十回之間，已在積極地布置大觀園理想世界的幻滅。最明顯的是第七十六回黛玉和湘雲中秋夜聯詩，黛玉最後的警句竟是：

冷月葬花魂。

所以妙玉特地來打斷她們，並說：「只是方才我聽見這一首中，句雖好，只是說過頹敗淒楚，此亦關人之氣數而有，所以我出來止住。」[68]我們知道，花本是園中女孩子的象徵，現在由黛玉口中唱出〈葬花魂〉的輓歌，可見大觀園的氣數是眞的要盡了。這樣看來，繡春囊之適在此際出現於《紅樓夢》的清淨世界之中，當非偶然。夏志清把這件事比之於伊甸園中蛇的出現，因爲蛇一出現，亞當和夏娃就從天堂墮落到人間。宋淇引之，許爲「一針見血之言」，這是不錯的[69]。

《紅樓夢》今本一百二十回不出一手，至少在目前的研究階段上已成定論。在公認爲曹雪芹所寫的八十回中，大觀園表面上依然是一個「花柳繁華之地」，因此我們無從知道作者究竟如何刻畫大觀園的破滅。略可推測者，作者大概運用強烈的對照來襯托結局之悲慘。所以第四十二回靖應鵾藏本脂批有「此後文字，不忍卒讀」之說[70]。據周汝昌的判斷，「後半部中所有人物的原來身分地位都發生『大顚倒』的現象。」[71]這一層，所有研究《紅樓夢》的人大致都可以首肯。這種顚倒恐怕並不限於人物，大觀園這個清淨的理想世界也不免要隨著而遭到一番顚倒，比如說從繁華到破落[72]。而且人物的前後顚倒也不止於身分地位方面；從我們的兩個世界說來看，其中還必然在一定的程度上涉及乾淨和骯髒的顚倒。

大觀園中的人物都愛乾淨，這是人所共知的。但是越是有潔癖的人往往也就越招來骯髒。最顯著例子出在第四十回和四十一回。賈母帶著劉姥姥一群在探春屋裡參觀。賈母笑道：「咱們走罷。他們姊妹們都不大喜歡人來坐著，怕髒了屋子。」探春笑留眾人之後，賈母又笑著補上一句道：「我的這三丫頭卻好。只有兩個玉兒可惡，回來吃醉了，咱們偏往他們屋裡鬧去。」[73]這裡的「兩個玉兒」當然是指寶玉和黛玉。但作者忽然添寫此一段文字是有重要作用的，就是爲次一回「劉姥姥醉臥怡紅院」作伏筆。寶玉最嫌嫁了漢子的老女人骯髒，而作者就偏偏安排了劉姥姥之醉臥在他的床上，而且弄得滿屋子「酒屁臭氣」[74]。這明明是有意用現實世界的醜惡和骯髒來玷污理想世界的美好和清潔。同回劉姥姥在櫳翠庵吃茶，也同樣是爲了襯出妙玉潔癖的特筆[75]。所以八十回後的妙玉，結局最爲不堪。她的冊子上說：

> 欲潔何曾潔，云空未必空。可憐金玉質，終陷淖泥中。

而「紅樓夢曲子」上又說她「到頭來依舊是風塵骯髒違心願，好一似無瑕白玉遭泥陷，又何須王孫公子歎無緣。」[76]這是作者在八十回後寫妙玉淪落風塵、備歷骯髒之確證，斷無可疑[77]。妙玉是《紅樓夢》的理想世界中第一個乾淨人物，而在理想世界破滅以後竟流入現實世界中最齷齪角落上去。僅此一端即可推想作者對兩個世界的處理是採用了多麼強烈對照的筆法！

總結地說，《紅樓夢》這部小說主要是描寫一個理想世界的興起、發展及其最後的幻滅。但這個理想世界自始就和現實世界是分不開的：大觀園的乾淨本來就建築在會芳園的骯髒基礎之上。並且在大觀園的整個發展和破敗的過程之中，它也無時不在承受著園中一切骯髒力量的衝擊。乾淨既從骯髒而來，最後又無可奈何地要回到骯髒去。在我看來，這是《紅樓夢》的悲劇的中心意義，也是曹雪芹所見到的人間世的最大的悲劇！

1 宋淇，〈論大觀園〉，《明報月刊》，八十一期，一九七二年九月，頁四。

2 俞平伯輯，《脂硯齋紅樓夢輯評》（以下簡稱《輯評》），頁二四八。

3 俞平伯校訂，王惜時參校，《八十回紅樓夢校本》（以下簡稱《八十回校本》），北京，一九五八，冊一，頁四七。

4 同上，頁一六三。按：甲戌本在太虛幻境中有一條批語說：「已爲省親別墅畫下圖式矣。」（俞平伯，《輯評》，頁一二〇）可見脂硯齋已點明太虛幻境便是後來的大觀園了。尚有他證詳後。

5 同上，頁二三二。

6 《八十回校本》，冊一，頁一七〇。

7 同上，頁四八。

8 俞平伯，《輯評》，頁二七〇。

9 《八十回校本》，冊一，頁一七八。這四個字後來元春改題作「省親別墅」。又按：人民文學出版社一九七三年本，「境」字改爲「鏡」字（頁二〇四），未知何據。「境」字固亦可通，但此處「寶鏡」實關合「風月寶鑑」。故仍當以「鏡」字爲正。

10 《八十回校本》，冊二，頁四四〇。

11 此文已寫就，重翻俞平伯〈讀紅樓夢隨筆〉中「記嘉慶本子評語」一節，發現大觀園即太虛幻境之說早已爲嘉慶本評者道破。原評者在「玉石牌坊」一段下批曰：「可見太虛幻境牌坊，即大觀園省親別墅。」俞先生接著下一轉語曰：「其實倒過來說更有意義，大觀園即太虛幻境。」（《紅樓夢研究專刊》，第四輯，頁五六）俞先生最後一句話和我的說法一字不差。足見客觀的研究，結論眞能不謀而合。〈隨筆〉我曾看過不止一次，但注意力都集中在前面俞先生自己心得的幾節，居然漏掉了這條吞舟之魚。本文既已寫就，改動不便，特補記於此，以誌讀書粗心之過。

12 俞平伯，《輯評》，頁二四三。關於這個問題，宋淇先生已先我而發，他還引了其他幾條脂評，可以參看。〈論大觀園〉，頁四—五。

13《八十回校本》，頁一六一—一六二。

14俞平伯，《輯評》，頁二五六。按：「冠」字原作「貫」。有正本則作「冠」，於義較長。詳細的討論，見宋淇，〈論賈寶玉爲諸豔之冠〉，《明報月刊》，第五十四期（一九七〇年六月），頁七—十二；第五十五期（一九七〇年七月），頁二二—二六；第五十六期（一九七〇年八月），頁五三—五七。

15俞平伯，《輯評》，頁二五七。

16《八十回校本》，冊二，頁八六〇。按：脂批亦早見到此點，庚辰本第十八回「後來亦曾補擬。」句下有注云：「一句補前文之不暇，啓（後）文之苗裔。至後文凹晶溪館，黛玉口中又一補，所謂一擊空谷，八方皆應。」（見俞平伯，《輯評》，頁二八三—二八四）

17同上，冊一，頁一五七。

18《八十回校本》，冊一，頁一五八。

19周汝昌在《紅樓夢新證》裡曾引了折會芳園那一段話（頁一五六），但他的目的是在尋找大觀園究在北京何處。俞平伯的〈讀紅樓夢隨筆〉有一節討論「大觀園地點問題」也注意到寧府花園併入了大觀園這一事實。俞先生的論點主要在說明地點問題無法考證，只能認作是「荒唐言」。可惜他沒有進一層追問：爲什麼作者寫這樣的「荒唐言」？（轉載於新亞書院《紅樓夢研究專刊》，第一輯，頁一一二）

20俞平伯，《輯評》，頁二五八。此外尚有兩條脂批與此有關的可以參看，見頁二四七—二四八，茲不多引。

21我並沒有完全否定「自傳說」，不過反對以「自傳」代替小說罷了。請看我的〈近代紅學的發展與紅學革命〉。

22《八十回校本》，冊二，頁四九一。關於賈赦之齷齪不堪，野鶴〈讀紅樓劄記〉中已有嚴厲的指摘。見一粟編，《紅樓夢卷》，第一冊，北京，一九六三，頁二七七—二八八。而俞平伯〈讀紅樓夢隨筆〉更有專文討論。見《紅樓夢研究專刊》，第二輯，頁一三三—一三四。

23《八十回校本》，冊二，頁七四一。

24 同上，冊一，頁一一六。

25 同上，冊二，頁八四七—八五〇。按：天香樓的再出現，在今本《紅樓夢》中確是一個沒有交代的矛盾。俞平伯已指出了這一點。見〈讀紅樓夢隨筆〉，《紅樓夢研究專刊》，第一輯，頁一一二。但是由於靖本的發現，我們現在知道，「天香樓」本作「西帆樓」，後來作者接受了批者的意見改爲「天香樓」的。所以我猜想是作者忘了在七十五回作相應的修正，才留下了這個漏洞的。見周汝昌，〈《紅樓夢》及曹雪芹有關文物敘錄一束〉，《文物》，一九七三，第二期，頁二三。

26《八十回校本》，冊一，頁一二八、一三六。

27 同上，頁一一四—一一五。

28 俞平伯，《輯評》，頁二五〇。

29《八十回校本》，冊一，頁五一。

30《八十回校本》，冊一，頁二三三—二三四。

31《梅蘭芳舞台生活四十年》，第二集，香港戲劇出版社重印本，頁八九—一〇一。

32 如王國維指出「葬花」兩字始見於納蘭性德的《飲水集》，見〈紅樓夢評論〉，《紅樓夢卷》，第一冊，頁二六三。

33《八十回校本》，冊一，頁二八三。

34《八十回校本》，冊二，頁四四四。

35 不但園中女孩子是花神，而且寶玉自己也是花神。我願意在這裡稍稍講一下我對於寶玉爲「諸豔之冠」的看法。第七十八回寶玉對小丫頭說：「不但花有一個神，一樣花一位神之外還有總花神。」（《八十回校本》，冊二，頁八九〇）這話亦大有深意。我們知道第六十三回群芳夜宴，除了晴雯未抽籤外，還有寶玉也沒有抽。晴雯不抽，是因爲她跟黛玉一樣是芙蓉，所以無籤可抽。這一點俞平伯的〈「壽怡紅群芳開夜宴」圖說〉（見《紅樓夢研究》，上海，一九五二，頁二四一—二四三）已交代清楚了。但寶玉何以不抽籤，則俞先生沒有說明。俞先生也許以爲寶玉是男人，所以不能抽，其實不然。照七十八回來看，寶玉應是「總花神」，所以才不能抽。因爲籤上絕不可能有一種「總花」啊！寶玉是總花神，這就是所謂「諸豔之冠」也。也許有人會提出疑問，寶釵的籤上不明明寫著「豔冠群芳」麼？（《八十回校本》，冊二，頁六九八）要知道寶釵雖然豔冠群「芳」，但畢竟祇是司牡丹花的花神。唯有寶玉並不單管任何一樣的花，才有資格做總花神。倒過來說，正因爲寶玉不是女人，他才不能單管任何一樣花，而祇有做總花神。情榜六十名女子，而以寶玉爲首，可以說是「事有必至，理有固然」，絲毫不必奇怪。我們應該記得寶玉小時候的舊號本是「絳洞花王」啊！（見《八十回校本》，冊一，頁三八五）而且「豔冠群芳」與「諸豔之冠」也大有不同，因爲「豔」在這裡是比「芳」高一級的概念。所以我深信根據七十八回總花神之說，可以徹底地解決寶玉爲「諸豔之冠」及在情榜上總領諸女子這兩個問題。胡適說情榜大似《水滸傳》的石碣，（見《胡適文存》，第四集，台北：遠東圖書公司，一九七一，頁四〇五）是有道理的，曹雪芹也許受了水滸的暗示，而把寶玉安排了一種近乎托塔天王晁蓋的地位。

36 《八十回校本》，冊一，頁二三三。

37 《八十回校本》，冊二，頁五二五。

38 看俞平伯的《輯評》，頁四九二。

39 第四十五回李紈等邀鳳姐入詩社。鳳姐笑道：「我不入社花幾個錢，不成了大觀園的反叛了。」（《八十回校本》，冊二，頁四七七）這也是湘雲的「咱們」兩字的具體說明。

40 見宋淇，〈論大觀園〉，頁六—七。

41 俞平伯，《輯評》，頁五一七。

42 這個問題尚待進一步分析。所謂「情」至少可分兩類：一是愛情之情，一是骨肉之情。金陵正十二釵之名次今仍清楚可考。林、薛以後即數元春、探春，而迎春、惜春反在妙玉之後。凡此皆可由正文中得其確解。因爲寶玉平時認爲弟兄之間不過盡其大概情理而已（見《八十回校本》，頁二〇四）。此亦可移用之於姊妹之間。但元春、探春和寶玉之間，除了天倫關係之外，尚有自然發生的友情，故名次遠高於迎春、惜春也。這裡不過略示一端而已，詳論且俟將來。又周春〈閱紅樓夢隨筆〉中有一個怪見解，認爲元春之下是史太君，並非探春。（見《紅樓夢卷》，第一冊，頁六九）他的話很不可信。

43 見〈論大觀園〉，頁三。

44 見Rene Wellek and Austin Warren, *Theory of Literature*, A Harvest Book, 1956, pp. 210-211.

45 《八十回校本》，冊一，頁一六四—一六五。

46 俞平伯，《輯評》，頁二六一。

47 《八十回校本》，冊一，頁二三二。

48 同上，頁六九七。參看俞平伯，《紅樓夢研究》，頁二三三、二三八，引金玉緣本評語。

49 《八十回校本》，冊一，頁一六六—一六七。

50 同上，頁一八三，按：即「杏帘在望」。

51 同上，頁一六八。

52 《紅樓夢研究》，頁二三五—二三七。

53 俞平伯，《輯評》，頁二六七。

54 《八十回校本》，冊二，頁六一三。

55 並見同上，冊一，頁一七〇—一七二。

56 俞平伯，《輯評》，頁二七四。按：「看」字我初疑當作「水」字。後與宋淇先生討論，他說「看」字可能係「首」字訛成。宋先生的說法就字形說，比我的更近理。（後來我忽然悟到「水」字的草書與「看」字極近似，因此我還是傾向於「水」字。）此條宜與注35論總花神一條合看。

57 宋淇先生認爲前八十回中，除賈蘭這個孩子外，其餘男人都不能入大觀園。另有幾個例外如賈芸之類，宋先生也有很合理的解說。（見〈論大觀園〉，頁五—六）在原則上大觀園確有這樣一條不成文法，但在實踐中，《紅樓夢》的兩個世界又是糾纏在一起的，不可能全無交涉。宋先生說前八十回中賈政、賈璉都沒進過大觀園。這一點尚與書中事實有出入。第十七回試才題對額可以不算，因爲這時大觀園尚沒有人居住。但第七十五回賈母在凸碧山莊的敞廳上中秋賞月，所有榮、寧二府的男人則確都進了大觀園。（《八十回校本》，冊二，頁八五一—八五五）所以我們不必一定說，八十回以前除了寶玉之外，沒有男人進過園子。不過作者盡可能地不寫男人入園而已。宋先生的說法基本上是符合作者原意的。

58 《八十回校本》，冊一，頁三二七。

59 同上，冊二，頁八八一。

60 同上，頁八八〇。

61 〈石頭臆說〉，見《紅樓夢卷》，第一冊，頁一九六。

62 這裡有必要討論一下曹雪芹對「情」與「淫」之分際的看法。我們一再強調，《紅樓夢》的兩個世界一方面是涇渭分明的，而另一方面又是互相交涉的。情與淫的關係也正是如此。曹雪芹並非禁欲論者，因此他從不把欲無條件地看作罪惡。他也不是二元論者，所以又不把情和欲截然分開。在第五回中，他開宗明義地說明「好色即淫，知情更淫」，而反對「好色不淫」，「情而不淫」之類的矯飾論調。大體說來，他認爲情可以，甚至必然包括淫；由情而淫則雖淫亦情。故情又可叫做「意淫」。但另一方面，淫絕不能包括情；這種狹義的「淫」，他又稱之爲「皮膚濫淫」。（均見《八十回校本》，冊一，頁五七）寶玉之所以爲平兒惋惜，正因「賈璉惟知以淫樂悅己」，（同上，冊二，頁四七一）換言之，即有淫而無情。他對香菱的同情也基於相同的理由。（見同上，頁六九三）試想連賈璉都認爲薛蟠玷辱了香菱，（見同上，冊一，頁一五三）何況寶玉？

曹雪芹既持「知情更淫」之見，則他所謂「情」絕不能與西方所謂純情（Platonic love）等量齊觀。此所以秦可卿的冊子上有「情既相逢必主淫」之語也。（同上，頁五二）認識到這一點，我們就可以恍然何以警幻要祕授寶玉以雲雨之事，以及寶玉又何以要與襲人重演一番了。那就是說，曹雪芹有意要告訴我們，寶玉其實是一個有情有欲的人；所不同者，他的欲永遠是爲情服務的，是結果而不是原因。有正本在「便祕授以雲雨之事」句下評曰：「這是情之末了一著，不得不說破。」（俞平伯，《輯評》，頁一二八）此評不知是否出自脂硯齋之手，但無論如何，可說頗得作者之心。所以，從這個觀點來看，我們也不必一定要說，寶玉和他屋裡的女孩子更別無兒女之事。甲戌本第五回「是以巫山之會，雲雨之歡，皆由既悅其色，復戀其情之所致也。」句上有眉批曰：「絳芸軒中諸事情景，由此而生。」（俞平伯，《輯評》，頁一二七）可見脂硯齋也不諱言這個。寶玉因情生淫，究與一般現實世界上之「皮膚濫淫」大有區別。寶玉夢遊太虛幻境必由秦可卿引入者，即在借「秦」與「情」之諧音。（按：情讀爲秦是南方音，紅學家已多指出，茲不贅。）自來紅學家頗有疑寶玉與秦氏有染者，實因不深解作者「情」、「淫」之別而致。蓋作者喜用險筆，讀者稍不經意，即爲所惑。高明如俞平伯先生亦有不免。（見〈論秦可卿之死〉一文，《紅樓夢研究》，頁一七八—一八二）在舊紅學家中，唯野鶴獨持異議。〈讀紅樓劄記〉在此處評曰：「人亦有言警幻仙子即可卿，故後來視疾如萬箭攢心。野鶴曰：此卻是全書關鍵，不可隨意穿鑿，存而不論爲是。」（《紅樓夢卷》，冊一，頁二八八）其見解甚爲通明。總之，曹雪芹寫寶玉情淫具備，清濁兼資，正是爲了配合他所創造的兩個世界。因爲祇有這樣的寶玉才可以構成兩個世界之間的接筍。而寶玉與襲人偷演警幻所訓之事出現在第六回，在作者而言，也必有深意。依我個人的推測，這正是要表明此後寶玉在大觀園中和那些清淨的女孩子們「各不相擾」，乃由於不爲，而非不能。倘若沒有第六回的點破，則讀者恐怕反而要疑惑到別處去了。「清靜無爲」，斯老氏所謂「知我者希，則我者貴。」若「清時有味是無能」，則豈非如李宮裁之燈謎「觀音未有世家傳——雖善無徵」乎？

63 有正本第七十四回總批已證明了這一點。批云：「司棋一事在七十一回敘明，暗用山石伏線，七十三回

用繡春囊在山石一逗便住。」（俞平伯，《輯評》，頁五七六）

64《八十回校本》，冊二，頁八〇四。

65同上，頁八三九。

66見《八十回校本》，冊二，頁八〇四—八〇五。

67同上，頁七一〇。

68同上，頁八六六。「花魂」亦有作「詩魂」者，蓋由輾轉抄改致誤。見新亞書院中文系紅樓夢研究小組，〈紅樓夢詩輯校〉，《紅樓夢研究專刊》，第二輯，頁六八。人民文學出版社《新版紅樓夢》，第三冊，頁九八七，仍誤「花」爲「詩」，殊爲可怪。編者似乎並未參考《八十回校本》或《乾隆抄本百廿回紅樓夢》稿。關於此一問題的討論，請看宋淇，〈冷月葬花魂〉，《明報月刊》第四卷，第四期（一九六九年四月號），頁九—一六。

69見宋淇，〈論大觀園〉，頁九。按：外面世界之侵入大觀園亦有用暗筆寫者。第七十三回「金星玻璃（按：即芳官）從後房門跑進來，口內喊說：『不好了，一個人從牆上跳下來了。』眾人聽說忙問在那裡，即喝起人來各處尋找。」（見《八十回校本》，頁八一七）黃夜越牆入園，當然非姦即盜。這也是作者暗中布置大觀園毀滅的一種手段。

70見周汝昌，〈「紅樓夢」及曹雪芹有關文物敘錄一束〉，《文物》，一九七三，第二期，頁二二。又此條已收入陳慶浩，《新編紅樓夢脂硯齋評語輯校》，香港，一九七二，頁四二一。

71周汝昌，前引文，頁二五。

72庚辰本第二十六回脂批在寫瀟湘館「鳳尾森森，龍吟細細」句下有云：「與後文『落葉蕭蕭，寒煙漠漠』一對，可傷可嘆。」（俞平伯，《輯評》，頁四三二）這八個字是八十回後描寫大觀園的極少數的佚文之一，已可見作者運用強烈手法之一斑。又按：如果作者寫繡春囊事件是爲了表示大觀園這塊淨土也終不能永保，那麼，八十回以後或者還有更露骨的描寫，也未可知。鴛鴦在撞破了司棋和潘又安的

「姦情」之後，「從此晚間便不太往園中來。因思園中尚有這樣奇事，何況別處。」（見《八十回校本》，冊二，頁八〇四）這也可以看出作者是有意要點出：這園子本是天下最乾淨的地方，但也終不免要變髒的。

73 《八十回校本》，冊一，頁四二七—四二八。

74 同上，冊二，頁四四一—四四二。關於寶玉對嫁了漢子的老女人的看法，見第五十九回，同上，頁六五〇。

75 同上，頁四三七—四三九。按：庚辰本第四十一回總批云：「此回櫳翠品茶，怡紅遇劫，蓋妙玉雖以清淨無爲自守，而怪潔之癖未免有過，老嫗只污得一盃，見而勿用。豈似玉兄日享洪福，竟至無以復加而不自知。故老嫗眠其床，臥其席，酒屁燻其屋，卻被襲人遮過，則仍用其床、其席、其屋，亦作者特爲轉眼不知身後事寫來作戒，紈袴公子可不愼哉。」（俞平伯，《輯評》，頁五〇一）此評尚未十分中肯，因妙玉之遭污事在八十回後，此不過特寫其「過潔世同嫌」，以爲後文強烈對照之張本耳。

76 同上，分見冊一，頁五一、五五。

77 近日周汝昌根據靖本一條錯亂難讀的評語，想爲妙玉翻案。他認爲「骯髒」不是「腌臢」，乃「婞直」之貌，意爲不屈不阿。「骯髒」縱在以前文學作品中有此解，但在《紅樓夢》妙玉一曲中恐不能別生他說，而只得解爲「腌臢」之同義語也。此讀全曲與冊子上的五言詩可定。靖本批語有「勸懲」兩字，故周君以爲非對妙玉而言，因妙玉處境已極堪惋惜，何得更「懲」其「惡」。其實這條批語前半段明說「妙玉偏僻處，此所謂『過潔世同嫌』也。」故下文言「懲」即指她這種過於好潔的毛病而言。換句話說，即妙玉如此愛乾淨，嫌別人髒，結果就偏得到「骯髒」的懲罰。周君此處實在太嫌執著，而且也過於迷信脂批了。其實注75所引庚辰本四十一回總批一段即可爲「勸懲」兩字之最好注解，不知周君何以未加考慮。高鶚補寫妙玉結局，大體自不誤，不過對照遠不夠鮮明耳。今周君反責高鶚「精神世界的低下」，殊難令人心服。（見周汝昌，前引文，頁二一一—二一二及頁三〇注3）又「骯髒」一詞最早似見於後漢趙壹的〈刺世疾邪賦〉，原文作「抗髒倚門邊」。見《後漢書》卷八十下〈文苑傳〉。周召亦未能溯其源。

# 關於紅樓夢的作者和思想問題

## 小引

這篇東西不是一篇獨立的論文。今年春間，我草〈近代紅學的發展與紅學革命——一個學術史的分析〉（將刊於《香港中文大學學報》第二期），其中有一條附注牽涉到「索隱派」紅學的問題，因此引起了我對於《紅樓夢》中所謂「反清」思想的一些感想。這條附注寫得太長了，不是原文所能容納，我只好把它抽了出來，準備以後有時間再重加整理改寫。最近《中華月報》的主編催稿如索債，而我自己又無時間從容落筆。在這種情形下，我只好先把舊稿發表出來。由於原文是附注性質，因此語意頗有不足之處，希望讀者將來能和〈近代紅學的發展與紅學革命〉合看。

這篇東西只討論到兩個問題：第一是關於《紅樓夢》的作者問題。但是我在這裡僅涉及這個大問題的極小部分。這一部分主要是對潘重規先生《紅樓夢新解》的一點商榷。而且重點不是放在結論方面，而是放在考證方法論方面。第二是關於《紅樓夢》作者的政治思想問題。質言之，即是作者對於滿清究竟採取什麼態度。不過我在這裡僅僅根據新發現的「靖本」批語推測作者有譏刺滿清或同情明亡的可能。這個問題的本身尚待進一步研究，目前絕無法得到任何具體的結論。如果我這個推測將來能夠得到初步的證實，那麼，近幾十年來紅學研究中「自傳派」和「索隱派」的爭執也未嘗不可以獲致某種程度的調和。

## 一　潘著《紅樓夢新解》質疑

首先我想舉一個例子來說明潘先生考證功力的深沉。一九五八年吳恩裕出版《有關曹雪芹八種》一書中有〈考稗小記〉一篇。其中一則討論到永忠弔雪芹詩「欲呼才鬼一中之」之句。俞平伯說「一中之」之「中」或當作「申」字。吳恩裕不同意此說，謂「中」字在此句中爲動詞，猶言「是正」、「就正」之意。潘先生曾引此段而指出「中之」出《三國志·徐邈傳》，乃是斟酒飲酒的意思。（見《紅樓夢新解》，頁一七五—一七六）潘先生的說法自然是正解。一九六三年吳恩裕擴充八種爲十種時，此則即根據潘說改寫，並引《三國志·徐邈傳》爲證。（見《十種》，頁一四七）潘書初版在一九五九年，吳恩裕必見及之，但因《新解》是海外出版的，所以沒有說明改稿係從潘說。這是不足深責的。

潘先生其他紅學貢獻尚多，不必一一列舉。但潘先生在否定曹雪芹是《紅樓夢》作者這一點上，立論與材料都還有使我不敢苟同的地方。他曾引程偉元的刻本序言（「作者相傳不一，究未知出自何人。」《新解》，頁一五九）和裕瑞的《棗窗閒筆》（「聞舊有風月寶鑑一書，又名石頭記，不知為何人之筆。曹雪芹得之，以是書所傳述者，與其家之事跡略同，因借題發揮，將此部刪改至五次。」頁一六〇）為證，來支持他的結論。在我看來，這兩個旁證都有問題。第一、高、程二子在紅學考證中乃是被告。從嚴格的方法論的觀點說，正像陳援菴先生所謂「在其本身訟事未了以前，沒有為人作證的資格。」（見陳援菴給胡適的信，《胡適文存》，第四集，頁一八七）第二、潘先生在同書的另一文中曾列舉了敦敏、敦誠、永忠、明義和裕瑞五人，指出二敦與雪芹交誼最深，但並無雪芹著《紅樓夢》之說。（按：這是解釋的問題，茲不論。）而「其餘永忠和雪芹素昧平生，明義也和雪芹並無直接關係，至於裕瑞更是年輩相去甚遠了。」（《新解》，頁一六七—一六八）可見根據潘先生的標準，裕瑞的話並無證據的價值。據吳恩裕的考證，裕瑞是明義的外甥，故《棗窗閒筆》言曹雪芹事謂「聞諸前輩姻戚言」，即聞之明義諸人。（見《十種》，頁一六四）如果明義不可信，則裕瑞自然更不可信了。潘先生此處的推論是合理的。但奇怪的是潘先生在上文因著重裕瑞「曹雪芹得之」那句話，卻又特別推崇他的證人身分。潘先生說：「可見思元齋主人裕瑞也是滿人中的學者，他的說法是有相當分量，值得注意的。」（同上，頁一六一）同一裕瑞，何以在同書十頁之內，重要性忽高忽低？此誠令人大惑不解。

但問題尚不止此。裕瑞同書尚有一大段評當時一種僞託的後三十回續書。這段話在我看來十分值得注意。茲略引其最有關係的一節如下：

至於後紅樓夢三十回，又和詩等二回，則斷非雪芹筆，確爲逍遙子僞託之作。其和詩二回，本載別號，謂非雪芹筆者勿論，但論其三十回中支離矛盾處而已。其開卷即假作出雪芹老母家書一封，弁之卷首爲序，意謂請出如此絕大對證來，尚有誰敢道箇不字。作者自覺甚巧也，殊不知雪芹原因託寫其家事，感慨不勝，嘔心始成此書，原非局外旁觀人也。若局外人徒以他人甘苦澆已塊壘，泛泛之言，必不懇切逼眞，如其書者。余聞寶玉係雪芹叔輩，而後書以雪芹爲賈政之友，爲寶玉前輩世交，以姪反作爲乃叔之前輩，可笑。又每混入書中，參雜不離，前書中何未見雪芹自道隻字乎？再按雪芹二字，不似其名，而此書曹太夫人札稱雪芹兒云，豈有母稱其子之字號之理。（見《紅樓夢卷》，第一冊，頁一一四—一一五）

如果潘先生眞的相信裕瑞的證見，那麼這段話明明肯定曹雪芹是紅樓夢的作者，而且是「寫其家事」、「感慨不勝」，又將怎樣去理解呢？周汝昌批評裕瑞「自打嘴巴」，是不錯的。（見《紅樓夢新證》，頁五六七）更値得注意的是這個逍遙子的僞本「後紅樓夢」前面居然假造了曹雪芹的母親的一封信，作爲「絕大對證」。可見至少當時的讀者大概都認爲《紅樓夢》的作者是曹雪芹。否則這封信豈非無的放矢麼？我們不知道這個逍遙子的僞書成於何時。據裕瑞說，程、高本問世後「作後紅樓夢者隨出，襲其故智，僞稱雪芹續編，亦以重價購得三十回全璧。猶恐世人不信，僞撰雪芹母札，以爲確證。」（《紅樓夢卷》，第一冊，頁一一二）我們知道，程甲本刊行於一七九一年，程乙本刊行於一七九二年。裕瑞既云此本「隨出」，則當在十八世紀末或十九世紀初年，與程、高本的年代極相近。我們當然不能根據這個僞本來解決《紅樓夢》的作者問題。我引此說，僅在說明兩點。一、程、高本問世不久，已有很多讀者相信曹雪芹是原作者，而潘先生的斷案，說「裕瑞所得的紅樓夢作者的資料，還是不知何人之筆。還是曹雪芹刪改五次。」（頁一六〇）是不夠全面的。潘先生只採取了《棗窗閒筆》的一個說法，而忽略了其中另一個說法。二、逍遙子本襲程、高故智，「僞稱雪芹續編，亦以重價購得三十回全璧」。這更加深了我們對程、高後四十回的懷疑。潘先生如取裕瑞「曹雪芹得之」之說，便很難拒絕接受他對後四十回是「贋鼎」的判決。「順我者生，逆我者死」是考證方法上的大忌。所以，我認爲《棗窗閒筆》只能表示十九世紀初葉一般人對於八十回《紅樓夢》的一些傳說，而沒有確定的證據的價值。

　　但是裕瑞關於逍遙子的三十回本後紅樓夢的記載則是第一手的證據。俞平伯只知道程、高本外尚有「舊時眞本」，（見《紅樓夢研究》，頁一，又一八六—一九三）周汝昌則另添上一本不止百廿回的石頭記「舊版」。（見《新證》，頁四四三—四四四）據裕瑞的長文（〈後紅樓夢書後〉，《紅樓夢卷》，第一冊，頁一一三—一一六）則此本確是從八十回後續起，而且內容與上述「舊時眞本」與「舊版」皆異。是八十回後之續書又增一種矣。周汝昌曾引及閒筆，但似未注意此書亦是八十回之續本。又引作「二十回」，似誤。（《新證》，頁四三八）此書爲三十回本，是另一可注意之處。今天大家都知道曹雪芹尚有未完成的後三十回本。這是由於脂評中有「後卅回」之語的緣故。此逍遙子本竟不多不少也是三十回，恐非偶然。我頗疑心作僞者是研究過脂評之後才下筆的。

回到潘先生的「新解」，我對於他的「風月寶鑑」一解尚有疑問。《紅樓夢》第一回楔子有「東魯孔梅溪則題曰風月寶鑑」一語。甲戌本脂硯齋眉評說：「雪芹舊有風月寶鑑之書，乃其弟棠村序也。今棠村已逝，余睹新懷舊，故仍因之。」這是自胡適以來大家公認為曹雪芹是《紅樓夢》的作者的重要根據之一。潘先生也說它「似乎確指紅樓夢的作者。」但接著又有下面一段分析：「曹雪芹的風月寶鑑寫了些什麼雖不得而知，但可斷定絕不是紅樓夢。因為批語明說『睹新懷舊，故仍因之。』正謂雪芹舊作和石頭記別號同名，為了追念逝者，故不把重複的書名改掉，絕不能說曹雪芹著風月寶鑑即是紅樓夢。」（《新解》，頁一四〇）我覺得潘先生此處的立論不夠謹嚴，斷語下得太快。僅僅根據這八個意義含混的字，潘先生就得到兩個重要結論：一、曹雪芹寫過一部書，名為「風月寶鑑」，現已不存。二、曹雪芹的「風月寶鑑」恰巧與《紅樓夢》的別號同名，但絕不是《紅樓夢》。事實上，這個「風月寶鑑」的雙包案，是無中生有的。除非我們今天發現了一本與《紅樓夢》完全不同的曹雪芹所著的「風月寶鑑」，我們沒有理由說曹雪芹「舊有風月寶鑑之書」不是《紅樓夢》。因為甲戌本楔子上說「吳玉峰題為紅樓夢，東魯孔梅溪則題曰風月寶鑑」，顯然是同一作品的兩種不同名稱也。問題在「新」、「舊」及「因之」的「之」究竟何指。潘先生似乎是把「新」當作別號「風月寶鑑」的《紅樓夢》，把「舊」當作曹雪芹「舊作」的「風月寶鑑」，而「之」則指「重複的書名」——即「風月寶鑑」。如依此解則脂評《紅樓夢》不應稱「石頭記」，而當叫「風月寶鑑」了。可是我們知道，在《紅樓夢》的版本史上，它從來沒有以「風月寶鑑」的獨立名號出現過。認眞地說，只有同一本書先後因修改之故而內容有異，才可以稱之爲「新」、「舊」。作者和內容都全不相同的兩部同名著作斷無所謂「新」、「舊」。《唐書》可以有「新」、「舊」之分，《長慶集》則只有元白之分，沒有「新」、「舊」之別。如果潘先生一定要否認曹雪芹是《紅樓夢》的作者，那麼他只能把脂評中「舊有風月寶鑑之書」的「舊有」兩字解爲「舊藏有」或「舊獲有」，而不應解爲「舊撰有」。但這樣一來，那個「因之」的「之」字又頗費安排了。

吳世昌也是把「舊有」解作「舊撰有」的，故英譯爲：had formerly written。他說「舊」是雪芹的初稿，「新」是甲戌改本，「之」則指「棠村序」（*On The Red Chamber Dream*, pp. 63-64）依吳說，不但甲戌本第一回開頭一段至「十年辛苦不尋常」都是「棠村序」，而且以後許多回的所謂「總評」也都是「棠村序」。所以他書成紀詩有「棠村小序分明在，紅學專家苦未知」之句。吳說是否正確是另一問題，但確近情理，至少沒有內在矛盾。

但吳說雖巧，卻爲潘解無助。因爲「反清復明」的立足點之一正繫於開頭一段是否一位不知名的遺民志士所撰。所以，無論這段文字的撰者是棠村、雪芹自己或其他與雪芹有關係的人，對於「反清復明說」都足以構成致命傷。潘先生得出新、舊兩部「風月寶鑑」的結論也是是一種不得已。

但是依照潘先生對「風月寶鑑」的解釋，這裡面還有另外的難處。潘先生一再強調「風月寶鑑」即是「明清寶鑑」。（按：嚴格講，應說「清（風）明（月）寶鑑」。）他並舉出清代文字獄的詩句：如徐述夔詩：「明朝期振翮，一舉去清都」之類作爲旁證。（見《新解》，頁九—一七四，及二一〇—二一一）我有幾個疑問：一、曹雪芹的寫作年代正在乾隆一朝，即文字獄發展到最爲「咬文嚼字」的一段時期。如果他寫了一部與《紅樓夢》毫不相干的書，何以偏偏要叫它做「風月寶鑑」呢？何況潘先生又說：「清風明月這個詞頭還有人不熟習的嗎？」（頁九）看曹雪芹的作品如佚詩及《廢藝齋集稿》之類，（這裡不提《紅樓夢》，因爲它在潘先生理論中是「被告」，不能作證。）再加上他的朋友對他的推崇，至少他也是一個十分敏感的人，爲什麼他對「風月」兩個字毫無所覺呢？而脂硯齋也竟糊塗到這種地步，還要「故仍因之」呢？（當然，如雪芹的「風月寶鑑」即是《紅樓夢》，其事又另當別論。）二、如果曹雪芹「舊有風月寶鑑之書」，那麼，脂硯所謂「睹新懷舊」的「新」當然是指《石頭記》或《紅樓夢》了。可是潘先生又說，《石頭記》可能是曹寅的藏書，落到了曹雪芹的手上。（見《新解》，頁一六三及《〈近年的紅學述評〉商榷》，頁一八）姑假定這個推測完全正確，那麼《石頭記》應該是比雪芹「舊有風月寶鑑之書」更「舊」的書了。然則脂硯怎麼會稱它爲「新」呢？甲戌本是脂硯的重評本，無論如何也不可能叫它「新」也。唯一的解釋就是回到裕瑞的說法，「曹雪芹得之」。即曹雪芹除了「舊」撰有「風月寶鑑」書外，又「新」得到了一部別號「風月寶鑑」的《石頭記》。可是裕瑞的證據價值頗成問題，已如上所述。所以這個困難並不能如此解決。事實上裕瑞所謂「聞舊有風月寶鑑一書」這句話和甲戌本脂評的「雪芹舊有風月寶鑑之書」太像了，只多一個「聞」字。我很疑心裕瑞這一整段話根本就是根據甲戌本正文及評語改寫的，而又走失了原文的意思。（可能因受到某些「傳聞」

的影響。）總之，脂評「睹新懷舊」四字如指兩本不同的「風月寶鑑」而言，則這裡面所包含的內在矛盾必須求得徹底的解決才行。三、俞平伯曾指出，《紅樓夢》第五回關於秦可卿的曲子有「擅風情，秉月貌，便是敗家的根本。」已點明可卿與「風月寶鑑」的關聯。（見《影印脂硯齋重評石頭記十六回後記》，注一八，頁三三二；並可參看正文頁三一四—三一七。）如「風月」指明清，這個曲子豈不是把明清兩朝同樣痛斥了麼？這怎麼可能是出自一位「反清復明」的遺民之口呢？四、大陸上曾發現署名「曹霑」的筆山，底面刻句曰：「高山流水詩千首，明月清風酒一船。」這是曹雪芹名「霑」的唯一實物證明。（見周汝昌，〈紅樓夢及曹雪芹有關文物一束〉，《文物》，一九七三年第二期，頁二五—二六。）所以曹雪芹和「明月清風」這個詞頭本有直接而密切的關係，雖然這裡並看不出任何反清復明的意思。但我因此而引起一個極大膽的妄說，姑著於下。

## 二　關於曹雪芹的「漢族認同感」

我想曹家雖然是從龍入關，並屬於正白旗，但到了曹雪芹這一代，由於屢經政治風波，家業消亡，未嘗不感到「奴才」之難做。（旗人對皇帝例自稱「奴才」）敦誠〈寄懷曹雪芹〉詩有云：

> 少陵昔贈曹將軍，曾曰魏武之子孫。君又無乃將軍後，於今環堵蓬蒿屯。揚州舊夢久已絕，且著臨邛犢鼻褌。

這首詩紅學家考證爭辯甚多。我現在只想用這開首幾句說明一個問題，即曹雪芹已十分明確地意識到他自己本是漢人。而他又生值清代文字獄最深刻的時代，眼看到許多漢族文士慘遭壓迫的情形，內心未嘗不會引起一些激動。這種激動自然不會達到「反清復明」的程度，但偶爾對滿清朝廷加以譏刺則完全是可能的。曹雪芹因家恨而逐漸發展出一種「民族的認同感」，在我看來，是很順理成章的心理過程。許多現代的紅學家因拘於曹雪芹是旗人的事實，從來不肯往這一方面想。好像以爲曹家這一系早已數典忘祖，而曹雪芹自己也必然是站在滿清一邊的。事實上以曹雪芹之敏銳，他不至於對當時文字獄所表現的滿漢衝突毫無感應。然而今天的紅學家寧可強調曹雪芹的反封建意識，強調曹雪芹是貴族階級的叛徒，卻不願設想曹雪芹固有可能發展某種程度的反滿的意識。其實反封建、叛階級是我們今天的觀念。這些觀念對於曹雪芹而言，遠不及反滿和同情漢族來得具體而眞實。《紅樓夢》中有許多控訴當時上層社會的話，這是不爭的事實。這些所謂「反封建」或「叛階級」的思想應該是作者目睹自己貴族大家中種種黑暗和險惡而發生的。但是《紅樓夢》也確實有些可疑的字句，如「大明角燈」及芳官改名耶律雄奴（匈奴）的故事，未嘗不可解釋爲對滿清的譏刺。自傳派紅學家遇到這種地方便有些含糊支吾，無所措手足。他們也知道這些字句可疑，但又不願說雪芹反滿，因此只好不了了之。（最明顯的如吳恩裕對於「大明角燈」的問題的態度，見《有關曹雪芹十種》，頁一二六及一五七—一五八，俞平伯對「耶律雄奴」問題的持疑，見《紅樓夢研究》，頁九三—九四。）我不明白，爲什麼要說曹雪芹有勇氣反封建、叛階級，而獨不承認他有勇氣叛滿歸漢？

如果我們承認曹雪芹可能具有某種程度的反滿意識，則紅學研究中所遇到的有些困難也許可以因此避免了。如永忠的《延芬室集稿本》中有〈弔雪芹〉三首詩。上面有瑤華（即弘旿）的眉批云：

> 此三章詩極妙。第紅樓夢非傳世小說，余聞之久矣，而終不欲見，恐其中有礙語也。
>
> （見《紅樓夢卷》，第一冊，頁十）

瑤華的批語也是考證派紅學家爭論不決的問題之一。大體上說來，有兩種意見：一是以「礙語」爲綺語（見周汝昌，《新證》，頁四五四—四五五），一是以「礙語」爲「謗書」，是政治上有「關礙」的話。（見吳恩裕，《十種》，頁三八—四〇）我傾向於「謗書」的說法，但並不贊成「謗書」是所謂對封建社會或專制統治的譏評和諷刺。這是今天所謂「有政治理論水平」的紅學家的感覺，以弘旿的理論「水平」來說，曹雪芹縱使是有意識地「反封建」、「叛階級」，他也未必看得懂。吳恩裕曾以「文字獄」爲說。其實乾隆一朝的文字獄基本上是漢人反清問題。所以我覺得弘旿所說的「礙語」正不妨解爲《紅樓夢》中有譏刺滿清的話頭。更有意義的是最後發現的所謂「靖本」《紅樓夢》第十八回有一段長批。全文如下：

> 孫策以天下爲三分，眾才一旅；項籍用江東之子弟，人唯八千。遂乃分裂山河，宰割天下。豈有百萬義師，一朝卷甲，芟夷斬伐，如草木焉！江淮無崖岸之阻，亭壁無藩籬之固。頭會箕斂者，合從締交；鋤耰棘矜者，因利乘便。將非江表王氣，終於三百年乎！是知并吞六合，不免轍（軹）道之災；混一車書，無救平陽之禍。嗚呼，山岳崩頹，既履危亡之運；春秋迭代，不免去故之悲。天意人事，可以淒滄（愴）傷心者矣！大族之敗，必不致如此之速；特以子孫不肖，招接匪類，不知創業之艱難。當知瞬息榮

> 華，暫時歡樂，無異於烈火烹油，鮮花著錦，豈得久乎？戊子孟夏，請虞〔庾〕子山文集，因將數語繫此。後世子孫，其毋慢忽之！

周汝昌說得很對，如果只是一家一族之事，就不會引錄像庚信〈哀江南賦〉序文中的那樣的話了。所以此批（以及還有一些類似的）還是很值得注意的。（均見周汝昌，前引文，《文物》，一九七三，第二期，頁二四）但周君所持「封建階級沒落」和「皇室爭位」之說，在此並不相應。其困難與吳恩裕之解「礙語」相同。所可惜者，靖本中其他類似的評語，周汝昌沒有整理發表，否則我們對這一長批的意義必能有更深入的了解。

據我的看法，批者引庾子山〈哀江南賦〉序，序有「將非江表王氣，終於三百年乎」之語，並深致其感慨，應該是指朝代興亡而言的。如所測不誤，則這段批語就很可能暗示明亡和清興。此語所云：「大族之敗，必不致如此之速；特以子孫不肖，招接匪類，不知創業之艱難。」合起來讀，很可以附會明代的終結。至於批語下截，說「當知瞬息榮華，暫時歡樂，無異於烈火烹油，鮮花著錦，豈得久乎？」則也可以解釋爲對滿清未來命運的一種判斷或警告，至於出於善意，抑或惡意，那就無法確定了。此批寫成戊子，即乾隆三十三年（西元一七六八），距雪芹之死才五、六年（壬午，一七六二或癸未，一七六三）。照年代看，此批應出畸笏之手。（見周汝昌，《新證》，頁五四一—五四七）無論畸笏和脂硯是一是二（此點紅學家意見不同），總之批者是和曹雪芹在思想上頗有契合之處的一個人。因此，這個長批也可以加強我們對於曹雪芹具有某種程度反清意識的猜想。

但是說《紅樓夢》中偶有譏刺滿清的痕跡，卻並不等於回到「索隱」的「反清復明」理論。「反清」或「刺清」在《紅樓夢》中只是作爲偶然的插曲而存在，它絕不是《紅樓夢》的主題曲。《紅樓夢》第一回說所記爲作者「親睹親聞的這幾個女子」，又說「亦不過實錄其事」。索隱派如果堅持《紅樓夢》是「反清復明」的血淚史，那就必須要把《紅樓夢》的全部或至少一大部分加以「實錄」化。換句話說，他們必須另編一部晚明抗清史來配合《紅樓夢》的整個故事的發展。這部歷史縱不能與《紅樓夢》吻合無間，至少也應該是大體無訛。這並不是我們特別對「索隱派」苛求，而是「索隱派」的基本假設非如此即不得謂之證實。在這一點上，「索隱論」的處境比「自傳說」還要困難。因爲「自傳說」只牽涉到曹家一姓的興衰史。一家一姓的史料容易散失，證實較難。儘管如此，周汝昌的《新證》已可謂做到差強人意的地步，雖然「自傳說」的內在矛盾也不免因此而暴露。而「索隱派」的題目則來得至大無外。它涉及了十七世紀全部漢族的被征服史。我們今天雖不能說對晚明時代漢人抗清的事實知道得鉅細無遺，但重大的事件和人物總是有文獻可徵的。「索隱派」至少也該有一部像周汝昌《新證》這樣的論著才能和「自傳說」分庭抗禮。否則在數十萬言的大書中找出幾十條「索隱」是不能證明什麼問題的。錢靜方說得好：「此說旁徵曲引，似亦可通，不可謂非讀書得間。所病者舉一漏百，寥寥釵、黛數人外，若者爲某，無從確指。」（〈紅樓夢考〉，見《紅樓夢卷》，第一冊，頁三二六）所以，我認爲，與其誤認「反清復明」爲《紅樓夢》的主題曲，並因此而不得不剝奪曹雪芹的著作權，倒不如假定曹雪芹在窮途潦倒之餘逐漸發展了一種漢族認同感，故在《紅樓夢》中偶爾留下了一些譏刺滿清的痕跡。但是這個假定究竟能否得到證實，那就要由未來的研究和新資料發現的情況來決定了。

附記：本節寫成以後，我才看到吳恩裕的《曹雪芹的故事》（上海：中華書局，一九六二）。這本小書是用小說體裁寫的，但想像的部分都多少有文獻上的根據。吳恩裕先生在這本書中也承認曹雪芹有反滿的思想傾向。他說：「我又深信他深惡痛絕專制統治，特別是『異族』的統治。在紅樓夢和脂批中肯定是有這種隱微的流露的。但是這既不是否定階級關係，也不能和蔡元培所謂『作者持民族主義甚篤』的看法相提並論。」（〈小序〉，頁四）我很高興吳先生在這個問題上已先我而發。他的基本論點都是我可以接受的。

一九七四年五月十二日補記

# 陳寅恪先生論再生緣書後

近偶自友人處借得海外油印本陳寅恪先生《論再生緣》一書，據所附「校勘表」知原書亦爲油印，固未嘗正式出版也。此書流傳情況至爲不明，書成年月，遂亦無明確之記載，然稍考書中所附載之詩及案語，則知此書實作於一九五三及一九五四年之間，茲請先證明成書年代：

陳先生於〈蒙自南湖作〉詩中注云：「寅恪案，十六年前作此詩……」是知書成之際上距陳先生在蒙自時已逾十六年，陳先生原執教清華大學，其南遷時間與北大同，據錢穆先生《國史大綱》之〈書成自記〉云：「二十六年秋……學校南遷……取道香港，轉長沙，至南嶽。又隨校遷滇，路出廣西，借道越南，至昆明。文學院暫設蒙自……則二十七年之四月也。……秋後，學校又遷回昆明。」則陳先生此詩必作於二十七年滯留蒙自之數月間。自二十七年下推十六年爲民國四十三年，即西曆一九五四年。又書末附詩兩首之序言有云：「癸巳秋夜，聽讀清乾隆時錢唐才女陳端生所著再生緣……」癸巳爲一九五三年，蓋陳先生聽讀《再生緣》之時也。今案此書考證甚繁，絕非短期內可成之作，陳先生雙目失明，材料之搜集與爬梳，處處須有人爲之助力，則所需時日必更長。書中有一處記考證之經過云「寅恪初疑陳端生之夫范某爲乾隆時因收藏顧亭林集獲罪，議遣戍而被赦免之范起鳳。後又疑爲乾隆間才女陳雲貞之夫，以罪遣戍伊犁之范秋塘。搜索研討，終知非是。然以此耗去日力不少，甚可嘆，亦可笑也。」可見此書非倉卒可成。今姑推定此書之寫作始於一九五三年秋，而成於一九五四年，雖不中當亦不甚遠也。英時之所以如此斷斷於年代之考定者，固不僅出於對先生考證學之傾慕之忱而故爲東施之效顰，而實亦由於成書年代之確定足以反映陳先生撰述之動機及其時代之背景，關係陳先生近數年來身陷大陸之思想狀況者，至大且鉅。陳先生云：「寅恪讀再生緣，自謂頗能識作者之用心，非泛引杜句，以虛詞讚美也。」今英時草此文亦猶先生之意也！

今按陳先生此書之作蓋具兩重意義，其一爲藉考證再生緣作者陳端生之身世以寓自傷之意，故一則曰：「偶聽讀再生緣，深感陳端生之身世，因草此文。」再則曰：「江都汪中者，有清中葉極負盛名之文士，而又與端生生值同時者也。作吊馬守眞文，以寓自傷之意……。」其二則爲藉論《再生緣》之書而感慨世變，以抒發其對當前之極權統治之深惡痛絕之情，此序則爲本文後節所欲三致其意而暫時不能不擱置者也。茲請先申論其感懷身世一點。

陳先生自抗戰初期即患目疾，而當時醫藥條件不佳，一誤再誤，終至雙目失明，以先生之「絕世才華」及其史學造詣之深，又值得最能著述之年（病目時大約才過五十），而遽失雙目，其內心之痛苦殆不可以言喻。此種病苦積之既久，自不能不一求傾吐，而《再生緣》作者陳端生之遭遇頗有可以與陳先生相通者，此《論再生緣》一書之所以作也。故序文中有云：

衰年病目，廢書不觀，唯聽讀小說消日，偶至再生緣一書，深有感於其作者之身世，遂稍稍考證其本末，草成此文，承平豢養，無取用心，忖文章之得失，興窈窕之哀思，聊作無益之事，以遣有涯之生云爾！

夫陳端生爲乾隆時寫彈詞之才女，而陳先生則當代隋唐史之權威，前者中年殂歿（陳端生卒時約四十餘），後者壽逾從心；前者生當清代太平鼎盛之日，而後者則遭逢近世離亂之秋，二人身世之不相侔者亦已多矣！今併而論之，果有說耶？英時細繹《論再生緣》一書，知陳先生之所以「深感」於端生者蓋有數事焉：

其一則同爲「禪機蚤悟，俗累終牽」，致所欲著述者終不能成。此點但引陳先生原文一節即可以明之：

嗚呼！端生於乾隆三十五年輟寫再生緣時，年僅二十歲耳。以端生之才思敏捷，當日亦自謂可以完成此書，絕無疑義。豈知竟爲人事俗累所牽，遂不得不中輟。雖後來勉強

> 續成一卷，而絕非全璧，遺憾無窮。至若「禪機蚤悟」，俗累終牽，以致暮齒無成，如寅恪今日者，更何足道哉！

此節所以嘆息於端生者，句句皆自傷之辭，文顯義明，固不待詳說。然其間猶有可得而深析微辨者，吾人平昔讀陳先生之專著，如《唐代政治史述論稿》、《隋唐制度淵源略論稿》以及近年出版之《元白詩箋證稿》，頗怪其自謙太過，止於稱其著述爲「稿」；自今視之，則陳先生之自謙，蓋有由焉！推先生之意，殆欲於晚年能匯其畢生治隋唐史之所得，寫成鉅構以勒爲定本。以先生之才識「當日亦自謂可以完成此書，絕無疑義。豈知竟爲人事俗累所牽，遂不得不中輟。」至於「雖後來勉強續成一卷，而絕非全璧，遺憾無窮。」者則自況病目後，之著述如《元白詩箋證稿》及在大陸出版之《歷史研究》中所發表之數篇論文也。竊又疑「俗累終牽」之語固不僅指病目之事，而尤在暗示撰述環境之不自由，《元白詩》等稿之續成已頗爲勉強。此說雖似太鑿，但若與後文比觀，則不得不謂之信而有徵矣！

其二感於端生之「絕世才華偏薄命」，遂不能自抑其哀思。夫端生之夫以累謫戍，及遇赦歸，未至家而端生已卒，此誠可謂之薄命。至若陳先生則少時以世家子弟遊學四方，歸國後執教清華大學，名滿天下。雖五十以後雙目失明，而學術界固猶拱之若連城之璧。抑更有進者，吾國名史家而目盲者在前有左丘明，在後有錢大昕；辛楣病目已在衰暮，固似視陳先生爲差幸；而「左丘失明，厥有國語」其遭遇較之先生固更有令人同情者在也。今以先生擬之於端生之薄命，得毋不倫之甚邪？雖然，此固先生之所以自許者，陳先生自述其讀再生緣之別感中有云：

有清一代乾隆朝最稱承平之世。然陳端生以絕代才華之女子，竟憔悴憂傷而死，身名湮沒，百餘年後其事蹟幾不可考見。江都汪中者，有清中葉極負盛名之文士，而又與端生生值同時者也，作弔馬守眞文，以寓自傷之意，謂「榮期之樂，幸而爲男。」（見述學別錄。）今觀端生之遭遇，容甫之言其在當日，信有徵矣。然寅恪所感者，則爲端生於再生緣第一七卷第六五回中「豈是蚤爲今日讖」一語，二十餘年前，九一八變起，寅恪時寓燕郊清華園，曾和陶然亭壁間清光緒時女子所題詠丁香花絕句云：

故國遙山入夢清，江關客感到江亭。不須更寫丁香句，轉怕流鶯隔世聽。

鍾阜陡聞蔣骨青，也無人對泣新亭。南朝舊史皆平話，說與趙家莊裡聽。

詩成數年後，果有盧溝橋之變，流轉西南，致喪兩目。

又於「北歸端恐待來生」下自注云：「寅恪案，十六年前作此詩，句中竟有端生之名『豈是蚤爲今日讖』耶！噫！」復云：「自是求醫萬里，乞食多門，務觀趙莊之語，竟『蚤爲今日讖』矣！」觀乎此，則陳先生之所以弔端生之薄命者，亦正所以傷自身之飄零也。其自比於端生，猶別有一旁證焉！陳先生於解釋才女戴佩荃題端生織素圖次韻詩「頗耐西南漸有聲」之句後，進而曰：「然寅恪於此尚不滿足，姑作一大膽而荒謬之假設，讀者姑妄聽之可乎？」此所謂「大膽而荒謬之假設」者，據陳先生云：「頗疑端生亦曾隨父往雲南，佩荃詩所謂『西南漸有聲』者，即指是言……」實則端生夫謫不歸，深閨獨怨，當其父赴雲南臨安府同知之任時，攜之同往，藉以稍減其別鳳離鸞之感，此亦情理所可有者，未見其如何特別「大膽而荒謬」之處也。陳先生於此鄭重言之，殆毋因處處以自身之遭遇與端生相比擬，突發現此一特殊相同之點，而不敢自信，遂作是語耶？故後文論再生緣中「白芍送臘」、「紅梅迎春」等句，疑與雲南氣候未能相符時，復下一轉語曰：「但寅恪曾遊雲南，見舊曆臘盡春迴之際，『百花齊放』，（英時按：此括號係原有，殊爲奇特，然亦無以解之也。姑誌之以存疑。）頗呈奇觀。或者端生之語實與雲南臨安之節物相符應，亦未可知也。」

其三則感於端生之生不逢辰，故前引文中已有「容甫之言在當日，信有徵矣！」之語，意謂端生以才女而生當「女子無才便是德」之時代中，無怪其遭逢坎坷，抱恨以終也。陳先生於論及再生緣之思想時云：「端生此等自由及自尊即獨立之思想，在當日及其後百餘年間，俱足驚世駭俗，自爲一般人所非議，……抱如是之理想，生若彼之時代，其遭逢困阨，聲名湮沒，又何足異哉！又何足異哉！」陳先生之所以於端生之不能見容於當世，一再致其嘆息者，實以彼自身今日之處境殊有類乎才女之在往昔。故文末有云：「又所至感者，則衰病流離，撰文授學，身雖同於趙莊負鼓之盲翁，事則等於廣州彈絃之瞽女。榮啓期之樂未解其何樂，汪容甫之幸亦不知其何幸也。」合而觀之其意不亦顯然歟？

昔王國維先生自沉之後，陳先生嘗撰有挽詞一篇，其序言中論王先生之死因有云：當一文化變遷之時，凡爲此文化所化之人必感痛苦，其承受此文化之量愈閎，則所感之痛苦亦必愈深。今按陳先生本人亦正深爲中國舊文化所化之人。當王觀堂先生死時，彼已有「神州禍亂何時歇！今日吾曹皆苟活。」之感觸，則在今日其內心之痛苦，更不言可知矣！《元白詩箋證稿》中有一段極沉痛之文字，而頗易爲讀者所忽略，茲迻錄於下，以供參證焉。

縱覽史乘，凡士大夫階級之轉移升降，往往與道德標準及社會風習之變遷有關。當其

> 新舊蛻嬗之間際，常是一紛紜綜錯之情態，即新道德標準與舊道德標準，新社會風習與舊社會風習並存雜用，各是其是，而互非其非也。斯誠亦事實之無可如何者，雖然，值此道德標準社會風習紛亂變易之時，此轉移升降之士大夫階級之人，有賢不肖拙巧之分別，而其賢者拙者常感受痛苦，終於消滅而後已。其不肖者巧者則多享受歡樂，往往富貴榮顯，身泰名遂。其故何也！由於善利用或不善利用此兩種以上不同之標準及習俗以應付此環境而已。（頁六七八）

吾不知今日中國大陸士大夫階級中由於「善應付此環境」而致「富貴榮顯，身泰名遂」之徒如馮友蘭者讀此等文字後作若何之感想，吾讀此文則似覺眼前有一賢而拙之士大夫階級之人如陳寅恪先生者由於不勝其歷史文化之重負及因之而生之痛苦感，而漸有趨於消逝之象。抑又有進者，今日大陸賢而拙之士大夫「恐止陳先生一人或極少數人而已！」（借用陳先生論端生語）而此一人或少數人又必四顧茫茫，雖欲求一知己而不可得焉。於何徵之？曰：此可由陳先生論端生之妹長生之語知之者也。陳先生之言曰：

> 觀其於織素圖感傷惓戀，不忘懷端生者如此，可謂非以勢利居心，言行相符者矣！嗚呼！常人在憂患顛沛之中，往往四海無依，六親不認，而繪影閣主人於茫茫天壤間，得此一妹，亦可稍慰歟？

嗚呼！何其言之哀，使人不忍卒讀，以至於如是之深且切耶？雖然，此已不僅爲自傷，而實別有觸於世變，即本文之所欲深論者也。陳先生論庚子山與汪彥章文詞之美嘗云：

> 庚汪兩文之詞藻固甚優美，其不可及之處，實在家國興亡哀痛之情感，於一篇之中，

能融化貫徹……。

英時按：吾人若取陳先生論庾汪之文者以論陳先生此書，亦殊無不合之處。習讀陳先生之學術著作者，當深知先生行文向極簡潔，不事枝蔓。獨《再生緣》一書之體裁與以往之撰述迥異其趣：其中不僅隨處流露家國興亡之感慨如前文所已備舉者，且起首結尾皆以此類感慨爲始終。先生治史頗究心於文體，而往往有精美之論，則此書之別成一格必有深心存乎其間，可不待論矣！或者有人焉，以吾說爲不足信，而視陳先生之感慨不過抒其一己之哀思。然試以先生所謂「家國興亡哀痛之情感於一篇之中，能融化貫徹」之旨衡之，當知其必不然也。若進而一察下文所引詩文則《論再生緣》一書實以爲「興亡遺恨」爲主旨，個人之感懷身世，猶其次焉者耳！茲先迻錄其一九五四年春所作之七絕二首於下：

甲午嶺南春暮憶燕京崇效寺牡丹及青松紅杏卷子有作：

回首燕都掌故花，花開花落隔天涯。天涯不是無歸意，爭奈歸期抵死賒。（原注：改宋人詞語。）

紅杏青松畫已陳。興亡遺恨尚如新。山河又送春歸去，腸斷看花舊日人。

是知此書之寫「興亡遺恨」，作者固已點出之矣！而尤足以顯出陳先生對極權統治下學術文化狀態之反應者，則爲書中論思想自由之文：

吾國昔日善屬文者，常思用古文之法，作駢儷之文。但此種理想能具體實行者，端繫乎其人之思想靈活，不爲對偶韻律所束縛。六朝及天水一代思想最爲自由，故文章亦臻上乘，其駢儷之文遂亦無敵於數千年之間矣。……故此等之文，必思想靈活之人始得爲之，非通常工於駢四儷六，而思想不離於方罫之間者，便能操筆成篇也。今觀陳端生再生緣第一七卷中自序之文，與再生緣讀者梁楚生第二十卷中自述之文，兩者之高下優劣立見。其所以致此者，鄙意以爲楚生之記誦廣博，雖或勝於端生，而端生之思想自由，則遠過於楚生。撰述長篇之排律駢體，内容繁複，如彈詞之駢體者，苟無靈活自由之思想，以運用貫通於其間，則千言萬語，盡成堆砌之死句，即有眞實情感，亦墮世俗之見。……故無自由之思想，則無優美之文學，舉此一例可概其餘。此易見之眞理，世人竟不知之，可謂愚不可及矣。

此節痛斥極權統治者箝制思想，窒息文學之愚昧，誠可謂情見乎辭。夫吾國文學之價値問題，以非屬本篇範圍，茲不置論。然就吾國文學之發展環境言，則雖在上爲殘暴之君亦未嘗對文學有何控制駕馭之事，此事實之昭然而無可曲解者。故吾人實可謂中國文學自三百篇以降皆在思想自由之氣氛中成長者也。有清一代最以文字獄著稱，而乾隆一朝尤爲酷烈。然試一察當時之文學作品，如南方彈詞之《天雨花》與北方說部之《紅樓夢》，當時稱之爲「南花北夢」者，均爲吾國文學史上不朽之傑構。而陳先生所擊節稱賞之《再生緣》彈詞亦成於乾隆之世，可知文化統治之鐵腕猶未嘗及於文學也。故陳先生所謂「無自由之思想，則無優美之文學」，固國人所習知之眞理。信如是，則陳先生斥之爲「愚不可及」之「世人」者，舍今日大陸之極權統治者而外，更復何所指乎？又至可注意者，陳先生此書之撰述，依吾人上文之推定，在一九五三與一九五四年之間。此一期間亦正値國內大學清算「資產階級文學觀」之前夕。俞平伯之《紅樓夢研究》最初受攻擊之時間爲一九五四年之九月，次年五月復有清算胡風之事。（英時按：胡風向中共提出報告，抗議對文學之箝制則早在一九五四年之七月，此亦至可注意之點也。）今陳先生之書是否遲至一九五四年九月尚未殺青，殊無可考。以情理度之或當稍前。（英時按：陳先生書中已引及甲午春暮之詩，則此書之成最早亦當在一九五四年夏季也。）唯攻擊「新紅學」之公開化雖在九月，以中共慣常之作風推之，則其事之醞釀必已早始於數月之前。陳先生在此「山雨欲來」之際，精神上亦必感受極深之苦悶，故於寫此書時遂不覺處處流露其對思想不自由之厭惡之情，而婉轉不能自已。總之，陳先生此節文字實有爲之作而非泛論之辭，則可以不待煩言而決者也。

雖然，陳先生固熟讀史乘之人，思想之壓制，文學之摧殘，縱可奏效於一時，亦絕不能行之於久遠。此所以書中論及端生祖父陳句山及其《紫竹山房詩文集》之消沉隱晦，爲至可玩味之文也。茲不避繁長而節錄於下：

句山雖主以詩教女子，然深鄙彈詞之體。此老迂腐之見囿於時代，可不深論。所可笑者，端生乘其回杭州之際，暗中偷撰再生緣彈詞。逮句山返京時，端生已挾其稿往登州以去，此老不久病沒，遂終身不獲見此奇書矣。即使此老三數年後，猶復健在，孫女輩日侍其側者，而端生亦必不敢使其祖得知其有撰著邨姑野嫗所惑溺之彈詞之事也。不意人事終變，「天道能還」，（原注：再生緣第一七卷第六五回首節云：「問天天道可能還。」）紫竹山房詩文集若存若亡，僅束置圖書館之高閣，博雅之目錄學者，或略知其名，而再生緣一書，百餘年來吟誦於閨幃繡闥之間，演唱於書攤舞台之上。近歲以來雖稍衰歇不如前此之流行，然若一取較其祖之詩文，顯著隱晦，實有天淵之別，斯豈句山當日作才女說，痛斥彈詞之時所能料及者哉！

此番議論，質言之，即少陵所謂「爾曹身與名俱滅，不廢江河萬古流」之意是已，吾人若取此段文字與作者執筆時之思想背景，如上文所已指陳者，會合而觀之，則不唯更能得作者意指之所歸，抑且可以想見此一老史學家之信念之堅爲何如也！

抑更有可悲者，近十年來，吾國舊有之藝術，其稍幸者，則或亡其實而猶存其名，其不幸者，則已被視爲封建之餘孽，而形跡並滅之矣！如彈詞者即屬於不幸之一類也。故陳先生撰此書時已於彈詞之「衰歇」深致其慨嘆。然此一源遠流長之藝術之衰歇，固非先生所忍見者，先生之言曰：

> 今寅恪殊不自量，奮其譾薄，特草此文，欲使再生緣再生，句山老人泉底有知，以爲然耶？抑不以爲然耶？

夫《再生緣》爲吾國舊文化之產物，其中所表達之思想，如女扮男妝、中狀元之類，即在昔日士大夫觀之，已不免於陳腐庸俗之譏，更何論乎今日耶？此類作品若欲流行不衰，其先決之條件厥爲產生此種作品之文化環境不變，或即有所改易亦未至根本動搖此文化基礎之境。否則即使無外施之強力，恐亦不能逃於物競天擇之命運也。陳先生畢生寢饋史籍，寧不解此？處今日大陸之境遇，陳先生又豈眞能自信其可憑一紙之力使再生緣再生歟？此實情理之絕不可通者。今英時不辭譏罵，欲爲陳先生強作解人。頗疑陳先生欲使之再生者不徒爲《再生緣》之本身，其意得毋尤在於使《再生緣》得以產生及保存之中國文化耶？否則皮之不存，毛將焉附，而陳先生又何獨厚於一《再生緣》哉！果如是，則陳先生一人之所嚮往者亦即吾輩今日流亡海外之士及天下蒼生所日夜焚香祈禱之事也。雖然，吾實不能無疑而更不能無憂。以如此之人心，如此之世局，欲挽漢家十世之阨，吾誠不知何術以致之，此陳先生所以寄望於「人事終變，天道好還」，其志爲可悲而其情尤爲可憫也。昔宋時女眞入汴，悉擄宋室君主后妃宗室以北去，而汪彥章代廢后告天下手書，有「雖舉族有北轅之釁，而敷天同左袒之心」之句，陳先生引之，以爲是趙宋四六之文之冠。情在言中，意出絃外，誠先生所謂「古典今事，比擬適切」者也。而吾人唯一可引以自慰者，豈亦在斯乎？豈亦在斯乎？

吾既寫吾讀寅恪先生《論再生緣》之感想竟，茲再錄先生附載於書後之七律數首於下，並略加解說焉：

蒙自南湖作

景物居然似舊京。荷花海子憶昇平。橋頭鬢影還明滅，樓外笙歌雜醉醒。南渡自應思往事，北歸端恐待來生。黃河難塞黃金盡，日暮人間幾萬程。

昆明翠湖書所見

照影橋邊駐小車，新妝依約想京華，短圍貂褶稱腰細，密卷螺雲映額斜。赤縣塵昏人換世，翠湖春好燕移家。昆明殘劫灰飛盡，聊與胡僧話落花。

詠成都華西壩

茂草方場廣陌通，小渠高柳思無窮。雷車乍過浮香霧，電笑微聞送遠風。酒醉不妨胡舞亂，花羞翻訝漢妝紅。誰知萬國同歡地，卻在山河破碎中。

乙酉冬夜臥病英倫醫院，聽人讀熊式一君著英文小說名《天橋》者，中述光緒戊戌李提摩太上書事。憶壬寅春隨先兄師曾等東遊日本，遇李教士於上海。教士作華語曰：「君等世家子弟，能東遊，甚善。」故詩中及之，非敢以烏衣故事自況也。

沉沉夜漏絕塵譁，聽讀佉盧百感加。故國華胥猶記夢，舊時王謝早無家。文章瀛海娛衰病，消息神州競鼓笳。萬里乾坤迷去住，詞人終古泣天涯。

丙戌春以治目疾無效，將離倫敦返國，暫居江寧感賦。

金粉南朝是舊遊。徐妃半面足風流。蒼天已死三千歲，青骨成神二十秋。去國欲枯雙目淚，浮家虛說五湖舟。英倫燈火高樓夜，傷別傷春更白頭。

癸巳秋夜，聽讀清乾隆時錢唐才女陳端生所著再生緣第一七卷第六五回中，「惟是此書知者久，浙江一省偏相傳。髫年戲筆殊堪笑，反勝那，淪落文章不值錢。」之語及陳文述西泠閨詠第一五卷繪影閣詠家××詩，「從古才人易淪謫，悔教夫婿覓封侯」之句，感賦二律。

地變天荒總未知。獨聽鳳紙寫相思。高樓秋夜燈前淚，異代春閨夢裡詞。絕世才華偏命薄，戍邊離恨更歸遲。文章我自甘淪落，不覓封侯但覓詩。

一卷悲吟墨尚新，當時恩怨久成塵。上清自昔傷淪謫，下里何人喻苦辛。彤管聲名終寂寂，青丘金鼓又振振。（原注：再生緣敘朝鮮戰爭。）論詩我亦彈詞體，（原注：寅恪昔年撰王觀堂先生挽詞，述清代光宣以來事，論者比之於七字唱也。）悵望千秋淚濕巾。

英時按：陳先生以上七律七首，起自民國二十七年，即西曆一九三八年，迄於癸巳，即西曆一九五三年，在時間上恰包括自抗戰發生至中共興起一段期間。若就此一段歷史之發展階段言，則前三首寫抗戰時之景象，中二首書國共內戰時羈旅國外之感慨，最後二首蓋透露身居中共統治下之心境也。七首之詩，安排如此，此正陳先生所謂「家國興亡哀痛之情感，於一篇之中，能融化貫徹」者，亦桃花扇「離合之情，興亡之感，融洽一處，細細歸結，最散最整，最幻最實，最曲迂，最直截」之意也。故此七首之詩者，分而讀之則詩，合而觀之直是當代之史耳！至於詞意之纏綿悱惻，低迴不盡，讀者自能知之，不待更添蛇足矣！又陳先生屢引端生「蚤爲今日讖」之語，以證其「趙莊負鼓」之言不幸而驗，驟視之，則似書中所附諸詩果皆所以寄一己之感慨者。然細按以上七首詩中之文義，幾無一句不寓傷時之意。是知「蚤爲今日讖」者，蓋謂此一「地變天荒」之結局已早在預料之中；觀夫蒙自、昆明、成都三首，則作者之意固已顯然可見。感懷身世即所以憑弔興亡，斯又其證也！

余英時文集1

# 歷史與思想(新版)

2023年1月三版
定價：平裝新臺幣550元
精裝新臺幣750元



著　　者　余英時
總 策 劃　林載爵
總 編 輯　涂豐恩
副總編輯　陳逸華
叢書主編　沙淑芬
校　　對　吳美滿
　　　　　吳淑芳
封面設計　莊謹銘

出 版 者　聯經出版事業股份有限公司
地　　址　新北市汐止區大同路一段369號1樓
叢書主編電話　(02)86925588轉5310
台北聯經書房　台北市新生南路三段94號
電　　話　(02)23620308
台中辦事處　(04)22312023
台中電子信箱　e-mail:linking2@ms42.hinet.net
郵政劃撥帳戶第0100559-3號
郵撥電話　(02)23620308
印 刷 者　世和印製企業有限公司
總 經 銷　聯合發行股份有限公司
發 行 所　新北市新店區寶橋路235巷6弄6號2F
電　　話　(02)29178022

總 經 理　陳芝宇
社　　長　羅國俊
發 行 人　林載爵

行政院新聞局出版事業登記證局版臺業字第0130號



聯經網址 http://www.linkingbooks.com.tw
電子信箱 e-mail:linking@udngroup.com

ISBN　978-957-08-6699-5 (平裝)
ISBN　978-957-08-6700-8 (精裝)

國家圖書館出版品預行編目資料

歷史與思想/余英時著．三版．新北市．聯經．
2023.01．508面．14.8×21公分
ISBN 978-957-08-6699-5（平裝）
ISBN 978-957-08-6700-8（精裝）
[2023年1月三版]

1. CST:史學 2. CST:文集

607 111021596